中国社会科学院 学者文选
徐梵澄集
中国社会科学院科研局组织编选

中国社会科学出版社

图书在版编目(CIP)数据

徐梵澄集/中国社会科学院科研局组织编选. —北京：中国社会科学出版社，2001.12（2018.8重印）

（中国社会科学院学者文选）

ISBN 978-7-5004-3208-1

Ⅰ.①徐… Ⅱ.①中… Ⅲ.①徐梵澄(1909~2000)—文集②宗教文化—文集 Ⅳ.①B920-53

中国版本图书馆 CIP 数据核字(2001)第 074914 号

出版人	赵剑英
责任编辑	李树琦
责任校对	郭 娟
责任印制	戴 宽

出　版	中国社会科学出版社
社　址	北京鼓楼西大街甲 158 号
邮　编	100720
网　址	http://www.csspw.cn
发行部	010-84083685
门市部	010-84029450
经　销	新华书店及其他书店

印刷装订	北京市十月印刷有限公司
版　次	2001 年 12 月第 1 版
印　次	2018 年 8 月第 2 次印刷
开　本	880×1230 1/32
印　张	13.375
字　数	316 千字
定　价	89.00 元

凡购买中国社会科学出版社图书，如有质量问题请与本社营销中心联系调换

电话：010-84083683

版权所有　侵权必究

出 版 说 明

一、《中国社会科学院学者文选》是根据李铁映院长的倡议和院务会议的决定，由科研局组织编选的大型学术性丛书。它的出版，旨在积累本院学者的重要学术成果，展示他们具有代表性的学术成就。

二、《文选》的作者都是中国社会科学院具有正高级专业技术职称的资深专家、学者。他们在长期的学术生涯中，对于人文社会科学的发展作出了贡献。

三、《文选》中所收学术论文，以作者在社科院工作期间的作品为主，同时也兼顾了作者在院外工作期间的代表作；对少数在建国前成名的学者，文章选收的时间范围更宽。

中国社会科学院
科研局
1999 年 11 月 14 日

目 录

编者的话 ……………………………………（1）

文 论 篇

希腊古典重温 ……………………………（3）
澄庐文议 …………………………………（29）
谈"书" ……………………………………（101）
略说"杂文"和《野草》
　　——为纪念鲁迅先生逝世五十周年作 ………（122）
蓬屋说诗 …………………………………（135）

序 跋 篇

《玄理参同》序 ……………………………（167）
《五十奥义书》译者序 ……………………（173）
《异学杂著》序 ……………………………（187）
《老子臆解》序 ……………………………（189）
跋旧作版画 ………………………………（191）
《周天集》译者序 …………………………（196）

《佛教密宗真言义释》序……………………………………（205）
《苏鲁支语录》缀言（附郑振铎序）………………………（222）
《鲁迅珍藏德国近代版画选集》前记………………………（251）
《陆王学述》后序……………………………………………（254）

专 论 篇

韦陀教神坛与大乘菩萨道概观………………………………（259）
《唯识二十论》钩沉…………………………………………（287）
关于毗沙门天王等事…………………………………………（307）
梵文研究在欧西………………………………………………（323）
陆王学述（节选）……………………………………………（337）

作者主要著述目录……………………………………………（412）
作者年表………………………………………………………（414）

编者的话

为徐梵澄先生编这部《集》，责无旁贷。然而要编辑者说话，却颇感不安。这好比一袋子的精金美玉被掺和进了杂质。但是，有关梵澄先生的身前身后事，有些是要向读者尤其是喜爱他的读者交待的，否则，行事无所端由，接下来的步子会迈得不够顺畅。

去年，己卯年，时值梵澄先生九十岁高龄，也是他从印度回国入中国社会科学院世界宗教研究所工作的第二十个年头。年初，卓新平所长就与我商量，是否为先生举办一个学术思想研讨会。我因知道先生不喜张扬的个性，故面有难色。新平又说：不然，我们同他一道吃顿便饭，以表达一下我们的祝福。后来，我登门拜访，传达了卓所长的想法。对于开会的意见，先生说："不必了。"对于便宴的请求，先生说："近来身体不适，以后再说吧。"我未坚持，也无由坚持。

当时的造访还谈及了两件事，一是出版《文集》，二是编辑这部《集》。两事需分别来说。

先说《文集》之事。也是年初，上海三联书店的倪为国先生就动议为徐先生出版全集，并委托我征求一下先生的意见。先生的回答是："可以考虑……待几本未出的书出齐以后，写一小结或序文，封笔了。"我还问："是否所有的文字呢？如诗集和过去的杂文。"他说："那倒不必了，多出少出无大妨碍。"后来我说，那就叫"文集"，可多可少，选择自由。他以为可以。他告诉我，除了翻译之外，他的写作，英语文章多于文言文章，文言文章多于白话文章，比如《异学杂著》就有文言部分，结果让编辑给"割舍"了。他说：文言与白话未并出，也不错，不然如一人身着西服领带，头上戴一顶瓜皮小帽。

再说本《集》之事。3月份，科研局根据李铁映院长和院务会议关于编辑出版我院老专家文选的指示，颁发《关于编辑出版〈中国社会科学院学者文选〉的通知》。张新鹰副所长嘱我与先生商量，并请求他自辑文选，他在原则上也同意了。但鉴于当时编选与出版的一些具体要求不够明确，所以，先生请我再作进一步咨询。咨询，暂无下文，因为当时全院的工作安排有一很大的调整。待文选工作重新启动之时，已近年底，先生的健康状况也进一步恶化了。关于编辑文选，先生是这么说的：我自己的文字不多，主要都在序、跋里了（我理解主要是集中反映先生思想、观点的文字）。我们还达成了一个共识，即文选取材主要选择先生后期（回国以后）的文字。这就是我为什么要把先生的序、跋集为一编的缘故。

于《文集》，先生身前有所交待。我们在检索先生遗物时，由邻居好友詹志芳先生理出，其为6页16开纸之手迹，篇无先后，有"译自英文者"、"译自德文者"、"译自法文者"、"译自梵文者"、"译自华文者"（英文）、自著（英文）、自著（华文），凡27种37册（有的译著显然是略去了）。这里不妨请问一个问题：先生通晓几种外国语言呢？除以上四种外，还有拉丁文和希腊文，这为哲学翻译所必需。另外，先生多年生活在印度，不能不懂印地语；他研究佛经，有时也要参考日本学者的成果。还有，我听说他在印度学习过阿拉伯文，但未见及使用，不提。

于本《集》，先生未尝留言。我想，这原因是当时他可能有感体力不支，时间无多了，不如把有限的精力投放在最重要的工作上，即加快《摄真言义释》的翻译进度。为此，他要我借出大藏经密教部若干册和线装本的《本草纲目》。记得去年入冬后的一个下午，天色将晚，我把书送到，又陪他上街理发。那时，他刚出院不久，身体明显虚弱，但精神还好，缓行在便道上，他谈起了《圣经》的翻译，说是需要不同文字和版本的比勘。后来，我搀扶他上楼，入门，落座，他高兴地对我说："今天完成了两件大事，一是借到了书，二是理了个发，好了，可以工作了——"

没想到，这竟是我在先生家与他对坐晤谈的最后一次。

年底，我奉人事局之命赴井冈山地区洽接我院在当地挂职锻炼的博士生。回京以后，才得知先生再次住院，而且病情严重。先生无后，一生独身，其时先生在长沙的侄子（先生三哥之子）徐硕朋先生和在昆明的侄孙辈（先生长兄之后）还未到京，所以，第一次为先生抽（排）（积）液，是由我代表单位签的字。积液排出以后，先生好了许多。一天，我陪新平所长去看望他，他倚窗而坐，与我们攀谈，他说到了鲁迅，说到了中印社会的不同……有一句话，犹如电光击闪，刹那洞明新境，至今在我脑海里鲜活不磨，他说："中国文化真好。儒家真好。"——于此可窥先生精神指归了。先生少（年）学西文，中年又治印度古典，晚年落叶归根，回到了自己的精神的故乡。故，本《集》以《陆王学述》殿后。其终点，亦是其起点。先生早说过的，精神的进步，是螺旋式地上升，譬如一蛇盘旋，首终衔其尾。要之，这是中国知识分子的命运，即使充满无尽的艰辛与悲怆!

不幸，在处理先生后事的过程中，有一段我们无法控制且无可奈何的"混乱",先生未完成的手稿《佛教密宗——摄真言义释》遽然不翼而飞,同时缺失的还有先生的部分书籍和先生借阅贺麟先生的一些藏书。事发当天,徐硕朋先生急呼我和同事李毓凤、李华民迅至先生家,同到的还有蒙登进、冯姚平、姚锡佩、姜丽蓉、詹志芳诸先生。经过共同的清点,发现不见的还有先生的旧稿《文艺复兴时期的艺术》和日记及全部印章。这是一个无法弥补的损失!特别是手稿的失落,不能不令人扼腕痛惜!因为,它明明白白地告诉了我们一个事实,那就是:在我国宗教神秘主义研究领域中,有一块从未开垦过的处女地将继续荒芜下去。于此,后人难以为继,也无能为继。

财产可有天价,精神的财富却无价。这道理,在以上诸先生是深明于胸的,他(她)们在不同的时间、以不同的方式进行了具体的联系,但所得答案都是令人沮丧的。怎么办?似乎只有一条路——继续努力,我们也只能相信古话,"谋事在人,成事在天"。天是什么?依儒家义,天是天理,在人,就是良心。而良心的开显,端在自启。

一般学术界多以为先生是一个大翻译家,且在人们通常所理解的"小学"领域功力深湛,其实,先生的学思企向是在精神哲学的领域,正如他自己所说:"……我所锲而不舍的,如数十年来所治之精神哲学。"(《跋旧作版画》)这一点,我相信读者会从本《集》的解读中有所"自得"。先生指出,精神哲学是研究心灵或性灵的学问,其主旨和目的在于变化人的精神气质,并"终期转化人生与社会"。诚如康德之教诫:人之为人,"应该"并"可能"变自然链条为自由律则。先生举示——"使人类进步的最好办法,是自己前进。"(室利阿罗频多语)此乃先生精神哲学之箴言。

末了,续赘言。

在《文集》整理与计划出版工作之始，任继愈先生就应允为之作序。任先生就任世界宗教研究所所长期间，曾予梵澄先生的工作与生活多方关照。对于先生的后事安排，他也给与了特别的关心。

有关先生后事处理和作品出版的组织与规划，卓新平所长、曹中建副所长和张新鹰副所长都有原则性的指导和具体的参与。此外，我们还得到徐硕朋先生、蒙登进先生、冯姚平先生、姚锡佩先生、姜丽蓉先生和詹志芳先生的有力支持；还有，这部书稿是由郁立女士录入的，她的做事态度与效果，无可挑剔。以上，不致深谢，因为，这是我们共同的事业。

鉴于本《集》的编选要求和编排体例，先生一些精彩的文章未被收入，如《星花旧影——对鲁迅先生的一些回忆》、《秋风怀故人——悼冯至》、《超人论衍》、《专史、新研、极成》等；另外，因章页的限制，也未取先生的《老子臆解》，他曾抱怨此书出版以后未遇批评文章。这些遗憾只得留给《文集》出版时再作补救了。关于《文集》，倪为国先生还要我编写一本《徐梵澄先生学思年谱》，与《文集》诸本并出。对我而言，这无疑是一个严峻的挑战，我别无选择，只当全力以赴，因为，在我看来，这桩事情的意义深重而且长远。但是，由于我学力微浅，所做只能是一个开头。果能入先生这一系精神哲学之堂奥者，尚俟来人！

孙　波

2000 年 11 月 30 日

文 论 篇

希腊古典重温

一

近代东西方文化交流,颇有成绩。大势所趋,学术似乎是集体化与世界化。东西人士的才智没有优劣之殊,然若干专门研究,我们还是愧不如人,这是事实,然而这是正在过去的事实。

姑举一事为例:我们知道自有历史以后,人类存留了两部最伟大的史诗,在西方流传了三千年。欧洲近代语文多有译本,华文则无。这是一崇高亦又渊深的文化源泉,我们也忽略了,我们从何深透西洋学术思想的背景呢?通常我们钦重西方学术的发展,多只知道现在的成果,而起羡慕,很少注及其产生此果之由来。若稍究其由来,则不但是各个的历史,亦且其整个精神思想之背景宜加探讨。我们期望有一日精工出版一套希腊丛书,中收各种哲学文学等名著的译本。其第一、二部当然是荷马这两大杰作,《伊里亚特》和《奥德赛》了。

许多世界名著尚没有中文译本,也许将来渐渐会有译本出现的。希腊神话,早已有介绍;哲学,亦有过一些研究、著述。但至今希腊古典,没有在文化界得到适当的处理。因此没有得到正确的估价，加以应有的推重，大是憾事。现状还是学术风气不甚开通。我们约略知道巴勒斯坦这一文化源流，大有造于西方文化，玛修安诺德称之为"希伯来主义"，没有那，则西洋决不能成就许多伟大事业，随处可以见到的。但我们时常忽略了这希腊文化主流，没有它，则西方世界决不会存在，现代的一切工业、技术、商业、科学的西方世界决不会存在。那么，其重要可想了。而且，甚至还有人假定——在推理上自然有应当容纳的假定——设若世纪初的罗马对基督教的反对更彻底，一切基督教信仰早已断根。则当时希腊文化渐渐陶镕了外邦，其斯多葛学说必支配了统治者，共和政体必已代替了罗马大帝国，奴隶制亦必早已废除。则欧洲在九世纪中必已进步到十九世纪的境况或更前了（此说见 Sir R. W. Livingstone 讲录）。其然，岂其然？

历史的发展未尝如此，基督教的兴起也不是偶然，有其必然之理，学人自可讨论。新旧之兴替随时代之推迁，那结果使人感觉苍茫得很。雅典哲人讲学的檐廊，早已化为尘土，雕花石柱头和柱础，以及出土的一些破缺大理石像，于今散在各处博物院里，竖琴歌声早消歇了，在哲学方面，至少到公元后四世纪，希腊人已完全退出世界剧场。不妨假定那整个文化起始自公元前一千年。譬之于一日，曙光微启，渐次黎明，哲人讲学时代，渐近于日丽中天，光明盛大不过三百多年。残阳之美见于新柏拉图学派之兴起，以后呢？渐渐沦入黑夜了。

这是西方文化的昨日，其光华发越，如何可为后世忽略，遽尔遗忘？我们是神明华胄，所处远在天之一方，未曾参加其文化工事。中国的蚕丝输入古罗马，有一位暴君赫里阿加巴鲁斯（卒于公元后222年）最初着一件丝织袍，起初是一两黄金换一两丝织品，后来输往渐多，价低了，做成了元老之流的华服。那只算是物质上的一点交易，不算怎样是文化接触，双方古典皆只有稀微的纪录，彼此略有传闻，中间隔了文化较低的若干民族。造纸、雕版从中国输入，则是中世纪之事。事实上古希腊罗马人决不知道我们，我们的祖先也不知道他们。穆天子之八骏西游纵使不是完全荒诞之故事，则所遇之"西王母"也许是中央亚细亚某部落的女王，决未尝是游到欧洲何处。荷马史诗中记载 Tityus 尸横九亩，与春秋时叔孙得臣射杀的长狄，其大相同，但后者是历史，前者乃神话，时代相距亦远，其间难说有何关系。那么我们看西方，自然不及西方人看自己之亲切、深透，然正因为有距离，时间的和空间的，两个决不可少之"缘"，使我们见物，又或可见其全。

在这里顺便说明一个普通问题：即古不可复。古，无由复，不能复，亦不应当复，人类须是生活在现在而望着将来。但刻刻进步或说转变，现在旋即成为过去，三时一贯，了无间歇。罗马人造扬鲁斯神像，一面正对过去，向后，一面正向未来，向前。我们不正望过去，则无由确立现在，因为将来不可知。不正望将来，则现在已成断灭更无由立。凡我们对古代文化的研究，原则是表之于此一象征。无论从东西方我们摄得其文化菁华，正有以供现代与将来的发展。夸张点说，我们是在创造将来，即算模仿过去。但谁也不能在现代创造过去。重生是新生，新生是旧的死掉了，文艺复兴即是重生，复兴是新者兴而旧的废掉了。例如十三、十四世纪后的意大利文艺复兴运动，现在回看是新起一创局，它未尝"复"出古代文化到什么地步。但它的光明，至少透过了它以前一千年。

时间与空间的距离如此悠远，未尝入于我们之所知。正是这，有待于求知，有待于我们加以研究和采择了。大概无论物质真理或精神真理，总不会有国家或民族或古今之分别。古代希腊的这一大宗学术文化是不是已经消灭了呢？没有，凡其中摄持了

"真理"之处，至今保存了下来，依然鲜健，活泼，分明，因为真理是万古常新。

我们姑舍种种学术如高深哲理不论，只举两件极平常的事为例，通常为人所忽略了的，以为卑卑不足道，而实在古代是颇重要的。一，是素食。我国人从来不重素食，除了佛法中人吃斋。但这正是古希腊哲人所重的。从毕达哥拉斯起，便已主张素食，并且豆类亦所不食，禁止杀生；杀牲畜以祀神，正是所反对的了。此一说从那时代起（假定毕达哥拉斯卒于公元前497年），直到悌峨夫拉斯妥斯（Theophrastus）——公元三世纪时人，逍遥学派之一位后劲——仍然在提倡，与当时坡斐理乌斯（Porphyrius）诸哲人同，然则盛行了八百多年。（中国古代赵简子的道理是："杀马而食人，不亦仁乎?"可见纯以人为宇宙中心，但亦非滥杀牲畜，以供饕餮。）倘若所谓"素食主义"这事中间只是虚伪，没有真理或不是某些真理的表征呢，则经不起东西方人几千年的实验，早已废掉了。现代青年吃西菜只遇到肉食，若不略知古代，便会发生误解，以为西方从不吃素。另一事是重生转世之说，中国历史上有些零星的记述，"三生石"是唐人说荟中有过的，佛法中至今仍有许多人相信。这一说，在公元553年，君士坦丁堡第二次基督教大会公布"禁令"（亦译"毁灭律"），认为邪说，异端，其起源已不可考，最古亦可考到毕达哥拉斯，他历数他生前许多生世，某生为某人，早参加过特洛亚的战争，那是公元前1184年前的事了（距第一次奥林匹亚的竞赛还早408年）。可见此一说直至被基督教会禁止。至少在西方也流传了一千年。只是近代西人，方信人死后什么也没有。我们看历史，知道毕达哥拉斯实在是一位伟大的教主似的人物，虽然关于他的传说有许多不可信。我们所熟知的，只是他的一著名算学公式 $a^2 + b^2 = c^2$。特洛亚的战争，古史上也实有其事，虽然有些历史家持异说。以此两事为例，还有许多事后下可说，我们知道古代西方这一文化世界，多么优美，崇高，可爱，有其不可磨灭之由，再视基督教的十字架，要在希腊罗马的神坛之浓密薰香中建立起来，是经过多少奋斗，费过多少信士之心血了。

若干年前，偶尔读到美国林柏的一篇文字，林柏是第一次飞过大西洋的英雄，那是对时代的感言，其间说到尚求精神与思想之发展，当回溯希腊。（大意如此，原文是在某杂志发表的。）笔者当时未甚以为然，以为何不求之古中华或古印度？后来时复深思，乃愈觉林柏之言为然。那文化中之所涵藏，实在有丰多的实质的精神之美富，大足以启发当代，昭示后人。东方的眼光总是向内看，求之中国尚可内外交修，求之印度纯为内转。希腊的眼光不专向内看亦向外看，无论看到万物之本源为水，为火，为原子，总归有外向的智术的发展，造就了现代的文明。纵使于今科学化的世界有其缺点，我们决不能谓科学的发达便应止于这可悲的二十世纪。大致这么向外做到极处，到某一点，内外可以合并，那时可希望超人道的大升华。在欧美这虽是回溯，仍是一贯承流；在我们则这好似外加；但我们从来善于采取他长，同化外物。总之，此后我们不继续接受西方文化则已，若仍有任何采纳，则回溯到希腊源头，是第一要义。这里，正可建造东西方文化之桥梁。

二

在知识上，"同一知"是最上最胜，但这境界非凡夫可易到。那么，不奢望"同一知"而期于"同情知"，不算太苛求了。严格分论，知与情为两物不诬，但到了某一境界情与知可以合一，然这境界还是太高，则作"推理知"，更没有不可以的了。作学术研究，最忌知为情所蔽，为情所蔽则眼光不能正确而有偏，然虽为推理，倘不寄以相当的同情，则仍难圆满、周遍。最平凡为"识感知"，最不可靠，又绝不可弃。总归，处理古典，多宜设身处地参会一下事理，而寄与以相当的同情，方可比较明白。换言之，态度要平恕。

姑且说一实有其事的笑话：古雅典人丁蒙，绰号"妄人"，有一幽静的花园，中有一大无花果树。偶尔有一轻生短见的人，黑夜里在那树上自缢死了。后来又发生同一事件，在那树上又有一自缢而死的人。不得已，他将那棵树伐掉。但在伐倒之先，他跑到市场上大声宣布：他家的园子里那棵无花果树快要伐掉了，还有愿意自杀的人呢，要赶快去哪！

这真是人生的大讽刺，一贯的希腊悲剧精神。平情据理以推，不能说这人是疯子便完了。他不是故意和市民开玩笑，他是愤激，而这愤激出于对死者的悲悼之怀。他无可奈何，只在这嘲讽的形式中，直叫出人生之悲苦，使当时听者，哭不得笑不得。这也许是这一微小故事流传下来的原由。若徒然斥之为魔鬼似的讥讽，是疯话，那么，去正确了解又甚远了——虽然，此人也不免有推理之误。误在以过去之偶然为将来之必然，以非常为常，颇昧于亚里士多德之逻辑了。嘲骂群众固不应该，其罪过亦只是愤激而已。

通常讲"复古"的人也不免犯这种错误，即古人所谓"守株待兔"。事实上是我们于古代极难得明确的正见正解。不但论希腊古典，即于一般古人，我们总以为不及现代人高明。这是当然的，现代普通知识比古代进步，水准提高了，但以为古人不比我们聪明，对于若干自然现象还未能解释，对于精神事物充满了迷信，则颇错误了。无论我们的物质技术（不必然是科学）于今多么进步，人类踏上了月球，或如何可以建立太空站，我们的普通智慧并没有甚异于古人，倘若精神事物的知识古人是未开化呢，则我们所知的也不较多。尤其是，现代文明的生活极少余闲，古人生活余闲较多，有机会静观，默想，参照，领会。以为他们生活于一愚昧之大混沌里，便错误了。希腊古神坛当然是林林总总，许多事近于荒怪不可究诘。在这中间稍清出一点头绪来，或者，稍确定一些价值，乃这些文字的目的。但我们要除去这一成见。古人，无论东西方，纵不比我们现代人聪明，也决不比现代人愚蠢。许多圣人，贤人，哲士，诗人，先知，辩士之流，足以证明是如此。

通常我们总以为原始民族许多野蛮风俗，存留在上古，佐证是于今地球上还有些榛狉未凿的地带。但是，我想，只从有史以前与有史以后划界，那差别大到可惊了。有史以前若干世纪我们不知，看威尔斯著《世界史纲》，那时间的比喻是很恰当的。平心论之，爱琴海这几个岛或半岛居民的部落建成的文化，其优秀实居上古欧亚非三洲各一部分领导地位。七贤之一的梭伦，或其前的雅典立法者达拉科，皆公元前七世纪人物，那种重法治和重人事的精神，从何处可寻出一点初民野蛮之痕迹？达拉科立法，懒惰之罪严惩，游惰之民甚至可处死刑，何尝不是有思想有卓识的政治家？姑定荷马生于公元前907年，那文学又岂能是低等文化之产品？同时或稍后的赫西阿德的诗才理思，又与荷马的有多少分别？将谓那些神话是原始信仰的遗余，野蛮民俗的表现，以其时代文化水准较量，似乎不确实了。

古代有迷信风俗不足以证明古人之未开化，亦如现代有迷信不足以证明现代之不文明。信鬼而好祀倒不是古希腊人，而是古代繁荣之罗马人。在罗马是山、林、果园、道路、河流，无不有神；人事则有吉神，凶神，睡神，梦神，并闲暇亦有神，沉默亦有神，而且偷盗诈伪亦有神可祀。可见这多神信仰，有多于古之希腊了。

这些事，有夫力德兰德（Friedländer）的罗马风俗史可稽，将来有人也易作研究，然则这些是野蛮民俗从上古的遗留呢，还是文化发展以后之产品？而且，是助成了文化的发展呢，抑是阻滞了文化发展？助成了在哪些方面？到什么地步？阻滞了又在哪些方面，到什么地步？皆当平心观察了。精神方面的事，若细加察看，决不是通常想象的那么愚蠢。

虽然如此，说希腊神话中便没有愚蠢，由我们现代人的眼光看，一切皆是智慧，一切皆可满足我们的精神需要，一切皆可解决生命上的问题，则又大谬不然。这非但我们今人，即古希腊人自己，对他们传统的神坛，也不免要回过头去。宙斯是统治万有的天主，为了畏惧自己的统治权被推翻，便吞掉自己所生的婴孩，而藏过了的婴孩长大了呢，又向他的父亲报复了；天神被踢下天界，因为父亲宙斯用金锁链缚住他的母亲时，他要去解放她……

这些事，在柏拉图已大谓不然了，那中间的缺陷和弱点，使那么一位哲人不得不另作精神寻求，倘若不能从传统天神中得到满足，又从何处寻求呢？反求诸己而已矣——"认识你自己"，阿菲神坛的千古名言——如是，希腊的道德、宗教，已觉未能建立在古神坛上，然则开辟出一新神道观在"人"身上了，要穷人与心灵与肉体之中所有所无，人之自由和幸福等等。于是，希腊的人文主义开始了。

一转而至于哲学，希腊文化便开出了异常美丽的花，这是至今在东西方所钦羡的，毋庸深说了。有一事大致可以说，即无论他们那一派哲学，最后总也归到精神，没有任何重要的一派不是有神论的。对于自然界作了许多推测，后世科学证明其或中或不中，但徒有物质而无精神，没有任何学派作此假定。同时一贯多神信仰的主流仍在蔓衍，流到罗马、小亚细亚、非洲，直到三位一体的基督教统治了西方。纵使如此，断断续续，许多信仰仍在民间流衍，废不掉，禁不绝，而又不可究诘，成了中世纪的神秘主义。那中间当然不止有古希腊的渊源，也还有巴勒斯坦、非洲、北欧本土的传授，但在基督教会的压迫之下，从来不公开，有特殊人物出现了，便不免焚身之祸，要被放在柴堆上烧死了。其间仍不免有些秘密会社存在，一鳞半爪，偶尔出现有一些象征。那支配社会动摇人心之力，在历史上发生过多少影响，有待考据了，冰山在水面漂浮，海水下面那一部分便很少推测到。人类也许有一部分天性是好秘密的，密教的势力从来比显教大，倘这话不错呢，或许那势力不小。

由学或思智所建立的人生观或宇宙观，哲智之士当然是比较可以满意，至少在高尚伦理之域中为然。而且，多少不明不白的事，何尝不一概包之以宗教以内。我们说，既无理性，又无组织，一皆出乎寻常知识范围以外，而又荒诞无稽，有什么可供研究的价值！但困难问题是，许多（不是一切）荒诞无稽之事，超出了寻常知识范围以外，我们便无从断定其有组织，无组织，或别一组织，或有别一理性，或无理性，或超理性，除了我们用了另一知识工具。而且，有时竟是向知识挑战，一村夫，一愚人，似乎已懂到多少知识分子所懂不到的事，他可有证明推翻许多科学根据。摩西领犹太民族出埃及，其时埃及的术士投杖在地便化为蛇，摩西作同样的事，投杖在地也可以化为蛇，这请谁研究过生物学或达尔文的进化论的学者去解释清楚？历史上这些纪录保存下来了，可以牒出、搜集、分汇、编次，还在上面作推测，或许归纳出一两个通则，但理智上得不到一结论，我们便一概否定其真实性。

希腊哲学的发展未曾除去那多神信仰，那么一位无事不穷究的哲人如苏格拉底,劝弟子之事不听,便教他去取决于"神示"。我们现代输入了一大部唯物论,势欲推翻一切不但古之信仰亦并古之哲学,这在态度上至少是欠博大了,未能包括无遗以成就我们的学术之大。同时以治哲学思想的态度处理神话固然不合——这不是说其中没有高深哲理存在,有之,且甚多,但这不徒是思智之事,是信心之事。信心,便不能凭理智一概而论了;徒以看小说故事的态度处理之亦欠公允。史诗的内容不是不丰富,对要研究古地理的人,那些海岛,崖岸,河流,山谷,等等,还可有指寻;其文学技巧不是不高明,故事不是不美丽,然专于文学上述之,又往往忽略了其他方面。那些神话中的主角,这位或那位天神,我们未尝严肃思之,以为大抵是诗人想象的创作,供人歌咏,因而流传了。但从来未完全是那样;与其说这是诗人之想象,不如说见士之会真。信与不信,各从所是,总归那些神是古希腊的有血有肉的神,那些事,对他们也是亲亲切切的事,有如我们今兹研究一古庙宇的基址,或者一些柱头,我们只从审美眼光看,作艺术上的考古与历史研究,审辨作风之殊异及其源流变化之不同,我们容易忽略了那是古人严肃敬拜的殿坛,原建筑为神灵之所居,以降,以安,以妥,而赐福……不是专为美术而建筑的,虽未尝不讲究美,然那是第二义。后世呢,高岸为谷,深谷为陵,我们只好以其第二义为第一义着重了,其第一义我们不寻,也不安立。我们"买椟还珠"。我们取了古希腊的残砖断石,能补缀为完整建筑,正如古法式,考证可以精确不诬,但不是使人往其间礼神,而是作为博物院了。

这是十九世纪以后的知识主义的或主知论的结果;西欧十五世纪以后大举搜求希腊古典,知道了古之植物学,生物学,医药学等,算是一度复兴;十九世纪又再度复兴。达到的呢,至多是柏拉图的和各个学派的上帝了。有人以为奥林比亚诸神可与旧约第七书士师记或民长记里的耶和华相比。总归纵使令人相信独一上帝之教呢，亦无由否认其精神显示之多方，无由证明其对古人不是一一皆精神真实。

三

如果据历史推测，假定有史以后的希腊民族已很开化，文明，则这一部分古文化之传承，对今人实颇费解释。在现代看，天神可作许多荒唐事，后世认为罪恶的。而那些神又是所焚香礼敬的群神。设若我们说那民族的罪恶是普遍的，所以有这种文化之产品，则又近于厚诬古人了——民族而无伟大的道德理想与实行，必早已在地球上灭亡，历史上有过先例，决未尝有任何文化遗留——古希腊人是头脑最清楚，举措也极正大的。其人文理想是"至善"，与中国儒家同。我们又更难假定其人比今人愚蠢。然则我们不妨虚衷观察一番了，深思是否神话中包含了若干真理，为我辈现代化了的脑经所未参透的呢？古之希腊文，凭现代人的才智研究，至多可明通一大半；顺此着想，那道德语言，是否全为后世所了解呢？而且，凡人智或人的心灵之所创造，总不免有其创造之动机、主旨，及目标所在，必不得已可说其用处所在，这些又是否我们已经了然呢？不然，则或许仍有其精神真实、伦理教义、心理作用、艺术象征、人生影响，皆有待于我们发现，研寻了。

在学术上，多闻阙疑的态度异常重要，那些纪录中不是无理可寻，但不是一本据学理而衍成的书；许多我们不懂的，只好存而不论，即算为我们所懂到，却又有不应解释或不应那么解释的，因为原本往往是一活生生的事物，或者一落入我辈的解释便死了。倘若我们懂到，又明觉不至于将一概活真理弄死，那么始可试行解释；然重在得到明确的主观。这里所说的主观，不是凭观者为主的主观，而是以对象为主的主观。譬如读三百篇，便当以三百篇的立场、见解，去了解三百篇，不是以近思录而读三百篇。推而至于估价、比较，以至于批评，所重亦复在此。即以后世道德眼光看希腊神话，姑假定我们已经了解，要作进一步的衡量了，我们为方便计不妨定出三个或四个境界，曰道德的，不道德的，两者相对；但还可假定第三境，本来说不上道德不道德，即非善亦非恶，俱非，或者即非非恶亦非非善，俱是，通常总是脱不了这四句推理之陈套。但还有一境界更重要者，即"超道德的"。四者它皆不是，它皆已超出，只好说是"超道德"。有许多原素落入前四者，但有不落入前四者而只合列入"超道德的"一汇，则眼光不但要远大，实在所从而观之的据点要换过位置了。

这里可以举一事例，证明神对人的教言，超出了常理以外。无论怎样这故事流传下来，其义不在与人为不善。

从前有一正直之人名格劳可斯，值时局不定，波斯人西征，小亚细亚一带情势动荡，某城有一富人，便将大批金钱托他保管，他住在斯巴达，是比较平静之区。

过了若干年，波斯军队退了，时局平定了，富人的儿子便往索回这笔存款。

这位正人当时未尝回答，要索款的人等待三个月，他好查明白这件事。

他想吞没那一批金钱，便往求"神示"，要许他发一誓，假说钱还掉了。"神示"是：这可以做的，这对他当前有好处；而且，发真誓与发假誓的人一样会死去，因为人总会死去的。但誓神遇可斯有一儿子，无名，他没有脚却善于追踪，他没有手却极会攫夺，随后便将毁灭他的整个家庭了。格劳可斯便求神饶恕他，他不要发假誓了。神示是：这他是试探了誓神，等于发过誓了。格劳可斯回到家里,将富人的存款尽数交还富人的儿子;可是他的一族人,没有传到三代,消灭到一人无存。

这是赫洛多妥斯记载下的史事——赫洛多妥斯在史学界中的地位,不异于荷马之于诗坛。公元前445年值他三十九岁,在奥林匹亚大会上诵读他的史著,听众一致赞仰,于是用九个文艺女神之名。分名他的九卷史书——我们看德耳菲的这一神示,实觉其意义深长,一个人可以不讲道德,不顾法律,背信忘义,而竟要誓于神,这在东方必谓之为"欺天"了。法律有略迹原情,神示是略迹诛心。论道德不拘其形迹,而从其发心动念上着手,问动机而不问功果,实是比较超上了。持世俗的赏罚善恶的观念而衡量人事,往往得不到正解,因为是昧于其渊源,看到的是表面现象,若更深一层着眼呢,所见往往不同得多了。

无疑,绝对伦理价值只可得之于超上一界,但相对伦理之价值应求之于其所资。这所资以显发宇宙间之至善者,仍是一无处不在的生命力。忽略了这,则如同槁木死灰,败种焦芽不植。(于今世界的祸机处处潜伏,一发则可成生命上的大毁灭,凡有识者皆知;若关心世道人心的人,第一事似乎应略略从保育民族的生机上着眼。)

古希腊哲人似乎首先注重了这个,古典中处处是弘扬活泼的生命力的表现;大力士是所崇拜的英雄,赫剌克勒斯(Hercules)做过十二大难事,皆要冒大危险,处之以机智,忍力,辛勤然后有成;而其中之第五事,是委屈这位意气盖世的英雄,去扫清一个牛栏的牛粪,是三千条牛被禁了若干年的牢栏。这英雄便凿通一条小河,将整个区域冲洗清洁了(也许后世罗马城市的卫生设备完善,大得启示于这类故事)。其对于青年的教育是着眼于身心的停匀发展的,看来整个也是"不僭不贼"、"不夺不崩"的样子。恰恰是对生命力正当的培养。

风信子是百合花的一种，这在希腊诗人的想象上编出了一故事，说从前一位美丽的王子，甚为阿波罗，即美艺、医药、诗歌、音乐、辩才之神所爱，又为切斐乐斯西风之神所爱，但那王子不爱此西风之神。于是阿波罗负责教育他。切斐乐斯当阿波罗教他掷铁饼时，便将铁饼一吹击到少年头上，少年便头破而死。阿波罗甚悲哀，便将他的血，化为这么一种百合花，将他的身体安放在天上为星宿之一。

每年，斯巴达有三日之节，纪念这少年和阿波罗。第一日表示哀悼，男女少年发上皆无装饰，也不吃面包，只吃糖果。第二日乃开始唱歌，吹笛，弹竖琴，有盛装骑马的游行，作一些表演。第三日乃有盛大的比赛了，竞技、驱车赛等等，其时市民竞往郊外看运动，街巷为之一空；遍处是欢乐空气弥漫，奴隶也受到自由客待，种种牺牲，供品，堆上了阿波罗的祭坛——其始也哀而终也乐，古代许多节庆多如此。

少年名洽菁妥士，百合花即以此名。西风之神在造像上常是一温文少年，怀着许多花，与"春神"结婚很幸福，有时造像有双翼。这节庆里，只有对美少年的哀悼，没有怎样对他的责难；阿波罗也没有其他表示；也没有谁诉于宙斯要以过失杀人而定谳。说神话之荒怪这便是一例了，这中间有什么伦理教义？

如果这故事是意在禁戒，向体育场上的人物说明铁器等等的投掷要小心哪！有伤人的危险……此一说也，则又是以偶然为常然了。

这问题的重心在于青春生命力。哀悼青春生命力的摧折，欣羡青春生命力的柔美，鲜健，纯洁，天真，哲人创制了这一神话和节庆，正是使人的热情有所寄托，起一度大的激扬和净化，其间之仪式节奏如音乐舞蹈等，处处皆是生命力之奔流，同时是其约束，由是而可趋于圣洁，崇高。常常经过这种洗炼，导扬，整个民族生命可趋于向上一路了。在这种境界中，很可容易明白中国古代所谓喜怒哀乐之未发，谓之中，发而皆中节，谓之和的道理。其所得者也常是一中和。在希腊之数学上、音乐上，很早对于中和已有过研究。其发于人事者，正在这些地方，通常所谓文化之优美，也正在这些地方可见到了。

至若美少年的纪念，要点仍是在生命力上。我们无妨将形躯之美，与生命力的动态之美即其原有之光辉分为两事；后者通常我们称之为"标格"，"姿致"，"风裁"，"风神"。这不论是少年，中年，老年，皆有，只要生命仍存便有。假定有洽菁妥士是形表风神俱为美好，这中间便有极大的亲和性与违拒性。他喜欢阿波罗，不喜欢切斐乐斯，及阿波罗喜欢他，这里皆没有思想上的志同道合的问题，也不是异性之相爱而落入造化之另一机巧，更无由说人神之间有何同性之爱，这中间几乎无道理可讲；三者皆受同一力量之支配而或自知或不自知。在希腊神话中人神的界别极微，时常在同一水平，天神也不是个个皆不死，所以亦复无由说格位不同而少年凡人可随意为天神所杀的问题。是这生命力三者同具者间之亲和、违拒，造成了这场不幸。亲和，差可说为生命力的震动之同调，或其旋律或韵律或格度之同符，以及相交换或取与之均等，违拒则是与这相反。亲和则有其快乐、发扬、创造；违拒则有其痛苦、压迫、毁灭。这几乎可说是生命力上之原始律则，三者皆未能脱出。

这中间没有"偶然"，常识以为这是一偶然的机会，掷铁饼而误伤；假制成这故事的诗人，不是没有我们所有的常识，但他不承认"偶然"，在无可解释之处寻出了一套解释方成其为哲学，或者那不成其为哲学而只是文学或者旁的什么，总归一样，有那么一套说法。虽然，这生命力之说是一真理，解释可比较圆满。从这中间可得到什么教训，那是另一伦理价值问题，又可以用四句义去问，道德的？非道德的？……总之，这中间藏了一部未写出的极大的人类历史，它支配了大部分人与人间之关系，文字纪录的历史，比较起来，也许只算是它的残篇断简了。

这里不是说徒是生命力便决定了历史，因为人不徒然是一有生命物而已，他还有较重要的思想，还有最重要的心灵。决定历史有若干重要因素，这不过是一个因素罢了，通常男女间之相爱，这生命力之交互，也组成了一部分。这不是怎样玄秘的事，然而人间之一切悲剧喜剧皆由之出演。——诚然，倘没有生命力便不会有任何成就。然生命力过于奔放，在人生必然造出许多过失，于己于人之损伤在所不免。而神话传说天神界亦已有多少荒谬丑怪之事了，通常人之不幸而为恶或犯罪，尚不到那种程度，这对于其人便是一极大的精神治疗。以神话之流传而"无道"已视为非非常，在天神界已有之，似乎已将其半神化了，则在后世基督教化中所视为"跌倒了"的人，极容易重新立起，减少了内咎而恢复其精神上的健康，继续其人生之正当奋斗。姑舍希腊神话中深邃的涵义不论，至少在这一点上已可见其原旨仍在于"善生"。天神已与人类同群；建立在一异常宽容博大的精神中，其道德已是"超道德"而仍是人间的道德。

四

"神示"希腊文作 Manteion Chresteion, 即拉丁文之 Oraculum, 原意是"祷告"，柏拉图曾经讨论过（Phaedrus, p.244），并按其形式分为清静的与热狂的两类。前者是卜人（Mantis）依其固定的一些原则，解释神所示的征兆。后者是有代神传语之中介人，在一种精神异态中说话，因而指示某些事物的休咎。语亦多不可晓，性质属预言，或中或不中。这种风俗大概在各个民族皆有，但希腊的似乎是埃及传来。

希腊最古的神示，先于德耳菲的，是在多东那城（Dodona），那里有一小山名特玛奴斯（Tmarus），有著名的宙斯庙——倘若古代各地皆有过洪水之患呢，则这里是第三趟洪水后建造起城与庙，史家大致推定在公元前1503年（Deucalion统治时代）。

多东那附近有一橡树林，林中有一清冷泉水。传说这泉水在夜半则盛满，渐渐退减。至日午时全涸。而其水亦异，能燃起火炬，用未燃之炬点水则燃——这皆不足奇；但其起源，据赫洛多妥斯之说，是有两只鸽子，从埃及帖贝斯（Thebes）飞出，一个止于里毗亚沙漠之宙斯庙，一止于多东那的林中，遂作人言，说宙斯已使此处变为神圣之地，将在此说预言。传"神示"的，古时是男祭司，是去听泉水的流声，将其所听到的说出给问者。另说是听风吹动橡树枝叶时所发之声。时代似乎在后一点，则在林中立一铜像，像手中执一杖，杖为风吹动，则打击一铜壶。铜壶又有多个，一联悬挂于空，一壶被击动，则其余的壶皆动，于是发声。只有祭司可听懂这"壶语"，翻译出那意义，后世有四个女祭司专司其听。

五

总归不论是如同哲学家也好，是如同科学家也好，有一列"空空如也"之铜壶在说预言。但"鸽子"而从埃及飞出，只好像说出了一点点故事。事实是菲尼基人从埃及迎接出了两位女祭司，一位是定居在多东那了。古语Peleiai义为"鸽子"，又为"老妇"，因成其说。

该树林之橡木，偶作船材，此一段船材，又在海上发"神示"，那是五十桨的一艘战舰，名阿果（Argo）；是做了舰头上的一横木。

德耳菲的神示，是怎么一回事呢？

相传是有牧人在帕那苏司山间牧羊，发现山石间有一深洞，从里面冒出一种气，羊闻到了那一股气，便兴奋跳跃，牧人往探，也触到那股气，便亦复如醉如狂，仿佛得有灵感，能说预言。这是所谓"神示"的起源。

这样得到灵感的人渐渐多了。于是居民在此立起阿波罗庙，因为神话中阿波罗是说预言的神。渐至有祭司专司其事。"神示"起初多是诗句，后来渐渐亦有散文语，有一时期是女祭司专司其事。

每年只有春间一个月可问神语。问事的善男信女，必定奉一笔香资。女祭司（Pythia）代神说话者一人，事先须斋戒沐浴，要在帕那苏司山下的泉水（名Castalia）中沐发，然后摇动一枝桂树，取其枝叶为冠，有时也要嚼树之叶，于是坐在一三足架上，架置于洞上，感受涌出之气。这么她渐有奇异表情了。双目发光，头发上竖，发出谵语，旁边五个助手记录其语。这么便说出所问之事的答案。

有时这一异常精神状态过一会儿便平复了，但也有过发狂至三四日而女祭司遂死的事。女祭司生活是圣洁的，但曾有某女子被少年男子暴力侵犯过，于是规定女子非年过五十不得任该职，起初止一人，后为二人，问神示时装束仍如少女——整个说来，正属于柏拉图所谓"狂热的"一汇了，如所问之事不吉祥，神亦竟无所示。

十九世纪末法国人在此地的考古发掘，阿波罗的祭坛见到了，但所谓地下出气的洞口，遍寻不见。似乎在古代早已堙废。

至今欧洲仍有一些"通灵会"或"降神会"等，也是有一"中介人"代替神说话。其事之渊源，可以追溯到这古世代。在古希腊人，确实信仰阿波罗在此山谷间显其神灵。

多东那的庙，交通不方便，神示的中心地点，因人事日繁，一转而至芙西斯（Phocis）。

这是一风景荒凉之区，由科林司海湾登陆约六英里，便有一小山地，北方山崖壁立，即帕那苏司山。山中有大石窟，传说可容纳三千人；波斯人入侵希腊时，这石洞作了居民避难所。东西两边皆小山岭，南为西菲士山。一道小河流贯东西，帕那苏司山石间的泉水，流入其中，这便是蒲莱斯妥司河。这里，便是古希腊的德耳菲神地了。岁远年埋，1860年已有人在此地发掘，1891年法国政府购买了这一片土地，次年修成了一条轻便铁道，于是大规模清除砖土，发掘出整个基地。东西两边的城墙，犹有可见。凡庙址、祭坛、半圆剧场，皆出土了，许多雕像，皆掘出保存于博物院里。至于今日所存者，皆四世纪时遗物，古代地震以前之旧基，犹有可见。

从雅典到这里，往返有107英里。雅典曾有一善走者，一日走了一来回。

这里最古的阿波罗庙，是托洛封尼斯兄弟所建；但在祀阿波罗以前，这里已经有对于"土地"或"地母"（Ge或Gaia）奉祀，其时已有"神示"了。托洛封尼斯与阿加昧迭斯两兄弟修好了庙，便求神有所恩赐，结果是女祭司告诉他俩高高兴兴过八天，第九日可以领赏赐，而八日之后两人皆安卧不醒了，这是史事。那建筑在公元前548年毁于火，后来雅典的一个贵族家庭，捐出三百塔冷通银子重修的。重修后庄严华贵，有胜于前。

我们不难想象，在这么一个幽静的山谷间，创出了一异常神灵，明智，仁爱，修洁，平和，优美的精神氛围。希腊各邦从来未尝统一过，而由这一崇拜，在民族中无形造成了一种团结，奠定了古代文化之基。我们研究西洋文化，着眼应该是这些处所了。这一地点支配过多少人事,发生过多少政治作用,简直无法估计了;希腊有史以后,不是神权社会,祭司也未尝成为特殊一阶级;后代偶尔有过攻评祭司受贿赂的案件,但没有任何纪录说祭司成为一阶级而腐化了。但这里是全希腊人之精神皈依处,因此也是财富奉献处,阿波罗的庙产,随时代增集起来;著名的雕像安置其中,绘画也悬于其中,甚至著名的妓女画像也挂在里面;与名流的画像同列,金银之宝藏自不必说。

为了这一庙宇,有过十年的战争。后下当述。总归金银珍宝太多,外族人起心劫夺了,有两次似为偶然,又或是有其他缘故。一次是公元前480年,波斯人来劫庙了,忽然雷电交作,天地晦冥,兼之以地震,并且有大石飞动,打击劫者。另一次是约两百年后,公元前279年,高卢人入侵而劫掠庙财,其事正同,亦空无所得,仓惶逃散。

财富操在任何人手里,从来必要有保存财富的力量,不然,"盗思夺之矣",譬如西那恪斯(Syracus)的暴君狄阿尼和斯一世(Dionysius I, 卒于公元前368年),取去神像上的黄金袍,还说:"撒吞之子的这件袍呢,夏天太热,冬天又太寒!"他取去给换上一件羊毛衣——真是"君子疾夫舍曰欲之而必为之辞"!德耳菲的祭司,有资财,无武力。苏拉(L. Cornelius Sulla)便取之犒赏士兵,事在公元前86年。尼罗(Nero)又取去铜像五百尊,事在公元66年。后君士坦丁大帝取去了庙中的珍贵装饰,去妆点他的新都,传说三足椅,并其座子,为希腊诸城联合贡献品,雕刻作长蛇纠结之形,一皆移置于君士坦丁堡。后至攸里安鲁斯(Julianus, 卒于公元363年)派人(Oribasus)去修复庙宇,这时"神示"颇哀悼过去光荣之已逝,于将来无所昭示了,可以说一庙堂之微,竟与希腊文化同其兴替,阿波罗有其光耀辉赫的时代,亦可随人事而寂寂无闻。

六

这一场十年战争，原因有很多，但名义上是为了阿波罗庙而起。

马其顿王腓力浦斯一世（卒于公元前336年），是雄才大略的一位英雄。在位凡二十有四年。其时希腊最高统治权操于"联邦会议"Amphictyons，当时会议却为帖班人（Thebae）的势力所左右，而帖班人与芙西斯人是积不相能。腓力浦斯的策略是纵横捭阖于诸邦域之间，弄到各不自安，而且嫉视邻土，起扩大版图并吞诸国之志。

事情的起因很微细，联邦会议谴责芙西斯人侵耕，所耕不过一小方地，属于德耳菲的神产。命令是将那已耕之地荒废，还要罚出一笔巨款赎愆。问题遂起于定界；其次是芙西斯不服此罚，又无力出此罚金，及联邦会议要强制执行……种种争执。这时芙西斯人中出了一位领袖，名菲勒蔑路斯（Philomelus），用了他的辩才鼓动了民众，并倾出了家财，遂决定要用武力对抗武力压迫。于是进据德耳菲的神庙，发出积年的富藏招兵。军队既编定，扼守要隘，以一邦而与诸邦抗。两年之间，帖班人，洛克里斯（Locris）人，与芙西斯人时有小接触，但战争没有多大进退；凡战时执了芙西斯人，便处以极刑，加以扰乱神地，破坏庙宇等罪，而芙西斯人执得了对方的兵士，亦复处以极刑，以为报复。可是菲勒蔑路斯不久逝世，战败下来；这时他的兄弟翁诺马霍斯（Onomarchus）出而代将了。翁诺马霍斯亦复勇敢，且善能应变，颇有将才。他运用交涉方法使诸邦同情此举，便严守中立，帖萨尼亚人（Thessalia）更出兵援助他，使参加帖班人一方的腓力浦斯，也不得不败退。

可是在玛格涅西亚（Magnesia）附近一战，芙西斯人大败了。原来腓力浦斯既败，遂激励士卒，给他们戴上月桂冠，说这是为德耳菲之战争，为天神之战争，使其勇气百倍。此一役是六千芙西斯兵阵亡，三千人被掳，翁诺马霍斯在战中被杀，将他的尸首觅得，仍用绞架吊起，示惩处罪。阵亡之士兵皆不葬，举而投之于海。

这一场大败却未曾完全毁灭芙西斯人，菲勒蓂路斯还有一兄弟名法伊路斯（Phayllus），仍能收合残兵，出而报仇。他将士兵之饷增加一倍，又从雅典，阿霞伊亚等地新募得九千余人。可是最后德耳菲的金钱渐竭了，各个部队首领间又不和睦，及至腓力浦斯的兵渡特木庇列（Thermopylae）海峡之后，芙西斯人转而听他的诱降，放下武器不作战了，待他将他们的道理在联邦会议中伸直。腓力浦斯也称替他们尽过一点力。但这时会议的力量是帖班人，洛克里人，以及帖萨尼亚人所操纵，一致通过拒绝芙西斯人遣派代表参加联邦会议。这时芙西斯人经济力已竭，士气已颓，于是乎局势更无从挽救了。

这以后便是议款了；凡人民之军器马匹皆当出卖，以钱归阿波罗庙。每年得付款一万塔冷通，以恢复庙宇战前情况。凡芙西斯的城市皆得解散，化为小村落，每村不得多过六十家。村与村之间还要有距离，约合半华里。凡其人民曾享之权利皆当褫夺，奉于马其顿王腓力浦斯。执行这些条件的是马其顿兵。于是芙西斯土地荒凉了。人民更无从抵抗。自其始举兵至此（公元前348年），不过十年，其国遂墟。

据简单的叙述是如此。这里用得着"论曰"或"外史氏曰"了。历史上之战争无数，很少有道理可讲。同时代约当中国之战国；但春秋战国，未尝为神道而战，皆是为王族而战，争霸权而战，也从来没有要毁灭一邻国之人民如此彻底。愈到后代，以至近世，战争乃成为大歼灭了。我们自始至终看这一段历史，知道芙西斯人纯粹是反对压迫而起兵。激于义愤，保全本土，因而倾其神庙之财。而此财是各地人民疾苦患难中积年之奉献，人人休戚相关，庙从来被视为神圣之地。因此负了盗贼之名，而使对方有"保教"（护神）等借口，以宗教热情激动公愤而兴诸国之师。这与后世之十字军之兴起的（异乎内在的或秘密的）原因不异。其所恃之资源一竭则兵必败。但希腊史上芙西斯人始终以英勇著称，后来在雅典人的庇护下，渐渐恢复了势力。

七

罗多斯是地中海的一岛（Rhodus），周围约百二十英里，位置在迦帕透斯（Carpathus）岛之海上，在迦利亚（Caria）之南。首邑为罗迭斯（Rhodes）——希腊文中是一玫瑰花，岛上多玫瑰故，可意译为"玫瑰岛"。原来是商业国，其所订海洋法，从古有名，被采入罗马法中，从之又为近代欧洲海洋法所据。但最著名的，是岛上一阿波罗的铜像，为古代世界七奇之一。

这铜像跨在两道石堤上，船从它两足间过，它有105尺高，是各部皆合比例的。始铸于公元前300年。艺术家为霞列士（Chares），工程期间十二年，不幸在公元前224年时，遭遇地震，铜像一部分震坏了。原来到像顶有一旋梯，像颈上挂有望镜，风日晴和，可以远望叙利亚海岸，及埃及海上之船。

像在破敝状态中又立了894年，岛人从各地收到若干宗捐款，要求修复此像。但捐款皆被岛人没入了私囊，并说德耳菲的神示，不许他们重修此像。在公元后672年，萨罗森（Saracens）回教徒占领了这岛期间，将其铜卖给了一犹太商人，价值估计约当36000英镑，用九百头骆驼载去了。

霞列士和他的助手拉叶士（Laches），皆是该岛上的人。皆出自林多斯城（Lindus），在该岛东南，是产生过大哲人的乡土（Cleobulus）。古代造小型像多用镕蜡法，但这种巨铸，我们想象或许是段片铸就合成；由此可推测古希腊工艺之高，及其时该地经济之繁富。但可欣赏而推重的非独在此，而是一岛民能有伟大事业之意识，发之于艺术家的想象，有此成就。其源，可说是由于巨大的心神和巨大的气魄。通常商业社会市民间，很少产生此种巨大高远之思，脱离了金钱的实利。土生土养农业社会的平民间，亦复很少产生此种理想，一尊铜像，饥不能食，寒不能衣，再高再大对他也没有用处。但是这类创造，表示了一时代人的精神，能趋于远大崇高，脱离了凡近鄙俗，而且使世世代代的人，能感发兴起，卓尔有立，趋于向上一途，可以说，无形中提高了人性。在这种创作，正可见到无用之大用，而且此无用之大用，大到无可形容。凡看到这简单叙述之人，必感觉该地后人之不肖，既不复旧观，又无所新建，必走在衰败的路上了。我们揣想原来建造，也许不仅是一二大心之士之要求，而是若干人精神上有些需要；固然是对阿波罗的崇拜，但从来求福佑免灾难等事，非必兴如此巨大的工程，况且阿波罗亦不是海神或商业之神。大致脱出了造像徼福的寻常宗教动机，从初是一种精神建树。

八

阿波罗的神示，古希腊世界中著名之地有六。德耳菲之外，要属叠洛斯。这是爱琴海中"圆周群岛"（Cyclades）的中心，今称赛列斯岛。

神话传说：天上之主攸彼德夫人优乐，妒声是闻名的。攸彼德却另有多个爱侣，有位名那通纳（Latona），给优乐知道了，派出一条蟒蛇（Python）去迫害她。从天界追到地界，地神畏惧优乐，不敢容纳，使她无处藏身。这时那通纳怀了孕，攸彼德将她变形为一鹌鹑，飞到了爱琴海地带。海神（Neptune）看到这情况，起了慈悲心，用它的三角叉在一座浮岛上一顿，使岛停止了漂浮；原来这岛是在海上漂来漂去，有时沉在水下，有时出现水上，这便是叠洛斯（Delos）岛了。字义原为"出现"，鹌鹑停止下来，恢复了常形，倚在橄榄树旁，遂产生了阿波罗与狄安那兄妹——有说这神话是取自埃及神话，即 Orus——为其母伊西司（Isis）所救事。

很自然的海洋中的岛屿，时有变迁，珊瑚所成之岛可渐次出现，地震也可使岛在海上顿然不现或出现；海神的这一举措显出了伟大的仁慈与威力。也由此我们可以推测阿波罗兄妹或是历史上人物，生在叠洛斯岛。附近群岛及陆上之人，凡值纪念阿波罗的节庆，来集于此，而且，这里还有阿波罗的一祭坛，是羊角做成的，传说为阿波罗四岁时所造，羊角则是他妹妹在 Cynthus 山上猎得的许多野羊的角。此一祭坛亦是古代七奇之一，岛人视为异常圣洁，不许沾上牺牲品的血或任何涂洒。阿波罗在此庙中的形象为龙；每年发"神示"是在夏天，辞语从来明白而不幽奥，在这类语言中是少有的。

这一小岛，在波斯人侵入希腊之时，未遭劫掠，其时全希腊的庙宇很少幸免，传说是波斯人亦复敬仰此神。有一时期因保持该岛圣洁的缘故，不许有犬登其岸，不许有人死于该地，亦不许有婴孩生于该地。雅典人清除该土时，将一切葬于其中之死人掘出，运往邻近岛上安葬。其法令是凡有重病的人，或许无长久生世之望了，便应移往邻岛（Rhane），不许在该岛寿终。据 Thucydides 所记如此。由此，阿波罗在古希腊人的心目中何等神圣庄严，不难想象了。

此外，则有古之帕塔拉（今称 Patera），在黎西亚（Lycia）的西柏士河（Sirbes 亦称 Xanthus）河口的东岸，该处有宽广的泊港，对阿波罗为神圣之地，有他的庙，亦发"神示"。在 Pausanias（希腊史著者，公元 2 世纪时人）时代，那庙中还保存了一铜盔，相传是开天辟地时金铁锻铸之神乌耳堪（Vulcan）手制的。其时人相信阿波罗每年有寒天六个月居于此庙，暑天六个月则居于德耳菲。

还有一处在忝聂朵斯（Tenedos）。是爱琴海中一小岛，在托罗亚对面，希腊诈解托罗亚之围，退藏其兵于此岛。这里亦复有一阿波罗的神示。重要不下于叠洛斯岛，是伊翁尼亚（Ionia）的一城名克那鲁斯（Clarus 或 Claros），也以阿波罗的神示著名，这是一女子建置的。

这女子名曼妥，亦称达芙尼（Maoto 或 Daphne），是一位盲目先知（Tiresias）的女儿。她的故国帖贝斯（Thebes）城破了，希腊人虏了她。因为她可算是最珍贵的战利品了，便将她送往德耳菲神庙，当作贡献。曼妥便在庙里当女祭司，代神宣示。后来她到了克那鲁斯，在那里建立了阿波罗的神示。又与该地之主（Rhadius）结婚，生穆卜修士（Mopsus），后亦为大预言家。曼妥后来游到意大利，再结婚生俄克奴士（Ocnus）。后人在意大利立了一城市，用他母亲的名名之，曰曼妥阿城。

（《昇学杂著》）

澄庐文议

小　引

　　五十年来提倡白话，功效奇巨。至于今，白话文的作品成就伟大，白话诗的成就则远觉不如。通常文言文与白话文对立，其实两者仍是通行并用。如文告、公报等，有摘要、提要之必需，仍是简单明了的文言为适用。在提倡白话文之初期，文言与古文不分，于是一并在打倒之列。这是自五四运动而起的事。

　　五四运动以后，文化界人士大举提倡白话了，这便是《新青年》杂志时代。回忆当时所谓"论战"，拥护文言或提倡古文者势力浩大，然反应却甚微小。这时只好从新人物的队伍里，虚构出一位理想人物名王敬轩者来拥护文言，提出抗议。事实上是提倡白话者，多是深通文言，读了不少古书的人，有些还甚至是古文和古诗的良好作者，胡适之不必说，陈独秀深研杜诗，全集大部分能背诵。周氏兄弟曾是章太炎的弟子，后来皆成了白话文名家，散文各自有其风格。从这班新人物中，很容易寻出一位律师，来替文言辩护，使王敬轩所说的代表当时守旧派拥护文言者所欲说而不言的话，这么造成一番"论战"，更可唤起文化界的注意，使影响增大，换句话说，这便是"策略"，如在医术上，亦有助病攻毒之方，收效甚大。——这是一桩小史实，笔者在当年已听说，后下亲自问过鲁迅先生，他愕然，问我怎么知道的。我说是间接听到他的学生说起，他也承认，是虚构，为了打破当时沉闷之局，便创出这么一位假想的敌人，尽情说出拥护文言的理由，成其论战。但没有说出执笔者为谁。可惜我当时未曾追问。或者论、难、攻、守，是几个人商谈的结果。明代大儒有薛瑄，字敬轩，有意或无意，当时诸人用了这名字。

提倡文言而颇能古文者，后下真起而反对白话了。但力量皆极微弱，如林琴南、钱基博诸人。林琴南以翻译著名，在近代西洋文学之绍介入中国有过大功劳，间接有助于新文学之兴起，但他不满意于白话。其所译小说如《茶花女》等，亦曾风行一时，文字可与稍前之严复所译《天演论》媲美，皆起过大势用。二人皆可谓文章家，虽不免互相轻视。其余诸人，虽极力提倡文言，却无甚文字可传。这里有一现象值得注意的，当时朴学大师如余杭章太炎，大诗人如义宁陈散原，皆在旧文学上有大贡献，于古文研究精微，其诗其文至今不少人爱诵爱读，却未尝反对白话。章氏陈氏之若干大弟子，一一有所传承，在各项国学各自有其造诣，而无一人反对白话者，可谓道愈大则见理愈透而所容愈广，卓然不失其传统之儒林风度。章氏诸大弟子中亦有如古之所谓"狂者"，呵斥时代，亦为时代所排，风格近乎魏、晋，然不是专事攻击白话文。当然，从此新文学盛行，翻译与创作，风起云涌，白话文之树立巍然，亦少有人回顾这些陈旧的公案了。

时光迅逝，一转眼已五十多年。多少可歌可泣惊天动地的大事，在这期间发生了。笔者无似，很好的光阴虚度在外洋，北欧洲，南印度，前后离开故国，不下三十多年。中间在桑梓又躬逢对日本抗战，讲席未暖，流离播越。其学术造诣，自不足言，与中国语言文字隔绝太久，在外洋亦无一人相与切磋琢磨，其旧时所学所知，虽未全忘，亦荒疏已甚。但正因此间隔，反时时兴起怀旧之念，关切之情。其留心于中国文坛，或者有过于在乡里。早几年读到时下某名家所撰的一碑文，是记工程的，已是大书深刻；反复三过，方算读懂了。又时复看到中国文人所发表的白话文告，字句之冗长，文义之晦奥，实与三十年前者不甚相远。感到这期间文人学士之心力，或者用在其他更重要的事业方面去了，若论创作，则无论文言白话，皆没有作何大进步。尤其是某些在外洋出版的华文课本，似乎编制过于匆促——有一种仿佛是加拿大所采用——其中可修改之处不少。这是一寻常然颇重大的事。笔者久别故里之后，所得到的观感大致如此。若使一向身居桑梓呢，或者难于得到这客观视景。或究竟因所见太小，不能以管中所见之一斑代表全豹。又或是时代进步了，而笔者久已落伍，亦毋庸讳言。似乎将来对目前这时代自有历史的定评，姑且提出此一观感而已。

这观感可能太属个人性。偏差，可以不论，而时代却有一大事业在前，即修史。渐渐已迫近修前朝历史的时候了；这是此一时代的名贤的责任，难于久远迁延的。目前八巨册清史，至多只能称为清史稿，看来难于信今而传后。然则无论官修私著，有待于此一大作品之问世。也许正有大手笔或大文章家从事于此。自来大史笔皆同时是大文章家，因为文与史亲切相依。

扩大言之，盈空间者皆文，历时间者皆史，而史事依文章家以传。如说文之属往古者皆为古文，则经史皆包括在内。纵使说六经皆史，史包括不下全部文学。古文中仍有义理之文，与纯文学之词赋、诗歌等。——然所谓"史德"亦即是"文德"。于史家，文家，以至凡人皆为共通。必明觉自己下笔之重轻，文字写下了对读者有何影响，如彰善瘅恶等，是颇为重大的事。其幽微处只有秉笔者自知,当内省不疚,觉得如此写下非是"阙德"。所谓"史才"亦即是"文才",然"才"有大小。司马迁,班固,范晔皆良史之才,亦皆大文章家。远至左丘明,更是独绝千古的大手笔。可说"才"依乎其人与其人之时代。大本出自天生,亦复出自学养,即其"史学"造诣。然终不能不受其时代影响。如说其人反对当世,亦仍是受到影响乃起反对。至若"史识"则非一般文章家所通具。这可说是对"真理"之视见,亦可养成。这颇要读万卷书,又谙练人情物理,深研古今治乱盛衰兴亡之迹,然后对事物能有正确见地,对时代能有正确批评,对将来能有正确预料,所谓深于"史学"。甚至万卷书之研读犹在其次,于人事之阅历、经验,则绝不可无。如石勒听人读史记至高祖正要铸印封六国后,还没有听到下文,便说:"此法当败。"正是有"识";石勒是一不识字的人,未尝读万卷书。然则可说此"识"是凡杰出人士所必有。——那么,将来这一大事业,需要此四者:德、才、学、识皆具备的人士尽心力而为,可想而知了。

为史不必是用文言,亦可用白话。问题在于是否为良史。为良史的条件较佳文远过苛刻,虽好文章家更要费若干经营,如史料之抉择,书法之凡例等。佳文不必是良史,而良史必定是佳文。一至论及佳好问题,则入乎美学范围了。——在西洋,自古是文学包括在艺术范围内,史诗为文学之大宗,大演说家乃同时运用修辞学而成其文章。表呈皆有其技巧,牵连戏剧以及音乐并雕刻、建筑、绘画等,一并成其为文艺。在文艺中探讨其佳好与否,则别出为美学,为哲学的一支。在中国不然,文学高于一切。西洋史诗只可并肩弹词,唱书;戏剧,音乐,只有其文词部分为士大夫所关心,其余则一例入乎工伎之列,他如医学等皆在"艺术"范围,清末民初的工程师亦入乎"艺术"列传。清代阮元始别立一畴人传,以往则数学亦入乎艺术部门,天算则入乎律历。中国文学作品中，如楚辞、汉赋、宋词、元曲，以至骈文，在西洋文学中难求其同似之品。总归两千年来，知识分子的心力，皆用在文字上了。客观就大体看，成其为史学之国，文学之国，在域外皆无可比方。那么，可以推想这题材之重大。

历史，非此文之所论列。这里只就目前情事，将语言、文字、文章上一些普通问题，稍加检讨。文章则涉及"古文"，有其所谓"义法"，亦当略略追寻。所牵涉的问题颇广，不能亦不必一一加以深论。着眼虽在过去，然主要是在将来，我们现在得走什么路，然后希望可有伟大的成就。自觉此中并无非常可怪之论，非故意标立新奇，而是指出几条大路，似乎人人可行，或亦已知已行，决不是偏僻小径。皆是平平实实的大路，愿与读者一同脚踏实地走去。

一

"书不尽言，言不尽意。"——这是孔子所说过的话。凡人的意思，不是皆能用语言表述。宇宙间至上的真理，已超出名言以外，往往可以意会，不可以言传。

若干精神人物静观默想的结果，一至最高的境界，便说不出。若勉强加以表述，便走了样，所说的自加省察，又全不是那回事了。禅宗之不立语言文字，也是不得已而然（禅宗不是虚伪，其中大有真理，虽寻常包含若干虚伪，然已得未得，已证未证，其间了了分明）。总归是言语所不及的境界。其次，就寻常人事以观，伦常之际，如男女关系，屋漏衾影之间，正有多少缠绵悱恻之情，非语言所表（此说出王船山）。甚至朋友之相契，"相视而笑，莫逆于心"，用不着语言，亦非语言所表。——非是到孔子时代语文尚未发达，不能尽表理意或情意。而是语文本身自有其界限，乃说"言不尽意"。

言意之辨，在魏晋间已讨论过了。大致间接是由佛法入中国因翻译西语而引起的，有了外国语文相颉颃，中国的语文的长短因而显明，由此研究或"清谈"的题目也落到了这事。总归"言不尽意"是说出了一真实，是主题亦是结论。今古同然，无可诘难。在西文亦皆如此。

若论"书不尽言"，这亦是一真实——古人为书，是用漆，用竹，用帛，非如现代之用纸，用笔，用墨。其事颇为烦重。孔子时代小篆尚未兴起。所写的是"古文"，更为复杂，远不可与现代之正楷或行草相比了。如有事当记下，是必需，则只合以极高妙的手法，以极少的文字写出最多的事，"于是乎书"了。倘若某事极为重大，也是拣其最重要者写下，一部分只合略去。——这似乎是以唯物史观解释古代文化发展，或然或不然，总归这是历史上的事实，任人从哪一方面看。——这便成其为文，或成其为书。因此所书的范围必有限制。孔子修春秋，以一万八千言叙述242年之事，自有其所以如此之某些理由，而此物质上的限制，是一不可忽略的原因。若使以口语叙述同此一时代的事，文字必然多过若干倍了。

就事实论，写下是比说出较为重大的事。写下乃成其为文，说出虽可以成为文，然通常不成其为文，只是说辞。而日常我们说出多少话！倘若我们作日记，也只合择重要的事情或谈话记下，觉此外无其必需，无由尽记。纵使是古之国君，"言而世为天下道，行而世为天下则"，有其"左史记言，右史记事"，而其记言非如近代之录音带，一皆录下可以再听，必有拣择；其事亦未必尽情记出无遗，也只能拣择，皆是拣出其最重要者，于天下后世有较大的关系者，其他只好从略。此即春秋之"常事不书"，成了一史法。以此成就后世所谓"实录"，由此再加拣择或提炼，乃成其为"史"。然则就物质工具和材料内容的限制说,"书"实未尝尽"言"。

以一物质拟象再表明此意:是犹如一圆锥体,截去了上半。其上部之正切圆面为"书",底之平圆面为"言",其圆心在同一直线上未改,其圆面积之大小不同。上部是由下部升华而得。

这里可以诘难;说"言不尽意"者,是"言"之范畴小于"意"之范畴,是本体的局限。至若"书"不尽"言",以上所说是"未尝"尽,没有解释何以"不能"尽,说两圆面积有大小,其间有距离,如何应有此距离?在今之语体文,说出的便是写下的,写下的便是所说的,二者是一,没有较大较小的差别,何可说"不尽"?

这只能以大概而论。精确统计至今未有,而语言文字时时在变,精确统计亦复难作。姑且以二事分说:声,指语言;形,指文字。自文明开化的史事以观,太古人类有其原始语言,如鸟兽之有鸣声,可向同类表情达意。文明大开化而后有文字,即"书",这么方进入有史时代了。汉代之匈奴尚无文字。藏族之制文字,在唐以后,满族之制文字,在明末入关之前不久(公元1599年)。凡此皆以字母拼音,欲以一系统符号网罗其切声音皆尽。汉文的制作诚然早了几千年,原是以形为主。然六书中谐声之字,几占十分之九。二者并论,一在前,一在后,亦可谓一为主,一为客。文字居于上层。

大抵无论何种语文,倘若是生活着的,必时时在变。人事因进化而日繁,则语文亦必由简单而趋于复杂,或又由复杂趋于简单。或增加新制——此事至今未已,如化学上添了一些元素,则今人又添了一批新字,为古书中之所未有。或转用旧字,以一字作数字之用而不造新字。即六书中所谓"转注"自古已然。这在西文中较易见,以英语或无宁是美国语为例,每年在整个字汇中总有若干新者添入，一部分是科学上的新语，一部分是流俗渐已通用之俚言，多出自黑人的发明。而义已久定之字，可以改变，或化大，或变小。本属俚语而变成了雅言，或本属雅言而变成了俚语。在汉文是写法改变了，笔划或添或减，在西文是拼法改变了，这只看稍古一点的英文便可知道。而本原是一英语，入美国则音渐变为美语，显著不同。在汉语则自古有各种方言。那么，倘若是其正活着通行者，音变，声变，形变，又不独义变。在量上有新者增添，有旧者减去，埋废已久之字，渐少人识得，因渐归淘汰于不知不觉中。

　　据此实际观测，既时时有新字或俗字之采纳，又有新字和新名词之发明，更由语言与文字性质之不同，（这问题稍待后说）实可推定为主体的语言之范畴较大，伸缩性较多，而为客体之文字的范畴较小，伸缩性较少。互相比度，则后者涵盖前者不下。以拼音系统之语文并观：若综人类的发音器官所能发之单音，至多不过五百有余，其联合则变化无穷。汉文是单音字，不属拼音系统，同音字多，虽自古有"长言之……短言之"之例，后世作出四声、五声之辨别，变化加多，而范畴终是差小，正不乏有其声而无其字之空处，在音韵表上随处可见。如实说，音同正是一弱点，虽由形异可以救正，亦由发言很少单音，必有多字相联而出义，难于误会，可为救助，但终究是一弱点，有待于补救。——音韵表上的许多空白犹可填补，然这不是由少数人所可制作而加以填补的事。如必要充填，只合增添新字，然这受制于语文的自然变化，必经历若干年且"大众化"了，然后有较具定的结果，虽其初或仍出自一、二聪明才智之士，亦必不能是大量新创而颁行。

二

寻常我们矜为白话文者，其实是限于普通话或官话，以中国之大，各省各地，皆有其方言或土语。这是各语言学研究的好题材。其间可画出许多图表，析出许多系统，绎出许多通则。这是专门学者的工作，非此文所论。而普通话或官话，内容仍属于生活的外表，字汇并不丰富，学到五千字已经是不可胜用。早几年有调查，其数目如儿童入学所当认识的，以每日平均学四、五字计算（每周学二十八字），只学到四千五百字左右，那么，若查任何寻常字书，数不止此。不常用的字，为字书所收，不是没有其来由。皆是曾有此需要，因而作；渐无其用处了，因而废。姑举一事为例：某地的大学毕业生多往乡间，谓之"下放"。姑且假定是一文学系的毕业生，"下放"了，与老农同其生活。普通老农识字有限，对读书人他是知道尊敬的，那么，正有许多事他可请教了。比方说，他有许多种田的器具，其名词他是知道的，但他不知道写，那么，请开出一名单，或者，请录出一纸零件的名单，他要寄信到远处添配。——那些工具，当然不曾在教室中解说过，或在博物馆陈列，于是这位大学生，或许顿时失措，有"吾不如老农"之叹了。假定他研究过《尔雅》《说文》《方言》《玉篇》等书，确认识许多字——如锲，铃，镰，铅，剀，铚，钱，镈，铫，耨，鈒，镛，刨，桦，櫌，杷，柫，柳……等字——在这种场合他多感觉用不动。因为他识其字，知其义，而不识其器，即此字所表之实物。又倘若他与老农非同乡，则其音又有不同。更感困难。其所认识的字，不皆是当前应用的字。那么，只好查旧书，如《农政全书》等。虽早已不合时代，然犹可明了一部分。倘若一时无暇作此考查了，只合乞灵于民间"杂字"之书，或利用同音通假，写旁的字代替。而"杂字"多是昔年三家村的塾师自我作古，凭空臆造的，向来非读书人所关心。那么，即此一小事，若无语文知识的准备，必不会感觉胜任愉快。

其次，乡间的生活朴素，而不是通常所想象的简单。倘此老农附带捕鱼为业，则网罟之名，鱼类之名，又有许多待查。或更从事于狩猎，则其弋猎之具，禽鸟之名，野兽之名，或者亦有博物君子不尽晓者。这事不是一文学系的毕业生可了。在文学系中，他可能研究过三礼名物，知道古之祭器，乐器，车制……等，但未尝多识鸟兽草木之名。这在现代，则需要请教一植物学家，一生物学家。而此二人者，其学出自西方，于一些鸟兽草木虫鱼，拉丁名是学到了的，及至出之本民族语文，又颇窒碍了。今之科学多是世界性的，学农科的人，研究到原子能的放射在植物上的作用，诸如改良品种，除灭害虫等，研究湛深，收效弘大，成了所谓"绿色革命"（Green Revolution），诚然值得老农尊敬。但他在实验室的研究易，在田野中的实施难；仅就语文而说，他以西文写研究报告易，以汉文写研究报告难。

即使他之所学原以西文为工具，出之以本国语文，尚有一层翻译工作介于其间。在科学上，翻译亦不足成为障碍，方程式及图表等，用的是共通符号，则亦无甚翻译。然而有待于翻译者，必非我们所固有，因此总不免欠亲切。欠亲切则尚有待于融入心思，与生活打成一片。这时只有二途：一，以西洋语文思维。二，扩充本民族语文知识从而研究，倘使科学家的心力，直接施于其科学主题，没有这一层间隔，则更觉自然了。

以西方语文思维，不如以本民族语文思维，除非其人自幼生活于外国，受的是西洋教育。这意思是那语文比较本民族语文于其心思生活更亲切。若扩充其本民族语文知识，则科学家又有所请教于本民族语文学者了。这是若干年来已经进行的工作。譬如植物学家，从事采集标本，一方面从事于名物之会通。土语名为什么，古书中名为什么，拉丁名当是什么，一一从而研究。中国药材以植物居大部分，或者一部本草，尚未完全求得其拉丁之名。据最近美国学者访华的报告，有些植物为西洋所未有。在其初步定名分汇中，必然感到窒碍的，是一物在古书中的名称不一，由于方言；在现代的名称又不一，大抵又由于方言。那么，要扩充其语文知识，必从这方面入手。

研究方言，必从事于音韵学，无论今古。但从今之活着的语文中，求其古音古训，是一最有趣味之事，其字或其名词是存在的，而以地域之不同，兼以时代久远，声音变了，与普通话或官话不同，然所保存者往往仍是古音，古义。那么便得求出证明，确立不诬，然后可以采用，推广。姑变其例：

近代有学者从事于湘方言考，已灿然可观。长沙被中原文化颇早，《禹贡》中已说及"荆及衡阳惟荆州：江、汉朝宗于海，九江孔殷"。湘江为"九江"之一，而长沙尚在衡山之北。周，秦时皆属楚地，开始封于周成王时。（见《汉书·地理志》）汉代已有著名的贾谊为长沙王太傅，而且近年之发现汉墓与玉衣，更可为证。其存古音古义之字，如流俗已不常书，或又转作他字，用以代替者，兹录出数条如下：

子——如官话，一读如"宰"。此字章太炎谓"以'之'韵纵口呼之，合于古韵"。民间未知此声变，则于俗书另出一"崽"子。

郎——一读如"刚"。童谣中有"牵郎郎，拽弟弟"之语。宋时已有此谣（《说郛》）。意义为牵连一大串事。

外——一读如"艾"（下平），如说"外后日"。陆游《老学庵笔记》云："今人谓后三日为外后日。意其俗耳。偶读《唐逸

史·裴老传》乃有此语。裴，大历中人也。则此语亦久矣。"（大历，西元 766—779 年）

孚——许书：卵孚也。从爪从子，会意。芳由切，今读皆然。

然古无轻唇音，故当读如"抱"。今俗言"鸡孚蛋"。古音既变，则通俗又出一"孵"字。通俗文，"鸡伏卵，北燕谓之菢"，则又古之俗字。

又俗言游水曰"打浮泅"，"浮"与古音合。游水之"游"，实亦"浮"之借字。"游"本义为"旌旗之旒"。从㫃，汓（即泅）。"打"字之为俚语，欧阳修曾说及之，似此语自宋已然。

敿——读若"矫"，说文：系连也。

书费誓："敿乃干"。

孔传："施汝楯纷"。

郑注："敿犹系也"。

"纷"，说文谓为马尾韬，则纺织品。故孔疏谓"纷，如绶而小，系于楯以持之，且以为饰"。"施"谓"施功"。《小尔雅·广器》："干，盾也"。《方言·九》，"盾，自关而东或谓之干"。（《说文》谓"干"从"反入"从"一"，指事。犯也。）窃意"干"之谓"盾"，皆以其为抵御之兵器而言。干之初月形圆刃在顶，非便于击刺之物，而利于扞格敌人之戈矛等，其用与盾相同。以"纷"即小绶带系于其柄，便于携持，亦可以此为饰。

今长沙俗言缝系曰"敿"，正是此字。流俗失写，则别以"绞"字代之，音同而义不合。"敿"义为缝缀而已，不必如"绞"之粗率。

涗——古音义皆存。如言"热水涗冷水"。

《礼记·郊特牲》："凡涗，新之也……醴酒涗于清，汁献涗于醆酒。"

郑注："涗犹清也。……谓沛醆酒以清酒也。醆酒，盎齐，盎齐差清，和之以清酒，沛之而已。"朱骏声《说文通训定声》，谓借为"脱"。许君谓"脱，消肉臞也。""渗漉之使清犹肉消而臞"，则颇为牵强。

涗即渗和，沛则用茅，束茅而灌之以酒，则滤之也。谓之"缩酒"（见《左·僖四传》）。《礼》郑注，"缩，去滓也。"

脱——俗音存古。读若"退"。如言"衣上有油，用肥皂脱得去"。即洗涤清洁。《诗》："舒而脱脱兮，无感我帨兮，无使尨也吠。"脱，帨，吠为韵，皆去声。流俗失书，则又出一"褪"字。许书所不录，宋词中常见。

宛——于阮切，长沙音正同古，谊亦合，许书，"屈草自覆也"，今言铜铁丝可以宛弯。即屈而不断。如《仪礼·大射》"公亲揉之"，郑注："揉，宛之"。即取弓一挽，试其弱强也。——至若用力折之，则字仍是"屈"，而读如"缺"上声。俗斥人曰"该屈"，意为"应该受委屈"。而儿童顽强，则曰"倔"，去声，与古谊皆合。因"屈"（居勿反）古亦音"厥"，文十左氏传之"厥貉"，《公羊》作"屈貉"。襄一，左氏传之"韩厥"，《公羊》作"韩屈"，皆是。

哆——《说文》："张口也"。《诗·巷伯》："哆兮侈兮，成是南箕。"哆，昌者反，音撦。

《法言》："吾子述正道而稍邪哆者有矣。"今长沙俗语犹存此音此义。如言"哆谈"。而湘潭音亦正合。民间又出一"扯"字，非古谊。

"撦"字亦古，宋时俳优有作诗人李义山者，破衣败絮，曰"为人挦撦至此"。

《广雅·释诂三》：撦，开也。"挦撦"则宋时俗语。

搞——同敲。《淮南·脩务》："救敲不给"。今言"搞政治"，敲原义为"横挝也"。

《汉书·项籍传》注：敲，短杖也。别义：《方言·十》："楚凡挥弃物或谓之敲。"注："或云撅也。"搞政治义为从事于政治。与"挥弃"之义稍殊。搞文字学即治文字学。

绐——《说文》："丝劳即绐"。假借为"诒"，"从言，台声，相欺诒也。"《史记·项羽本纪》："田父绐曰：'左！'左乃陷大泽中。"今长沙方言："不绐使你"，上声。即"不欺你"。

鲰——音邹，《说文》："白鱼也，转注"。

鲰——《史记·项羽本纪》："鲰生说我曰：'距关毋纳诸侯，'"——服虔曰："鲰，小人儿也。"本义为小白鱼，今长沙方言中犹曰：鲰。义为鄙陋。鲰人，即伧楚也。此字久已失写。

行——此字数音，其一在长沙方言中，读如"方"。周礼司市："凡治市之货贿六畜珍异，……害者使亡，……"

郑注，"谓物行苦者。"释文：行，遐孟反。又如字。聂，胡刚反。苦音古。

胥师："察其诈伪饰行使慝者而诛罚之。"

释文：行，下孟反，王引之《经义述闻》："'遐孟'即'下孟'也。'行滥'即苦行也。古人谓物脆薄曰'行'或曰'行苦'，或曰'行敝'，或曰'行滥'。《九章算术》盈不足章：醇酒一斗，直钱五十；行酒一斗，直钱一十。"——"行酒"谓薄酒也。《潜夫论·浮侈篇》曰："以完为破，以牢为行"。"行"与"牢"正相反。（以牢为行），犹言以坚着脆也。《方言》："揄，铺、艦、䉣、岐、缕、叶、输、毳也。（毳，古"脆"字）。郭璞注曰："皆谓物之行敝也"。《唐律·杂律》曰："诸造器用之物及绢布之属，有行滥短狭而卖者，杖六十。"注曰："不牢谓之行，不真谓之滥。""滥"即方言之"艦"。"艦"为"行敝"，故又谓之"行滥"。后郑以"行"为行滥，正谓此也。今京师人谓货物不牢曰"行货",与聂氏"胡刚反"之音正合。高邮人言则之"下庚反",皆古之遗语也。

据此考证,殊为精审。"行"今韵收入庚,阳,漾,敬。许书,"人之步趋也"。——今长沙音犹存"胡刚反",曰"行货",卖破铜烂铁牛皮山货之肆,谓之"行货铺"。凡代之"方",或"荒",皆未考其本原之误。

虽然,今人称"银行","水果行"……等,何也?《诗·卷耳》:"真彼周行",传,列也。——古者,日中为市,货物齐集,期日农民各以其土产齐集广场,交易而退。其陈列各有定处,如售水果之处,则标"水果行",兑换银钱之处,则曰"银行",则行列也。……井市集废(似亦未全废,如华北之"赶集",及广西云南诸僻处仍"赶街子")而大城市起,其名犹存。

噍——《说文》:"啮也,从口焦声"。

今长沙方言中犹存此字,下平声。义为咀嚼。《礼·少仪》:"数噍毋为口容"。孔疏:"数噍,谓数数嚼之。无为口容者,无得弄口以为容也。"

擩(㨃)——而泉反,而劣反。说文:染也;《周礼·太祝》:"六日擩祭"。郑注:"擩祭,以肝肺菹擩盐醢中以祭也。"段玉裁,漠读考:"擩字,经注皆作'㨃'……其字定为耎声"。今长沙方言犹曰"用盐擩鱼擩肉"。正音"而劣反"。然俗又常用"腌"字代之。则作平声。"擩"为入声。义则相通。

鸠——读如"珠"。如说"斑鸠"。"鸠"之转"珠",正如"句"(钩)之转"句",古音存。

㷒——昌绢反。本为"舛"。说文:"对卧也",从㐄㐄相背会意。《周礼·典瑞》:"两圭有邸以祀地,旅四望。"郑注:"㷒而同邸"。贾说:"㷒而同邸"者,案王制注:"卧则㷒"。彼"㷒"谓两足相向。此两圭亦两足同邸。——"邸"亦作"抵"。又

《考工记》郑注:"僢,共本也"。——义同上。今长沙方言中犹存此音此义。即互相违背。彼此纠纷,扞格而不相舍。然无恶义。如说:"总是同他僢"。

此类单字,尚有若干,存于官话中,仅微有声变,而写之则往往犹待思索。如"素白"——"素"读如"送"。"浓黄"——"浓"读如"弄",而"黄"亦读如"王"。窃疑"黄""王"之音互代,自古已然。《礼·月令》有"王瓜生"一语。"王瓜"之名,至今存于日用语,南、北皆然。实际"王瓜"一名词无义。既非王者之瓜,亦非瓜中之王,必原称为"黄瓜",以其熟则色黄而已。"王"字音近易书,故尔通行。(至若黄,横,光,广等,《汉学师承记》中有说。)——"绿青",绿读如"溜"。而"一缕烟"则"缕"亦俗书作"溜"。此似非独长沙方言为然,他地方言中亦有。"缕"古亦读为"柳",见《荀子·礼论·注》。——"清甜,明(去声)甜",皆言甜之纯。然"甜酒"(通称"伏汁酒"),《周礼》郑注作"恬酒"。"醴犹体也。成而汁滓相将,如今恬酒矣"。窃疑其酝酿已定,故谓之恬酒,则"恬"乃本字而"甜"为借字。"满好"读如"蛮好"。诸如此类,姑存之以待专家。

单字之外,尚有合音。合音起源颇古,如《春秋·襄十二》:"秋九月,吴子乘卒。"《左传》:"秋,吴子寿梦卒。"服虔云:"寿梦发声。吴夷蛮,言多发声,数语共成一言。寿梦一言也。"——又古"邾娄"小国,战国时邾穆公改号为"邹",即合音,叠韵连语。他如"扶摇"合音为"飙","洴澼"为"漂",(并见《庄子·逍遥游》"抟扶摇而上者九万里"。——"世世以洴澼絖为事","絖"义为细絮,即漂絮也。)——"蒺藜"为"茨"。——凡此之类,皆"数语共成一言",今言之,即数音拼成一音。

此乃反切之始。近人考证用反切注音，远在东汉，早于孙炎，皆有确据。——总之，此合音在长沙方言中至今犹有可寻。因其常用，由义而合，必加分析，乃得其原来之二字或三字。兹举数例：

ngouu li　　　我屋里
liu li　　　　你屋里
tou li　　　　他屋里

前二字急连呼之，则成一音。又例：

Shoo 此乃"示恶"两字合音，去声。义为表现丑恶，愚蠢。土语："出示恶相"。或"莫示恶"。

"出相"古语"出态"——见《世说新语》："新亭伧父与扬州人共语，语便态出"。此用今长沙话表之"出示恶相"。

gei ja（皆入声）：这一支
lai ja（皆入声）：那一支

由此可知创制国音符号时，以（一）（X）为介母正有见地。

合音之外，尚有译音，即外国语之音，出以汉文，义或不变。窃意回文或蒙古语，在北方话中或仍有踪迹可寻，乐器，舞仗，药物，珍货之自西域与南海传入者，往往存其音译。待专家考证。因为佛法入中国已久，少数梵文字的音译，竟成为日常用语了，这在长沙方言中仍存，例如：

答摩——表笨重之物，此乃梵文之 tamas 音译。俗间不必明此词之来由，但用之意义无误。tamas 还有旁的意义，如"惰性"等，但"笨重"亦其本义。（又此不可与达摩 Dharma 相混，"达摩"训"法"，即佛法之法。而东土禅宗初祖曰"达摩"或"菩提达磨"。则是人名。）

摩诃——表重且大之物。原字 Mahat，其义不误。唐代长安有"摩诃池"，其名亦已入乎文学作品。今俗语中犹存此名词，如说："这包袱太摩诃。"

摩诃修利——原系梵文 Mahasurya 之音译，义为"大日神"或"大太阳"。这名词在俗语中犹存，原"义"已失，而用以表"事"。——这"事"是指佛门中的一种清静日常生活。佛门中日常念诵经咒，经咒中有此四字。——假定一妇人死掉丈夫，遗产不丰富，然足够了她一生，旁人便向她说："从此摩诃修利过生活"。然这不是劝她入佛门。这是说节约省俭清清淡淡过生活，耐烦，安静。

合音是二而一，叠字连语是一而二。《诗经》开篇便是"关关"二字重叠，表声（此二字王闿运有说）。在文字中这是一绝大部分，但这里仅举出几条在长沙方言中犹存为古之传统者，举例：

湫湫恤恤——亦作"啾啾唧唧"，表小雀鸣声。但原义或不止此。如左昭十二传："恤恤乎！湫乎！攸乎！"则是"忧虑"的意思。今俗言此则表常有身体上的小病。

赫赫濯濯——声势煊赫之意。（皆见《诗经》）

嗷嗷嘈嘈——表声音庞杂。如向一小孩说不要吵闹，即可说："不要在那里嗷嗷嘈嘈！"（古文中常见）

以上所举诸例，可证今之长沙方言，音多存古，本有其字，或因年代悠远，俗间失书，而另出他字代替。此间所录，止见一斑，散见近代诸名家考证者，仍大有在。如吾乡曹孟其先生，尝考俗语中"一堕纸"之"堕"字，谓出六朝，确有可据。然又不止此诸单字而已，尚有若干复词，联绵语，皆嵌镶于俗语中，其源亦古，或存文字，原为正语，或失本字，代以他字。学者稍一留意即可举出若干则。兹亦录出数条如下：

画眉（鸟名）——读如"饭蜜"。

踝骨——足之踝骨——读如"螺拐"。"骨"音既变，失写，则又加一"骨"字,称"踝骨骨",则俗语之谈。写仍应是二字。

羁绊——读如"茄绊"。

磊砢——读如"洛(去声)阔(入声)"。

《世说》:"其人磊砢而英多"。不易亲睦,遇事辄起纠纷,曰"磊砢"。

睚眦——读如"哑(去声)插(入声)"。如说"两姊妹睚眦。"即两姐妹不和睦,彼此生小怨忿。

乖张——读若"拐(上声)长(平声)",本义为"违谬",俗语中表"差失",如说"那事会乖张",即"那事会失败"。然意义较"失败"为轻。

偾张——音方问反;中亮反。皆去声。《左传》十五传:"乱气狡愤,阴血周作,张脉偾兴,外强中干。"

今俗书作"混账",音同而义不可见。原当作"偾张",为斥人之语,原说马。

拨剌——读如"泊那",皆入声。字亦作蹳剌,跋剌,泼剌,泼辣。此辞汉时已有,唐人诗中数数见。用表鸟飞或鱼跃之声。今长沙方言中犹存此语,然义已微变。如说"婴孩长得拨剌"。意为充实壮健。

混沌——读如"本""等",皆上声。此存古音,亦作"浑敦",重言则"浑浑敦敦",即笃厚貌,无有巧饰。义似"本分",人守本分则为浑敦人。

下交——如音如字,《易·系辞》:"子曰:知几其神乎!君子上交不谄,下交不渎……"今市井间犹有此语:"这位下交"。意为"这低等朋友"有轻视意。

蓬累——《史记·老子传》:"君子得其时则驾,不得其时,则蓬累而行。"——此"蓬累"二字,索隐与正义皆似不得其正解。谓为"蓬"在沙上"累转",殊觉牵强。窃疑此即如今之长沙方言曰：Polo（读如"播""罗"，皆去声）。如说："他一下 Polo 去了。"则是"奔逃或奔跳去了"之意。原字本无意义，表发声而已。

又不止此单字，合音，译音，重叠字而已，还有若干成语，甚足以表现一地方的平民智慧。这亦有待于专家搜集，总括之可成为一大聚集。

成语，举例：

戙轻拍重——"戙，揉"以手称物也。见集韵。戙通"玷"，俗作"掂"，或"拈"平声。"拍"，"怕"，"泊"皆同音。或亦当作"怕重"。即不肯作事之状。

肃冷清静——"肃"读如"粟"。日常口语。谓无任何声响。此四字说出似是俚言，然写出实为雅正之语。于此文言与白话之辨极微。

虬须胡子——虬须，土音读如 Kau（下平）Ser（去声）。"虬须"乃古之常语，杜诗中有之。即拳曲而长之须髯。俗不以为美，故或人或事，有丑怪之相，即曰"虬须胡子一样"。

然此语亦成"歇后"，俗言"虬须胡子打抬枪"，下句为"小心火烛"。因抬枪旧式乃以轧火机而引燃火药者，故发时常有火花一迸，倘延及胡须，可以燎燃。但此乃事之所必无者。"小心火烛"乃日常儆语，为避免火灾而言，又与胡须极少关系。然民间有此一语。

五十三两——民间斥愚人为"五十三两"。尝疑为一银锭，重五十三两而已，义为"大宝贝"，"宝贝"乃讥人常语，即无用之物，亦谓无知的愚人。但银锭常有重拾两者，五拾两者，未尝有五十三两者。

阅《明史·食货志·坑冶》云："成化中——宪宗年号，当公元 1465—1486 年，——开湖广金场，武陵等十二县凡二十一场。

岁役夫民五十五万，死者无算。得金仅五十三两，于是复闭。"此一愚蠢的大举措，过去已五百年，在民间尚存为口实。

凡此，多为单字或复辞。自古迄今，声音时时在递变递转，方域不同，所以成其方言，"以今南北之不同，又知古南北之亦不同"（见朱骏声《古今韵准自叙》），今之不同，犹易于实地考查，而古之不同，则有待于稽之典册了。

如《公羊·隐五年传》："公曷为远而观鱼？登来之也。"何休注："'登'读言'得'。'得来'之者，齐人语也。齐人名'求得'为'得来'。作'登来'者，其言大而急，由口授也。"——阮校记"古来读若厘"。《礼记·大学》"一人贪戾"，注云："戾之言利也。"《春秋传》曰："登戾之"——然则"得利之也"，乃是原读。以长沙一地为例，地区较全中国为一小隅，以其文化渊源自古，俗语中犹有许多古音义留存，正待搜检。

大抵先有其字其义，流传既久，或声变，或韵变，或声韵皆无变而字已不通俗者，于是又取音同之他字代替。此即所谓"同音通假"。"义"变较小，因"义"有实际对象。如方言中楚人呼"虎"为"於菟"——或是合音——纵使此"於菟"二字已不用，或甚至"虎"字亦不用，而此"大虫"之对象固在，用语文表出之则其"义"必在。故"义"之转变殊少。六书中之"转注"属"义"，其字不多。以此一地之方言为例，已可发现若干事实，可证今古之相通。以中国之大，何地不然！然则可说语言竟是一大片文化宝藏，正待搜讨。

这搜讨工作并不难做。凡识字的人，稍留心自己所说的话，所用的字，将其写下，再辨别是否正确。"始制文字"当然不是仓颉，而仓颉以前必已有文字存在。或者仓颉是将字形统一化的第一人。文字的形变之多，稽之于甲骨，于金石，可知其决非一手一足之烈；必不能由一人凭空臆造，颁布全国而强令通行。至若拼音系统的文字，在历史上有由一人或数人制作之先例，然其字母或毋宁说音标的形变极少。（如拉丁字母至中世纪衍为小草，去大写之 B 顶部与右上部而成小草之 b，去 H 之右上部而成小草之 h，凡此之类，变化极微。）但仍出于摹仿，必有已存的或复杂或简单的模型在前。今之西文字母，自希腊文而降，亦是由多个原素合成，经过了若干年代，竟可谓出自原始民族的集体智慧，而非出自某时代某一人的心智。辨别正误，是认定其为大众所通用而自古流传，如是则为正，不如是则为误。若离了这历史社会学上的关系就字体本身而言，则亦无正误可说。若肯定其正确，认其为大众所通用而自古流传，则请举出证据。或直证，或旁证，必按照科学方法加以处理。用科学方法也是极简单的事，不臆造，不武断，实事求是而已。如王荆公的《字说》，今已失传，就所存的一、二事论之，如解释"霄"字为"气至此而消焉"，此即所谓杜撰或臆造；而说"波"乃水之"皮"，竟大成噱，此即是武断。

这里，得稍回顾中国近三百年学术史。小学至明季大致已不讲。以徐文长文学天才冠绝当时，而自署其名曰"水田月"。稍通古文字学的人，亦必知"渭"字既不从"田"，亦不从"月"。杨升庵可谓一代最博达的学者，其所搜的古字至今使人难于尽信。至末叶而顾亭林起，乃挽救了谈义理的空疏，于古典研究归于实际，奠定了清代学术的初基。从此经江慎修、戴东原、段若膺，高邮王氏父子，元和江氏祖孙，以及诸名辈，而至于最近代的章枚叔，古音韵之学，已研究到极精深的地步。由声音以通训诂，多发前人之所未发，造诣几乎可以直接汉代的马融、郑康成，使群经粲然可读。因之以历史、地理、天文、历算等研究，蔚然成为所谓"汉学"，与"宋学"对称。——附带说，有一点可注意者："汉学"之"汉"虽是指汉代而言，亦同时可指汉族而言，汉、满对立，而清代的主者是满人。所以终不免于顾忌。因此汉学家无一为大官者，不能比拟讲宋学的纯儒。——然从学术观点看，汉学家的方法合乎科学，其论据多颠扑不破。然末流亦遭世诟病，如于《大戴记》，则有讥为"以今义绳古义，以今音证古音，以今文易古文，遂使孔壁古奥之经，变而文从字顺，经义由此而止……"即今论之，此所攻击之三点，第三点即隶古定之旧案，孔安国以今文"写"之，不是以今文"易"之。第一、二点皆非原则不合，只当问其"如何"绳，"如何"证。总归还是其所宝爱的谜语，若给释明了，便如同传世古铜上失去了黯然玄秘之光，觉得可惜。

虽然，在清代要全然恢复汉时经师家法，如何可得？其考据自难圆满，何能尽满人意？

现代，汉宋之争已成陈迹了。学术风气早已改变，从西方传来了新工具，新方法。为学的宗旨改变了，学术的价值亦改变了。对学术的观点整个改变了。少数学者诚然也成就了一点事，然就长川历史发展看，尚不是汉学的盛期，难于媲美乾、嘉，即十八世纪至十九世纪初叶。

回顾以往诸学者，所用的方法虽是科学的，其道路却是自上而下，是以古典为主体，是从古至今的顺序，而未尝平敷横被，即未曾深入民间，亦未尝致力于国音之统一。我们现代不必如此。我们不必以古书为主体，而可以今语为主体。所资之工具和方法借助于西洋，亦当更合乎科学。将来的道路是自下而上，从现代推到往古，先在平面上深入民间，探求语文的真实。非徒然从事于笔墨，而是要能出之于喉吻（古之精音韵者，其实亦无不如此）。然后勘之以古典。比方说，倘若古音全般研究清楚了，便可用孔子时代或汉代的字音，读出一部小经或中经，这可灌音记录，与著作一样可以垂之久远。这胜似高到一尺的注疏。于是似乎是陈死的学术可化为生动活泼的学术了。总之，这条路是向上修去，——纵使上、下是同此一条路，——达到什么高度不必论。不是从古典入手，亦不是以古典为极归，如治完一部《说文》，便算完毕，或至于能解一经即已。

简括言之，这工作——即审音、求字、定义，——人人可做，小之可增进个人的学识，大之，由专门训练和研究而成著述，有益于今古之贯通，使古代文化即古典世界之全部，与我们现代毫无间隔，即时间之障碍能破。已断之绪能续，空白之处能补。使我们更能认识我们自己，我们的先民心力之所寄托，我们的文教菁华……这是以"继往"而言。——至若"开来"，亦从此入手。语文上的字汇和辞汇可以不断增丰，方言俚语渐渐皆能写出（亦或仍有一部分被淘汰），写出则易并入普通话，并入了普通话则土音可渐渐变转，而终于消失。亦或仍有地方色彩终于销融不掉，然无妨于国音之混同，必至东西南北相隔遥远的人，一开口便可互相了解。书既同文，必同时是语亦同言，即空间之障碍能破。——更因这时代工业技术之进步，如录音带、播音机，以至计算器，皆是寻常可用的工具，其可为佐助之处不少。而且，工技愈加进步，将来发明到语言一经说出，便可录成文字印下，而无速记，或打字或排版之劳；或打字机的运用愈寻常且愈方便，皆是理想中事。那时字体之简与不简，也不会成大问题了。——倘若语言文字皆已增加丰富，在运用上又增加方便，则文人学者的时间精力，一部分可以用在更有意义的方面去了。将来的希望正自无穷。

三

语文合一是理想，事实上未能合一，大抵语长于文。在表白之际，必因之以生命力之震动；是直接对他人的诉与，非独诉之于耳识。声调有高下徐疾，颜色有庄谐和厉等之不同。更因之以种种姿态，手势等，然后成其一圆满的表白。其所占的时间是流动性的，声音出后旋即消失，无由长驻。假定文是凝炼之语，然述作之际，无需种种情命力的表现，而依乎心思及心思以上的灵感。诉之于眼识，占的是空间，缺乏了直接的识感上的诉与，比较有间隔，但能长存。二者性质不同，有如前说，因此孔子说"书不尽言，言不尽意"。——亦正由于这道理，历史上若干学术失传。"仲尼殁而微言绝，七十子丧而大义乖"。宇宙间若干至精微之理，往往不能笔之于书，只合得自口传。口传犹有所不逮，只合得之意会，可谓所依之主体，仍在人与人相接时之语言。近代的函授以及播音等，于"外学"或犹可成功到相当限度，于"内学"实无能为役。所以其人既殁，其学亦随之沦亡。犹有存留的文字著述，亦多如庄子所云，是古人之糟粕。

　　语文相合而说，文字是语言的记录而已。文辞是另一事，文章又另是一事。三者皆文，其间有相合之处，然应当辨别。宋明儒者的语录，不好说是文章。皆是理语，理语而已。战国纵横之士的游说，也不好说是文章，皆是文辞，文辞而已，及至所谓文章，扩大说则前二者皆可受纳；严格说，它是另一事物。寻古义则文字犹小，近代则入乎文学范围。

　　于此，我们不得不寻求历史上的背景。必循已往经行之轨辙，将路线分别清楚，然后可略知所宜取的途径，当向哪方面致力而求发展。近代西洋语文已多为人所知，文学作品亦已大量介入中国。这是平面来的一大势力，也不得不加以参考，借为他山之石而采其所长。——已往，不必追之过远，约略推到孔子时代，我们读孔子时代的书，不必学另外一种文字。且问近代西洋，有谁要读二千五百多年以前的书，不另学一种文字呢？以文言和白话对举，文言当然比较难读，但其用力，必不同于在近代本国语文而外，要另学一种字汇不同，文法较繁的拉丁，以至文法更繁甚至字皆不同的古希腊语；而此二文之晦奥处，远过于中国古代的文字，古希腊文中包括有些方言，至今仍无由通解。拉丁文典籍亦不皆雅正，时有所谓"破烂"拉丁。比较观之，中国的古书，实不算难读。这正是中国文字的长处。其千古不磨，或者正因为其主体在"形"，音变多而形变少，这只观于近代英，法，德语的历史便可知道，如"古日耳曼"（Alt-hoch-deutsch）竟几乎完全是另外一回事，而又一一各有其方言，与汉语同。论定型之保存，则情势更为复杂。谁也不能预料五百年后，现代的英、法、德语会是什么情形。在文化事业上，我们亦贵乎"知己知彼"。自己的弱点应当看清楚，自己的长处亦不可忽略。

孔子的门墙，高明人物的确不少。"受业身通者，七十有七人，皆异能之士也。"（见《史记·仲尼弟子列传》）德行有颜渊、闵子骞、冉伯牛、仲弓。政事有冉有、季路。而言语另为一科，著者如宰我、子贡。文学又另为一科，著者如子游、子夏。——这里说"言语"，是指言语辩论。主要是奉使，所谓为"行人"以使四方。开战国游士之说的先河。"文学"亦不是今世之所谓文学，是指文章与博学。事实上"言语"在今世属"修辞学"与"演说学"。

我们不知道齐人稷下之谈是些什么，似乎没有如古希腊罗马的广大群众为其听者。大致对象是少数人，如游说以干人主，或者两派或两人的辩论。这便需要所谓"口才"，但同时亦需要博学。——希腊罗马古典世界的发展，情形大致相同。"游士"（Sophists）之分散而讲学，或者不甚异乎春秋战国之诸子争鸣，但随后却发展了演说学，如启克罗（Cicero 公元前 43 年卒，寿六十四）之论演说家（De Oratore），一列举了九大善演说者，各加品评，欣赏，而他自己亦是一大演说家，演说词写下便是好的散文。这情形在中国没有。——在中国是宰我子贡以后，言语发展为策士之游说。大之以干诸侯、卿相，是为纵横短长之说。小之"饰小说以干县令"。故《汉书·艺文志》谓"小说"家者流，盖出于"稗官"。稗官野史，记民间小事，闾里风俗等。在近代西洋文学上，小说为文学正宗，事虽臆造，然叙事有当于撰史。策士游说之外，衍为诸子之学说。学说在主体上仍是言说，千变万化不离其宗，各个要行其道，皆以为其道有关于天下国家之安危，皆欲贯彻自己的主张，虽著书，知其不见用于当世，仍有望于行之于天下后世。种种学说不同，甚至互相水火，根本仍与游说之精神一贯。游说一变而为魏晋之清谈，再衍而为宋明之理语，清谈是谈玄学，更与文辞息息相关，而主体稍脱出人生范围，着重宇宙观了。理语是讲道学，道学重理而不重文词，间接自唐以后受了禅宗不立文字的影响。到明末有笑话讥当时讲学家之流，谓"夫子之言性与天道，可得而闻也。夫子之文章，不可得而闻也"。袭取子贡之言而反之。直到最近代，方有名人的演讲录，演讲不必出自大演说家，写下也不必便是很好的散文。——溯回这一切发展之渊源，可以追到孔门之"言语"一科而止。

言语便是多个单字的组合，所以表达意思，此之谓"词"，许慎所下的定义，是"意内而言外也"。这是原不待解释而不得不存的解释，通常曰"言词"即是一番话。普通人事上有无数种谈话，其间包括有若干术语或者隐语，皆非局外人所可了解。"隐语"，"谜语"，以至"谶语"，皆有很古的渊源，有可供专题研究的好材料，兹不赘论。言词通常未必尽能写下，能写下者方可说是"文辞"。——"辞"本训"讼"，是说出一番道理。而假借为"词"。俗亦常书作"辞"，本义为"不受也"，亦假借为

"词"。——而又不止于此,所谓"言之不文,行而不远",必其辞甚文。"文者,会集众采以成锦绣,会集众字以成词谊,如文绣然也。"(参《释名,释言语》)换言之,辞之美者方可谓之"文辞",较普通文字进了一步。那么,必有具定的含义而兼之以文采。最古者无过《周易》之系辞。相传是周公玩爻象而系之以辞。文言则是孔子文之以言。——附带可说,此为专名,非如近代与白话对举之文言,但文言二字之出处,最古无过于此——近代发现甲骨文之"卜辞",当然比易系为古。其有历史与文字学上的价值,则学林渐已论定。其是否有文学或甚至哲学上的价值,是尚待研究的问题。因殷人质直,至周,方"郁郁乎文哉!"《周易》实是很美丽的文字,故曰"以言者尚其辞"。(这"尚"字当是所谓"好尚",即"欣赏",不必作他解。)是四圣人之道之一。

于此,无妨进而稍作其形式和性质上的探讨。周代儿童八岁入小学,保氏教以"六书"。这当然是识字。其次必然是字之结合为言词。至最高程度乃进到如孔门四科之一的"言语"。此言语必定是较通行而且颇已标准化的音读,不能是方言。如《春秋·襄五年》:"仲孙蔑,卫孙林父会吴于善道。"《谷梁传》云:吴谓"善","伊"。谓"稻","缓"(《公羊》,"道"亦作"稻")。"善道"或"善稻"是官话,而"伊缓"是方言。故《谷梁》又云:"号从中国,名从主人"。亦必然研究文辞,或者有同于近代之"修辞学"。进而成就人才,必然造就种种学识。其能为大夫者,便需要九种才能皆具备:

(一)建邦能命龟。

(二)田能施命。

(三)作器能铭。

(四)使能造命。

（五）升高能赋。
（六）师旅能誓。
（七）山川能说。
（八）丧纪能诔。
（九）祭祀能语。
（见《诗·鄘风》"定之方中"，传）

凡此九者，可谓文武兼之。如田猎原是一种军事训练，是"讲礼"，大举搜狩，军队之纪律即讲于其间。如声罪致讨之誓师，皆属武事，"战祷"亦属武事，而可别于"祭祀能语"一类。而凡此九种文辞，其性质皆可以一言蔽之，曰"应用"。其形式亦可以一言蔽之，曰"简单"。据周官太卜：

"以邦事作龟之八命：一曰征。二曰象。三曰与。四曰谋。五曰果。六曰至。七曰雨。八曰瘳。"则其事颇简。天之雨不雨，或病之瘳不瘳，皆一言而决。其发疑问也是属决定性，虽或有一套已定之法式与命语，而必不是需要多的文辞。其次，田猎之发号施令亦然。其次，作铭辞亦然。"夫铭，天子命德，诸侯言时计功，大夫称伐……且夫大伐小，取其所得以作彝器，铭其功烈以示子孙，昭明德而惩无礼也……"（《左·襄十九传》）寥寥数字或数语，写下印铸于铜器。若为常用之器，则时时见箴规在前。

如孔子祖先正考父庙之鼎，铭文是讲谦恭："一命而偻，再命而伛，三命而俯，循墙而走。亦莫余敢侮。饘于是，粥于是，以餬余口"（见《左·昭七传》，亦见《史记·孔子世家》），若将历代之铭辞汇集而加以研究，则亦颇有丰富的材料，非此文所能具引。

至若"使能造命"，则情形颇不同了。——"造""作"双声，通常训"作"，但另一义当训"致"或"至"。即奉使能致其命，奉使问答之辞，古籍中随处可见。不乏商酌讨论之处，今古同然。那么，要其人学问渊博，举止详华，尤其是要口才好，且能随机应变。由此可推知"言语"一科中，所学也不止于今之所谓修辞学。主体在于"知礼"。"相礼"便先要熟悉种种仪法。——其次，"升高能赋"，则多是赋诗。赋诗所以见志。三百篇中，"升高"有多处可见。今当以其诗隶入纯文学类。及至"成汤没而颂声寝，王泽竭而诗不作"，已到了春秋时代，而古诗已流传人口，则"升高"之际，只诵出古诗之断章。或者"郊饯"亦在此"升高"之列。若如孔子所说"不学诗，无以言"，则"言语"一科中，正有古诗为一必修课程。"言语"不能没有"文辞"，文辞正是言语的质料。然诗赋的范围很广，应当分别讨论。

其余四项：誓师不必多说。如古之甘誓，牧誓，可见一斑。其史事不诬，其辞皆后人拟作，而仍不失其为古典。宛然是王者之吊民伐罪。春秋时如铁之战赵简子誓师，则确是卿大夫之辞。——说山川则要明于历史与地理。这关系到建国或分封或筑城。如楚子城蔡不羹（《左·昭十一年传》），申无宇说了一段话，是当代的历史。小焉者，则牵涉到争田。春秋常见，如争郜田，（《左·昭十四传》），争阎田（《左·昭九年传》）。如果是要裁判，则当分辨两造之是非，而其"辞"即"供词"，或"状词"，却回到"辞"字的本义了。其他狱讼，既已入"束矢"或"钧金"，如同缴纳了一笔诉讼费，则当听其辞，辨是与非。亦是卿，大夫之事。——作诔词则主于哀悼。"诔"累也。先后郑同说。谓"积累生时德行以锡之命，主为其辞也"。《周礼·大祝》："作六辞以通上下亲疏远近……五曰祷，六曰诔。"显著之例。如鲁哀公之诔孔子（《史记》与《礼记》之文微有不同）。若卿，大夫之为诔，有幼不诔长，贱不诔贵之禁。发展到后世，则如陆士衡《文赋》所赋："诔缠绵而凄怆"。仍主于哀悼。更发展到近世，则为

"行状"，累积其平生行事，以备国史之采择，或私家之立传。——"祭祀能语"，则是祷鬼神之词，祭则祖先，或日，月。祀则群神群望等。或"战祷"，如春秋时荀偃祷河（《左·襄十八传》），卫太子祷祖（《左·哀二传》）之类。或庆贺而言福祚，如晋献文子成室，晋大夫发焉。张老有其颂辞，文子有其祷辞，"君子谓之善颂善祷"（《礼记·檀弓下》），即诗所谓"恺悌君子，求福不回"。

凡此九者，皆属应用性质。惟独"升高能赋"，似不入乎应用之列。但这从古似乎是一种士大夫的身份之表现，到了某场合，必然作某种应酬，如后世文人学者，遇佳山水登临，必不免题几句诗，间接可说仍属应用。——惟独"作器能铭"原意是当写下，即同于撰文。其余皆重口说。凡我们在古籍中所读到的言词，十有九是简单。记录不是简单事，如前所说，必然是一主要原因。然亦可推知本来的言词不多。载笔而成文词，则由其内容亦可推知其词本来文雅。齐东野人之语，很难入乎文词之列。后世文士洋洋洒洒写出长篇大文，最古或当推到左丘明之为《春秋》作传。而盛于末世诸子之争鸣，是诸家不见用于当世而发愤"著书"的时代。如坚白同异之辩。主要仍在口说。法家最早当然是有成文之法。如子产之铸刑书。其文字必然精确而且简要。重实，不论其言之文与不文。《老子》文辞简古而且优美，但仅五千言左右。《庄子》确是文采翩翩，但止于内篇，其外篇多后人拟托。《列子》先于《庄子》，朴实处较胜，然过多窜入之简。（似亦非纯为张湛伪作。近人斥其融入有佛家思想，全般为一伪书，亦似不然。）儒，墨的著书也是记言者多，为文者少。且俟后论。这时代有一部离乎应用而纯属文辞的抒情杰作，则是屈原的《离骚》。其所撰《九歌》，则以礼神，可说仍在乎应用。"《国风》好色而不淫，《小雅》怨悱而不乱，若《离骚》者，可谓兼之。"是正确的批评。论屈原的思想，亦重禹，汤，文，武一贯的传承，与时代稍后废死兰陵的荀子不甚相远。而我们现代，仍于三百篇外多爱读《楚辞》，除了专家便很少人爱读《荀子》。在这一点上，可约略窥见文辞的功效了。理论属于思维，哲学固当独秀；而词章诉于情感，文学亦自不磨。以积极方式出上文所引孔子之言，则可谓必言之文乃行之远。文学是一不可忽视的实际力量，有如大易所谓"鼓天下之动者存乎辞"（存乎，即今言，在乎）。它能鼓舞天下之人心。或者现代的口号，标语，也当列入此一类。

然而，一时代的人物嚣张，下陵上替，而有言责与知言者反而保持缄默，惟恐有益于世，也是常见的情形。有言者不必有德，而有德者必有言。当言而默，仍是缺德，祁奚已告老，可以不管事，然仍乘驲而救叔向（《左·襄二十一年传》），而叔向果然能强晋，不负救护他的人。叔向也是闻馨明一言而善而识其有德（《左·昭二十八年传》）。晋王导当言而保持缄默，使周顗被杀（见《晋书·周顗传》），后悔无及。——这皆是历史上著名故事。从社会观点看，人生岂可毫无表现？一往提倡沉默，亦属矫枉过正。凡人实不能昏昏闷闷，幽幽而亡。倘必有语言文字上的表现，贵在明白自己之所当言的机会。"时然后言"，"时"是机会。宅心至诚，应乎事理，顾及后果，恰合机宜，如是而或默或语，皆可以无悔。——于此，道家思想和儒家思想，终有态度上的不同。儒家比较中和，道家过于偏激。或者现代仍可用道家的主张，矫枉竟无妨过正。

历史上的许多事实，足以为后世之法戒者无限。这里不妨举几桩史实，以供当代学人参考。前所引的罗马大演说家，启克罗，其人之结局不甚好。因其参与政治，安东尼，其时代三巨头之一，是他的政敌，便遣人去刺杀他。他坐了一张轿逃到 Caieta

海滨。刺客追来了,刚好他伸头出去看,便一下斩了他的头,并斩断了他的右手,传到罗马示众。安东尼夫人(Fulvia)憎恨极深,还将他的舌头引出口来,用金针钻刺。——此外希腊古大演说家德莫斯帖涅斯(Demosthenes 卒于公元前 322 年,寿六十)。也是参与政治。终于为敌人所索,便逃到神庙里(Calauria 的 Neptune)。他看到一切希望皆无有了,便服了一瓶随身所带的毒药自杀。这是西洋演说学的鼻祖。其人之结果如是。

如前所云孔门"言语"一科的著名人物,宰我,亦是参与政治,为临淄大夫。其时"田常为简公臣,爵列无敌于国,私家之富,与公家均,布惠施德,下得百姓,上得群臣,阴取齐国,杀宰予于庭,即弑简公于朝,遂有齐国"(《史记·李斯列传》)。——此即所谓"与田常作乱以夷其族,孔子耻之。"——古代师弟之间,自有道义上的责任。宰我必定是受了孔子之教,不肯阴附田氏,所以被杀。后来孔子有"陈恒弑其君,请讨之"之举,未必不是亦因此弟子的关系,虽其"大义"另有所在。

此外,子贡终老于齐,虽货殖而为富人,未能怎样大行孔子之道。孔子既殁,门弟子三年之后皆散,而子贡筑室于场,更住了三年,则颇有自知之明。或者亦因当时的政治环境对他不利。观其一出使,便存鲁,乱齐,破吴,强晋,而霸越,使五国起了大变动,即今言之,实可算一危险人物。观其对鲁哀公的批评,异常深刻,其寻常的问答亦然。这种人物当然为乱世所难容。然究竟深有得于孔子之教,故终其身为明哲。

"言语"一科,至战国发展为游士之谈,纯以阴谋变诈相尚,则已背孔门此科的本旨了。到秦代之焚诗书,坑儒士,销毁诸子百家之言,祸根皆可溯洄至此。——后世于以身殉道者,多与以同情,至若为说士而死于其言,为文士而死于其文则颇少与以同情了。而这类事充满了中外的历史,几乎历史的本质便是这类事。

虽然"言语",本身是人所当研究的。因为它能"鼓天下之动"。不用之于政治而用之于宗教,其弊亦同。现代世界是充满了废话。徒然劝人少讲话,又要讲许多话,亦复无益。理想是回遵此一古训曰"修辞立其诚",求进步是在这里,功夫是自内中做起。及至"和顺积中",然后"英华发外","时然后言,人不厌其言"。凡说话简单明了,条理井然,亦不妨"文采翩翩。必其言之有物"——不诚无物——而且言之有文,然后语文容易合一。若使一时代人士,即现代诸人的佳子弟,皆养成到那种地步,一个个"文质彬彬",实是可憧憬的事。

四

其次,论文章。姑以与将来发展有关系者为说,则"古文"仍有可供参考者。

清代姚姬传编《古文辞类纂》,其书支配文坛二百余年。后出之曾文正公所编《经史百家杂钞》,范围比较弘廓,以从经史所采集者冠其端。

二氏皆古文名家,而力倡古文者,乃其前之方望溪。方、姚皆桐城人,中间尚有一名家刘海峰,三人卓立,其时有"天下文章,其尽于桐城乎!"之说。曾氏提倡古文,其四大弟子之一,吴挚甫,亦是桐城人。曾氏由韩昌黎上追西汉,则与桐城派同一路线,惜文章为事功所掩,实际成就高于三家。古文之特色在于所谓"义法",凡此诸人皆莫能外,独姚氏不以此为倡,然其撰作仍未出当时"义法"范围。此当稍加搜讨。虽然,不妨先将少数名词原来的涵义确定。——姚氏之以"古文辞"名书,实有当于事情。以言三代两汉之文,多是言词的记录。考春秋襄公二十七年（公元前 546 年），宋向戌欲开和平会议，"欲弭诸侯之兵以为名"，告于诸国，代表皆至。"仲尼使举是礼也，以为多文辞"（见《左传》）。此或为"文辞"二字连用之最早纪录。而孔子时代之所谓"文章"及"文学"，皆非今义。

考《论语》（泰伯篇）记孔子言："大哉！尧之为君也！……巍巍乎！……荡荡乎！……巍巍乎其有成功也。焕乎其有文章！"集解谓"焕，明也。其立文垂制又著明。"是"文章"义谓"立文垂制"。近世章太炎释此，谓"君臣"、朝廷、尊卑、贵贱之序，车舆、衣服、宫室、饮食、嫁娶、丧祭之分为文。八风从律，百度得数为章。——然则此即现代所谓"文化"。而章氏谓即"礼乐"。古"礼"之涵义极大，"礼乐"实即文化的全部内容。其说甚谛。孔门以游，夏为"文学"称首，前文谓其为"文章博学"，亦是本义。这与现代所谓"文学"多么不同！其所研究者，必是典章制度礼乐文为，于现代或以文化史为近。《礼记》数举子游善于礼，而子夏老于西河传授孔子之经（于此，姑取今文家说：六经皆成于孔子，经学传于孔门）。二人皆有其言语之记录，然非如后世文学家或文章家必留下一部著作或一文集。但孔子时代及孔子以前之时代，不是没有如今所谓文章。那便是"文辞"，如前说，或简称曰"文"。

于此无妨说一点点修辞学，同一"文"字，则许多用法不同。"博我以文"则是名词。"文之以礼乐"则是动词。"钦，明，文，思安安"，则是形容词。"文质彬彬"，则是形容词用作名词。于名词则"文"，亦是"字"。六书中象形，指事谓之"文"，形声，会意谓之"字"——若"文章"用为名词，如"明之以文章"，则指旌旗，旌旗亦是徽识，如军士衣服必有徽识。所谓"织文鸟章，白旆英英"（《小雅·六月》）。而"九文，六采"之文，则是图案画，如山，龙，华虫，火，宗彝，藻，粉米，黼，黻。而"九文"亦称"九章",指冕服。他若"文莫吾犹人也。"则为双声连语,今言"黾勉"。读如"门",今粤语犹存古音。"道德博闻曰文","学勤好问曰文","慈惠爱民曰文","忠信接礼曰文"。皆属谥法(后二条见《贺深谥法》,出王谟辑《汉魏遗书钞》),义皆不离本源而已扩大,用以简括一伟大人格的生平。

我们已略将"文","章","文辞","文学"这几个名词的原本意义分辨明白,则以此可勘视最古的典籍,——群经。易为文辞,如前已说。诗为风、雅、颂,采风本谣唱,入乐则工歌。为词赋之祖。书除《禹贡》一篇而外,大半皆是记言。《春秋》为鲁史记,三传则《公羊》纯属问答,《谷梁》性质亦同,仅少略。左氏记事而言词参半。三礼则《周礼》纯属叙事。《仪礼》性质亦同,然亦出"传曰"。《礼记》亦多问答之辞。《论语》与《孝经》皆孔子及诸弟子之言。《孟子》则是孟子自己的议论,为其弟子所记者。《尔雅》是一部字书,虽旧日读书人,大抵读完四书而外,便从此经入手,它无所谓文,可以不论。——然则大体十三经皆可谓之"文辞",或"古文辞",原是记下古人的言语,灼然可见。换言之,古之文,仍以语言为主体。

我们更稍推寻历史背景;秦燔而后,诸经渐集。至汉武罢黜百家,独尊儒术,学官既立,群经遂尊。尊则不亲。而且文学既成为入仕之途,群经亦成为弋猎功名之具,离儒术之本旨更远。时代愈降,则愈同于"毁庙之主",殷祭时搬出一陈列,祭后又收藏,与人生的关系殊少。经由六而五,而九,而十三,止矣。"代圣贤立言"的"经义"不足论;经之文字又与词章分途。经本身又发展为注疏研究而分为南学,北学。唐之正义行而纷纭稍定。宋人约之以"理"而道学起。愈尊愈疏,愈离愈远,然无论如何疏远,文辞的原始源头是在这里。这是历史上的事实,无关于对它的客观态度。

以群经而论，皆无如今流俗所谓"作文章"。亦不能说古人全般"无意为文"。看来左丘明之记言记事，实费了一番大经营。其发凡起例，奠定了史学的基础。春秋重义不重事。——这一点用现代眼光看，为必然。倘若过去的史实于我们毫无教示，即其中无何意义，则皆陈迹而已，存之而已，不必怎样加以重视；然犹存而不废，因可以留贻后人，在其中作出若何新发现，非现代所知。——但左氏亦于事中表达其义，虽其是否有当于孔子之意，另是一问题。朱子斥其中之"君子曰"谓往往最无道理。那是朱子的意见而已。这"君子曰"之"君子"，或许即是左丘明自己，往往就事论事，有其高见，所谓"史评"，开《史记》"太史公曰"之先河。诸子百家争鸣，尚可谓其所着重在学术，无意为文而其文自不可及，至若左氏之为传，以及司马迁父子之为史，皆不能说未尝有意为文。无怪乎自明代归震川而后，凡"作文章"者，皆推左氏为鼻祖。

这是唐代所谓"大经"中之文章最显著者。

专以"文辞"而论，则易系而外，无过《论语》。通常不重其文而重其义。言者孔子，记者各弟子，而加以撰定，则仲弓，子游，子夏。揣想当时实情，是孔子既殁，弟子聚而未散，皆听子贡之言，若丧父而无服，心丧三年。在此期间，由此三人收集各人所记者，加以选择，无关弘旨或重复者，删除，辞意不完足者，修订。三人皆长于文，润色鸿业，故所撰皆极精彩。这便成为千古不磨之一卷深经。这，后人何由摹似？汉之扬雄，"老不晓事"，无圣人之才，无圣人之德，非圣人之遇，非圣人之时，辄闭门而草《法言》，摹拟《论语》，然远不逮。又大覃思浑天，作《太玄》拟《易》"观之者难知，学之者难成"（参《汉书·本传》）。以历史眼光观之，置子云于孔子时代，或为"文学"一科之一高足弟子。观其晚年薄词赋而不为，于此二书爱重而不能已，以至于摹拟，则至少已深通古文辞之道。亦儒林中千古不可无一不可有二之人。

诗为后世词赋之祖，于今属纯文学。这与楚辞及汉代之赋，皆当别论。春秋之士大夫好赋诗取断章，所以表达深微的意绪，原本出于所谓"诗教"（参《礼记·经解》），即专精于此一经，其立身行道以此为则，所重不独在于词藻。——班孟坚谓"赋者，古诗之流也。"原是诗之六义之一。古赋已不可见。战国后之赋，汉代之赋，多是排列铺张，换言之，即一篇有韵之字汇和辞汇而已。至六朝始多抒情，以前多是叙事。如左太冲《三都赋》犹是叙事，当时人士辗转传钞，使洛阳一时纸价顿贵，无非皆求此一本有韵而可读之字书，多识一批字，充实其词藻而已。

性质与后世童蒙读千字文无异。——然诗之词藻异常充实，诚古代文辞之一大宝典。昔年文坛谈文学史者，以《诗经》、《楚辞》、汉赋作廊庙文学与山林文学之分，又更作南方文学，北方文学之分，皆极牵强，浅薄，无谓。诗自古亦有摹拟之者，如束皙之补诗，柳宗元之平淮夷雅等等，皆属不类。

在形貌上描摹古文辞，似乎未曾有过任何成功者。显著一例，无过王莽之大诰（见《汉书·翟义传》）。王莽篡位之先，自拟于周公辅成王，所以文告亦要摹拟周之大诰。

结果是光怪陆离，如所谓"沐猴而冠"。或者其时代仍有一班陋人，读之感觉古奥、难懂，因而尊重其权威。这是摹拟古文辞最丑怪之一例。——反而东晋梅赜缀集古文古句，伪造古文尚书，历代许多读者却给骗过了。其事有如采集古铜器破片，再粘合成为一器，材料有许多是真古董，所以识者难于辨别。

论于三礼三传中，时有绝好的文章，但无从摹拟。时代不同了，生活环境皆已改变，虽古今人之情感不异，而民情风俗大不相同；纵使古今人之思想不异，而思维与表白的方式皆已悬殊。

千古的人心，实时时在进步，求臻于完善。完善永远不能绝对，所以永远进化不已。善于文章者，则从古之文辞挹取其精神，忽略其形貌，师法其技巧，而自出其心裁。这么，往往成功了。成了一家之言。

于此，毋妨附带解决一问题。若问：你是否主张读经呢？答复：不主张"读经"。

这是五四运动时代以后的一反动潮流。主张大抵是"复古"，青年亦当首先"读经"。加之以外来的基督教的激荡，青年如不给以四书五经读，便不会知道颜、曾、思、孟，而只知道马太，路加。因为所读的只有新约、旧约，皆是西洋的圣经。亦因其时小学教本不甚完善，有"兔子弟弟"，"月亮姊姊"……之类的新称呼，许多只读了旧书的人大不谓然。于是时代主潮一反而趋于"复古"，"读经"。——古之不可复，尽人皆知了。恢复旧日的读经法，是荒谬事。

虽然，一民族的生命实寄托在古今之伟大人格上。假若现代高中毕业生而不知孔夫子，大学的中文学系中，不研究孔、孟之文，哲学系中不讨论孔、孟思想，历史系中不探讨古礼或文化史，则为知识上的缺陷了。

这里只限于论文章，于这些问题姑不深论。以群经而论，其中实不少好文章，无怪历代文章家皆奉为圭臬。如说"六经皆史"，亦自成一说。然经自是经。"经者，常也，谓常道也"。是阐明常道的文字。史，则是借往事以明此常道。这便是后世所谓"文以载道"的由来。司马迁父子之《史记》，亦古文家所奉为准绳的，其源出于《春秋》，这只从太史公自序一篇中可以看出。不然，该文中为什么出"上大夫壶遂曰"一段呢？当然，《史记》的研究，在历代也有起伏，自明代归震川为古文而大加表扬，从此文苑，儒林皆不曾泛泛读过，知道特殊加以欣赏，不单是作史学研究，转而注及其文章，尤其是其处理题材之方法。史迁自古被推许为"善叙事情"。雄深简洁。雄与深是二事，易明；简洁常是指一个德性，然细分仍是二事。简与繁对，属内容，而洁与芜对，指气体之清纯，这是颇微妙的分辨，难知。文章不是专以简为极诣，正如诗不是专以工为极诣。大致当繁者宜繁，当简者宜简，依乎匠心独运。例如新旧两唐书，新书有"事增于前，文省于后"之说，究竟以文章论，后者是否优于前者呢？——只可平情而说各有千秋，不能以较简遂为较胜了。

自来言古文者，必推韩昌黎与柳子厚。韩主张"师古圣贤人"（见《答刘正夫书》）。柳自叙其所本，有云：

……本之书以求其质。本之诗以求其恒。本之礼以求其宜。本之春秋以求其断。本之易以求其动。此吾所以取道之原也。参之谷梁氏以厉其气，参之孟、荀以畅其支。参之庄、老以肆其端，参之国语以博其趣。参之离骚以致其幽。参之太史公以著其洁。此吾所以旁推交通，而以为之文也。……（见《答韦中立书》）

此文若讽颂于近代章氏门中，尚当增加一语曰："参之《尔雅》以订其辞"；或者"参之说文以正其字"。清代咸丰、同治年间，学者甚尊韩文，光绪、宣统以后，又盛推柳文。章太炎是民国人，即为文学史者，可论至章氏而止。

附：这里，顺便说一小故事：昔年笔者尝游于鲁迅先生之门，所论多是文学上的事。一日，谈话涉及湘潭王湘绮的文章了。我说王湘绮仍是学《史记》，《湘军志》大大超过了明代之文。先生便问："你觉得湘绮楼的文章，与太史公的相比，又有些什么不同呢？"

回想起来，这是口试学生的一大好问题。我当时率尔回答：也许有些地方我还看不到，但有一点我是感觉到的。我觉得无论怎样相似，态度上总有点不同。太史公写文章，始终保持一极冷静的态度。无论叙一场战事如何酣畅，作者还是冷冷静静的。湘绮楼不然，不免为文字所牵，似乎自己为所叙的事感动了。如"烈烈乎其败也"，这种句子，在太史公便没有……

先生听了，大笑，甚以为然。

"古文"支配了有清一代的文坛。这名词出于《史记·太史公自序》："迁生龙门，耕牧河山之阳，年十岁则诵古文"，则包括周代以前之书。在经学上，"古文"是指古篆，"今文"则指隶书。与此不同，不论。唐韩昌黎提倡"古文"，乃指先秦盛汉之文，其自述为学之经历，"始者，非三代两汉之书不敢观"。此韩文根柢所在（见《答李翊书》，全集，卷十六）。苏子瞻为潮州韩文公庙碑，谓"自东汉以来，道丧文弊，异端并起。历唐贞观，开元之盛，辅以房、杜、姚、宋，而不能救。独韩文公起布衣，谈笑而麾之，天下靡然从公，复归于正。盖三百年于此矣。文起八代之衰，而道济天下之溺……"——这里说"起八代之衰"，是说其一变南、北朝至当时之俪体。"古文"与"骈文"对立，后世亦与"时文"即"制艺"对立。为古文者，世推唐、宋八大家，而清代则称桐城派三巨子，如前已说：方望溪（1668—1749），刘海峰（或当1696—1778，俟考），姚惜抱（1731—1815）。然桐城派文章，其法度当上推百年而至于昆山之归震川（1506—1571）。

考《明史·文苑传》，有云："有光为古文，元本经术，好太史公书，得其神理，时王世贞主盟文坛，……其后亦心折有光，为之赞曰：千载有公，继韩、欧阳，余岂异趋，久而自伤。"于此，可见其为古文之所源，以及成就之所在。几乎是韩昌黎之一贯传统。桐城之所推重者，一概相同，而方望溪独标"义法"。其于归氏之批评，则云：

昔吾友王昆绳，目震川文为肤庸。而张彝叹则曰：是直破八家之樊，而据司马氏之奥矣。

二君皆知言者，盖各有见而未尽也。震川之文，乡俗应酬者十六七。而又徇请者之意，袭常缀琐，虽欲大远于俗言，其道无由。——其发于亲旧，及人微而语无忌者。盖多近古之文。至事关天属，其尤善者，不俟修饰而情辞并得。使览者恻然有隐，其气韵盖得之子长，故能取法于欧、曾，而少更其形貌耳。孔子于"艮"五爻之辞释之曰："言有序"。"家人"之象系之曰："言有物"。凡文之愈久而传，未有越此者也。震川之文，于所谓"有序"者，盖庶几矣。而"有物"者，则寡焉。又其辞号雅洁，仍有近俚而伤于繁者。岂于"时文"既竭其心力，故不能两而精欤！……（《书归震川文集后》）

这对于归震川之批评，可谓中肯。寻其全集，凡赠送序，寿序，记，近二百篇，皆应酬之作。其间亦时时能自出新意，当其时当其事者，必觉可喜，然究竟皆是俗事，俗言，少有杰作。其墓志、权厝志、生志、圹志、墓表、碑碣、行状（卷十八至卷二十五，凡九十四篇），皆比较沉重，其言不但"有序"，亦且"有物"。与八大家精神可谓一贯。谱，世家五篇，传二十一篇，皆俨然司马子长。其余皆可不论。

这里，请说一与今代绝无关系之事：读归氏全集，寻不出一篇骈体文。然有制诰六首。以文章论，未始不佳，但与北宋诸知制诰名家之文并读，则觉其雍容华贵之象，甚有不如了。这因为归氏根柢全在古文，未尝专意词章。又用心于制艺，相互涉入。制艺而出以古文笔法，超出"记诵套子"（见《山舍示学者》），破除烂熟时尚，因此八上春官不第。而古文亦仍"有近俚而伤于繁者"，故方氏疑其不能两精。若"制诰"全拟汉文，则非当时体裁所许，仍不能不用骈体。似乎"代圣人立言"是一事，代朝廷或国家立言又是一事，"制诰"，自不免流于空疏或甚至虚伪，但本实另是一体，于此，则归氏之功力有所不至，即高华典重之度阙如。

自来推崇其文之至者，仍是"使览者恻然有隐"诸名篇。如《项脊轩志》，《先妣事略》，《女二二圹志》，《寒花葬志》，《畏垒亭记》等等，诸多写景抒情之文。换言之，多真实语，多性灵语之文。——归有光亦常言"性灵"，如《送童子鸣序》，《冯会东墓志铭》，言典籍，言诗，皆有其说。——在古文为别致，甚能动人。小简亦多此类，寥寥数语，而极可爱玩。

凡此，除《先妣事略》一篇外，似皆其余力之所及，而非其真功力所在。皆不可学，学之亦复唐劳。其文之见真功力者，多大篇，如《上总制书》，《昆山县倭寇始末书》，《送张子忠之任南昌序》，《归府君墓志铭》，《顾原鲁先生祠记》，《通议大夫都察院左副都御史李公行状》等篇，皆神完气足，不蔓不支，可谓大手笔，归氏是由此等文字而被称为大家。作撰马政志，是撰史。文字近万言。凡征引自周礼起，以至诗，以及后世奏议、诏令，不下二十余处。开篇竟可谓集周礼句，又从而增省其文，宛然古雅。尝自谓："太仆专志，仅一月而成，亦无为之草创讨论。雅俗猥并，空陈处多。中间反复致意。自以为得龙门家法，可与知者道也。"(《与王子敬书》)——此所谓"雅俗猥并"者，实因所征引之文，体制不一。奏、议等或犹可整齐，用其意不用其言，成为一色自己的文章，但诏令实不能改。这是为材料所限制。实际奏议等亦所以昭信史，以不改为善。是否"空疏"，则在于材料的拣择，这是史学上的研究问题。"中间反复致意"，此"意"亦即"蠲贷"，"库藏"二者，又别出有二短篇，在乎利于国而不病民而已。文法自谓出于太史公，诚然所谓"家数"是相同，但倘使太史公为之，文字或犹可减省三分之一。这是时代不同，汉代文字后人无从追及。要之以志书而论，不失其为一大作。

作大文章而能简，能洁，能雅，能健，自不失为名家或大家。这是后之桐城文派所崇仰处。钱牧斋之人格不必论，其于文章却属正法眼，编定归有光全集，在别集中别出一汇曰："公移吏牍，各有格式。委悉情事，雅俗通晓，乃为合作。非老于文笔者不能为，亦不能知也。录而存之，略为一卷。"——其中乞休申文二首，内容复杂，与生民休戚息息相关。属应用文一类。由其于古文惯熟，而事有激发，故不自觉娓娓千言，亦自成其渊雅。于此则词藻无能为役，诚如钱氏所云："非老于文笔者不能为"。值得细玩。比较其上阁老之流诸书，更切合实事。

文笔如学到这一种，以之应当世之用，如写公文，作状纸等，是方便的。然如前说，"修辞立其诚"，仍属基本。不然，则其弊可至于为"讼棍"。

五

这里，不拟谈文学史，意在搜讨文法，即桐城派之所谓"义法"。范围属于创作之技巧。昆山不自成一派，而在明代有此一巨子归有光，后世推为桐城派之祖。桐城派散文即古文风靡天下，不百年而流弊已多。如章实斋当时已举出"古文十弊"。这属概括而言，是其时发展的结果。其所谓"义法"，即今世仍多有可采者。

请先检讨所谓"义法"是二事呢，还是一事？换言之，是义"与"法呢，还是义"之"法？——那么，无妨直征方氏所云：

> 春秋之制义法，自太史公发之，而后之深于文者亦具焉。"义"即易之所谓"言有物"也。"法"即易之所谓"言

有序"也。"义"以为经而"法"纬之,然后为成体之文。……(《又书货殖传后》)

凡义理必载于文字,惟春秋,周官,则文字所不载而义理寓焉。盖二书乃圣人一心所营度,故其条理精密如此也……始视之,若樊然淆乱,而空曲交会之中,义理寓焉。……(《周官析疑序》)

又谓:

又凡诸经之义,可依文以求,而春秋之义,则隐寓于文之所不载。或笔或削,或同或异,参互相抵,而义出于其间。所以考世变之流极,测圣心之制裁,具在于此。……(《春秋通论序》)

盖古文所从来远矣。六经,语,孟,其根源也。得其枝流而义法最精者,莫如左传,史记。……三传,国语,国策,为古文正宗。然皆自成一体。学者必熟复全书,而后能辨其门径,入其窍突。(《古文的选序例代和硕果亲王》)

又谓:

记事之文,惟左传,史记,各有义法。一篇之中,脉相(?)灌输而不可增损。然其前后相应,或隐或显,或偏或全,变化随宜,不主一道。……夫法之变,盖其义有不得不然者。欧公最为得史记法然犹未详其义而漫效焉。后之人,又可不察而仍其误邪?(《书五代史安重诲传后》,"脉相"疑当作"脉络自相灌输"。语见《周官集注序》)

子长世表,年表,月表序,义法精深变化。退之、子厚,读经、子,永叔史志论,其源并出于此。孟坚艺文志七

略序,淳实渊懿。子固序群画目录。介甫序诗、书、周礼义,其源并出于此。(《古文约选序》)

……是篇(货殖列传)大义,与平准相表里。而前后措注,又各有所当如此。是之谓"言有序",所以"至赜而不可恶也"。夫纪事之文,成体者莫如左氏。及他后则昌黎韩子。然其义法皆显然可寻。惟太史公礼,乐,封禅三书,及货殖,儒林传,则于其言之乱杂而无章者寓焉。岂所谓定,哀之际多微辞者耶!(《汉书货殖传后》)

又谓:

甚哉!班史之疏于义法也。……太史公序礼,乐而不条次为书,盖以汉兴礼仪皆仍秦故,不合圣制,无可陈者。……其称引古昔,皆与汉事相发,无泛设者。固乃漫原制作之义,则古礼,乐,及先圣之微言,可胜既乎?是以不贯不该,偶然而无所归宿也。……用此,知韩、柳、欧、苏、曾、王诸家叙列古作者,皆不及于固。卓矣成!非肤学所能识也。(《书汉书礼乐志后》)

据此,则义与法判然是二,但法由义起,亦即义之法。义即所谓春秋大义。——有史以来,夏后、殷、周,中国社会自有一贯之伦常观念,道德观念。即君君,臣臣,父父,子子,夫夫,妇妇,所谓三纲,而加以兄弟、朋友,则为五伦。如兄友弟恭之类,各自在亲属关系上有其适当之分。到春秋时运传统已变,大抵君不君,臣不臣,父不父,子不子……驯至臣弑其君,子弑其父……于是孔子修春秋,在文字中寓其褒,贬。贬则使乱臣贼子惧,惧其恶名传于后世子孙不忘。"约其文辞而指博。"笔则笔,削则削,以至少数的文字,表至多的史事,而褒,贬见乎其间,即所谓"微言大义"。这是一艰巨工作。"微言"表言外之意,即言外之义，未尝直指。如程子所云："春秋大义数十，炳如日星，乃易见也。惟其微辞奥义，时措从宜者，为难知也。……"宋儒讲义理之学，义即此义。

方氏言春秋与周官，义皆寓于空曲交会之中，在春秋为然。在周官则其疑有王莽与刘歆之窜乱处（《周官辨伪》一、二），尚待考证。——治礼当先辨名。物、事、义、数、度等，清代汉学家甚为有功。此非文章家所长。或者古礼之合事实，应需要，近人情等处，仍当属之"义"，但不甚"大"而已。——总之方氏是崇程、朱的。然程朱是一概不重视三传，而重春秋之为经。甚者，根本不重视文章；自周子始，谓"彼以文辞而已者，陋矣！"（见周子通书"陋"，第三十四）。然方氏倡其义法，则不敢忽略三传，而尤重左氏。次之以《国语》，《国策》，更次之以《史记》，这便是其古文义法之整个渊源。其于诗，书，易，以及论语，孟子，则因在当时不俟提倡，无人不读。作八股应试，内容限于四书，则亦为"时文"之根源，若纯粹取理学观点，《国语》，《国策》，皆在所摒斥之列，以为此二书坏人心术，亦是传统观念。无论古文，时文皆以六经、语、孟为根源，则其称左，国自是"枝流"了。

举例说：文赋谓"立片言而居要，乃一篇之警策"。此可见于《史记·留侯世家》之文："留侯所与上从容言天下事甚众。非天下所以存亡，故不著。"（方望溪谓"此三语，著为留侯立传之大指。纪事之文，义法尽于此矣"。）以及《史记·酷吏列传》之叙"汤为御史大夫，七岁败"。（方望溪谓"汤所以败，事绪多端。非用此"句"为关键，则散漫无纪"。又谓下文"三长史皆害汤，欲陷之"，句法与此相同。）——如是：汉人之所为，晋人之所见，清人之所赏，是同此一事，即在文中立出一关键或主旨，钤辖全篇，此之谓"警策"。各种文章性质不同，然有其

"警策"语可寻。

此即其一法而已。推之，于某一主题，审事体之大小，定材料之去取，立文章之主旨，为之则分别其先后，虚实，轻重，详略，繁简……等等；或出之以比较，照应，贯串，或增之以变化，曲折，波澜……或间以点染，掩映生姿；或陡然顿住，余意不尽……凡此之类，皆所谓技巧，亦即法。以近代语出之，无非是使一篇文章，成为一有机的整体，生力充沛而脉络分明。

以艺术而论，撰文可与绘画或为诗相比。在西洋则散文属最高文学，入乎艺术范围。三者皆有其法。至今是画法最为复杂，诗法极为简单，而文法不太繁，不太简，处于二者之间。如实，法由归纳而得，是从若干佳制杰作，寻绎出某些共通原则，即如是为之则佳，不如是为之则不佳。但自来大家名家，无不匠心独运，无有依法而为文者。其于已有之成法，可与暗合，可以打破，又可自立其新法，不顾前人。唐、宋八大家各自成其一体，未始不师古法，然各自有其新方。若《左传》，《史记》相承之义法，是简单事，"朞月间可讲明"，如方氏自云：

……苟志乎古文，必先定其祈向，然后所学有以为基。匪是则勤而无所。若夫左、史以来相承之义法，各出之径涂，则朞月之间，可讲而明也。……（《答申谦居书》）

此"祈向"即志之所在（在西文有常用之 aspiration——字，即是这意思）。何所企慕，何所趋往，即一生以何者为极归。方向既定，宗旨已立，即知如何致力，如何自处。自来中国士人之"祈向"是为圣贤。为圣贤则当取法往古圣贤之言与行，其言其行皆具于群经，则其为学之方法为入乎经术，以经术为基本。文章故为余事。如竟以文章鸣世，则渊源仍当本之六经。如柳子厚答韦中立书（见前）所说。此理亦早经韩昌黎阐明，宋明儒者以至清儒皆无以异。然而六经之文又如何可企及？摹拟而不似，有如"刻鹄不成反类鹜",其例已如前举。然究竟仍定此一方向,故谓之"祈向"。六经之文既为其基本,则规抚法式具存,约其旨以为文,终必有所成就,不至浪费心力于无处,即"勤而无所"。——《左传》附经,仍在十三经之内,《史记》非经,以其叙事,与后世之传志碑铭同一性质,所以其相承之义法皆可应用了。如云:

　　……请余为铭出之文。余告之曰:"非文之难,而义无以立之难。……雷同叙次妇事之常,览者欲卧,将焉用此?……(《赠孺人邹氏墓志铭》)

　　……余按铭者,诔之遗也。非于德,于功,于言有立,或有奇节义烈,无以举其辞。据状,孺人乃履顺而持家有法度者,赠君则富而好行其德,于法尚未可以铭。……(《赵孺人翟氏墓志铭》)

观此二则,约可见其义法,怎样是当表之于文章然原立乎文章之外。墓志铭在古文中是庄重的一种文字,略次于史传而基于行状。——行状胪举一人的平生事迹,以备国史之采择,为之立传,或文章家为之志墓或铭,性质微有不同。——因其性质庄重,则其"义法"自然随之庄重了。那么,应求其可为立传或可与铭墓之理;这又与春秋大义之类相连。春秋是常事不书,所以叙"妇事之常"为无谓。换言之,寻不出一特出的主旨。而在"于法尚未可以铭"之夫妇,终为之铭志者,则因其有子。于是其下文又掉转说:

　　然及吾门者,有所祈向,而可信其操行之终不迷,青藜其一焉。古之人,善善及其子孙,况父母乎?故援斯义而为之铭。使青藜知成亲之名,在自敬其身,而后此所宜自奋厉者,甚重且远也。(同前)

由此观之，其"义"在于"善善"。寓规劝于褒扬之中，亦其一法。有非其人非其事则不当作之理。此就对象言。——若就作者言，亦同有此一禁戒。因此类文章的性质严重。自古"幼不讳长，贱不讳贵"，墓铭为诔之变体，则亦入此惯例。于立传尤然。有云：

> 文士不得私为达官立传……（《书李习之卢坦传后》）

> 家传，非古也。必厄穷隐约，国史所不列，文章之士，乃私录而传之。独宋范文正公，范蜀公有家传，而为之者，张唐英，司马温公耳。此两人故非文家，于文律或未审。若八家则无为达官私立传者。……（《答乔介夫书》）

此下更言：

> 韩退之传陆贽，阳城，载顺宗实录。顺宗在位未逾年，而以贽与城之传附焉，非所安也。而退之以附焉者，以附实录之不安，尚不若入私集之必不可也。……（同上）

这是一习惯或惯例。司马温公一代大手笔，而谓非文家，此持论未免太苛。达官自有国史馆为之立传，原不待文士为之私立。国史不立，而其人可传，则正宜文士私为立传。然"厄穷隐约"，不成为理由。姑举一例，据古谊说明。——颜子可谓为"厄穷隐约"之人，其声名传于后世，配享孔庙，尊为"复圣"者，不在其居陋巷，一箪食，一瓢饮，而在"其心三月不违仁"，其于孔子之言"无所不悦"，其"不违如愚"，其"克己复礼"，其虽处陋巷，"人不堪其忧，而回也不改其乐。"——否则，天下"厄穷隐约"之人多矣，而国史脱漏之人亦复不少，又何能一一为之立传？达官亦然，达与不达，亦皆不成理由。传，传也。其义原另有所在。

若论八大家，除柳与老苏之外，本人皆为达官。或以同居政府，倘非身预史职，正不必别为立传，以避阿私或朋党之嫌。或者其为文士之心，竟是目空一切，如苏子瞻，王介甫，皆是气高天下的人，意中有所不屑。至若其同僚之相许与者，或所景仰的前辈，则或为祭文，行状，墓志铭，神道碑等，已举其平生大事，又无庸别为立传。

至若韩退之为陆贽与阳城二人传，附于《顺宗实录》，此似未得退之原意。——顺宗在位不过数月，大事甚少，而实录退之据当时史料编次成五卷之多。主体仍是史料，有同行状，无碍其为详。而退之于此乃是撰文，非如新、旧唐书之为本纪。其开篇即提及此二人，乃顺宗为太子时事。顺宗即位，即下诏同征，而二人皆卒。于此附以二人之传，皆洽当其处，不碍此实录之为一整体。且此二人关系当时大政，皆以贬死，退之尤有为之发愤之意。以其传附实录，更有示其优异之意存于其间。倘使为其传而不附于此，则入其私集亦必无所不安或甚不可。阳城于《旧唐书》入隐逸列传，文字与此传无甚出入；于《新唐书》入卓行列传，乃甚可观。陆贽官远较阳城为达，其学术事功，具见新，旧书本传，其中于机牙乃详于此。以情度之，韩氏非先为此二传而后编入实录，乃系编实录时始撰此二人之传。此所谓"牵连以书"，在韩文原有此一法。

总之，这是一惯例，方氏立此为严格之法，持论颇失之苛。姑另举一例，无传之名而有传之实者，如柳子厚之先君石表阴先友记，乃仿《史记·仲尼弟子列传》为之，其间达官甚多。但题之曰"记"而已。以春秋笔法将其父执刻画一番，后世多不谓然，而方氏又未曾注意及此。

于此不妨另作一揣测，或为事之所有。方氏既以古文名家，海内求文者甚众，达官贵人与之无任何私谊者，多希望得其一文。生时或不得其赠序、寿序、诗集、文集之序，死后又不得其祭文、哀辞、志铭碑碣之文，或犹冀其为作一传，以垂永久。为应酬无谓，故不得不立崖岸，严申其义法之余，又强调此一法。

以今观之，此"义法"之"义"，当释之曰"意义"；即文章可为，但有何"意义"在于其间，当讲。后世如陆建瀛为两江总督，不可谓非达官。王闿运不过一举人，非桐城派而以文章名世。其撰陆建瀛传是多么重要的一篇文章！将太平天国初起时清代政局之腐败，皆表出了，其"意义"实颇重大，又岂可拘以文法，谓文士不得私撰此一传？

六

以上，略可窥见方氏所倡之"义法"，是什么一回事了。文章不止于记事，尚有议论等，而其"义法"多属记事之文。此外则"词赋"为文辞学之专门。方氏全集中未存任何骈体文，自"古文"立场观之，骈体文不足齿列。方氏出狱后被召入南书房，先命作时和年丰庆祝赋，该文似原未存稿。或者"词赋"非其所长，正如诗非其所长。此可于其集中见之。姚姬传作刘海峰先生传，尝记其事，云：

> 尝谓鼐：吾与汝再世交矣，天下言文章者，必首方侍郎。方侍郎少时，尝作诗以视海宁查侍郎慎行。查侍郎曰：君诗不能佳，徒夺为文力，不如专为文。方侍郎从之，终身未尝作诗。

古文久已与词章分途，专于古文，正亦不必更从事诗赋，所以守其拙而养其长。互若其讥诋诗赋（集中时见），则颇病褊狭。姚氏为文亦为诗，襟度比较宽和，广大。湘乡曾氏谓"国藩之粗识文字，姚先生启之也。"其为名家所崇拜如此。

考曾氏《经史百家杂钞序例》有云：

> 姚姬传氏之纂古文辞,分为十三类。余稍更易为十一类。曰论著,曰词赋,曰序跋。(著述门)
> 曰诏令,曰奏议,曰书牍,曰哀祭(告语门),曰传志,曰杂记。(记载门)
> 九者,余与姚氏同焉者也。
> 曰赠序
> 姚氏所有而余无焉者也。
> 曰叙记,曰典志(记载门)。
> 余所有而姚氏无焉者也。
> 曰颂赞,曰箴铭。
> 姚氏所有,余以附入词赋之下编。
> 曰碑志。
> 姚氏所有,余以附入传志之下编。
> 论次微有异同,大体不甚相远……

这两种分类,后胜于前,条目减少而内容更加充实,增添"叙记"与"典志"两类,皆属记事之文。就其范畴看,实欲笼括全部古代文章体制,所遗者极少;论其内容,选择,意在竭尽古文之精蕴而无余;虽然题其名曰"杂钞",实皆精选。

哲学上的一元论或太极两仪说,亦可合于文章的类分。其间尚有通于美学之处,且俟后论。于此,无妨更寻桐城派的理论。方望溪尚有其分析,可供参考:

> 自周以前,学者未尝以文为事而文极盛。自汉以后,学者以文为事而文益衰。其故何也?文者于心,而称其质之大小厚薄以出者也。戋戋焉以文为事,则质衰而文必敝矣。古之圣贤,德修于身,功被于万物,故史臣记其事,学者传其言。而奉以为经,与天地同流。其下如左丘明、司马迁、班固,志欲通古今之变,存一王之法,故记事之文传。荀卿、

董傅，守孤学以待来者，故道古之文传。管夷吾、贾谊，达于世务，故论事之文传。凡此，皆言有物者也，其大小厚薄，则存乎其质耳矣。魏、晋以降，若陶潜、李白、杜甫，皆不欲以诗人自处者也，故诗莫盛焉。韩愈、欧阳修，不欲以文士自处也，故文莫盛焉。南宋以后，为诗若文者，皆勉焉以效古人之所为，而虑其不似。则欲不自局于骞浅也，能乎哉？（《杨干木文稿序》）

这段文字有几个意思：主体是文与质对举。——这使人想起《论语》之言：棘子成曰："君子质而已矣，何以文为？"子贡曰："惜乎夫子之说君子也！驷不及舌。文犹质也，质犹文也，虎豹之鞟，犹犬羊之鞟！"

孔子乃有得中之论："子曰：质胜文则野，文胜质则史，文质彬彬，然后君子。"

以现代语出之，质即内容，文即外表形式。"质衰而文必敝"，此（文），如言殷周之文，即前举章氏所云，可谓文化整体。说周以前文盛，方氏乃指写下的文章。于此，颇欠思绪之清晰。

进者，于历史求之，今存之周代文章，多在东周以后，西周以前的作品极少，寥寥可数。如何可知其"文极盛"，又何由知"学者未尝以文为事"？

又有进者：盛、衰相对而言。揆方氏之意，今读周秦诸子的文章，觉其生力充沛，光焰万丈。后世之文，相形见绌。但于此有一时代因素，亦当计及。姑自韩昌黎（公元 768—824）算起，至今不过千余年，但东周以前，至少有三千年的历史。其间经过自然淘汰与人事祸灾，寥寥存至于今者，可谓数千年之精选。较之千余年来之作品，在量上可谓万分不及一。要作平等或平情的比较，只好再待三千年，以其时倘又经过自然淘汰与人事祸灾所余者，与今存之周秦诸子等量齐观，然后可得正当的结论。——这似乎是克核之谈，但亦实有这一时代因素应当计及。

这观念的主体，是以文章为余事。以人生大事说，文章或系小技，不关重轻。而文章之佳，之盛，之可传，下功夫当在文章以外着手，这是名论。但这又只是一偏之见，下功夫亦应在文章本身着手。原此一观念出自宋儒，方氏承其说。大旨是学乃学为圣贤，道德为实，为质，文辞乃艺，乃技。技艺亦所以进乎道。那么，文章亦以载道，当代圣贤立言，……诸如此类。

"圣人"究竟是什么样的人，诸家的说法不同。老与释各自尊其圣人，其说相异；即儒家本身，宋明理学家往往各自成说。但我们无妨极粗浅说："圣人是一理想的完备人格。"这当见乎其大。我们于今仍推尊周公，孔子为这民族中的圣人，但不说这民族只有此二圣人。周公的父亲文王，也被推尊为圣人；还有孔子的祖先。如孟子被尊为亚圣，而孟子中推许伯夷为圣之"清"者，柳下惠圣之"和"者，而孔子乃圣之"时"者。总之，圣人之著名者以及知名者而不著者，有许许多多。——于此不妨说一极简单的道理：人可以修身，道德几于圣人境界，而不学文，则终不能文。周公、孔子之事业，仍在乎文，而赖其文章以传于后世。推宋儒之意至极，则孔门只应有德行一科，只可尊颜子，而事实是德行一科之外，尚有言语，文学，如前已说，子游、子夏之徒，皆可尊重。

复次，周以前之学者未尝以文为事，这只是与汉以后学者以文为事这事实相对而言。从物质方面技术发展看，西汉尚未曾大量用纸为书，如东方朔之著书，是写在竹简上，所以当用车载。用石墨即煤为书，是曹魏以后之事。笔之初期为兔毫，其前蘸漆为书之笔何似，尚待考证。然则以文为事，物质上颇有难、易之分。若从制作而言，则周以前之学者为文之用心，不必且不能与汉以后学者为文之用心相异。史臣记事有其史法，学者传言有其文法，经之内容，亦玄亦史，为论议与叙事之文。其于文法之学，是否研虑有如后世之精微，尚有疑问。——然古之所重者，"文辞"，具如前说。

再论方氏所谓以"诗人"或"文士"自处的问题：诗人举著名者三；陶潜，李白，杜甫。文士之例二，韩愈、欧阳修。此中只有陶潜，似乎未尝以诗人自处。李白、杜甫，皆以诗人自处，且皆恨不得为诗人第一。这窥其平生作品，随处可见。证据太多，不可胜举。韩、欧阳似"不欲"以文士自处，有如方氏所云。唐、宋皆以文章为入仕之途，"文士"这一阶段，二人皆早已度过了，那么，必然弃之如弁髦。但论二人平生事业，韩之复古，欧阳之尊韩文，兴古体而绌奇奥邪诡，皆是视文章为其特长，皆慨然以"道"而尤"文"自任。苦心经营之数十年，至老不衰，此其文章之所以盛。欧阳公正色立朝，晚年时时思退居颍上。韩文公晚年宦情犹热，皆是未以"文士"自处；然易"文士"之名曰"文章家"，何如？倘二人皆视此为小技，鄙文士为不足为，无形或无意之意，有其成就如此伟大，谁肯相信？二人皆是否以"文章家"自信，自命，自处呢？——皆是。

南宋以后，诗文仍产生大作家。金之元遗山，元之虞道园、揭曼硕、萨天锡。明之前后七子，皆以诗著称。明之李空同、王阳明……以至王凤洲、唐荆州可推者十大家，皆以文著称。皆各自有其特色，难于一概目为"蹇浅"。当然，诗自不能如唐、宋，文亦不能如汉、魏，非是作者之心不古，质地薄劣，而是时代不同，成就不同。

方氏此一段小文，于论事，记事两汇之外，尚出一汇曰"道古"。此指荀子与《春秋繁露》，董仲舒之学，似乎甚少原始性，尚难企及晚周诸子。荀子坚决其"法后王"的思想，"性恶"之论，有其原始或独创之见，卓然为一"子"，或此今言出之曰，为一思想家。而荀子一书，历三古文家之手，遭遇颇屯。始于韩愈，谓"余欲削荀氏之不合者，附于圣人之籍，亦孔子之志欤！孟氏，醇乎醇者也。荀与杨，大醇而小疵"。（见其全集卷十一，谈荀子）因为"考其辞，时若不粹。要其归，与孔子异者鲜矣，抑犹在轲，雄之间乎！"（同上）韩之意在削去其文辞之疵病。

其次，七百余年后，得遇归有光，谓："荀子三十二篇，唐大理评事杨倞常移易其篇第，而今篇中亦多有失伦次者。余欲重加厘整，而惮于纷更。第别其章条或句，为之断长短。皆有意焉，而时有芜谬，取韩子'削其不合者附于圣人之籍'之意欤！其他脱文衍字，并为识别，读者可以一览而知也。……荀卿独能明仲尼之道，与孟子并驰。顾其为书者之体，务富于文辞，引物连类，蔓衍夸多，故其间不能无疵，至其精造，则孟子不能过也。自扬雄韩愈皆推尊之，以配孟子，迨宋儒颇加诋黜，今世遂不复知有荀氏矣，悲夫。……"（《荀子序录》）

又百余年而遇方苞，谓"昔韩昌黎其欲削荀氏之不合者，附于圣人之籍，惜复书不传。余师其意，去其悖者，蔓者，孑者，俚且佻者，得篇完者六。节者取六十有二。其篇完者，所芟薙几半。然闲取而诵之，辞意相承，未见其有阏也。夫四子之书，减一字则义不著，辞不完，盖无意于文而乃臻其极也。荀氏之辞，有枝叶如此，岂非其中有不足者耶？……"（《书删完荀子后》，全集，卷二）

以历史眼光观之，这是《荀子》一书之大不幸。若方苞与其少数弟子讨论古文作法，这种芟薙可为。若以其删节本行世，则为灭裂古典。幸而其书不传，而杨倞注之荀子至今仍在。方氏自矜其古文之长，自诩其识鉴古文义法之有得，皆无可厚非。然不自知其持论之偏，其所见之隘，及此举之妄。——这有如后世之工匠，见到秦以前的一堵壁画，依据自己的意见，将其大部分涂抹，只存留下一部分自己以为可观者，指示人曰：惟独此一部分可传于世。——严格言之，这与乾隆之于历代法书名画加以"御题"，同为文化之大厄。清高宗颇知汉文，在位六十年，活到八十九岁，于是将"古稀天子"之印，并其所为诗，随意加到古代书画上。字体庸俗无可观，书有人代笔，诗亦有人代笔，或自作而经人修改，有如出告示。古代书画上的空白，多是艺人有意留下的，尤其是画面要有空间，方可生其所期望的效果，可谓原有大作用在；结果弄到满目疮痍，空处填塞了废话，印象完全变换了。而原作本无其二，经此"御题"毁坏后，更无法复原。——删荀子的工作，比较起来，流毒尚非如此之甚，因为旧本尚有流传，而荀子的声光，亦不因此损减。但其为灭裂古典，无可讳言。

在学术界始终是一虚心共同寻求真理的问题。不容攻人之短以显己之长。方氏以古文义法高自标置，攻击柳子厚，正用同一绳尺，攻击其不解五经；亦攻击三苏，谓于经术概未之有闻。然颇奇怪，同时有人反对朱子，则又大以为不可。并且据其统计，如颜习斋，毛西河，多绝世不祀，因为毁程、朱之道，即戕天地之心，故天不与以后嗣（见其与李刚主书）。那么，另是一种个人信仰。姚鼐之意见亦同，尚举出李刚主，程绵庄，戴东原为例，以为不是偶然。——而方氏又绝对不容忍任何人改窜其文章。尝自记其事："余自序宜兴储执礼之文，为其本师所点窜，以序为戒者，已数十年……"（《余东木时文序》，见全集卷四）一篇文章被人修改了，似乎数十年间时以为憾。

于此，有一点极易为学人所忽略的：古文中有一种义正词严的语调，极易撼动人。作者随着那陈套写下去，落入武断而不自知。文法森森，掩蔽了理论之支绌。

若加以逻辑学之分析，往往可见其论难立，或属非是，或最寻常属"半"是而极少"全"是。如言"天下有道，则行有枝叶；天下无道，则辞有枝叶"（《礼记》），这似乎是归纳而得的现象，皆或然而未必然，成了一武断语。方氏取此以诘荀子，未尝自审所持的这尺度是否正确。此在孟子中已可寻出例子，如言"杨氏为我，是无君也；墨氏兼爱，是无父也。无父无君，是禽兽也"。这在逻辑上大有问题；然以其词雄气盛，辩论可以胜人。叶水心于孟子之学，早已断断诤论，亦有在于这种地方。文不足以举理，而气可以屈敌，终不足以服人之心。若文士不自觉悟，文章仍可作的雄强，然久而久之，自己的思想和理路，可能变到全不清晰了。头脑变成了顽固或近于木僵。一动笔，常有的格式和旧套头，纷至沓来，不费思索，已成文章，此即韩昌黎所说，"惟陈言之务去，戛戛乎其难哉！"陈言，或引经典，或自撰作的，如"与天地同流"……"岂非其中有不足者耶？"……皆是熟套，机械似的在转动。其末路不是自己撰文，而可谓文自成撰，即"文章不得不如此作"。——"文章不得不如此作"，已表示其与真实相远或相违。倘是"载道"，必非真道。是议论之文犹可，因为思理之乖谬，明眼人可易于看出，不被瞒过。至若叙记之文呢？不合事实的记述，非但没有价值，亦且可能误事，竟是有害，或甚至贻祸不浅。此或非为文者之初心，然早已成自欺欺人之局了。

然究竟方氏此一小段文字，仍补表了一点意思，对当时的局势而言，仍属不无小补。南宋以后学者以效古为事。而虑其不似，这仍是一普通现相。这在近代文艺批评上，有合于创作与摹仿之说。效古是摹仿，是摹袭或甚至剿袭便无原始性，非独创之作。其价值当然不如原始作品。文学作品自来贵重独创，开辟新天地。桐城派文章禁忌亦有"不古"一说。推之即是形式上之效古当绌。但为古文者虽非摹仿古某家惟恐其不似，然亦于古必有其依托。姑假定其所依托者为经，则亦非原始性之独创。能说"六经皆我注脚"时，方觉独立而且自由，但此说必为崇拜朱子之方氏所不取。若纯粹涵泳于古代文章内，写作不离乎旧作品领域，有同于取旧铜币改铸新铜币，终不能比从人生采得直接经验而自铸伟词，喻于取材铜山。此顾亭林为学之说，亦可通于为文。如前所云，下功夫更当从文章以外着手。要之，此乃"偏"是之名论，尚非"全"是之通论。

七

桐城派后劲为姚惜抱。平生无坎坷之遇，而文章造诣，有"词迈于方，理深于刘"之誉。桐城以义法相矜，然姚氏于此另有其说。其答翁方纲手书云："昨相见承教，勉以为文之法。……甫间今天下之善射者，其法曰：平肩臂，正膂腰以上，直腰以下，反句磬折，支左诎右。其释矢也，身如槁木。苟非是，不可以射。师弟相授受，皆若此而已。及至索伦蒙古人之射，倾首欹肩偻背，发则口目皆动。见者莫不笑之。然而索伦蒙古之射远贯深而命中，世之射者，常不逮也。然则射非有定法亦明矣。

"夫道有是非而技有美恶；诗、文，皆技也。技之精者必近道，故诗、文美者，命意必善。文字者，犹人之言语也。有气以充之，则观其文也，虽百世而后，如立其人而与言于此；无气，则积字焉而已。意与气相御而为辞，然后有声音节奏高下抗坠之度，反复进退之态，彩色之华。故声色之美，因乎意与气而时变者也，是安得有定法哉？……"（《答翁学士书》，见《惜抱轩全集》卷六）

这意思是说"文无定法",于诗亦然。取譬于射艺。射则索伦人蒙古人常较汉人为优。其射法与汉人之射法不同。——但于此亦有当注意者,姚氏谓射无"定"法而已,索伦人蒙古人亦皆自有其射法,非谓射本无法。

以今观之,若求"射远,贯深,而命中"必然要先契合若干物理条件,凡弓箭之制造及发射之力量与目的之准确,皆所当考究者。然则可谓有"定理"存乎其间。其"法"与此"理"相应,则为善法。文章之技艺亦然,亦需要契合若干心理条件。心理似非如物理之明显,但人心有其同然,是无可否定的真实。在文章,则此"定理"可谓之"义",如前已说。举凡抒情,论事,述志,释义,记叙……等写作,由命意,遣词,造句,谋篇,以至求所写之传神,皆有其至当不易之"理"存在,任何方法与之相应则为善法。理有定,法无定。理为一而法为多。——其实姚氏所为文章,仍属桐城家法,其申此"文无定法"一义,则较方氏之说为博大,宽和。盖涵泳极深于文章之道后乃为此浅显之一言;脱出方氏之窠臼,亦未与方氏之说相背。

其次,姚氏更着重一事,曰"气"。——远求此说,当可溯洄至孟子所谓"浩然之气"。更古,则春秋时阳虎尝曰:"尽客气也"。又更求之于古典,则大易咸象传有"二气感应以相与"之文,指阴气与阳气。中古,则韩昌黎实已有此说:"气,水也。言,浮物也。水大而物之浮者,大小毕浮,气之与言犹是也。气盛,则言之短长与声之高下者皆宜。……"(见《答李翊书》,全集卷十六)

观此二说微有不同,韩氏之说出之比譬。然韩氏另有其文论:

> 夫所谓文者,必有诸其中。是故君子慎其实。实之美恶,其发也不掩。本深而末茂,形大而声宏,行峻而言厉,心醇而气和。昭晰者无疑,优游者有余。体不备不可以为成

人，辞不足不可以为成文。愈之所闻者如是。有问于愈者，亦以是对。……"（《答尉迟生书》，全集，卷十五）

此"实"即方氏之所谓"质"较当，不容误认为文化内容。于此"心醇而气和"，则"心"与"气"对举。譬"气"如水，则与"言"对举。于姚，则"意"与"气"对举。度韩之所谓"心"，即姚之所谓"意"。"气"则同谓此"气"。——原义谓生命的气息，古人临殁以轻纩着鼻，观其动否，故临殁谓之"属纩"。呼吸一断，则纩絮必不动。以此谓"生命"即"气"，有气时犹生，无气时乃死。——在此则无妨释为"生命力"。

以此释韩文，则为"生命力充盛，则言之短长与声之高下者皆宜"。以此释姚说，可谓"文字者，犹人之言语也，有生命力以充之，则……无生命力，则积字焉而已。"——这么说，在现代人可容易懂了。换言之，要作活文章，不要是死堆字。

于此，若就一般说法，谓此"气"为"精神"或"神气"，何如？——这似乎仍是回到同此一真实，只是改换了字面说："文字者，……有精神以充之，则……无精神，则……"通常说某人身体衰弱，精神萎靡，即是说体力不振，生命力在低潮。说"神气"亦是同此一事。"神气"亦通常只是生命力的表现。在语文，最恰当还是说"气"已足。因为精神究竟还在更内里或更高上一界。若说心思在生命力以上，则精神又更在心思以上。

"意与气相御而为辞"——此所谓"相御"，即是"相使"，或"相制"。此所谓"辞"，语言与文章双摄。——生命力之充沛，在语言易见，因为声音本身有种种格调，而发言时更有种种姿态或手势随之，皆所谓生命力的表现，所以传情达意。在文章较难见，因为要使无声之文字化为有声之语言，在心思上增加了一番工事，比较间接，如前已说。然熟于文字的人，依然是一看即知；不能，则一诵读即知：某文有气或无气，或文气通顺不通顺。——以写作的技巧言，这包括意思之联贯与变化与起伏与曲折等，其所用之文词之采择，句之长短及其配合，字之声与调，因而成就之抑扬顿挫，以及分段，成章……等等，一言以蔽之，主旨是使"气"或"生命力"贯彻，弥漫其间。其办法不一，故曰无定法。

这在造形艺术较易见。如一幅古画或一纸古字，往往可见或沉雄，或峻洁，飞扬磅礴，有如一大生命力盘旋其间，通常总说，这多么"生动"，或多么"新"，虽古，而多么像"近代"……便是指这事。

推言之，射无定法，喻于文无定法，然射有物质上之定理，文亦有心理上之定理。姑谓心理，实可谓"思理"。亦即通常之"人情物理"。无论文章之气如何盛，要必当于理，而理体浩大无边。文章必于理体虽是一至微点有合，故其变化无穷。

姚氏言"声色之美，因乎意与气而时变者也"。——此一语涵义颇深。意非静物，声为声浪。色为光波，皆动者，在物理已知其然。姚氏此处所说之"意"，为"文意"，"气"亦为"文气"。但就作者言，"意"之上者属"思"，中者属"情"，下者属"识"。其"文意"必有合于三者之一。皆为作用，皆动，皆变者，主要是立"意"美好。文"意"既美，文"气"亦盛，乃"相御而为辞"，是说出了良好的创作过程。——但"意思"，"情意"，"意识"皆常时转变。因此常变扩大乃克成其"时变"即"时代"之转变。此言"声色之美"，如实乃言"对文章之声色的美之好尚"，这随"时变"亦是普通历史现象。因此"时变"，文明乃有进步。人事常移，好尚随变，对美艺的欣赏，常因时代而不同。古文盛极，转而骈文渐兴；骈文盛兴数百年而散文复起。诗歌盛极，词曲继之而盛。诗文之体皆不能定于一，则其法之不能定于一，乃当然之事。

虽然，姚氏说"文章之美"，则涉及美学问题。于此有其独到之说，与近代西洋美学理论有恰合者。如云：

文者，天地之精英，而阳，阴，刚，柔之发也。惟圣人之言，统二气之会而弗偏。然而易，诗，书，论语所载，亦间有可以刚柔分矣。值其时其人告语之体，各有宜也。自诸子而降，其为文无弗有偏者。——其得于阳与刚之美者，则其文如霆，如电，如长风之出谷，如崇山峻崖，如决大川，如奔骐骥。其光也，如皓日，如火，如金镠铁。其于人也，如凭高视远，如君而朝万众，如鼓万勇士而战之。——其得于阴与柔之美者，则其文如初日，如清风，如云，如霞，如烟，如幽林曲涧，如沦，如漾，如珠玉之辉，如凭鸿鹄之鸣而入廖廓。其于人也，漻乎其如叹，邈乎其如有思，暖乎其如喜，愀乎其如悲。——观其文，讽其音，则为文者之性情形状，举以殊焉。

且夫阴阳刚柔，其本二端。造物者糅而气有多寡。进绌则品次亿万，以至于不可穷，万物生焉。故曰"一阴一阳之谓道"。——夫文之多变，亦若是也。糅而偏胜可也。偏胜之极，一有一绝无，与夫刚不足为刚，柔不足为柔者，皆不可以言文。

今夫野人孺子，闻乐，以为声歌弦管之会尔，苟善乐者闻之，则五音十二律，必有一当，接于耳而分矣。夫论文者，岂异于是乎？

宋朝欧阳、曾公之文，其才皆偏于柔之美者也。欧公能取异己者之长而时济之。曾公能避所短而不犯，……抑人之学文，其功力所能至者，陈理义必明当，布置取舍，繁、简、廉，肉不失法，吐辞雅驯不芜而已。古今至此者，盖不数数得，然尚非文之至。文之至者，通乎神明，人力不及施

也。……（《复鲁絜非书》见姚集卷六）

这是说一极抽象而又极博大的主题，变化多方，无由直指，只可以喻量出之，要于消归两个原则，阳刚与阴柔。此两原则最原始的出发点，当然在于性别，此古今中外之所同见；在文辞，则语言之分别可顿见，猛厉与温和的语言，凡人一听能辨，在文章，则需要一番涵泳，揣摩，必于文章有经验的人始知。在西洋是自亚里士多德以后，亦复讲究修辞学与文章作风。如启克罗（Cicero），前章已提及的，便将"美"分为两类型，一为"尊严的美"，一为"温和的美"，实即阳刚与阴柔两汇而已。其品评德莫斯帖涅斯（见前）的讲词为有"能力"；后百余年昆梯里安（Quintilian）——亦称之曰"有筋肉"，换言之，皆谓其雄强，得阳刚之美。如利西阿士（Lysias），启克罗品评其文辞为"工丽"，昆梯里安亦称其"如清明之春"。如伊索克那帖斯（Isocrates），启克罗品评其文辞为"美悦"，昆梯里安亦称其清净光鲜，不适用于战场，而可用之于广武。则可谓此二人皆得文章之阴柔之美。其于他人之品评，尚有"沉重"，"粗豪"等，皆属阳刚。有"流畅"，"和悦"等，皆属阴柔。——总之，既明中国此一"两仪"说，则其于西洋古作者的品评皆迎刃而解。

此一概念，自启克罗后，存于西洋文学论或文艺理论中，若隐若显，而至于近代德意志之康德。亦判分艺术为"美"与"崇高"二汇。穷其归极，其所谓"美"即阴柔之美，其"崇高性"似出离想象范围以外，如海沙之量，星辰之昭，瀑布之力，而亦不过为阳刚之美而已。其次则席勒（Friedrich Schiller 1759—1805）亦分美为两大类型。其说柔美，谓此效用，在驯调人性之基本两冲动，一为识感（实质）之本能（Stofftrieb），一为形式之本能（Formtrieb），使不越轨，归于和缓，得中。其效用在克服人性之软弱，或增强其一偏之性格，竟无妨使其弱点增大。归极,仍是一阳一阴,于一切美艺皆然,不徒限于文辞创作(启克罗之名著,为论演说家,席勒之说,则可参其《美育书简》)。

于此,可知文辞之真理,中西有见其同然。但概括判分阳刚与阴柔,仅表明了其主要性格,其中仍有成分多少之不同量,与附属性格之不同质。如韩、柳二古文家,皆可谓得阳刚之美,然韩文雄而浑,柳文雄而峻。欧、曾皆得阴柔之美,然欧文和而畅,曾文婉而裁。其间仍有若干不同的格度。即使是一作者,作风也有中年和晚年之不同。柳子厚生平之文,有其三变。凡此皆当细加玩味而后能明。各大家皆自有其独特风格,要不离此两大汇分。皆可谓得两间清淑之"气",皆用其自"法"而不必同符,皆有当于"理"则不谋而合。——至若席勒增强一偏之性格,亦属矫枉过正。理想是仍当得之中和。

八

于此,乃可议今后求进步的途径了。

虽然,以上讨论古文辞,略未说及骈文,而骈文在文学上为一大国。论其起源,原与诗、赋发展有直接关系。诗赋限于"韵",不若普通骈文止限于"声"之比较自由。有说古文辞原无骈、散之分,但文中骈词俪句渐次显豁,遂单独发展为另一体。时代愈进,则于字之虚实,声之平仄,句之对仗,愈加考究了;宛宛自东汉之文蜕出,至东晋而体成。晋人以清言著,欧阳公尝说晋无文章(惟有《归去来辞》一篇云),那是纯自古文立场说。

若扩大视景,晋人之文真如"飘风涌泉",如近人之评。语文对称,清言加重了语言一端,似乎易于平衡而与文章合一了。——(为思辨之清明计,语文合一之"文",仍当区辨为"文字"与"文章"二者)清言甚文,内容大多是谈名理,佳者写下便是，如——

《晋书·乐广传》云："累迁侍中，河南尹。善清言而不长于笔。将让尹，请潘岳为表。岳曰：'当得君意'。广乃作二百句语，述己之志，岳因取次比，便成名笔。……"

这当然异乎西洋之演说，然颇高过宋儒之讲理。但文章专在词藻一方面发展下去，一端又过度加重，平衡又失去了。在初期，文体尚属清真，淡雅，犹见风骨。至齐末梁初，经过一大转变。任彦升遥承傅季友，而雅健莫追，同时沈隐侯颇有逊色。下至徐孝穆、庾子山，愈趋绮靡。初唐又稍振起。至李义山承先启后，发展而为"四六"。这以后不必论了。

（附录）写到这里，记起一小故事：昔年某名家在上海晨报上发表中国文学史，某日我早上看到其中一段，午后往谒鲁迅先生，顺便谈及其内容。

"周先生，今天我看报，某某谈六朝文学，完了，介绍人读参考书，先生说他介绍一本什么书？"

"介绍什么书呢？……"先生问。

"一部四六法海！……"

先生听了，大笑。

"六朝人那么多总集，别集，不教人看，而教人看四六法海！……"先生笑犹未止。

"如果说六朝文絜，我心里还输服一点……这真是陋得可以。"我说。

此后先生谈及某君之为人，又论及汉魏丛书与百三名家集之优劣等。

如今，骈文很少人作了，至多有骈散兼行的文章。骈文一绝大的胜处在能以拟喻而表出难于直指之情，处处投出使人联想的故实，即所谓"用典"，其词藻之工丽与声调之和谐，易于讽诵，便于记忆,犹其余事。其弱点在于倘用典过僻则难懂,使事不切则难工,而宇宙间没有两个恰合相同的事实。以言散文之所能,骈文无不能之。独叙事稍觉词费而稍间接。至若抒情,论理,皆有高文典册在,可为明证。以言其衰敝,则与散文同病,即落于空套,无有真实而为伪体。声调仍可铿锵,对仗仍可工整,初看几乎目迷五色,但无内容,同于废话。

　　散文的写作与欣赏皆需要学力,骈文的写作与欣赏亦同,但更需要古典知识。这颇依乎一时代的古典学识之水准而为转移。全无故实,依约如六朝初期之文,必至淡而可厌,因已有若干高华典则的作者在前,相形见绌,似乎毫无精彩。若使事丰富,用尽人皆知之典故,则必至于俗,熟,又不得不以生、僻调剂其间,而其效果仍在不可知之数,因为,举例不必过远:乾、嘉时代学林所认为极普通的常识,至现代学林可能已化为专门学识了,然则更依赖一般的学术水准。若不以现代读者为对象,而希望天下后世之知者,则其传世的可能性更微。——然则今后之求进步,仍宜从散文入手。

　　在现代,能读到清新纯洁的文章,实是一种美的欣赏,这机会常有。中西有文理之同然,偶尔在西文杂志上读到一篇好文章,亦是愉快之事。文字不同不足以使文章之理相异,又何况文言与白话是同此一文字而仅有体裁之不同?理则学与修辞学,非西洋之所独擅,乃凡语文之所必讲。现代所可资取于古文者,仍在于其"理"。"理"比其"义法"之"义",幅员更广大了。

　　再论写古文之"法",于前已提及一、二点,属消极性,即禁忌,如"不枝","不古"。——古人为文,亦有故意作为古奥,以示高深者,如用隐僻之字,或作诘屈聱牙之句;当世后世读者多明眼人,自难蒙蔽。伟大作者,无意为高深,多恐其不浅显,然于文于理,有不得不成为高深者,则亦无由损减。如陶靖节以

"孰能不怀"作为"畴能罔眷"，这是文章上的需要，不是诡为古奥。如韩昌黎之书"……喋锋蔡山，掊之，剽蕲之黄梅，大鞔长平，铍广济，掀蕲春，撇蕲水，掇黄冈，筅汉阳，行趾汉川，还大膊蕲水界中，披安三县，拔其州，斩伪刺史，标光之北山，踣随、光化，掎其州……"亦不是诡为古奥。因其体裁是如此。他若欧阳公试士，遇到"天地轧，圣人茁……"的句子，便不得不大加涂抹了。明代人亦有改"龙门"为"虬户"，"金谷"为"铣谿"者，皆是貌为高古，浅薄无谓。

字句如此，篇章亦然。唐之樊宗师，刘蜕，皆有此弊，后者更走僻涩一路。前者著作极丰富；而皆有文章之实，故犹不失为名家。——桐城派甚着重此法，即"不古"。古之时代无尽；如或诚要作古奥，必至如模仿西周，方可说得上古，亦必使读者之了解为不可能，那么也无文章可说了。

桐城派尚有"不俗"一禁忌。此"俗"是指科举文字的俗套滥调。古文之于制艺，中间原有界划应当分明。现代，制艺随同其滥调皆已废除了，可以不论。不但此也，还有（一）佛语，（二）宋人语录之语，皆谓之"俗"，在屏斥之列。方望溪尝谓："凡为学佛者传记，用佛氏语则不雅。子厚，子瞻皆以兹自瑕，至明钱谦益，则如涕唾之令人壳矣。——此是以六经为宗旨的古文家所忌讳的。其说亦可上推至韩昌黎。韩氏辟佛，谓"杨子云称在门墙则挥之，在夷狄则进之，……夫文畅，浮屠也。如欲闻浮屠之说，当自就其师而问之……如吾徒者……不当又为浮屠之说而渎告之也。"（《送浮屠文畅师序》，见全集卷二十）那么，对佛徒的态度是一贯。然柳子厚，苏子瞻皆有佛教理解。而钱谦益更是有佛教信仰。其绛云楼失火，藏书皆成煨烬，独一佛像未烧，因兹起信，而且开始注佛经，则其文章中有佛语，诚无足怪。方氏又谓："岂惟佛说，即宋五子讲学口语，亦不宜入散体文。司马氏所谓言不雅驯也。……此虽小术，失其传者七百年。"（见《答程夔州书》，方氏全集卷六）——其曰"七百年"，大致计自北宋以后，是讲学家的盛世。

《姚姬传》亦同此说。——方，姚皆痛恨八股文，列举其种种弊害流毒天下。——姚氏谓"自汉以来，为经说者已多，取视之不给于目。……而明以来说四书者乃猥为科举之学，此不足为书。故鼐自少不喜观世俗讲章，且禁学徒取阅，窃陋之也。"——此即不肯为时代好尚所汩没，在高头讲章风靡天下之时，慨然不顾，能自振拔。

"鼐又闻之，言之无文，行而不远，出辞气不能远鄙，则曾子戒之。况于说圣经以教学者，遗后世，而杂以鄙言乎？——'鄙言'亦即'俗言'。"

"当唐之世，僧徒不通于文，乃书其师语以俚俗，谓之语录。宋世儒者弟子，盖过而效之。然以弟子记先师，惧失其真，犹有取焉也。明世自著书者，乃亦效其辞，此何取哉？——愿先生凡辞之近俗如语录者尽易之，使成文则善矣。"（见《复曹云路书》，姚集卷六）

"语录"亦复势力浩大，当然可供学理研究，在哲学范围；无当于文章之欣赏与创作，属纯文学者。如平衡，语言这一端又减轻了，文章更重。

即今观之，写出清楚明晰的文字，不故作古奥，不蔓不枝，不俗不鄙，必然已发出文章的功效了。这即是艺术，譬如写字，不装模作样，只是一笔一笔写出，未必很美，必然使人看得过去。普通于应用文字的要求，亦不过如此。此外桐城派尚有一、二惯例，在近代已属专门。如为人撰传志或墓铭，颇可参考。即官名，地名，应用当世之称。亲属名称，则依仪礼，尔雅之旧。——亲属名称至今很少改变，"父为考，母为妣，父之考为王父，父之妣为王母……男子先生为兄，后生为弟，谓女子先生为姊，后生为妹，……子之子为孙，孙之子为曾孙，……谓我舅者，吾谓之甥也"(《尔雅·释亲》)。普通社会中如此称呼，文字即如此写下，遍中国如此。官名地名之从今称，亦属当然之理。"大学"不可改为"太学"，"研究院"不称"国子监"。"外交部"不称"大鸿胪寺"。……而且历代官制亦不同，倘顽固到要用古名，则又请问当用哪一朝代之制？地名亦是今古多有变易。今之绍兴，古之山阴，更古之会稽，民国时之绍兴人，则不必称大禹时之会稽人也……诸如此类。

还有一微细考究。撰文者不得不署名，除非名、字合一，则称名乃为正格。此事在春秋时已讲，有"君前臣名，父前子名"之例。若为人作行状，或寿文，或祭文等，其人原有官位，而作者亦自有官位，则无妨自署官衔，如其人无官位，则撰者虽有官衔亦必不署。此习惯自唐已然。至现代如章太炎作"二等嘉禾章农商部顾问杨君行状"，则自署"勋一位前东三省筹边使余杭章炳麟状"。如其为"处士王君行状"，则仅书"余杭章炳麟状"而已。倘于此处士行状亦署"勋一位……"等，则成大噱。

结论：今后在文章上求进步，主要仍是从古代取法，次要乃取西文为借镜。凡此于"理"于"法"之研讨，仍着重在散文；骈文之可采者，词藻而已，亦不必多。因为文章之佳，不在其词藻之美。凡"数典之文"或"习艺之文"，处处有其法度，皆属于应用，不但为用于今世，亦当为用于后世，非以其人之文而传，而其学必传者，正学人之所宜留心。贵真实，贵简明，贵纯洁。

此外则入乎文学范围之文，有体裁与个人之作风可说者，亦贵真实，贵简明，贵纯洁，但还得加上一、二特性，曰清新，曰平淡。——平淡自来被推为文章之至高境。不必说，举凡庸俗，鄙俚，陈调，滥套……等等，皆当泯除了。下功夫还是从"大品"入手。柳子厚自谓文章根柢于六经，无论其个人的成就何似，其所指的路是对的。经不必尊，史亦不必尊，皆不可废，在文化史中皆有其重要地位。现代人不必以六经为根柢，即无须法守或依据其宇宙观与人生观，但专从文学立场，无妨寻求其可为根柢之处。于四史同然。六经四史皆是"大品"即大文章，若静静规度其体式，制作，用心等事，正皆有大可欣赏者在。所谓"菀其鸿裁"，于楚辞已然，于经史尤然。

若使深透经、史而有得，则睥睨唐宋八大家，似乎是从上向下窥，印象迥乎不同。倘若八家以此为根源，则正是同据此上流，根源是一。大致学力之所可臻至，亦止于此。时代之需要与后世之必传，亦在于此。而犹非其至者。清张裕钊试卷，曾文正公一阅即知其熟于曾南丰之文，张氏后虽得曾氏之指教，力求进步，至今在文学史上不失为一名家而已，这是从八大家之一入手的结果，所谓"取法乎上，仅得乎中；取法乎中，仅得乎下。"如归，如方，如姚，皆大文章家，亦皆良史之笔，如初篇所云。虽各具特色，如举措大文字，则归之所能者，方亦能之，方之所能者，姚亦能之。方之逸事若干篇，实属大手笔，此皆可谓"能品"，而犹非其至者。

今而后，希望有学人于此中用力再三十年，资取于已往这绝大库藏，亦留神于西文之杰作，循此似迂远然平康的大道迈往，成就必然可观。现代早已学术门户大开，无科举等之碍阂，比古人更可自由发展。亦希望大文章渐次成就，有学者能好好修成逊清而后的国史，当然更修成可观的清史。宋、明诸史皆可新修，则属次要。——至若文章之至者，属天地间少数文字之列，所谓"通乎神明，人力不及施也"，笔者亦以姚氏此言为然。

《异学杂著》

谈 "书"

缘 起

感谢一位西德老教授的盛情，今年三月，遥遥寄给鄙人一本"书"。

这本书，封面题一大"书"字。背面亦仅标曰 Sho 是拼音。再看下面小题，始知是说"七世纪至十九世纪日本之书画"。

然则其所谓"书"，是指写字。——大至自隋炀帝大业三年（公元607），日本小野妹子聘华时起，一直到清末，经过唐、宋、元、明、清诸朝，历时也颇久了。而日本古之书画，即中国古之书画；那么，正应当为华人所知。

细看这一本"书"，只是一部目录。原来去年冬季，在西德科伦城，举办过一日本书画展览会。休会于十二月七日，展览凡六星期。会中出版了这部目录，或书或画，皆有摄影，作者肖像亦有摄影，附以考证及说明，凡三百余页。著录都一百一十六件。其中画不过二十五件，大抵水墨，画面多是书画各半。可谓大体仍是书。举凡造像、碑铭、铜镍、唐写佛经卷子、古梵字写经卷子、诗简、书画立轴、横幅、对联……可谓应有尽有。——

据科伦博物馆长序言,此一展览,无论在世界何处,即在日本本国,亦未曾有。然则此举可谓"空前"。

高等文化生活与浪漫派

中国的语文中,实有许多优美名词。凡战败的国家或前朝,我们称之曰"胜国"。"胜国"的本义便是"所胜之国",然这其中涵有一阴影之义,便是"优胜"。日本和德国在上次大战皆败,随之以巨大的经济繁荣。这繁荣于两国为祸为福,尚待历史论定,总归在经济、科学、工业诸方面,属"已发展"之国家了。这已是"优胜"之处,若取"方发展"或"正在发展"诸国并观,如印度,实是不但在经济方面,亦且在其他方面,看来处处皆比较优胜。例如这种伟大文化举措,在印度则至少今时不能希望有。虽然,日本和日耳曼这两民族,克实论之,果然比世界其他民族优胜到什么程度,也很难说,但我们保持谦虚,称之曰"胜国"。

记得东方有一位大教主说过近似这样的话:倘若他有两个钱贝呢,一个当用以买面包,另一个便要用以买一束百合花。——这教示是高明的。面包使我们生存,有了面包还有百合花方可算生活。人不单是有物质需要,还有种种艺术或美术的欣赏,伦理或道德的职责,宗教或精神的修为等等文化生活的需要。就此一东西方文化交流的事实而言,两胜国人士,皆正趋向高等文化生活。用此一象征说法,皆有了买面包的一个钱贝,又有了另一个钱贝,正从事于买百合花。

自来日耳曼民族,有一特殊性格,可说是浪漫精神。在北欧浓密幽邃的森林里,有一金色头发碧玉眼睛生龙活虎似的孩子,在鼓铲动鞴,锤锤打打,要锻成一柄纯钢的剑,他准备用以征服世界。便是这精神的象征。——这精神在文学和艺术以及哲学方面有过大成就，不必说。磅礴飞扬的生命力，不满现实，喜好新奇，成作进步或进化之一大迫促。其特点之一便是"企慕"。直上，对"超上者"的企慕，在宗教方面成就了神秘一派，是直对上帝的寻求，超出了教会及经典而外。平面，在浮世，则是企慕远方，神往于世界的他方国土，他方国土为其所未知然非不可知。——剑，象征他的知识和学术，如常语所谓"慧剑"。征服世界是梦想；在野蛮时代，便是劫夺和虏获；在文明时代，便是吸收和同化。东方的孔、老之学，在十七、十八两世纪中，大被尊崇，采纳，至十九世纪还在文化界支配了一长时期，十九世纪中叶以后，转而趋向印度之古学。其韦驮研究，因现代室利阿罗频多的翻译行世，始见有可修改之处。其韦檀多学的研究，如杜森（Paul Deussen）所译数十奥义书，至今仍颠扑不破。东方的佛学稍行于第一次世界大战后，然未盛行。第二次大战后又转到中国的禅宗的探索，因其新异，亦"甚嚣尘上"了。

客观说，这次日本书画展览，其实大部分是中国的书画展览，便是这传统浪漫精神的余波。其余禅宗的学术研究，是颇着实的，如《碧岩录》早已全部翻译成德文了。一时代的好尚，一部分是说"易"，一部分是谈禅。这影响了精神思想之进展，增加了文化生活的丰富。

书道在东方的位置

绘画，通常被称为国际语言，东西方不甚隔膜。是历史上的杰作，便多超出民族和国家的界线。则可谓艺进乎道，道在全世界为一。书却不然，恰是书在东方发展成了一最高艺术，位置且在画之上，诗之下，即通常所谓诗、书、画。这待稍加解释。

在中国，或许在日本亦然，儿童开始认字便要学写字，一学写字，便要写得好。这一番知识上的负担，在其他用拼音系统语文的民族中没有，或至少也轻得多。因为华文，终究以"形"为主体。从填写影本，蒙纸描书，以至临摹碑帖，是一长期训练。这训练有绝大的价值，因为人以此从幼年便养成了美的意识，如布置的适当，长短大小轻重浓淡的和谐，皆美术上的要素；这推及寻常生活行动，举措要适当，要和谐，皆不言而喻，有其良好效果。这便是生活的一重要部分，是教养之一端。于是乎有书学可讲了。

在西洋，无此学可讲，仅中世纪修道院之写经典文字，稍有痕迹。哥梯克（Gothic）式样稍繁复一点，求卷子之美丽，则借助于花纹图案。如开篇第一字母，别绘成一小方画，比较精美。近代发明了打字机，兼之以速记术，一般人的手书，又更退步了。偶尔见到虽名人的手札，也拙劣得很。

克实论中国书学，渊源颇古。古彝器上的款识铭文，如周时的大篆，其结字，其分行布白，大有"揖让进退"存乎其间。大抵占去彝器的一部分面积，非但与其器相称，即此面积上之每一字，字之每一笔，或说，此多体中之每一单位，每一部分，皆舒服，各自充分发挥其自体之美的效能，而与整体相调和洽适。在自体无扭戾，在整体无乖违。这里是古代书学之初端，其文字传世几千年，而后世仍加欣赏之故。

画的起源同古，六书中之象形便是绘画。而究竟字的地位处于画之上者，因为凡画的艺术原素或美的原素，字中皆备。其切于生活实际过之，因为人事上少不了书写；其广遍传布又过之。除了在最近代，一张画容易制成图片而外，古之画仅限于其原作，难于复制。若"绣梓"，即木刻翻印，黑白便无浓淡可分，彩色虽用套版亦难灵活。而碑版法帖，仅求黑白分明，一拓便可多张，容易普及，而且流传久远。

于此，可见书道比画道较大，而且，还可说较高。如何较高呢？因为画之美或美的原素，是对观者的较直接的诉与，虽则亦依乎观者的学养而决定其欣赏程度。在书不然，其美或美之元素皆抽象而又抽象化了，欣赏比较间接，几乎全部依乎观者的学养。姑举一二故事为说。

(王羲之）又尝在蕺山，见一老姥持六角竹扇卖之。羲之书其扇各为五字，姥初有愠色。因谓姥曰："但言是王右军书，以求百钱邪！"姥如其言，人竞买之。他日姥又持扇来，羲之笑而不答。（《晋书》本传）

倘使不是题上几字，而是画一朵花或什么，老姥姥必顿然高兴而不怪画坏了她的扇子。当然，人也未必争买。于此恰是因为王右军的字原好，被称为"草圣"，有重名。

又另一故事：

率更令欧阳询行见古碑，索靖所书，驻马观之，良久而去。数百步复还，下马伫立，疲则布毯坐观，因宿其傍，三日而后去。（刘悚《隋唐嘉话》）

字之美者，使人看不厌，所贵看者能知道看，换言之，能够欣赏。欧阳率更自己善书，有此识力。这是高手遇到了高手，如同善弹琴者遇到了知音，心领神会，留连而不能去。

当然，可以说，凡艺事之欣赏大抵如此，如画家见到了古代名作，其事往往同然。但书则尤其需要有长期素养方可养成识力，亦是事实。于今倘使同是两青年，同样聪明，同样努力。一学写字，一学绘画，各与以五年光阴。末了，学绘画者可学得了许多画"法"，必有几幅可存，至少可以张壁。学书者日日临池，他无甚书"法"可学，因为书之法远少于画之法。无论汉隶，晋草，唐真，是否有几张可以上壁，大成问题。当然，字也可以写得很好了，但不足以问世。康南海写北碑，写了多少年，终于叹息说："眼中有神，笔下有鬼。"——在创作方面，其难如此。虽是临摹某一体，然到写出的时候，也仍可说是创作。这一点很少为西方人士所了解，与绘画之临摹混为一谈。这亦是书道比画道高一等的缘故。

在学习初期，书画皆是一功力问题。然书有定型，画无定式。在某一定型中，古之书家早已达到绝高境界了，后人随而攀登，如何可及！倘所臻之境界不是绝高则或者早已随时代磨灭了，不会流传至今。纵或流传至今，今人亦必不取为范本，从而临摹。这时的惟一办法，便是起初专学一体，用上多少年功夫，然后参以他体，自出心裁，独创一格。这样方不为古人之奴隶，而卓然自立。如近代沈寐叟，是熔章草入爨宝子碑。如曾农髯，则熔铸黑女志、金刚经（泰山石刻），还参合了一部分瘗鹤铭。康南海熔北碑入乎行草，稍古的赵㧑叔学北碑而尽取龙门诸品之长。其所佩服而谓为有天仙化人之妙的何子贞，是学颜平原而大加变化。——总归是要能变，变而能化。因有长期学习某一体之根柢，不至如无源之水，旋流即涸。亦可说是"神而明之，存乎其人"。

中国历史上是画家多呢，还是书家多？我想是书家比较多。许多书家，多为其学术事功所掩，不以书名。如王阳明，在明代已有人推其书足以传世（见袁中郎集），于今故宫博物院还可见一行书立轴，果然很好。但常人只尊重他的"良知"之学，或其次，佩服他用兵如神，很少人注意到他的书，亦可传世不朽。昔年有一日我和一位画家，徐悲鸿，闲谈，我说："南京鸡鸣寺上有四个字写得很好。"他即刻说："是的，'大悲楼阁'，欧阳竟无写的。"他早已留心到这个。然欧阳大师以佛学名世，字是他的余事，舍其主要学术不论，其余事亦很卓然。自来书以人重和人以书名的，何可胜数！那么，论及东西方文化交通，德国这一次书画展览，可谓第一次触到东方文化的深处了！

展览的内容

以上，略叙此一展览之由来，其重要性，及书道在中国之传统地位。欲在这方面进加研究者，历代碑版法帖而外，无妨参考清包世臣《艺舟双楫》及康有为《广艺舟双楫》，皆可算入门之书；较古则《宣和书谱》，姜尧章《续书谱》；更深则有张彦远《法书要录》，如此之类，亦蔚为大国，而散在各家笔记中之论书者，浑金碎玉，时有可采。皆待学者自加搜寻，玩味。

其次，略说展览会之内容。就此目录所见者，作品有限，揣想全日本之所收藏，则此次所出者，或百分之一、二而已。亦复不皆是珍贵。但亦复不像是随意拣出一份，草率以应西德之求。观于佛经卷子及禅师墨迹之多，似隐隐有助长禅风在西土发扬之意。果是否以此为选择标准，及倘是，又原议出自何方，皆非当局不知，局外人亦不必揣测了。

日本方面，似乎对这事看得非常严重。闭会后展品即时一一运送回国，不作任何通融。这态度是好的。不是随意便举办一展览会，如现代全世界艺林之所为。而且，这是需要稍有经验的人方可知道，凡作品，不论今世的或古代的，展览一次便要受到一次损伤；无论保护如何周到。最周到也难免风侵日蚀，不如妥慎藏在箱箧里，预防了潮、霉。如冬季的北欧尚可，若雨季的印度，或雾季的伦敦，若展览及月余之久，其于纸墨的效果可见了。则可说是绝对不宜。

"家敝帚，享之千金"，既如此自珍，在观者亦觉其有充分珍惜之理。通常只若有一、二件稀世之珍，观者亦必以先睹为快。这展览内容仍属丰富，亦颇有使人爱玩留连至三日不能去之作品。但作品不同等，有些或有历史意义，而艺术价值殊微。易地如在上海或北京或台北，便难于展出，因为观众的程度不同，欣赏之情遂异。必宜乎循另一原则而加拣择。

据此目录所发表者看，诚如通常对展览会的赞颂套语是"琳琅满目，美不胜收！"——其实无须一一数出他人的珍宝。这里所说，只是对我们稍有意义者。例如以佛教"真言"，用直行悉檀字体，写在绘了"伊势物语"的手卷上，据称为十三世纪之末即宋末或元初之物，对我们很少意义。悉檀字体仍存于大藏经，德国学者在上世纪已研究过了，（如 Buehler，鄙人因之亦有《天竺字原》一书之编，书成于己丑，至今尚未出版）按图索骥，再横写成今之梵文，或者可有所发现。但这事太属专门，可以存而不论。又如"宸翰"即所谓"御书"，对日本人有其历史价值无疑，但艺术价值是另一事，亦可存而不论。于此，不过标出几种足够我们研究和欣赏者。附带在文辞方面解释几处。

这里有两事颇困难；一，因为草书难识。多是所谓"狂草"，不合草书成法。二，因所见仍是摄影，未看到原本手书或拓片，多处只能存疑。

最古之日本碑铭

目录之第一项，即展览之第一品，为佛像光背上之造像铭。楷书，拓片。凡十四行，行十四字。全文正方。（33.9×33.9cm），乃两方厘米内之小字。据所考乃公元后623年所造，时当唐高祖武德六年，正是中国多事之秋。铭文如下：

法兴元卅一年岁次辛巳十二月鬼前太后崩明年正月廿二日上官法皇枕病弗念干食王后仍以劳疾并著于床时王后王子等及与诸臣深怀愁毒共相发愿仰依三宝当造释像尺寸王身蒙

此愿力转病延寿安住世间若是定业以背世者往登净土早升妙果二月廿一日癸酉王后即世翌日法皇登遐癸未年三月中如愿敬造释迦尊像并侠侍及庄严具竟乘斯微福信道知识现在安隐出生入死随奉三主绍隆三宝遂共彼岸普遍六道法界含识得脱苦缘同趣菩提使司马鞍首止利佛师造。

初看此铭，使人感觉如赵松雪所书。文不如字。

据所考谓为铜錾，即写后用钢刀在铜版上直刻。且谓笔画初二行犹重，愈左愈轻，且谓此为隋代（589—618）及其前百年在中国通行所用之铭志字体。

这其实是北魏书体。为铜范抑如所说为铜錾，尚待确辨。假定所审为铜錾不诬，其字之笔力由右至左转轻，其刻痕亦转浅，则想非原作时如此。这即是通常所谓"传世古"，未尝入土。由隋至今已千三百余年，必然时复稍加拂拭，铜面已去掉了一层，于是锋棱尽皆磨损了，方板矫厉的笔法，在第一行的"月"字（此亦目录所指出），在第六行的"尺"字，"安"字，第九，第十行底之"中"字"严"字，皆有可见。时历已久，笔画尽转圆融委婉。倘再过二千年，刻痕且由浅而入无，笔画愈变愈细，终于会完全灭没了。

照目前所见，字是秀拔，遒丽，使人欣玩不已。虽赵松雪的最高境界，亦不过如此。

第二乃日本最古之石刻，Uji 桥柱铭。据云原石凡三行，行八句，凡三十二字。今仅存上方三行，行二句，凡二十四字。楷书。拓片（36.3×14.8cm）。铭文如下：

浼浼横流，其疾如箭，世有释子，名曰道登，即因微善，爰发大愿。

时代有二说，一说为 646 年所建，另说为（782—806）近晚唐所刻。考据者谓前说近是。结字峻峭，颇近李北海。似亦仍根柢北魏，如"疾"，"箭"，"名"，"即"诸字。

第三为铜版多宝塔铭。为日本国宝之一。版上凸出三层佛塔浮雕，及诸佛像。铭在下方中部，惜右下角已缺。凡二十七行，行十二字。正楷。中唐时书。拓片（14.2×42.4cm）其字不算特出，但充分是唐碑的韵味。目录谓其规范欧阳询或其子欧阳通，及横勒波起，有汉隶遗意，皆求之过深。大致此铜版之菁华在塔，此铭刻乃其余事。

第四为"那须国造石柱铭"。八行，行十九字，楷书，铭刻于永昌元年，乃唐武后世，西元八九。拓片（147×38 cm）。铭文甚奇。

铭字多难辨识，原多俗字。如"国"字之从"王"，"庚"字作"康"字。其他如"追""散""现"等字，皆有可疑。——此或即古之所谓"德政碑"，字体稚弱。目录谓其有六朝晚期遗意，当是指近似北魏碑铭。而谓与高丽某石刻近似，俟考。以碑版而论。止此四事。

写 经 与 草 书

其次，为唐宋写佛经卷子（目录五至十五）。——写经，是出之以宗教的虔诚，立意在于使人诵读，起信；而写者亦视为修持之一端，或有意于忏罪，徼福。其事功是字之不错为第一要义，字之美好为第二要义。其他卷子之装饰，尚在其次。大抵写经者多系好手。纸可以多色，墨之外亦可用金或银。纸上尚有一字绘一莲花台者，如同横格。

似乎苏东坡说过："大字难结密，小字常局促。真书患不放，草书患无法。"——那么，若写大字如小字，写小字如大字，已是"思过半矣"。由八世纪至十二世纪，经唐历宋，正是佛教大发扬的时代，此期间的卷子，多有可观，即不必深考其写手，因经院中的写手多系无名，亦毋庸斤斤计较此为唐土所书而流入日本，或日本本土人士所写。今出一例：妙法蓮华经法师品第十一幅。此虽小楷，实如同大字。墨书，棕色纸（26.2×21.4 cm）。所谓棕色或系年久陈旧所致。据考证此为唐时卷子，公元740年后之物。字既结密，亦无局促之处。此中若干字若单独摄影放大，必有可观。德之鉴赏家于此次展览品中，亦曾将某一单字别出摄影，惜未曾作此种小字中之拣择。写小字，于全纸当稍有顾虑，然仍在于每个单字之好。如其《般若波罗蜜多心经》，仅是一幅单字可看，整体亦很可观。

其次，草书有两帧极可珍贵。一为藤原行成（972—1027）书白居易骊宫高一诗。（30.3×60.4 cm）或谓出于百余年后某同体书家之手。是行草兼之。看来纯属唐人风采。笔力之沉着，似非寝馈于书中二三十年者不办。唐人谓"草贵流而畅"，诚然，但"流畅"二字不足以尽草书之美，必"流畅"中又见"沈静"意味。清人论书之"神品"曰"和平节静，遒丽天成"，甚得其中奥旨。流畅自易遒丽，但其中仍有"节静"当求。此即"淹留"，"能速不速"。羲之、献之父子千古名家，而子不及父，正因缺少"节静"，风度不能凝远。此一纸原意是在抄书，不是刻意要写一张好字，颇觉出之自然，流畅中仍见节静，此为难能。——另一为草书，"请恩章事"，是临摹藤原明衡。风采仍似唐人，与孙过庭相去不远，然比较甜熟。画忌甜熟，书亦同然。但非过甚，恰到好处。如画花卉，设色厚重，艳而不浮，格高。

榜　书

此外，最可欣赏者，为宋元以后中、日两国禅师之墨迹。起初,最触目惊心者,即此一"书"字。相传为张即之所写。此外尚有"知客"二字(44.8×97cm),此即所谓"榜书"。

张即之,宋史有传。(第445卷)称"即之以能书闻天下,金人尤宝其翰墨"。张书于中国罕见,据考证此皆由禅师传入日本者。虽无署名,然公认其出自张即之,似已定论。只此二字,结字深密,笔法苍劲,风神凛然。虽一鳞半爪,可想见一神物之全。这仍是唐、宋以来真书之正统。对这,北魏诸书又算"外道"了。

于此,请更进一解:此字之所以特殊可宝贵者,乃在其为墨迹。笔法犹有可见。于今唐人书之刻石者,名家多有,石刻必然有少分走样。而渴笔尤难传真。若颜、柳之真书墨迹有如此大幅者犹存,或此书已刻石而拓出,取以并观,则可得平允之比较。于今照片复出,毫发无憾,气势煊赫,自然殊胜。

其次为"念诵"二字榜书(67.5×35 cm)无准师范作。目录中传略,或自大明高僧传(卷八)节译。无准禅师为四川人,(1177—1249)殁后赐号"佛鉴禅师"。其悟道事及示寂事,颇详于佛祖纲目(卷三八,三九)。其弟子将其写真并此二字传入日本,与张书一同携往者,时在宋理宗淳祐元年(1241)云。

观此二字,与张书同一作风,然相去又极远了。纵令张书之历史证据皆不可靠,就其作品以观,即使非张之亲笔,亦不失为一代高手。而此"念诵"二字远非其伦。此所谓"书以人名",而张是"人以书名"。

其次,榜书大幅,有"云去来"三字,兀草书(79.3×28.3cm)。庵普宁作。兀庵,四川人,(1197—1276)生当南宋之末。

以草书论,"云"字几乎不可识。以用笔论,则近于宋米元章所谓"刷书"。要之皆非常格。似甚为时人所激赏。

本来,"丑怪"在艺术中有其他地位。这是凡美学中必加讨论的问题。一时代人心之所好尚，可证之于其艺术（姑舍文学不论）。凡突兀的，横决的，破坏性的，可惊奇的，波诡云谲的，……其功在乎打破庸俗，越轶常轨。庸俗不破，常轧不出，便无从进步。何以好之？因心理上常有此需要，遂成其欣赏，有此表现以成其创作。亦如经济上之有此供，有此求。相反亦然。但是，有如人在一沉郁暑湿的阴天，希望的是雷雨。然而人所安乐的，终究是清明和暖的晴天，非是雷雨。

一般而论，僧人之字，多能拔俗。而日本僧人之书，虽同是汉字，对我们另有其诉与。在我们觉得是殊异。佳者可谓卓异，劣者亦自奇异。这大致是明、清以后为然。唐、宋时日本文化尚未甚特立，书、画中皆未甚显出异乎中国者之特性。如空海之书崔子玉座右铭，我们对之不觉其异。明、清也是仍吸收中国文化，渐渐多所沙汰，有其拣择，而发皇其本土文化特性，自处卓然。于此略标出其在我们感觉殊异者，以供研玩。其殊异而至于荒谬者，从略，因为此一展览中所出，多是"书以人名"者，本文则限于论书。若严格求如在中国所谓"书家"，此中一人无有。

日本僧人的字

大道一以（1292—1370）
横幅（29.4×81.1cm）
草书遗偈：

　　无生一曲，
　　调满虚空，
　　阳春白雪，
　　碧云清风。

字皆右斜，年月则左斜。署名大道一以。此当略思其书写时之情形：或者其临殁之前，弟子进纸时，加以推移，遂致如此横斜。书罢掷笔而逝。

檀溪心凉（1301—1374）
立轴（92.5×32.7 cm）
行书：

即心即佛

下署"檀溪书"，印二。
此四字结体颇散漫，苏东坡谓"大字难结密"，指此类。

梦囱疏石（1275—1351）
立轴（103.5×32.6 cm）
草书：

悟无好恶

下左角小字草书"木讷叟书"，印一。此"无（無）"字点从右起，是破除成例处。

雪村友梅（1288—1346）
立轴（83.1×15 cm）
草书：

东阁凉如水

无署
印二

绝海中津（1336—1405）
立轴，蜡纸（90.6×30.9 cm）
草书：

人言不是面通红。此病流来自劫空。洞山三顿棒，慈明老汉得黄龙。

无署

印文曰：绝海

愚极礼戈（1370—1452）

立轴（91×33 cm）

草书：

自从到此天台寺，经今早已几冬春。山色不移人自老，见却多少后生人。

末题"拾得"二字

案：明万历版寒山子诗集末附拾得诗，"山色"作"山水"。作"山色"者较好。

一休宗绽（1394—1481）

立轴（119.7×42 cm）

大灯佛法没光辉，龙宝山中今有谁？东海儿孙千载后，吟魂犹苦许浑诗。

末书：虚堂七世孙前德禅一休自赞。

按：此一立轴，字体过陋。

清岩宗渭（1588—1661）

立轴（136.1×43.6 cm）

松无古今色

左方小字：清岩宗渭书

细井广泽（1658—1735）

屏风（121.5×51.5 cm）

行书：

　　天空绝塞闻边雁。山月入松金破碎。夏院狂歌选柳莺。

末书：广泽老渔（？）书。

案：此七言诗三句，凡三幅，第一字特大，余六字小书其下为二行，颇别致。

荻生徂徕（1666—1728）

立轴（127.8×27.8 cm）

草书：

　　回乐峰前沙似雪；

　　受降城外月如霜。

据所考荻生徂徕乃日本之儒家，深受朱子理学影响，自号"护园学派"，未尝入禅。此书唐李益诗。

此书亦甚别致。使观者揣想，其所用之笔或者制作有异。苍老。

仙厓群梵（1751—1837）

立轴（104.8×52.2cm）

行书：

　　不读东鲁书，争会西来意？

观此使人疑惑，是否以板刷所写。

筱崎小竹（1781—1851）

条幅（131.7×28.5cm）

行书：

　　湖天欲暮四无风，波面犹余夕照红。莫道神仙不可接，看余羽化渡长桥。

下书：题势田夕照图，"桥"当作"虹"。小竹。

印二

行书要写到这种地步，始可上壁。清彻，任何毛病皆没有。

卷菱湖（1777—1843）

对联（130.5×13.5cm）

隶书：

架满图书，争羡邺侯芳躅？

轩盈松菊，堪称彭泽高标。

右上题："龙集戊子暮春之初"

印一

左下题：菱湖 卷大任 书

印二

贯名海屋（1778—1863）

屏风（154.3×75.4cm）

二幅

草书

（右）敬神

（左）劝农

凡四大字，第二幅左题（八十四菘翁书）。

印二

此四字实有磅礴浑涵之致。宛如有大气斡旋于其间。用力既沉，字乃压纸（草书最忌在纸面滑过，即所谓"不压纸"）。

中国僧人的字

再看华僧之字,除前所举之外,尚有数人。

兰溪道隆(四川人)(1213—1278),横幅(32×60cm)
真书二字,"居山"。

无学祖元(浙江人)(1226—1286),横幅(36.3×107cm),行书:"一肩担荷求人去,更看花发菩提树"。
下题:"大法翁既荷负,千万流通,佛祖授受,间不容发,出纸索书,因书此以示将来云。时弘安三年中夏无学翁祖元书。"
印:无学

清拙正澄(福建人)(1274—1339)
立轴(111×33.9cm)
行书:
　　吴楚江山已遍游,更无一法可驰求。栴檀林下金狮子,刍草原头白牯牛。手打太虚鸣嚗嚗,心涵古井冷湫湫。海东布衲如公少,大冶精金绕指柔。
左题:寄钳大冶藏主
下小字:时在径山
署名:清拙
印三。此字略有苏字意味,功力不浅,但风韵未遒。

一山一宁(浙江人)(1247—1317)
立轴(89.4×30.3cm)

草书：
　　寒流少室齐腰恨，冻结鳌山客路情，一夜打窗声淅沥，又因闲事长无明。
下书："雪夜作"
题：正利乙卯，腊月。一山老衲一宁。

木庵性瑫（琼州人）（1611—1684）
立轴（117.8×28.8 cm）
行书：
　　空野夕凉多
左署：黄檗木庵书
印二

即非如一（福建人）（1616—1671）
立轴（175×93.6cm）
行书：
　　扫空佛魔，不留朕迹，特地全彰，剥却编节。
左题：雪峰即非于梦轩
印二

计中国僧人之书，见于此次展览者，止此。或在国内所写，携往日本，（如清拙者）或在日本所写（如一宁者）。大体较日僧书之旷放，稍合绳检。目录中所收其他日僧有若干，今所录者，亦止此。

观摩此一目录，如同看了此一展览会，使人得一印象，即日本诸家，还是以行草见长。此中隶书仅有卷大任一联，甚有书卷气，但一见知其未尝用力于汉碑。序中提及邓石如、伊墨卿等，皆难同日而语。考日本吸收中国文化盛时，是自隋、唐以后。而自隋、唐以后，其前，篆隶的权威，已逊位于真、草。篆在唐时仅有李阳冰及南唐徐氏兄弟，隶则间有名字，要之在唐自太宗好尚王书之后，是欧、虞、褚、薛，以及颜、柳的真书世界，下至赵宋，则又是苏、黄、米、蔡的世界了。元之一赵，明之一董，皆与篆、分不相干。严格言之，近世篆、分之复兴，是自邓石如始（故宫博物院去年印出赵孟頫篆书某碑额，看来实在不甚高明）。

古　　法

由这所选出的极少数作品看，无论是中国的或日本的，可见到古法犹存。

（一）如（日本）清岩宗渭的"松无古今色"五字，其写法即古人所谓"印印泥"。用笔如印压下，自然力透纸背。

（二）如（中国）黄檗木庵之"空野夕凉多"五字，曲折处皆圆而有力，此即古人所谓"折股钗"。——古之钗多金银制，若加以拗折，其转折处必圆劲婉曲；倘为铜铁，必为生硬锋棱。昔人谓王书为"铁画银钩"，铁之与银，大有分别，此种处所，大可推寻。倘钩亦如铁，则过偏于刚；倘画亦如银，则必偏于柔。王书恰得其中，所以为"草圣"。（钩即转折）

（三）如（中国）即非如一之"扫空佛魔"一帧，犹可见古之所谓"屋漏痕"。——所谓"屋漏痕"者，是水痕在壁。非谓水滴在地，如檐滴之类所留之痕。倘谓在地上成滴痕，必谓其笔力聚于一点，则与"印印泥"无分别。用笔直下，收笔时略成"垂露"舒毫而着力透纸，略不放松，则成"屋漏痕"。譬如水自壁上漏下，纵有凹处，亦必浸入透过而后已，其墨色略有浓淡之分，更觉自然。要之笔毫平舒，略无扭戾，是第一要义。

（四）如（中国）一山一宁之"寒流少室"一帧，犹存"锥画沙"遗意。此即笔力聚于中锋，纵横使转，用之如锥之画沙，所向无前，刚健而流畅。所谓无起止之迹者，尚其次也。此帧可见此法之大概而已。最足为例证者，为怀素草书。

凡此，皆古法之可供今人考究者。是从墨迹上看，比较明显，碑版拓片上，便难于看出。此外，尚有一事，正足为我辈的他山之石。

如前所云，日本之书，较中国者殊异处，通常有两点，一是灵动，二是轻清。中国人之字，有篆、分在前，尤其是大篆，多是沉重。通常是学颜、柳，而颜、柳皆气力绝大，学之往往堕入沉滞，推不动，日本没有这一背景，多是从晋人入手，所尊者法帖，所能者行草，那么，其表现迥乎不同了。灵动可以挽救板滞，轻清可以挽救重浊。其实汉隶之佳者，亦皆无此等毛病，石门颂中，竟有草书法度；最肥重如夏承碑，实甚灵活。至今日本之书，似尚未有某一家足供我们临摹，然其佳书，大有供我们参会者在。行、草原不宜临摹，重在看，要多看而细心考究。

（《异学杂著》）

略说"杂文"和《野草》

——为纪念鲁迅先生逝世五十周年作

一

自鲁迅先生逝世,已五十年。同人举行纪念,征文,要出专刊,要我也写点什么,因为我从先生受过教育,在先生晚年,也因曾在欧西,稍稍为先生服务。在我,则时间观念薄弱,几乎过去等于现在,现在亦等于将来。但每一怀念那一伟大人格,往往生起愤懑。我觉得纵使现在树立若干铜像或石像,建筑若干纪念馆之类,皆不足以补偿那惨淡奋斗的平生。简直一团固结的悲凉,凝冻在胸中而难灭,"不忘"。而先生对国家民族以及世界人类贡献之伟大,诚亦不可磨灭,"不朽"。大众皆表其"不忘"以纪念此"不朽",诚足以砥砺现在而勖勉将来,其意义是重大的。而研究亦即所以纪念,那工作已有多少人已作或正在作了。

大致托之于文辞,普及群众且传于后世,仍是较能悠久。研究则因研究者的立场和所取的观点而异。我们通常为空间所限,若观一对象,见到立体,仍然是照相似的,只能摄取一面,见到前面不能同时见到后面,相反亦然。凡伟大人格,其方面是多的,如钻石每面辉耀着光芒。一位大师尝如此影响当世以迄如今，其方面之多且广，是历史上少见的。若从伦理方面论及先生之为人，从历史着眼考身世及时代背景，以哲学眼光探讨思想、理念，依文艺创作加以欣赏、批评，必各有所见，也因新、旧，唯心、唯物等观点而不同。其范围则已溢出一个世纪的中西文化包括全世界思想主潮之研究了。而此诸方面皆互相涵摄，因为人格原是一生活的整体。这些工作，若干年来已有多人从事且获得成果了。于是我个人感觉无甚可说。必不得已，只就文艺方面略出其所见，表其心之所是与所推崇，以与他人所说者相印证。

就我所藏《鲁迅三十年集》（全部八册）观之，文字当分文言与白话两大汇。——其著《汉文学史纲要》、《小说史略》与《钩沉》与《旧文钞》，校勘《嵇康集》，辑会稽逸文等，皆属治学范围。几种翻译属治学者，亦相与为美。古文包括古体诗自为一汇。

白话则可分小说与散文两种。前者如《呐喊》、《彷徨》、《故事新编》、《朝花夕拾》，诸集中所收，皆属新文学创作，自然成一汇。而散文，积量异常庞大了。自《热风》以下，十余种散文集，几乎占全部创作的五分之三（这希望有研究者精确统计一下）。散文是就体制言，自来与骈文对。"杂文"即散文，因其内容包括多端，不专一题，就集为一书言乃谓之杂，不是文体之混杂，正如散文不是散漫的文章。定义当是"全书中之个别短篇散文"，因鲁迅先生之写作，这几乎成为一术语了。编次以年，乃先生所自订。

集中全部杂文，范围颇为广大，所涉及的问题繁多。文章简短，专论一事，意思不蔓不枝，用字精当；而多出之以诙谐，讽刺，读之从来不会使人生厌。——这渊源，说者多以为出自唐、宋八大家和桐城等派，因为先生是深于古文的。这，很有可能。但更可能的，仍是出自治古学或汉学的传统。治古学：如编目录，作校刊，加案语，为注解等，皆须简单明白，有其体例之范限，用不着多言。此在用文言与白话皆同，文章技巧，已操持到异常熟练了，有感触便如弹丸脱手，下笔即成。即可谓此体出于治学。

"他的文字，是不能多一个字少一个字的。"——这话是蔡（子民）先生在会葬时说的。蔡先生碍于当时的地位，不便说出其他许多应当在那场合说出的话，但所说的这一句是中肯的。这是我所亲闻，无异辞。比同时代而稍前的康（有为）梁（启超）之为文，下笔则鸿篇钜制，策论翩翩，便大不相同了。却皆是出自"时文"（即八股）根柢，没有经过一段治朴学的辛劳，道路亦大不相同。那皆是其文出于为文。再比时下的文体，多长句、繁文、难读者，又不同。这皆出于马、列著作的译品，无形受了德文文法的影响。

编年以成次第，因为文字难就内容汇分，先生自己已解释明白（见《且介亭杂文·序》）。然以三十年工作地点划分，则为一前期北京时代，后期一上海时代，中间还可分一厦、广时期，是在两处大学执教时期，虽然很短。不论如何因时因地划分，其前后精神总归是一贯的。这在诸多作品上可以看出，有其"所为作"，即其一贯的主旨，动机和目的。这些对许多人是早已明白的，即其在留学时已有其定志。其定志之立，由其时代可以见明。大致北洋军阀统治下之黑暗，南北战争之殃祸，属前期。国民政府初建时之混乱，上海在华洋两层统治下之压迫，属后期。最后又逢九·一八与一·二八诸役，内乱加以外患，中国早已成了一大崩坏之局了。记忆犹新，史实具在。

大致凡所讲说及写作，皆出现于这种时代背景。其特出者，于前期多指军阀之昏庸暴戾，官僚之腐败，学者之虚骄，于后期则直斥洋场之恶习，当局之乖谬，流氓之横行。一般是激醒平民的麻木，尤寄希望于青年。在那些昏天黑地的岁月中，有似乎掀天巨浪间，时时辉射其光明，指导危如一叶之民族舟航，使不致迷失而漂没。多次预言过"一伟大的时代是要到来的"。最后乃指延安星座为定向。

这便是其毕生事业的主旨。可懂到凡其文字之"所为作"。在世未过一日太平日子，可说完全实现了中山先生临殁之言："和平—奋斗—救中国！"后下伟大的时代果然到来，却已身殁而不及见。尝有句云："我以我血荐轩辕"，亦可谓毕生实践了这诺言。

今日纪念而称先生为一伟大的革命人格，不是溢美。实际是推翻了许多旧物，廓清了大道，开辟了一个新时代，其伟大为何如！

明白了这主旨，乃可深透其一切创作，因为皆是从此一革命人格源出。那么，嬉笑怒骂，皆成文章，至少可知其不是"为艺术而艺术"了。

创作是艺术，需要技巧。技巧自然是极高。臻其极诣，可谓是灵感的嘘息。凡所描写人物多栩栩如生，说话则如闻其声，姿态皆跃跃纸上。这不仅在写小说为然，亦在杂文中为然。这却又不能完全指为"写实主义"。只可说技巧在对象上多实写。此外亦多象征，多理想，不能囿于一派别。

虽然，若从整个看，则前期和后期的作品，在表现上亦微有特性之不同。前期多写"通相"，后期多写"别相"。这分别亦颇微妙。国民性的普通现相，是一种惯性或惰性，多传统如是，亦极难改变，几乎人人皆有。前期的文字如谈辫发，说胡须，缠足，……或雷峰塔的倒掉，……或麻袋档案等，……或街头人物，无谓聚观无谓之事，出态……诸如此类，看了无不使人发噱。文辞皆生命力充沛，其内容却是若干痛苦的经验酿成的。

这里又当先作一分辨，然后全部可较明白。读先生的文字，皆有趣味，觉得好笑，滑稽。滑稽原自有其深义，读过《史记·滑稽列传》的人是知道的。有些粘质性的人甚好滑稽。在日常辛苦工作上偶尔开开小玩笑，可以弛缓心情的紧张，有益于工作，不可废。正如演讲时不妨插入一有关的笑话，使大众哄堂，精神皆振作起来了。但演讲必有其主题。为文亦然。大致所有的杂文中皆有嘲笑。然嘲笑与讽刺甚有分别。——"冷嘲"却又是另一事，"无情的冷嘲与有情的讽刺"，先生提到过。这里不论。——我以为先生有嘲笑与讽刺，然没有冷嘲。二者皆是有意，却没有恶意。两皆出自"和平的心"，皆有所是，以表其对象之非。因此也得到大家的同情，功效也最大。

晚期的作品，与前期的在这一点上不同，即讽刺多于嘲笑。这与在上海的遭遇大有关系。文章多直指，气较粗，篇幅较短，出义当然一贯是鲜明，而嘲笑有时自嘲亦所以嘲笑对象的笔名也多起来了（如"且介亭"表租界亭之类）。有时简直是"嘘"，或呵斥几声了事。较之前期诙谐之文，委婉，曲折，清隽，深长之意度减少了。只余了两字，曰："峻洁"。

"杂文"写作最丰富的时期，是在上海。因为后期大部分旧的治学工程，已经完成了。而正从事于新文艺理论，及提倡版画等。这时不任若何教职，只间或从事演讲。在精神上又受了许多伤。三十年代的上海，文化水平不高。一般新闻记者，津津乐道社会的黑暗，然根本没有新闻道德，几乎一概是低级趣味，这便大大影响了新文艺。然究竟是一海口，许多外国时事杂志之流传，与商业化电影片输入，及各种新事物如日用品等之供应，造成了所谓"时髦"。文艺界人物，尤其是青年，大家皆努力趋此"时髦"，有一时期提倡"幽默"，便争讲"幽默"，竟是"为出幽默而幽默"了。有一时期是提倡"革命文学"，有一时期又是"小品文"。青年大多涉世浅，人生经验不丰，本来无原则，革命理论多弄不清，然学到了一点投枪放箭，便乱放乱射。实则皆非"元恶大憝"，值得口诛笔伐的。但到后来暴力压迫愈加重加强了，投枪放箭者，多人已成为"王之爪牙"，遭到了他们的袭击便不免还击，于是写"别相"多于"通相"，非是如前期讽刺有代表性的人物，而是指斥许多无谓的小丑了。而最先是柔石殉难，这如失左右手，其次杨杏佛与史量才相继被刺，皆使先生在精神上受到大打击。——在这种境况下仍保持了平素的冷静，不失其"和平的心"，主持了正义，发愤参加了许多活动，随时给青年辨析了正轨与歧途，到末期的奋斗，不可谓不惨淡。

这里生起了一问题。现代，中国社会改变了。上海当然不是五十多年前的上海，黑暗情况已经消灭了，是否那些杂文还有价值？先生自己说过："我以为凡对于时弊的攻击，文字须与时弊同时灭亡。"读此，可知其写作时，未尝作"名山事业"之想。然这话只是善愿。

大致灭亡是一定要灭亡的，然不必由于所攻击的对象之消灭。因为文艺皆自有其存在。

"自然"，她是无情的。历史上有某些文化，并其庞大民族，灭亡了。古代若干著作，盛行一世的，如"时文"，盛行数百年，于今完全废掉了。如宋王安石《字说》，推行一时，几乎及身就灭没了。多少人的精心著述，在其碑志记传上所说的，皆是

"有……集如干卷",下面三字多是"藏于家"。后来也没有下落。最近代一例,大有助于推翻满清的一小册子,邹容所作的《革命军》,风靡当世,被禁止也潜销争买,今之青年并其名称也许未听到过。

文自传,文以人而传,人以文而传,历史上不外此三例。伟大的功业皆然,比如科学上的新发明或发现。然后起者的发明、发现可以突过前人,则前者的光彩被其掩荫,而其功在当时自不可没。进化的步伐在如今也太快了。所攻击的对象已灭,懂得的人减少,能欣赏的人更少,则所存者,仅有历史价值。

这里另有一因素不可忽略的,是人力。我国古人之好保存旧物,也是一美德。凡收集为全书、全集、丛书、类书等以至于选集,皆是传存之一助。如《佛藏》、《道藏》中留下了许多废料,即其当时亦已是废料,皆未灭没。——在先生一切作品,三例皆通。因为这人格太伟大了。后世不忘,则必求其文。而文本身又自有其普遍性,有些作品已翻译成西文了,华文在世界渐有多人研习,何况现代保存图书和古物,多使用新技术,则其传世的可能性更大。

总之,宇宙间万事万物无时不生生灭灭。纵我们称之为不可磨灭,仍是极为相对。时事的变迁速,文字的存在长。唯有其精神必世代传承,此之谓"不朽"。这却是可预言的。

二

其次,当略说《野草》。

《野草》并其《题辞》凡二十四篇,是一散文诗集。其为散文诗,是先生自己说过的:"我做小说,是开手于1918年,《新青年》上提倡'文学革命'的时候的。后来《新青年》的团体散掉了。……有了小感触，就写短文。夸大点说，就是散文诗。以后印成一本，谓之《野草》。"（见《自选集·序》）——自明的，这是散文诗。说"夸大"则是常见的先生笔下的谦虚语。

自来文学史上的作风分析和象征解释，皆是最困难的事。这皆当深入作者的用心，象征经读者解释明白，自然是愉快的事，然往往误会了，不是那回事，便表示解者的愚蠢。分析作风还比较有所凭藉，在文颇易，在诗较难。总归皆有其源流正变可说。如陶潜诗之出于应璩，李白之似阴铿，杜甫之宗杜审言，皆各自有其个性，特点，然是从既有之典型出其新制，有所沿袭，可谓同流。白话诗与白话文同时俱起，白话文仍有古代章回小说为背景，且从日常语出，基本厚，早易成功。但白话诗无此基本，虽可从民歌谣唱等取材，然较少依傍。及至散文诗，必须自我作古，我国古文学药库中，寻不出这一味，必须独创新制。

集中除《我的失恋》一篇标出"拟古"二字外，余皆无拟古之处。这所拟是东汉张衡的《四愁诗》，是七言类格卑而俗之作品，在当时也属新体，同于梁鸿的《五噫》。这和《腊叶》一篇，先生自有所说，不必申论。

这一独创新制，无依于古，却不是凭空臆造，仍有所从来，则是取法西洋的寓深邃的哲理于诗的散文中的尼采。——《野草》，"苕发颖坚，离众绝致"。——它"花叶不美，然而吸取露，吸取水，吸取陈死人的血和肉，……"是指内容之种种原素。在体制方面取了尼采的散文诗形式，读先生前期所译的《察拉图斯忒拉的序言》中诸篇，可知道《影的告别》、《复仇》二篇、《过客》、《死火》、《聪明人和傻子和奴才》，……形制和精神皆多么相近。称为《野草》，说"根柢不深"是谦辞。从中外古今文学之所吸收者，甚为广博。

是明显的寓言和象征，便不须将原义之外的任何意义读入，否则便是穿凿附会。粗略从外表某些明朗的处所，也可见其由来。钉十字架，轮廓鲜明，取自《新约》，说耶稣之伟大，然不是宣传基督教。"钉杀人之子"，泛指革命烈士之殉难（《复仇》）。

魔鬼与天神战，取材自拜火教。地狱的描写，采自佛经和民间迷信。刀出，剑树，大火聚，曼陀罗花，魔鬼等，皆出自古天竺，中国在汉以前没有这类幻想。但沸油，钢叉，似皆是中国民间俗说。显然，这篇的寓意，很可能是清王朝被颠覆以后的情形（《失掉的好地狱》）。

勃古斋书铺的小伙计，以及明版《公羊传》，皆似有历史根据。八国联军之役前后，中国士大夫盛倡《春秋》、《公羊传》之学，其主尊王，攘夷，复九世之仇……等"大义"，皆与时局有关。稍后张之洞电召章太炎出山，到湖北讲《春秋左氏传》，是想抵抗其时代思潮的。"勃"，重唇音，其爆发音，轻读则为"复"。勃古斋即复古斋，暗指此一运动。其所欲恢复之古，也不过是明之代元。学者之流，也只是旧书铺中的小伙计。"只看见眼前仿佛有火花一闪，我于是坐了起来。"则是起而从事革命了（《死后》）。

《初学记》是唐人的类书，中有"许多美的人和美的事"，与对象相应，朦胧中骤然一惊，还剩着几点红霓色的碎影，随即一丝碎影也没有了。这古代社会的没落之表相，是清楚的（《好的故事》）。——《雁门集》或取雁门这北地之寓意，与枫叶之凋零联想（《腊叶》）。

其他有些词句，或采自佛书，如"无词的语言"，"空中的震颤"，因为佛书中时有大地震动，东涌西没等说，而且"空"为"五大"之一。《影的告别》以"影"为一知觉的存在，或采自陶渊明诗。陶诗中有形，影，神之分别。形即肉体，"影"表此生命体包括情感。

许多抽象的写法仍是具体的。如说"假使一个人的死亡，只是运动神经的废灭，而知觉还在，那就比全死了更可怕"。——这够明白，知之而不能救，无可奈何。此类事日常多有。

凡此，皆属外表，且试作较内里的探求，属理念的，精神的。

大致"进化论"是先生一生所信仰的，建立于科学（医学）基础。其次是尼采思想，颇憧憬于"超人"的出现，然亦非全尼采所说的"超人"而是"战士"。其次是托尔斯泰的人道主义，这又融会了中国传统的仁道观。最其次到晚年，乃倾心于马克思主义。四者，参会了实际人生经验，铸于深邃的思想熔炉，铸出了一"鲁迅精神"，随处皆表现于作品中，不单是《野草》，这里只能就管见所及，散说此诗集中几点。

或许最为时下青年所懂得的，是《颓败线的颤动》。这充分表白了原始的人性，母爱，青年心理。这是生命本身中的矛盾，中外皆然。写垂老的女人，"她于是举两手尽量向天，口唇间漏出人与兽的，非人间所有，所以无词的言语"，最后，"并无词的言语也沉默尽绝，惟有颤动……"这比写出枯乾或死亡更可怕。这便是人道主义和仁道观。

《过客》一篇，精神异常惨淡了。是孤独者受了咒诅似的，永远不得休息，只能永远走下去。这何异于终身奋斗的革命家。他并一女孩所给的小布片也不能受，感到这爱太沉重。只能走，那么，"我只得走。我还是走好罢……"——这几乎是尼采精神的画像。这和《淡淡的血痕中》所写的"猛士"，《这样的战士》和《复仇》（第一篇）中所写的，"在广漠的旷野之上，裸着全身，捏着利刃"的两人，"然而也不拥抱，也不杀戮，而且也不见有拥抱或杀戮之意",所以成其"复仇",虽各个表态不同,而精神岂不与尼采的精神相类似?似乎史上有过这样的事:某个殉教者,被斥为异端了,受一奇怪的苦刑,满身给他粘上蜡烛蒂燃着,而他说:"我平生未尝有过这样的幸福快乐的时光!"这便是"生命的沉酣的大欢喜"。

为什么"过客"永远是走?因为,扩大点说,现代人只是渡到将来人的桥梁。这皆源出于"进化论"。但鲁迅认尼采的"超人"为渺茫。然其为终身奋斗者,易地皆然。尼采攻击奴隶道路,讲哲理,鲁迅多方描写奴才,在此《集》中略可见于《聪明人和傻子和奴才》,在其他作品中常见。两家皆主张推翻传统教化,一是基督教和德国的历史教育,一是中国的旧礼教。皆是要将一切价值从新估定。皆是绝对肯定人生。尼采斥"死的说教者",教人爱这土地。鲁迅谓"现在的地上,应该是执着现在,执着地上的人居住的"。

尼采推重斯拉夫人,以为是将来人类的希望。身殁在俄国革命之前(1900年),不及见欧洲后下的改革。鲁迅的活动全在此二十世纪,端的在大混沌中,同情于俄国革命,一样是准备于将来的"正午"。但其观察是深锐的。不是浪漫的"遥情",更不堕入虚无主义;总归是实地前进的。《集》中《希望》一篇,充分表明了这见解,引匈牙利裴多菲的诗句云:"绝望之为虚妄,正与希望相同。"是奋斗,"肉薄这空虚中的暗夜",终于觉得这暗夜也不真。实际也许是黎明,总归离"正午"还远。于此,由于深锐的观察,对真实也明白认识。于《题辞》(1927年)中已说"地火在地下运行,奔突;熔岩一旦喷出……"又在《死火》中写"冰谷",写"烧完";写"碾死在车轮底下"。这与"火花一闪,坐了起来",同是一个意思。——地下的火运行,象征革命思潮之激动。一旦熔岩喷出,指实际革命行动爆发了。于此都不抱幻想，说其烧完，即牺牲；碾死，最好用先生另一文解释："但'革命人'就希有。俄国十月革命时，确曾有许多文人愿为革命尽力。但事实的狂风，终于转得他们的手足无措。显明的例是诗人叶遂宁的自杀，还有小说家梭波里，他最后的话是：'活不下去了。'"（《革命文学》）

《集》中有一篇稍费解的诗，是《墓碣文》。是一颇奇特的精神境界，或者出自长期的静观。经过了强烈的自我否定。这颇似象征着辩证的"一分为二"，如《易》说之"太极生两仪"，墓碣亦分阴阳两面。"于浩歌狂热之际中寒；于天上看见深渊。"正是两极对立。如人病寒亦发狂热，如天上太空中实亦有"黑洞"，即所谓"深渊"，但这不是那写实。"于一切眼中看见无所有；于无所希望中得救。……"前句言万事万物之虚无，一派哲学上的说法。后句仍归到前引裴多菲的诗句了。"死尸"可说即象征此世界体，所谓"世界痛苦"，即此人生真实。这已触到生命之本原。末出一"时间"因素。"时间"在此真实中，亦只能微笑而已。

《集》中其他诸篇，皆甚明朗。《狗的驳诘》写世态人情，《立论》说"既不谎人，也不遭打"，同是人生中的矛盾。还有几篇，皆写实。不必一一分论了。其间技巧之精深，与散文同，亦不能指为"象征主义"。总之一贯表现人生中之矛盾，痛苦，尤其是在那时代的，而托之于全世界人人皆可懂的寓言，义既深微，而形式如此简单。可传。

如是，表其内心之"不忘"，随大众纪念此一伟大人格之"不朽"，我总算也写出一点什么了。我自己，自先生逝后，不久即离开了新文艺界，直到最近，方对"杂文"与此"散文诗"重温了一下。我想，我们如今仍在一"大时代"里。那么，不妨抄出一段先生自己的话，即作此冗长的文字之结束：

  在我自己，觉得中国现在是一个进向大时代的时代。但这所谓大，并不一定指可以由此得生，而也可以由此得死。（《〈尘影〉题辞》）

诚然，我们早已"由此得生"了，但是……

虎年上元日写于北京

(《鲁迅研究动态》1986年10月)

蓬屋说诗

自来论诗或撰诗话者，多就诗意及诗人本身言之。撰纪事或本事者亦然，罕有言及"时代精神"者。实则天籁，人工，才情，学力，皆系乎此，即诗人为其所支配，有不自知其然而然者。精神无形，可见者源流正变兴革盛衰之迹；则《诗史》也。诗话最通俗者为清袁随园，观其甄录小家，推敲字句，其细已甚，有时且进入魔道；远不若纪河间之谈有明一代诗之高下起伏，为能立乎其大。"时潮"今古同有。贯通上下数千年，有此一部大著作，破出寻常文学史范围者，正待今后之有气力人为之。

近年诗坛，佳唱恒出于不以诗人或文人自名者。仅于报纸杂志偶一遇之，不数数见。为之者，多革命豪杰。平生所历，戎马关山，与昔之牖下书生，所撰自异。往往豪壮之气多，幽怨之情寡，虽时有声韵不叶者，而真气逼人，惊心动魄。吾人宁读此种，就其未工之处细细思之，有如校对论文，亦是一适，以为远胜于旧之滥调，四平八稳，起承转合，不见性情，了无生气者也。就目前趋势测之，此种渐经洗炼，必多可传之作。

《野草诗社》第三辑中，录近代诗凡十七家，舍其词不论，诗多近体。颇能脱略声韵之拘束，即字数亦有不计者。如萧军《故雨集》中五首，皆七言绝。然第三首："五十载文场风若雨；三十年监狱一伶仃！相逢白发谈旧迹，絮泊花飞尽有情。"则初二句八言也。岂可说此非佳制？又，其第五首："谈道说禅总渺茫，何如一粟济群苍？春花开罢秋花落，雪岭孤松傲晓霜。"第一句第三字拗，然倘微加移置，作"说道谈禅总渺茫"，又岂可说非佳唱？

散原老人有《遣兴》一律云：
  而我于今转脱然，埋愁无地诉无天。
  昏昏一梦更何事，落落相看有数贤。
  懒访溪山开画轴，偶耽醉饱放歌船。
  诗声尚与吟虫答，老子痴顽亦可怜！

此首不见于《散原精舍诗集》及《别集》中。钱基博著《现代中国文学史》中有之。当是辛丑以前作。——此诗末句暗用一典故，易为读者所忽略。耶律德光尝问冯道曰："尔是何等老子？"道答曰："无才无德，痴顽老子！"德光大喜。——散老无以冯道自况之理，盖自嘲也。诗中"更"字，动词，平声。即"三老五更"之"更"，"五更"则化为名词矣。

苏长公句："九重新埽旧巢痕。"陆剑南于此句曾详细解说，明注诗之不易。旧事已荒，非经作者自注，或读者深明其时代背景，有时难明其原意所指，往往纷纷揣测，竟无定说。散原老人距今不过半世纪，其诗中若干震所，今人已难理解。非其典故之难解也，盖所用者多寻常故实，其典故所指之史事为何，有待考证也。兹举一例：

商务本《散原精舍诗》四册，其第一卷开篇，题为"书感"，下记年月曰："以下辛丑"（1901）。诗云：

　　八骏西游问劫灰，
　　关河中断有余哀。
　　更闻谢敌诛晁错，
　　尽觉求贤始郭隗。
　　补衮经纶留草昧，
　　干霄芽蘖满蒿莱。
　　飘零旧日巢堂燕，
　　犹盼花时啄蕊回。

　　第一句指八国联军入京后慈禧挈光绪帝奔西安（1900年6月）。晁错指许景澄，郭隗指康有为。"补衮经纶"句指湘政维新开始旋辍，"干霄芽蘖"指义和团。"巢堂燕"指李鸿章，盼其义和约时犹能挽回国家权利也。——此说余昔闻之某前辈先生。此诗之原义如此。故甚盼有明通掌故之学者，今后稍说明此种"本事"。诗中使事非僻典，则可存而不注。

　　同卷有《罗顺循书题后》则有自注。诗云：

　　三千道路书初到，百万生灵汝尚存。
　　天发杀机应有说，士投东海竟何冤。
　　破椽骨肉生还地，残烛文章惨淡痕。
　　哭向九泉添一语，旧时宾客在夷门。

自注云："罗顺循大令官定兴，以受代仅免［义和］专匪外兵之难，冬日将家避河南，为书上先公言祸变始末，甚备，盖尚未及闻先公之丧也。发书哀感，遂题其后。"

　　此诗沉痛。中无僻典。仅"天发杀机"四字出《阴符经》，非一般读者所留意。按：罗顺循字正钧，掌在陈抚署教散老诸子。后官至署保定知府，故晚年散老北游至保定及天津而止，未入京，避袁世凯之阋也。此事寅恪先生应加以注说。（见《寒柳堂集》中"戊戌政变与祖先君之关系")——今寅恪先生又早归道山。惜其晚年孜孜于柳如是之考证，能为学者示范而已。其于当时人物之史事，得自耳闻目见者，必多且真实，而所载笔者殊鲜，岂于其时事不忍言耶？

明楚石有"怀净土诗"云：
　　一自飘蓬瞻部南，
　　倚楼长叹月纤纤。
　　遥知法会诸天绕，
　　正想华台百宝严。
　　此界犹如鱼少水，
　　微生只似燕巢簷。
　　同居善友应怀我，
　　已筑浮屠欠合尖。

按：楚石法名梵琦，有《楚石大师北游诗》一卷。属净土宗，示寂于明洪武四年（1371），寿七十五，腊六十三。——此诗不甚可论。然亦有当辨者。瞻部洲，原文是 Jambudvtpah，指印度南部。除非楚石曾游南印度，或南印度之南，则第一句谬指。

第一句待第二句乃成一义。"长叹"为"长声而叹"耶抑"常叹"耶？盖"一自"表长时，而"月纤纤"非常见者。象征何者，不明晰。两者不必相联属。"遥知"与"正想"又苦合掌。"鱼少水"可影附庄子，燕则巢人家堂宇，从无"巢簷"者，或者"簷"字为"簾"字之误。则指"燕巢簾幕之上"。末句有新意。《旧五代史》李崧传云："太祖既受太原之命，使心腹达意于崧云：'累浮屠须与合却尖'。盖感之深也。"语或出此，——历代僧诗极少佳者。因僧伽有绮语戒，戏论戒也。

章太炎先生居日本时，常与黄侃联句。黄似力竭，章犹有余。章有句云："及尔同沈渊，又恐沦蛟螭"——初读似觉不辞。既抱沉渊之想，尚何蛟螭之惧？细思乃知二句主词不同。其沉渊者人，其随而沦没者道，盖惧身殁而祖国文化由此沦亡也。二人者，皆以抱道自命。其时悲凉抑郁之情，弥不可掩。

文文山正气歌，天地间有数文字也。其中使事，皆凡人所知，然平常处容易忽略。其"皇路当清夷"一句，汉人语也。蔡邕《贞节先生范史云碑》中有云："凡其事君，过则弼之，阙则补之。通清夷之路，塞邪枉之门。……"

义宁陈散老，有"泥途影跛鳖"之句，甚为湘绮楼门人所疵议。查《散原精舍诗》中，用"跛鳖"二字者，数数见。如：——"快犊引跛鳖，缅彼栖真窟"。——"隔蓉长桥廞跛鳖，回香一水照惊鸿"。——"备驾折笄驰，交途捧跛鳖"。——"阮刻溷坊迹，世或讥跛鳖"。——"寰壤著大群，颠挤得跛鳖"。——"篇什落江湖，神骥形跛鳖"。——"寻辙得溪庐，微笑同跛鳖"。——而"霾景淹居诸，丽照起跛鳖"，意略相同，则直指跛鳖之人。

其文集中则仅一见。——"截玉之锋，俄缺折也。逸驾奋迅，余跛鳖也。"

此种诡趣，源出庄子。"东海之鳖左足未入，而右膝已絷矣。"流而为滑稽，属冷隽一类。疵议者谓"其言不诗"。然此一物象，只可问其在诗中合与不合，其本身无可是非也，与"菁蔡"，"惊鸿"，"长虹"，……等无异。究之此名辞用于以上诸句中，亦全有乖刺之处。此则在于诗人之艺术有高下，譬如西洋画坛，有谓一萝卜之佳绘，胜于一圣母像之劣作。推陈出新，俗物亦化为名贵，高雅。

此种恢诡冷隽之意趣，宋人时有之。如以"鲇鱼上竹竿"，与"胡孙入面袋"句相对。苏子瞻有"鳖厮踢"之语，又说"某到处被鳖相公厮坏"。亦有以自况者。"宋赵宗万筑室于越郡之照水坊，左瞰平湖，前挹秦望。畜一鹤，号丹砂，引以为侣。读书鼓琴，怡然自适。祥符中（公元1008—1016），诏举遗逸。郡守康戬以宗万荐。寻被诏，因献《跛鳖传》以自见。且请自托于道家者流。朝廷不夺其志，即其家赐以旧服。……"（见《万姓统谱》）

清末民初之诗坛，两大家而已。一湘潭王湘绮。一义宁陈散原。散原有《送别湘绮丈还山》诗云："看海逢春花片飞，邀题扶醉万镫围。悬天箕斗夜初吐，满眼楼船公又归。兴废至人安若命，去来浊世道能肥。石船薝匐滋苔藓，自卷霜髯杜德机。"此当是湘绮初应国史馆长之命，往京过沪，为遗老沈子培之流所劝阻，遂返湖南，散原乃有此作。诗中有"看海"与"楼船"句，知必在上海也。又有《尚贤堂欢迎湘绮文雅集即事》五律二首，有"道论无畦畛，天倪见智仁。德辉下千仞，钟鼓已摇春。"诸句，是散原未尝不尊敬湘绮也。及其为杨皙子、夏寿田辈怂恿，仍应袁世凯之招，沪上诸遗老昔之昵之者，遂不无微词。散原有《得长沙友人书答所感》一绝云："名留倾国与倾城，奇服安车视重轻。已费三年哀此老，向夸泉水在山清。"虽未显然指谪，而读者一见知为王氏无疑也。大致湘绮楼门人，向来诗宗汉魏及正唐，视江西诗派，弗屑也。由此门户之见愈深，以至进而诋毁宋诗，并波及当时闽派之陈石遗衍，目为"一不读唐诗之人也"。其实湘、赣两派，各有千秋。学者自毋庸轩轾其间。然以今世诗学眼光观之，散原终身为一纯粹之诗人，在诸遗老中皭然不缁，人格卓出诸人上。如康有为，郑孝胥，沈曾植之流，多有惭德，虽相与酬唱，实皆陈氏之罪人也。他如易实甫，樊樊山辈，虽不无文辞，然相去远矣。

"但得能为天下雨，白云原自一身轻"，此萧军老人少时《言志》之作也。（见《鲁迅研究动态》1988年第9期）——此两语触目惊心，允为名句。苍生霖雨，气魄浩大，而谦谦君子，自谓身轻。于此正可见诗人之"温柔敦厚"。

然细玩此两句，觉犹有未尽惬人意者。通常两句相接，上为虚拟，则下为实说。有似一宾一主，或一问一答。如"若得山花插满头"，虚拟，下句"莫问奴归处"，实说。又如："笠簷蓑袂平生梦"，主语，下句"臣本烟波一钓徒"，宾语，辅成上句。此说白云之不惜为雨，因身本轻，两句意非联属。岂身轻乃能为雨？或为天下雨是轻易事？或雨遍天下之后乃觉身轻？——似"原自"二字可易。究之亦竟无可易，易则意变。诗造高境，譬登险峰，愈上愈难，往往艰于一字、二字。

又，前所举"烟波"句，乃康熙于南苑捕鱼赐近臣命和者，查初白此二句最工，时宫监传呼"烟波钓徒查翰林"，比之"春城寒食"之韩翃云。按：唐时韩翃原有二人，同时同名。御赐谓"予为'春城无处不飞花，寒食东风御柳斜'者，予此韩翃。"因以为辨。当时盛事，诗人以为殊荣。此清代故事拟之，甚觉萧瑟。清世追摹汉唐盛事，如柏梁联句等，竭力做作，终不自然。

陆务观有《和张功父见寄》诗，云："叮咛一语宜深听，信笔题诗勿太工。"此诗家箴言也。太工必失之雕琢，往往汩没真性。诗者，性情之际，贵天真，贵自然。徒工不足贵也。虽然，此盖为能工者言之。实则诗亦忌信笔，犹弈棋之忌信手。功力已深。乃可信笔。否则犹如将兵，宁可学程不识，而不可学李广。陆之篇什何尝不工哉！灵感偶得，信笔一题，更无工不工可言，而诗至矣。

黄晦闻与张孟劬皆近代诗家也。相友善，而论诗往往不合。黄之《兼葭楼诗》有赠张句云："往复言诗后应省。"——客观论之，二人皆源于玉谿生。后黄能稍振之汉魏，而淑之以宋人之清淡，写日常生活而出之以简古，有句如"未开梅在盆中活，已敝裘施鞯外绿"，佳作也，写日常生活经验，人事物情，功力深透。张则仍未脱玉谿生窠臼，此两人之分手处。

近代台湾诗人黄百涛有《夜雨》诗（原载台湾《自立晚报》，1986年2月6日北京某报转载）。兹录出：

梧桐滴沥客心惊，一雨能添白发生。孤馆灯昏惟对影，丽谯鼓角未推更。垂帘爽气香犹冷，宿鸟悲秋梦解晴。满耳潇湘听不尽，窈然乡思夜凄清。

按：清代僧人南潜，字月岩，浙江乌程人。有《听雨》诗云：

梧桐滴沥客心惊，秋雨能吹白发生。孤馆灯昏惟对影，丽谯鼓隰不知更。前宵松月疑尘梦，明日泥涂听屐声。寻着漏痕当屋角，夜深百匝绕书行。

迳取他人之作，加以修改，遂据为己有，此在唐时已有"生吞活剥"之消。诗用他人句必自注明。此二诗孰优孰劣，必有能辨之者。

袁世凯乃劫清之传国玺出宫者。后又自称帝，故遗老多鄙之，目为王莽。散原老人有《玉玺》一诗，似指此事："汉家玉玺祖龙遗，老寡犹缠掷地悲，文致谶文身佐命，可怜宗室更生儿。"

《汉书》王莽使人求汉传国玺，元后不予，骂曰："我汉家老寡妇……"云云。终亦掷之地以予之。于此乃指慈禧。

义和团起事，张南皮反对之。时卧榻上吸鸦片，听幕友读所办奏折稿，有云："臣待罪东南，不敢奉诏。"南皮奋然掷烟枪而起曰："这老寡妇要骇她一下！改：'臣坐拥东南，死不奉诏'！"——则其时大臣私对慈禧有此称矣。

"更生儿"当指刘歆。满人中无可当之者。康有为戊戌后改名"更生"，则与"宗室"无关。或指刘师培，竭力拥护袁氏称帝者也。正是类似刘歆辈人物。

文学史上之时代划分，不必同于政治史上之朝代划分，盖确然者。吾人以作品系于年代，曰宋诗，唐诗，就其大较而言耳，六朝之作，论时代则界划极难分明。姑论清代，自成其一汇可称为清诗者，究竟以何人为初祖，以何人作结束，此则大有可争论者。明诗人之突出前世，开一代风气者，当推刘伯温基，古今无异词。然结束者何人？清初三大家，钱谦益，吴伟业，龚鼎孳，沈德潜推钱氏为首领。实则人虽入清，诗犹明代也。然则结束明诗者，当推吴伟业。清之初祖可推王士正，而结束时代者，当推陈三立。

古诗无实从一一加以评骘。湘绮楼选评八代诗，初仅有二汇之分，一曰"清劲"；二曰"宽和"；后又增一汇曰"质直"，而数量殊少。共六字而已。此皆形况词，究何所指耶？格调耶？神韵耶？肌理耶？……窃意皆有所涉及，旨在求其极广泛笼括而已。析之至尽，终亦不出阳刚之美与阴柔之美二汇，有如姚惜抱之论文。清劲表阳刚，宽和近阴柔，质直稍毗刚，诗文之理一也。其高境则在中和。

说诗之"时代精神"，难见。说其一时代之风气，较易了解。此在多取各时代之代表作比较而观之，极易明白。正如多识版本者，为宋椠，为明刻，为覆宋本等，入目了然。其间大有区别。清刻本因时代较近，未及古本贵重，然又有其特色，无明刻之"浑朴"，"大气派"，然又工致，精确，似有一种近代科学精神萌芽其间。此风气乃受明末西方天算及冶铸——起初为铸大炮——之学之间接影响，且尝有助于朴学（汉学）之建立。细玩清初与清中叶诸名家之作，依稀犹可辨识。各名家之作风分析，比较，乃文学史上之重要课题。综合观之，久乃通会。

某老先生尝书此一诗示余："黄鹤居然逐逝波，倚槛千古一蹉跎。沧江势为高楼曲，楚客愁因落日多。武汉上游自形胜，官胡祠庙偶经过。书生枉负登临眼，奈此东南半壁何。"曰：此长沙周寿昌过武昌黄鹤楼之作也。当时传入张之洞幕中，张读之，曰："官（文）胡（林翼）祠庙他只偶尔经过，我辈当不在他眼下了。"

按周寿昌（《清史稿》有传）即著名之周学士。湘绮楼尝有句云："长沙学士才名羡，澄湘台下初相见……"官终内阁学士，平生著述甚多，有《思益堂集》。

顾此诗又见于《海藏楼诗集》中。观辞气必非郑孝胥作。然郑似无攘窃他人诗之理。诗中言楚客，而郑为闽人。或郑有钞稿夹于其自制者中，因而混入耶？

前人学诗，自作而呈老师教正，乃通常课业，至今犹然。但其自修工作，有"过圈"之法，今人或者罕用。即取老师已加圈点或批注之本，用另一本照钞。字句右方所作之圈、点数目，一如原本。点，多表重要处；圈，多表赏会处，皆老师眼光之所达，而弟子或尚见不到者，或弟子见为佳处要处而又无圈点者，皆从而揣摩，并细玩其批注，极易进步。

杨晳子乃王湘绮大弟子，诗学不可谓非根柢深厚者。其题八指头陀照片云：
　　牯岭烟霞雪窦云，
　　江山虽好不宜僧。
　　劝君浪迹江南北，
　　作个随缘负袋人。
文，蒸，真三韵通押，昔年传为佳作。

清末赵㧑叔之谦，以书画篆刻名，诗不多见。尝有书扇七律一首，有关史事，兹录出之：誓心天地竟如何？解道忠魂悔恨多。有骨力人看铁铸，苦分明事胜全陀。西湖祠墓成恢复，南渡君臣本主和。王自甘当横汉目，大儒持论必无颇。

此乃西湖谒岳鄂王墓而作者。用事颇多。容易为读者所忽略。初四字乃岳飞表中语。绍兴九年，飞表言金人和议不足信。有"唾手燕云，终必复仇而报国；誓心天地，尚令稽首以称藩"之句。"有骨力人"语，则出自朱熹。朱子尝云："秦会之是有骨力，惜其用之错。""金陀"则指岳珂所著《金陀粹编》，为乃祖讼冤者，"金陀"乃珂所居之坊名。第五句颇深刻，"恢复"指南宋时士大夫所常谈之恢复中原，非指祠墓之颓圮而重加修筑也。朱子尝论张、韩、刘、岳诸将之才，以飞为胜。"然飞亦横。只是他犹欲向前厮杀"。实际岳飞不在军中时，乃一极温文尔雅之儒士。即其在军时，广谘众议，诚意纳降，亦略无专横之处。故"大儒"朱子此论不公。挐叔称曰"必无颇"，讥之也。

虽然，挐叔此诗，纯属论宗，亦非上乘。

太炎先生谒长沙贾太傅祠诗云："高凤缥缥遰清影。公去何之石床冷。未央宣室长寂寥。千家尚饮先生井。"

此第一句出贾谊《吊屈原赋》："讯曰：已矣，国其莫我知，独抑郁其谁语！凤缥缥其高遰兮，夫固自缩而远去。"——盖章之吊贾，亦犹贾之吊屈，千载相望，后先辉映。此四句格高而气醇，正唐遗响也。明代徐文长《送友人之官长沙》一绝云：无不长沙吊贾生，贾生也自吊灵均。头陀暗里争餐鲙，却把干鱼哭向人。近俚，而别出新意。——古之迁谪者，以文学论，屈至卓，贾次之，柳子厚次之，苏子瞻次之，杨升庵又次之。章非迁谪，亦毕生未得行其志。望此诸贤，微有未及。

选前人诗，乃一异常重大之工作。自选者言，必须有其主旨，自立原则，成其体例。必已读其全集，及前人已定或未定之品评，又熟谙其时代，生平，写作环境……然后精其去取。所谓学、识俱到。所重尤在有识，而识亦以学成。譬如鉴赏古器者，到眼便知真赝。——如太白诗中，便有疑伪者。自读者言，则虚衷若一无所知，乃为善学。而佳选本势力异常浩大，往往开一时代之新风。

王介甫选唐百家诗，时居宋次道家，一夏而成。相传其钞手息惰，往往匿其长篇不录。而介甫亦未细究。此事或真或不真。然舍李白、杜甫不录。后王渔洋选成唐贤三昧集，亦仿其例，不录李、杜二公。其实皆避重就轻。亦因二者皆极普遍，时人所必读，不必多此一举。若选则几乎篇篇可选，劳而少功，或与其体例不合。然近代王湘绮选唐诗，则并录李、杜。乃开一时代之风气，稍归于正。向使荆公多录太白诗，则后时宋诗面目必非如今之所见者为可知也。渔洋倡"神韵"，此亦其选诗原则。乃间接影响袁简斋之倡"性灵"。"神"之与"灵"，相去不远。题曰"三昧"，其意可知已。

读选本有眉批夹注者，可取。若是编注者手稿，尤可贵。近见有影印《王闿运手批唐诗选》（上海古籍出版社），弥觉近代印刷之进步，大有裨于学术发展。然此似非湘绮亲笔，乃其门人钞录者，与愚昔年所见夏寿田所藏手钞本不同。忆微细处颇有省略。其"过圈"工作是否全依原本，亦可存疑。但目前以此影印本为最善。今人若读唐诗，非徒取此卷阅之遂已也。尚有一沉实之工作。即取某家全集之善本校之，视其字句之同异，思其何以选何以不选之故。譬如太白古体原在全唐诗中四十首，王选仅取其二十七首，其余何以不录？圈、点同然。如此用力，于古诗容易明通。

湘绮《唐诗选》中历历指出应酬体、纱帽派、及官腔等，类能使读者有所启发。顾亦有恢诡处，在批评别开生面，有使人失笑者。如批杜甫《韦讽录事宅观曹将军画马图》，初云："写画马工细，然非佳处。"次云："由一匹化成九匹，九匹化成三万匹，扯大话则得矣。有三万零九匹，亦何足贵哉？"——又于《天育骠骑歌》之二句："当时四十万匹马，张公叹其材尽下"。批云："三万匹在外耶？"——不知湘绮何以不谅解诗之夸张，原非障碍，何必算此一账？——又于杜甫《观打鱼歌》中二句，"舫鱼肥美知第一，既饱欢娱亦萧瑟"，批云："无人请吃鱼矣。所谓欧九作闹，书生习气。"此则匪夷所思。

以版本论，此书仍是高品。如王摩诘《初出济州别城中故人》五律一首，中有句云："执政方持法，明君照此心"，乃沈德潜引此两句，"照"作"无"。"照"宁胜。——杜工部之"捣衣"中之"宁辞捣熨倦，一寄塞垣深"，俗本作"熨衣倦"，"熨"字胜。——又严正友《酬刘员外见寄》中之"柳塘春水慢，花坞夕阳迟"，此乃名句，宋人诗话中尝专论此"慢"字之佳，然俗本有作"漫"者。此仍作"慢"。又如崔灏《黄鹤楼诗》，第一句作"昔人已乘白云去"，较诸选本之作"昔人已乘黄鹤去"者胜。自来争论不已之杜甫《哀江头》末句，此作"欲往城南忘南北"，则较作"望城北"，"忘城北"者为佳。诸如此类。可见湘绮选诗时，所据当是佳本。又裁之以卓识，可贵也。

唐张若虚"春江花月夜"一诗。自古推为杰作。湘绮于其"江畔何人初见月，江月何年初照人"两句上批曰"奇想"。且于下句密圈。又于其后之"玉户帘中卷不去，捣衣砧上拂还来"两句上批曰："亦奇想也"。于其下段又批云："接入春江，浩渺幽深，就便从花说到月，又说到江，意境幽曲"。于其结末"碣石潇湘无限路"一句上批云："碣石则太远矣。是诗人不谙考据语。——我则无此。"

按此诸评语，皆为精到。原作抒情深至，而推出哲学思维，故批曰"奇想"也宜。其拔俗之处在此，其清纯而不滑腻亦在此。末谓"碣石太远"云云，则请进一说——原作第一句"春江潮水连海平"，取势甚远，说"潮"说"海"其境浩大。第二句"海上明月共潮生"则说月之出海，以海潮衬托春江。其次乃缓缓转到花，又转到夜。组织深密。既在第三句说"滟滟随波千万里"，则结以"碣石"不为远。——说其"不谙考据"，则诗人自不必以考据见长也。又曰"我则无此",此四字则非批评正轨。创作与批评原是两事,尤不可以评者个人相拟。有人尝诘列辛(Lessing,十八世纪,德国戏剧家兼批评家)之指摘,曰:"君试自作之何如?"列辛曰:"此非批评者之事也。"可见此在西洋亦早成定论。——于此则见湘绮之傲兀。文学造诣已高,常目空古人。

太白《前有尊酒行》,初三句:"春风东来忽相过,金尊渌酒生微波,落花纷纷稍觉多",湘绮加圈于每一字旁,且批曰:"其秀在骨,非他人所能。"("非"字钞手误写"作"字)又续评曰:"此皆随笔付歌姬之作,所谓才子。才子非诗正轨也。"——此义正大。才即能力,属艺能或匠业。如修辞者即文字匠人(英语称Word—smith)。词章家非必为才子,才子又非必为诗人。而凡专一艺擅一能者,必不可无才。才子近于为诗之匠人,故曰"非正轨"。陈散老笑易实甫胸中有作诗机器,正谓其才思敏捷。则亦诗匠矣。

湘绮楼宗汉魏以及盛唐,自不能满意于"宋壳子"。其高足如杨氏兄弟,晳子、重子,皆同此正轨。重子号"怕翁","怕"、"泊"通假字,又称"白心"先生,讲宋鈃、尹文之学。近体诗摹盛唐。亦曾拟《春江花月夜》为长篇。开篇便云:"潇湘月夜水波连,芳草萋萋含细烟⋯⋯"一览便知此正唐格调也。而其中有句云:"隔水隔花非隔夜,分身分影不分光。"为传诵一时之作,可与前人媲美。尚有咏法源寺之鸦衔佛像事。其事不经,而诗则纪实,然不落元、白窠臼,亦属名篇。

余昔年尝见易实父诗稿,有张南皮圈点眉批者,为石印本小册子。中"万杉寺五爪樟"七言长篇,有云:"⋯⋯虽言乾坤要支柱，未免得罪庸与猥。下穿已愁伤富媪，上挚又恐妨真宰。独立无友大哉謷，众人皆忌甚矣殆。……"南皮于此数句浓圈，盖为之发愤，故特加欣赏也。可谓精于导谀，诗道至此而品格卑矣。然其才实高，南皮称之曰："信乎才过万人者矣"，亦非虚语。

《散原精舍诗》中，有五律一首，题曰"丁叔雅户部至白下，颇劝贷钞营濒海垦田，既去海上，寄此调之。"诗曰："宪也贫非病，干卿风马牛。他年千亩漆，余事五湖舟。眇眇吾安放，堂堂富可求。时微征卜式，好作烂羊头。"——此虽调笑之作，而儒家之真精神于此可见。诗人自是有其耿耿不可磨灭者在，非徒以词藻见长。若转而经营事业，则如骐骥捕鼠。顾亭林尝于雁门垦荒，章枚叔谓其实发得李自成藏金，遂以不败。其垦荒初无成就也。原宪必不能为子贡，各有千秋。

今人诗学唐学宋，识者过眼即可分别，甚且辨其家数，取法者谁；然亦罕能详尽说明。偶阅明初镏绩《霏雪录》，于此有说，大致可取："或问余唐宋人诗之别，余答之曰：唐人诗纯，宋人诗驳；唐人诗活，宋人诗滞；唐诗自在，宋诗费力；唐诗浑成，宋诗饾饤；唐诗缜密，宋诗漏逗；唐诗温润，宋诗枯燥；唐诗铿锵，宋诗散缓。唐人诗如贵介公子，举止风流；宋人诗如三家村乍作富人，盛服揖宾，辞容鄙俗。"——此尊唐抑宋之说，多可议。然末一喻亦颇见真。

"一色成体谓之纯，黑白杂合谓之驳"（见《前汉书》梅福传），孔子筮，得贲，愀然曰："黑则黑，白则白，夫贲有何好乎？"——以此分唐宋诗之界畔，未中肯綮。此盖就形制言。譬如五味调和，方能适口，不得纯为一味也。若以情感言，则诚宜纯不宜驳。如悲壮是一路，幽怨另是一路，不可混淆。且皆贵洁，即不可拖泥带水。令言纯洁，大是为诗要诀，然何可以此分唐宋？如陆剑南，诗大体清纯雅洁，盖曾茶山一路，即赵仲白所云"新于月出初三夜，淡比汤煎第一泉"，是也。甚难谓之驳。如韩昌黎以散文为诗，光怪陆离，以及卢仝之流，亦难谓之纯。镏氏亦是就大体论之，极广泛为说。

凡诗皆当视为一活泼有机体，譬如生人。人无分于南、北，只有分于善、恶（明太祖语），诗亦不必分唐、宋，只有分于好、丑。此说清人袁枚早已言之。就镏氏之广泛比较，又可见李唐与赵宋时代精神之相异。宋人理学深于唐，道学家薄诗文以为害道。如程伊川尝云："……且如今言能诗无如杜甫。如云：'穿花蛱蝶深深见，点水蜻蜓款款飞'，如此闲言语，道出做甚？"亦斥善为义者为俳优。大抵古人言"思虑深者倡优绌"，于道学家皆然。

方望溪标古文义法，尝论士之"祈向"有以定其文。是也。在文如此，在诗亦何莫不然。"祈向"即志之所之，乃诗人古义。湘绮尝云：诗者，持也。引孟子之"持其志毋暴其气"为说。此属傅会，然较王荆公之诗为寺言，寺为官舍之说，又高一层。许书"诗，志也。从言，寺声。"据拗相公则诗原是官舍朝廷之正经话，不可滥，不可轻……自是穿凿傅会之创说。若以志或祈向之说，绳同光以后之诗人，除少数卓著者外，合标准者亦不多见。大抵志在高官厚禄，以此阿世取容。不得意则叹老嗟卑，伤贫诉屈。及至革命前后，有志节翻然者，其诗往往可观，然又不以诗人自许。或其才力亦诚有所未及。大抵诗品高下，亦视其人品之高下为定。

黄晦闻节，近有选其《蒹葭楼诗》者，称其有功力，而无社会内容，以为不足观也，故仅选三首。其选诗标准如是，他人亦不必置辞。然当世名家黄裳，于其《书跋偶存》中为之辩，历举《蒹葭楼诗》伤时念乱忧国忧民之作，证其非无"社会内容"者。——其实"社会内容"四字，亦伤于空泛。或许指家国大事而言。然诗为心声，诗人未尝出离社会，不能不为时代精神所影响。往往欲其无社会内容亦不可得。昔有理学家云"穿花蛱蝶深深见，点水蜻蜓款款飞"，此等闲言语，说他则甚？然诗十有九是闲言杂语，推其意则诗皆可不作，即无关国计民生之物，弃之也可。今执"社会内容"为说者，将毋类是？若黄晦闻之诗尚不足观，则近代诗人之诗几于无足观者矣。

黄裳举《蒹葭楼诗》"中秋"一首，证其作非无社会内容者。中有句云："十年北客惟伤乱，双柝南街不断声"。——此两句可细酌。十年伤乱，语意平平，而中出一"惟"字，意谓北客（黄为广东人，居北京故为北客）惟独伤乱，至于十年，则其时代可想。此一字增加语意深度至于无限。其次句之"双柝"，指旧日北京秋冬深夜，街头有卖宵食者，不喊，而击一竹器，其声尖锐短促，略如羯鼓，万籁俱寂中，独此橐夕声断续可闻，凄厉激越，使人百感交集。上句犹为泛说，属通相；此句写别境，更亲切。此与末句之"不见良时鼓乐生"相应。颈联更写娇女之别，即所谓乱离也。全文录下：

云意深阴失月明，
始知兵气满秋城。
十年北客惟伤乱，

双桥南街不断声。
娇女别期方细数,
故园安问更无程。
可怜万里清辉夜,
不见良时鼓乐生。

诗以道志,志亦出乎性情。近体诗中易见。即寻常生活中之体验,可以入诗,而其性情之厚薄,对善读者无遁形。往往一、二语其真姿跃然纸上,即由诵其诗可知其人。——"横眉冷对千夫指,俯首甘为孺子牛",此鲁迅句也。森严岳立,对世俗之讥诃皆不顾,独亲天真之孺子,仁爱宛然。"帐里檄传云外信,心头光映案前灯",此胡乔木句也。虚实相生,动静相合,远近相参,表炯炯心光朗然。"未开梅在盆中活,已敝袭施鞟外缘",此黄晦闻句也。寒冬景物,盆花未开,然活机在此;袭久衣则破在边缘,再补一条或绸或布之边,则整齐又可耐久。于写人情物理透入深微,此诗之高境也。此等俪句,若读者掩其上句或下句,而代思其对,必不能及。非此人不能出此语,故诗不容伪。

吾人生活于识境中,见色闻声,皆知觉性之妙用也。诗人扩大其知觉性至与众生万物同体,有所契会,——即古人所谓"会心",——发之声诗,其感人也,宜固其然。则非但闻声观察,即虫吟竹间,亦起感兴。散原老人有《枕上听蟋蟀》一绝云:"雨歇窗棂漏月明,凉痕满屋夜凄清。啼秋蟋蟀重围合。换去承平是此声。"——此与双桥南街同其一听也。

诗有不写声而如闻其声者。王船山自题其肖像有云:"龟于朽后随人卜,梦未圆时莫浪猜",读此二句,如闻哭声。非诗正轨。

杨柳自是牵情之物。自《诗经》始，一直到近代，咏歌不绝。近于《读书》杂志（1993年第8期）黄裳先生《秋柳》一文中读到清初王阮亭秋柳诗七律四章，距其创作已三百数十年，仍觉其凄迷婉约，使人怅惘。毋怪其时和者数十、百人，后流传大江南北，数年和者不绝。此之谓诗"可以群"。

于此当稍辨时代精神，——取"精神"二字之通俗义，——或其时代之大众心理，与作者个人心理。阮亭生于明末崇祯七年（1635），父祖辈在明皆达官显宦，少年科第，以二十二岁成进士。二十四岁举秋柳社，赋秋柳诗，则于个人，似无所恨，初无郁郁不得志之处。而其所以风动一时者，能写出当时之大众心理也。

崇祯甲申之变，距为此诗时（丁酉），不过十四年。其时文化界人物，皆目睹亲历亡国之惨，一皆无可奈何，多怀黍离麦秀之悲，触处皆伤心之地。群众心理，流于感伤，偶得敏感诗人，一加揭出其难说之情，而因物托意，出以藻丽之词，无有结论，因本无结论可作；仅流连光景，宛转低徊，自然感动深衷，一倡百和。情绪、思想，原自外来，人与人之间，固相通者也。

就《秋柳》四章而论，格调不可谓高，遣词亦微嫌过熟。如：销魂、憔悴、愁生、哀怨、空怜、含情、太息、相怜、旖旎、缠绵……此等易落空套，稍多则成滥调。然渔洋于此善能使事，使归典实，仍趋雅正一路。故知诗虽贵缘情绮靡，诗人亦不可不多识前言往行，即辅之以学。辅之以学，多读书，亦所以矫正性情，非徒避免空套也（昔闻前辈论诗，有一习惯贬语曰"宋壳子"，即学宋人而仅存其空套）。然用典故太多，饾饤杂凑，则如同类书，亦不成诗，至佳只能成为学人之诗，不见真性情，不能感人。——此中进退，有不可言传者，如《庄子》斫轮喻。

王渔洋"神韵"之说，多可见于其五、七言绝句。如"悼亡诗"二十六首，可见真性情，风神绰约，上跻晚唐，仍为传统正轨。诗毋妨"绮"，然"靡"则不可。其"冶春"绝句十二首，一时和者亦多，则稍伤于"靡"矣。其最可见"神韵"者，如《再过露筋祠》，名篇也。——"翠羽明珰尚俨然，湖云祠树碧于天。行人系缆月初堕，门外野风开白莲。"——祠祀女神，属民间神话。"露筋"或"路经"，"路金"之转音，或古秋胡之类故事。正如孟姜女至今关外有祠，有其万里寻夫故事。"孟姜"一名，早见《诗经》，此属何年何事，亦不必深考。塑像却是难题，无真可写，非仙非佛之凭想像而有传统可依傍者，必表其仍是凡人而有其超凡入圣之姿态。于此女则说其"翠羽明珰"，必系装饰如此。渔洋此诗可谓"得体"。曰"尚"者，表"再过"，即"依然"。

唐陆龟蒙和皮袭美《木兰后池三咏》之一："素韵多蒙别艳欺，此花真合在瑶池。无情有恨何人觉，月晓风清欲堕时。"（白莲）"觉"字诸本多作"见"，"晓"字或作"白"。皆逊。

东坡跋云："决非红梅诗。"渔洋自云：余谓无情有恨二语，恰是咏白莲，移用不得。而俗人议之，以为咏白牡丹，白芍药亦可，此真盲人道黑白。在广陵有题露筋祠绝句云云，正拟其意。一后辈好雌黄，云："安知此女非嫫母，而辄云'翠羽明珰'耶？"闻之一笑。

渔洋山人论诗，初标"神韵"。尝谓"画家逸品，居神品之上，惟诗亦然。司空表圣论诗云：梅止于酸，盐止于咸，饮食不可无酸咸，而其味常在酸咸之外。……酸咸之外何？味外味。味外味者何？神韵也。诗得古人之神韵，即昌谷所云骨重神寒。诗品之贵，莫逾于此矣。"——按饮食之品味无穷，不得以五味限之，而其为美味也同；诗道广大，在人所赏（于文亦然，章枚叔亦曾说及）。山人又尝选唐律绝句五、七言若干卷，名《神韵集》。其实所谓"神韵"者，以今言之，"风神"耳，"韵"则诗所必具。风韵，所谓"徐娘半老，风韵犹存"者，即风度或风致。渔洋殆犹守古诗传统，有其"诗法"之意存。"风神"易解，其后倡"性灵"者，较难体会，至若"肌理"，末矣。

阮亭又有《赵北口见秋柳感成二首》："十二年前乍到时，板桥一曲柳千丝；而今满目金城感，不见柔条踠地垂。""六载隋堤送客骖，树犹如此我何堪。销魂桥上重相见，一树依依似汉南"。——此纯以古事写今情，第二首第二句全借自欧阳永叔，唐人称灞桥为销魂桥。此必两首合读，其意始全。寝馈于古，久则情、词皆易落套。能出之自然则已；终不若自铸新辞。

《龙池柳色初青，听新莺百啭歌》，此题已诗，诗乃太白名篇之一。太白诗思敏捷，而能入细。开始言"东风已绿瀛州草"，说"已绿"即表"春来"。第三句说"池南柳色半青青"，此一"半"字，恰是"初"字之意。以下写鸟，写和鸣，一气贯注，写"间关早得春风情"。于此有神来之笔："春风卷入碧云去，千门万户皆春声"，将意境扩大。接着便是颂圣，于其时代，境地，人事，皆为得宜。即所谓切题而又得体。切题不异于为八股，近人讨论已详。必切题然后得体，得体乃恰合其时代、境地、人事之谓。此诗乃《侍从宜春苑奉诏赋》。题目漂亮，恰是唐代，恰是李白。

有诗先成然后拟定题目者。或无题，或迳取发端二字为题，自三百篇已然；亦可多至数十字，此中颇有讲究，不可拘泥。咏物写景，则以切合题旨而有深意为佳。吴梅村咏物多佳，别有其深意在也。如咏剑云："此岂封侯日，摩挲忆往年，恩仇当涕后，关塞即灯前……"扩大诗境至极，得神之作也。在外表则须写其特色，咏此花则非他花，咏此景则非彼景，多不必指名，使人一读则知是某物、某时、某地、某事，不必猜想，不可移易，然后为工。而过工又非诗之至者，如陆剑南云：过工则失之巧，巧则或纤，仄，或佻，轻，又损。

初学为诗，"得体"为难。此非古体今体之谓，即常语"事有事体"之"体"。举凡述志，言情，咏物，怀古，庆、吊，游览，题跋，投赠，……各个事体，即各有合宜之辞义，即各有合宜之篇章。青年不作老耄语，僧、道不作香艳语，寒微不作富贵语，英雄不作闺彦语，……如此之类。譬如人之冠服，长短合宜，气候相应，颜色相称，格度大方，通常不侈不俗，便自可观。是谓得体。不必故意求美。善与美，孔子已辨之于古。诗要好，不必美。如书如画皆然。

昔年梅畹华从美洲载誉归国，上海开欢迎会，名士咸集，散原老人即席赋诗云："君携瀛海潮音返，我挟匡庐黛色来。邂逅清溪好时节，蟹螯初大菊初开。"（此诗不见诸集中）亦恰到好处之初写兰亭也。即老杜"正是江南好风景，落花时节又逢君"之意。

昔人评王渔阳《秋柳》诗云："元倡如初写黄庭，恰到好处，诸名士和作，皆不能及。"——于今诸和作大抵湮没，或有庶几近之之一言半语。然从来和诗不能如原作。纵其极佳，亦仅如唐摹晋帖，必下真迹一等。所谓"恰到好处"者，以其感伤尚不过分，怨而不怒，仍未失风人之旨也。——至若其求于人事加以核实，必不免穿凿。譬如大写墨画，本无轮廓，必从而钩勒界画之，毁矣。如"南雁"说指南国遗民，"西乌"说指吴三桂"西选"之人物，纯属考据，无关欣赏。此王船山之力诋诸家注杜也。

今体诗难作，而绝句为最难。或五言、或七言，仅四句，正如吴道子画简笔山水、人物，非功夫熟透，不易传神。以柳子厚之才与学，写山"渔翁夜傍西崖宿，晓汲清湘燃楚竹。烟销日出不见人，欸乃一声山水绿。"此佳唱也。然意有未出。下添两句，又觉太多。千古只能存此为一未了之案，在柳氏且然，何况凡才？故知此事之难也。学为诗者，从来不宜从五、七绝入手。只合先凑五字句，学五古，不限字数，从此入门。

会稽马一浮氏（人称湛翁），以宋学名满东南，似于诗词不屑屑介意。"尝欲自删其诗，谓四十以前，十不存一；四十以后，十存二、三；五十以后，十存五、六；六十以后，可十存八、九。然亦竟未暇删定。"（其弟子张立民编其诗集时案语）今可见者，有《蠲戏斋诗前集》上、下二卷一册。湛翁自署"蠲叟"，所谓"蠲戏斋"者，义当是"蠲戏论"，如偶见于其诗中者。叟久已作古，此当问其门人。《前集》中有处丁卯题记，则为1927年，在时为最先。其次有《避寇集》，始丁丑（1937），前有谢无量序，末附《芳杜词滕》一卷。其次有《蠲戏斋诗编年集》，始辛巳、壬午（1941，1942）为一册；次癸未上、下二卷（1943），为一册；次甲申上、下二卷（1944），为一册；次乙酉上、下二卷（1945），并丙戌一卷为一册（1946）。——都六册，皆毛边纸乌丝栏单鱼尾黑口本。似所刻者止此。必有其尚未刊行者，则不能不俟诸异日，良有望于时人及其弟子也。

蠲叟自为之诗，及其指学人之途径，皆传统之正道也。近世学诗者，多始于唐，或始于宋，初无古代及汉、魏、六朝诗为基础，故所得终不能大。学唐者盛于明，学宋者盛于近世。臻极多为"偏至"，罕成大家涵盖当代者也。"偏"固为失，然可贵者"至"。其有初学为诗，即为词曲所扳去者，则如无源之水，格调多趋萎靡，吐属不能高华，境界不能扩大，胸次不能旷远，终其身不能为一首好诗。观蠲叟作风，源源本本，皆是正途，于湘中一派为近，于江西一派为远。

读《蠲戏斋诗自序》一篇，可知湛翁诗论之全。发端曰："诗以道志"，此四字出《庄子·天下篇》。继曰："志之所至者，感也。自感为体，感人为用。"所谓"自感"，当是其文末之"感之在己者"。继言："故曰：'正得失，动天地，感鬼神，莫近于诗'……"此语出《诗·大序》。其后之"其称名也小，其取类也大，其旨远，其辞文"，则出《易·系辞下传》；"故曰：'圣人感人心而天下和平'……"则出《易》之"咸"。后半篇之"蝉蜕尘埃之外"则采自《史记·屈原贾生列传》。"自适其适"，"未数数然也"，并出《庄子》；"以写我忧"，"靡有孑遗"，并出《诗经》。

论古学自当引据古言，无伤也。然以文字论，则韩昌黎言"唯陈言之务去，戛戛乎其难哉！"读蠲叟自为之诗，随处皆遇古句，或全用而未标明所借，或易一、二字，或删一、二字。读之不感生涩，是一胜处。

《自序》文字简古。可于其内容稍加分析：

所谓"自感为体"，此"感"当是名词，与下句"感人为用"之"感"字，在文法上有分。因体、用对言，体当是名词。于用见体，亦当是动词而已化为名词。此微细处当辨。

"动天地，感鬼神"，乃修辞学之饰语，不足以建立哲学。

继之曰："言乎其感，有史有玄。得失之迹为史，感之所由兴也。情性之本为玄，感之所由正也。史者，事之著；玄者，理之微。善于史者，未必穷于玄；游于玄者，未必博于史，兼之者其圣乎！"

钃叟尝判分天下之学，曰一玄一史而已。自成一系理论，于此乃加于诗学。是否能涵盖无余，舒畅条达而无憾，则随读者判断。辄近言"百家争鸣"，此亦独立之一家诗学。

论于诗之起源，可谓与人类文明共始。直至孔子时代，我国已有三千余篇，经孔子一删，去其十九，存三百余篇，可见孔子之教，以此为重。其工作与"订礼乐，修春秋"自是一贯。而孔门有其诗学研究。"子夏监绚素之章，子贡悟琢磨之句"（见《文心雕龙·明诗第六》），时已是中华文明灿发，由孔子"集大成"，而诗学已是达到顶点了。——马氏之论，集中此期。言诗通乎《易》，《春秋》，三百篇，皆属此一时代。子夏讲"正得失"，旧解为"正人得失之行"，亦即"正人伦"，"正风化"，等等，要归于政事。此在先秦则然。因孔子既殁，门徒散在四方，其学遍漫全国。后世诗人不必从政，诗歌也不必与政治相关。这是历史事实。但确曾有那一时代，诗有其特出为诗教的一阶段，也有其弘大效用，可算我国文化菁华之一实体，至今犹为人所称道不衰。

马氏曰："言乎其感，有史有玄"。此当稍辨。"玄"是形况词，如言"天玄地黄"。亦可用作名词。曰"游于玄"，"游"字精审。意当是游心玄学或玄理。曰"极幽深"，不言极何者之幽深。吾人无妨补充之曰，探究宇宙人生之真理，极其幽深。即可曰"感于玄"或"感之玄者"。即玄之感。——至若曰"史"，"史"非形况词，难于说某种感觉或感情甚史。说于史所起之感，其义乃立。感属情识，史属思智。范畴不同，微细当辨。如言"史识"，与"史德"，"史才"，"史学"并称，乃修史之事，说"识"非五识、八识之识，属别义。曰史者，事也。则同于"感事"。即于事起感。非胜义。

更就其立义言：曰"史以通讽喻"，过狭。历史实一大国，古即有"所以谙成败"之说。曰"凡涉乎境者，皆谓之史"，此"境"当是释氏"心"与"境"对言之"境"，今言"对象"。失之过泛。曰"山川草木风土气候之应，皆达于政事"，疑仍是天人感应之说，其源甚古，初可见于《尚书·洪范》，集成于《春秋繁露》。此属民族信仰，今世罕取。"斯谓能史矣"。"能史"可解为"能著作历史"，或"善了解史事"，或成为"通达世故"俗言"懂事"之人。此说可解，然亦不定。

文中有云："心与理一而后大，境与智冥而后妙。"此诚至言，前语乃仲尼"七十而从（同'纵'）心所欲不逾矩"之境界；后语乃入禅定境界。他如"不滞于迹"，"融乎空、有"，不存"物我之见"，则似挹取释家。曰"融"仍是调和之论，释氏曰"空、有并遣"。或亦即其双"冥"之论。《论语》言"绝四"，亦说无我，然释氏恒言之，曰"无我见"，"人无我"，"法无我"之类。

凡此所言皆古所谓名理。马氏曰："自感为体，感人为用。"——大致自宋以后，学林好言体用。窃疑自感感人（句法同于己立立人，己达达人……），同一感也，仅有人我之别，疑于体用不分。虽然，此在创作过程上立心理为体，以同此心理达乎共鸣或欣赏效果为用，立论固然高卓。但于体似尚未穷源，而又不限于诗。于文何不然耶？读古文者，多从韩昌黎入门，如其《祭十二郎文》，自感可谓至矣，感人可谓深矣。可得谓之诗乎？他如诸葛亮《出师表》，李密《陈情表》，比比皆是。

且有外乎此者，如音乐。岂非自感感人耶？又如造形艺术，郑侠绘《流民图》，自感感人，皆可谓深矣，岂可谓之诗耶？

而又有使读者滋惑者。请问曰："斯谓能史矣"，遂可谓能诗乎？"斯谓能玄矣"，遂可谓能诗乎？曰"兼之者圣"，其圣之诗者耶？其诗之圣者耶？将以诗而入圣耶？抑将先圣而后诗也？……凡此皆大有可议者。

愚意不论今古，诗当属于文学。孔门四科，子游子夏以文学称，文学本自别立。文学中一大国，不宜归并入玄或入史，亦不宜分析其为玄或为史。天下之学，正不必以玄与史而判分，必欲分之，亦可容文学鼎立。孔子未尝自居为玄圣，佛陀未尝乞食于史林。马氏兼之或未兼，要之乃深于诗者。

《蠋戏斋诗编年集》，甲申下集（1944），起七月讫十二月，有五言古诗四首。编在末简，题曰："诗人四德"，并有序云：

予尝观古之所以为诗者，约有四端：一曰慕俦侣。二曰忧天下。三曰观无常。四曰乐自然。诗人之志，四者摄之略尽。若其感之远近，言之粗妙，则系乎德焉。因草是篇；以俟后之君子，推而广之。

此本于古说，曰"诗言志"。就古诗之内容，分为四端。谓其志之所之，不出此四者。然窃恐四者摄之不能尽也。即以古体诗而论，尚有思亲，述祖德，颂圣，讽谏，箴规，责躬，从军，游猎，游仙……以及佛入中国后之赞佛，说理等。如道士之青词，佛门之偈语，皆属后起。或者不当入诗之列，然亦其"志"也。则皆出乎此四者之外。

窃意诗道广大，实摄人生之全。起源实与文字同古，甚且可假定声诗（歌谣）古于文字。诗人之志，亦无所不之。马氏此一类分，实不免使人有"以大海纳于牛迹"之感。——观马氏集中，内容极为丰富。亦有偈语，则以偈归入"诗"类。

南通范氏，以诗世其家。自肯堂翁而上九世，皆有诗集行世。以三十年为一世计，大致与清代相终始。《肯堂诗集》中有教言曰："诗要字字作"。是也。此乃基本功夫。宋人有云："自昔词人琢磨之苦，至有一字穷岁月，十年成一赋者。白乐天诗词疑皆冲口而成。及见今人所藏遗稿涂窜甚多……。"范氏所言盖指此。"字字作"则言皆自己出，不致生吞活剥他人作品，于是乃见个性，在诗，在人，大致亦必使诗中无一字不安妥。唐张祐诗："秦皇曾虎视，汉祖昔龙颜"，后人评"颜"字不稳。王昌龄诗："玉颜不及寒鸦色，犹带昭阳日影来。"今人亦议其"带"字未妥。诸如此类，古诗今诗中随处可见。字有生、熟，亦有喜用僻字者，则无定规。

（以上文章散见于《读书》杂志1989年6月—1996年11月）

序跋篇

《玄理参同》序

　　这一本小书，原名赫那克莱妥斯（Heraclitus），一位古希腊哲人之名。撰者室利阿罗频多，以印度的精神哲学眼光，察看这一宗哲学而加以申论，即以其人名名书。在华文若亦以此名翻音为题，一般读者必不知所谓。译之而附以疏释，就内容而擅改书名曰玄理参同。以谓精神哲学之理可简称"玄理"，而参考和参会三派学说之相同曰"参同"。

　　世界古代五大文明系统今余其三；三者各自有深厚的精神哲学。——通常说精神哲学，总是与物质科学对举；但从纯粹精神哲学立场说，不是精神与物质为二元；而是精神将物质包举，以成其一元之多元。主旨是探讨宇宙和人生的真理，搜求至一切知识和学术的根源，其主体甚且超出思智以上。那么，可谓凡哲学皆摄，即一切哲学之哲学，它立于各个文明系统之极顶。其盛、衰、起、伏，实与各国家、民族之盛、衰、起、伏息息相关。

　　不幸，希腊学术早已不在希腊本土了。约略自公元六世纪新柏拉图派解散以后，人物无闻，语文亦变。欲追溯古雅典哲学的黄金时代之端绪，只合乞灵于近代西洋。到近代西洋于希腊古典的研究，颇臻极致了，几乎可将那古典世界之本来面目，传映到眼前。

印度这一系统，亦久已式微。梵文原是第一族姓的语文，却早已失去了创造的活力。其在印度诸语文中的地位，略逊于拉丁之于西方语文。经欧西近二、三百年来之搜讨，其所可出者，大抵皆已表现于世，又当先求之于西洋。非但外国学者循此已开辟之途径，即其本土学者，亦首西路而求故家，至今仍皇皇然于国外各处寻求其贝叶。循西洋途径似乎落入第二义，然事半功倍。而印度学术在世界之影响，远不可与希腊的同年而语；因为近世科学，早已在希腊开其端绪，迤逦经晦塞的中世纪而至于今世之发扬光大，气脉仍是一贯相承。例如原子、电子等研究，竟可回溯到其早期哲学之"物生论"（Hylozoism），探求一宇宙本质者；如赫那克莱妥斯，于此亦有其假定。印度佛法在古代盛行过一时期，但自公元七世纪中叶后即已衰败，于今当外转而求之于中国。其流传至今的韦檀多学，如这疏释中所举少数论师维持了传承。直到现代方经此书撰者室利阿罗频多加以发扬；然室利阿罗频多不是宗教领袖，他是综合自韦陀以下之精神哲学而集其大成者，超出了韦檀多学的范围，度越前古。

这两大系统中种种哲学，在撰者是详熟的，因其自幼留学英伦，深研希腊古典，其后还治本土哲学，亦似钜细靡遗。唯于中国这一系统因语文之隔未尝详知，其度事义之数亦不甚相远。中国文明自古，学术文化自有其特色，恒久不已，重心未尝外移，其种种优胜处不必我们自加扬诩了。以三者而比勘，思惟，值得我们警惕、振起。学术生命实与民族生命同其盛衰，互为因果。器非求旧，维新，学术则无论新、旧，唯求其是。科学不必说，任何旧理论，新发明，实证即是，无时，空之碍限，因为物质真理是一。精神真理本身亦无新、旧可言，说其是一，则有待于哲学上的比勘会通了。其间地域、时代、语文、体系之殊异，往往成为障隔，乃大费参稽；何况其所凭藉不徒在于思智和推理，则更有待于创通，互证。但无妨假定其有会通之可能，因为这真理原是由内中修为省悟而得；可说凡人自知或不自知，皆多多少少生活于此真理中，而人人皆禀赋有此灵、此心、此性、此情、此体、此气，中西古今不异，则可谓只有所见之方面和所表之形式不同而已。

固然，精神哲学属于内学，内学首重证悟。悟入精神真理的某一方面，往往为思智、语文之所不及。然这早已成为常识，以内、外对言，内、外不可偏废，即其所证所悟仍当讲明，有可表现，非可遽弃语文、思智。事实应当是一内、外交修之局。春秋时闵子马论周之将乱及原氏之将亡，以其时盛倡"无学"之说，或者正蹈此弊。以情理度之，当时公卿大夫不应那么愚蠢。或者当时对累世不能穷之礼学起了反动，另一方面已有类似"不言之教"、"绝学无忧"、"明白四达能无知乎"之说起，实有人得了证悟，如韦檀多学及佛法之"无学果"，知之亦无馀事当知。由是一切推翻，舍弃了世法，自然结果是"下陵上替"。由此或可见到一偏之弊了。——求之于外自当广开门户，容纳他山，然后可以别异观同，挈长度短，进达其所未至，增益其所不能，恰是此三系统特色判然，各自有其原始性和独到处，乃使比勘增其意义，参会更有价值了。

虽然，比勘会通，谈何容易？必如此书之论说，当世亦复难求。撰者非有意为文，亦非专事述学，主旨在阐明精神真理。而其文有如天马行空，若析其理路，亦丝丝入扣，半字不易。篇幅虽小，不碍其为钜制。可谓一非常之文，近代英语著作中颇罕有其比。但内容不易为一般读者所了解，除非是专治哲学的人；不然，则当挽下两整个古典世界的文化背景配上去。

请先就翻译说：这仍是义理之文，译时自求其精密，美妙，明白，圆到。虽在另一文字里，意在于还他一个本来面目"信，达，雅"三字，昔严几道树为翻译工作的指南。西学入华之初期，固应悬此为圭臬。近世观感已颇改变了：因为不"信"则不成其为翻译，是伪制；"达"则独觉有间隔，距离；"雅"则属于辞气，形式，而出自译者，是外加，原作可能是"雅"或"不雅"。然则仅从本文着想，而出之能精、妙、明、圆，不算是苛求了。是否在此译中这皆已作到呢？读者谅不乏深知此工作之甘苦的人，心中自有定评，甚有待于高明之教正。

其次，请略说此疏释。这既是一非常之文，自不能附以寻常之疏，——寻常作疏释，分汇、别目、科判、列表、图解、发题，从"序品第一"起，惟恐其不详尽，如释氏之义学，导源于汉人之注经，用力不少，为碍亦多。甚或增加滞晦，有损原作风裁。驯至疏释者漫驰词锋，务为奇奥，以艰深文鄙陋，敝心力于蹇浅，误己误人，为害不小。虽然，论古不嫌其恕，那皆由其时代风气使然，今人于往者自不必深咎，总归是不从而取法了。——这书的主旨既自有所在，非徒述学，其所提到的学理和故实等，多仅说出了一名词，倘学者未有古典知识根基，或觉其结构有如华严楼阁，从半空而起。那么，颇待解释。要全部配上两大古典世界的文化背景，自不可能，只合择要点提供参考。而赫那克莱妥斯是西方言变易哲学的第一人，恰好我国有最古一部著作易经，屹然独在，许多处所正可互相比勘。更推下至老、庄哲学，亦可发现若干同、似之处，宜于参会而观。今若舍此不提，学林必引为阙憾，深觉其可惜。当代多明通博达之士，——即译者所知亦大有其人；而且，**就最近出版物看来，一般学术水准，较二三十年前高的多了，**——然亦可假定知其一者未必知其二，知其二者未必知其三。然则此书之疏释有其必要，无妨参会三派学理之相同，只不可过于贡拙。

虽然，以言三者之比勘会通，这工作是留待读者自己作的。比勘以观其异，则重分析，分析不厌其详；会通以见其同，则重综合，综合不妨其略。综合不是强将多个事物聚置一处，或显然成一大笼统而为混沌，而是宜成一和谐底有机底整体。今疏导和解释诸理而一一为说，需要多少文字！只合择要。若不明加辨析，岂不成为混沌？徒然辨析而有提出一二例证，岂不失之空疏？又贵在折衷。因此简述学派，提挈纲领，多是引出一些端绪，使学人可从之更往深求。亦稍搜故实，增入一点历史趣味，使不致过于枯燥。其征引老、庄，原是读者自家的宝物，或可感觉亲切，易于得个入处。要之，一小册子而三大体系精神思想之宏纲具在，可以袖珍，乃此作原意。——或者文字独嫌稍繁，亦是一失。究竟读者可随意拣择。是亦独如撷集几束花草，庄严一尊精神真理的造像，使其姿态愈生动，愈高华。花草可弃，造像无改。虽未必与原作全融，相得益彰，形成一有机底整体，尚不至于龃龉而不相中。总之是于此一非常之文，附加一非常之疏。——这疏释亦曰非常，谓其异于寻常而已，则无好、坏之可言。

如是，读者能说参考资料虽或已择要提供，而看不到疏释者自己的意见，颇属憾事，多见牒述，皆有案无断，仍难说上会通。不但此也，即赫那克莱妥斯的一百二十余则简言，亦未全部译出，更为缺陷。——这是歉然的。限于体例，疏释不是疏释者所当发议论的地方；附有某些理念，仍采自室利阿罗频多的其他著作。自知学识浅陋，实未敢于三大系统之哲学作何轩轾，妄加优劣之评，仅有叙述，各个显表其特色而已。若求全读此希腊哲人之简言，又有待于学者之自力了。近代各西方语文的译本正自有在，亦可逐字逐句翻译，各凭自己的见解分汇、别目，加以导扬。然那不是译此一著作之主要工事，只合将其所称引者译出，然亦独附带译出如干则以供参考。未尝罄举，留有大多空白任学者填补，独往而深造自得，且可更优游于玄理之域中了。

末了，请于此更赘一言：现代人士盛言世界大同，理想实为高远。然求世界大同，必先有学术之会通；学术之会通，在于义理之互证。在义理上既得契合，在思想上乃可和谐。不妨其为异，不碍其为同，万类攸归，"多"通于"一"。然后此等现实界的理想，如种种国际性的联合组织或统一组织，方可冀其渐次实现。那非可一蹴而至，但无论道路多么悠远，希望多么渺茫，舍从此基地前进，亦别无其他途径可循。然则此书虽小，意旨亦远。

（1973年7月徐梵澄序于南天竺）

《五十奥义书》译者序

奥义书五十种，皆无所谓深奥之意义也。梵文 Upanisad，字义为"坐近"，"新近"，直译当曰"亲教书"或"侍坐书"。印度于伦常皆若远而疏，独于师尊亲而近。谓得自父母者，身体耳。得自师者为知识，知识重于身。故就傅而受一"圣线"，谓之重生。其学皆亲近侍坐而授受者也。师一人，徒二、三人，口诵心持，此其书名之由来也。历世传承，按古之《吠陀》而分隶焉。虽然，请循其本。

印度之第一书，《黎俱吠陀》（Rgveda）也。为祷颂天神之诗。凡十轮，或计千十七篇，或计千二十八篇。制作远在公元前千余年。五印学者至今宗之。传统谓其出自天界，天神假"仙人"之口而传之。"仙人"（rsi）者，修道士也。然其义已荒，象征都不可解。思致远非今世所得而诂，故其说亦遂不破，又无由废。中间经萨衍那（Sāyanācarya）注释。近世室利阿罗频多（Sri Aurobindo）又大不谓然。于今英、德、法文各种新旧译本多有，可稽也。顾其义已出耶？稽之当代大师如阿罗频多所译，其义固有当已，然非心思臻于至境者，亦无由解。至若释名词，搜文法，犹然外也。六合之内何所不有，若《黎俱》者，自可存而不论。

其次为《三曼吠陀》（Sāma-veda），则《黎俱》之唱诵也。亦无论已。原夫雅利安民族之侵入印度也，始于印度河流域，其时未早于公元前二千年。多游牧部落，狩猎为生，肉食乳饮，信鬼神而好祀事。渐定居为耕农，东拓地至阎牟那河流域，又东至恒河，更东侵至孟加拉地，于是乎止。此今印度人之远祖也。抢攘数百年，凡牺牲祭祀之事，巫觋卜祝之业，有专之者，渐成一祭司阶级，以服事其酋长，则婆罗门是也。

信鬼神者多祀事，而尚武者用兵，则刹帝利是也。其初，阶级仅有其二，胜者与所胜者而已，一主一奴。所征服之士民，虔刘之余，则籍为奴为婢，此其第四阶级戍陀之由来也。夷考其阶级之划分，盖有不得不然者。婆罗门本非无学术，凡天文、地理、文书、历数等，非刹帝利武士所长，故专其学而世其守，然渐传渐入祭司之业，浸至侵蚀统治者之权，而自居于四阶级之首。耗蠹生民，摇荡邦国，末路则腐败不复振。在昔酋长之征伐也，胜败未可预期，则祷神以济其事，奉其牺牲，求其克敌，于是婆罗门重。农民之垦殖也，收获之丰欠亦不可必，则祀神以求雨，祭鬼以免疫，于是婆罗门又重。定居久则生齿蕃，耕耨数则地力竭，而民生敝矣，则其祭祠愈繁，祈年于春，荐熟于秋，战祷于前，报赛于后，于是婆罗门日益尊大。驯至常年无一日虚其祭祀者。甚者，一祭祀可行之数年。纵一不羁之马而任其所之，举兵随其后，所过之地必臣服焉，数年之后，驱其俘虏随马而归；此刹帝利之所为，而婆罗门为之谋主，谓之"马祭"。

虽然，鬼神之有无原不可知，要之胜败丰欠之数，举不依于鬼，则婆罗门之祭祠或效或不效，而其术常穷。然数百年之迷信已深植民间，牢不可破，婆罗门之后世，已不自知其伪，第尊其远祖之传统，而转求其故于祭祠之仪式，唱诵之声音，字音为讹，仪文或阙，斯有所可归咎而卸责者焉。此《黎俱吠陀》之密义所以不讲，而衍出《三曼吠陀》之专事唱诵，而《夜珠吠陀》（Yajur-veda）之独阐仪法也。其后乃增一《阿他婆吠陀》（Atharva-veda），则巫术禁咒之类皆摄，大致驱魔，疗疾，保健，求夫，求妻，求子嗣，求亡者之术咸具，而国君登位之礼仪，及求福祚世胤之法，亦附入焉。——此所谓四《吠陀》之学。

婆罗门阶级，始微而中大，又由大而微，在农业发达而民生困穷以后，蚀者与所蚀者偕尽，自然界之通则也。当其始衰之际，其人之生命力犹存，哗然有词，然已不能如其祖先之浩歌，唱颂天神，宛如有见，则转而解释其传统之诗颂，然非依乎传统者也，各自凭其想象，说祭祀仪式之性质为何，象征何事，涵义奚若，亦人自为说。要归于声诗之力，谓为神圣之力内涵其中而多方。以此亦可圆成其信仰之说矣。以其为婆罗门所作也，故谓之《婆罗门书》（又称梵书，Brāhmaṇas）。其有可取者，则印度教之理，始萌蘖乎其间，盖自兹而有宗教可说，其实皆外也。

踵《婆罗门书》而起者，为《森林书》（Aranyakas）。举凡牺牲，祷祠，唱诵，灌献等仪式不一而足，祭司之流，讲之精矣。行之者，皆有所求也：牛羊求其蕃息，菽麦求其丰穰，子嗣求其繁衍，国祚求其永长，以至于求死后之升天，而谓鬼神享之，皆可得而致。大抵皆世俗之事也。得者餍之，不得者厌之；盖多妄信之，亦多妄为之。将谓宇宙人生之真谛尽有在于是耶？于是亦有厌离而求出世者矣。印度地气炎暑，菲衣薄食依亦足以生，故瓶钵而入乎山林，时一近城市聚落乞食，不至槁死。既于世无所为，静观默想，乃始有出世道之宗教生活。后之瞿昙以王子而出家，即其著者也。虽然，犹未离其宗也，其所思惟观照者，仍祭祠仪文之象征意义等，为之者，多在人生之暮年，而世事谙，入山林而不返，遂有《森林书》之作。承先之《婆罗门书》，启后之《奥义书》，非如后者之声光赫然，适为一重要之环节。

进而观所谓《奥义书》者，此诸译皆是也。所谓《吠陀》之教，于是乎止，而婆罗门阶级，亦于是乎全衰，而其学乃在刹帝利阶级中传。传统归之于"所闻"汇（Sruti），与后世之《古事记》、《史诗》、《经》、《论》属"所记"（Smrti）汇异撰。止于是则《吠陀》之终教也，谓之"韦檀多"学。所可惜者，印度自来无记述之历史，诸著作时代及作者生平，多无可考，考证资于古希腊文，汉文及波斯文等记述，近世则资取于欧西文学所存，劳而少功。著述亦第就其形式略同而内容近似者，归之一类而已，如《森林书》与《奥义书》，亦有互相涉入者。大致少数主要《奥义书》①皆先于佛，先于耆那教，而诸派哲学，又远在其后。似其时诗歌灵感，哲学思维，宗教信忱，文字趣味，皆混一而未分，诸《书》中可睹也。于绪为正统，于教为"有"宗，与"无"宗相对。"有"宗者，谓超世界人类以上，有存在者也。"无"宗者，谓超世界人类以上，无有存在者矣。《吠陀》隶乎"有"宗。胜论，数论，瑜伽，因明，皆属"有"宗，而不背乎《吠陀》者也。"顺世"，"佛教"，"耆那"，皆属"无"宗而反对《吠陀》者也。纷纷纭纭，各是其是，莫不视他派学说为异端邪说。要皆自此一渊源衍出，后起而盛，盛而变，变而衰，衰而灭没。独此《吠陀》终教，早衰于佛教横溢之日，迄今二千余年而未亡。晚近自印度独立之后，其知识人士，莫不以韦檀多学者自许。

溯其本，固如是矣。《黎俱》，《三曼》，无可剌手。诵之习之

---

① 如《唱赞书》，《泰迪黎耶书》，《爱多列雅书》，《考史多启书》，《由谁书》，皆先于佛陀。此诸家已成定论者。

乎，不见其神，不得其真，徒有其闻，无契于心，无谓也。时代悠远，地域辽隔，语文不同，人情迥异，此无可奈何者也。若《婆罗门书》、《森林书》等，尚可为人类学、宗教学之资，于研究印度文化为不可阙，犹皆外学也。独此《奥义》诸《书》，义理弘富，属于内学，为后世诸宗各派之祖，乃有可供思考参同而契会者，信宇宙人生之真理有在于是。而启此一枢纽，则上窥下视，莫不通畅条达，而印度文化之纲领得焉。此所谓立乎其大者也。

《吠陀》之教，明著于韦檀多学，其典籍乃诸《奥义书》，于是而义理可寻，卓为内学，说者曰：吾将信之。然且疑之曰：谓印度诸宗各派皆导源于此者，何也？在吾国之明佛乘者，且谓此"无"宗与彼"有"宗，相去霄壤，何与耶？——久矣，吾国佛教徒知印度有佛教而无其他，稍窥异部者，亦知外道九十六种，[①]已称于唐，或举其十六异论，而以为皆不足道也。彼印度人士，则以为吾国舍自彼所得之佛教而外，亦无其他。民族间之误解，亦莫大乎是。请即以佛乘论之，曰：是不然也。佛教由《吠陀》之教反激而成者也。瞿昙之教初立，揭櫫其四谛、八正道、十二因缘、涅槃诸说，正所以反对《吠陀》教之繁文淫祀也，破斥其祈祷生天诸说也，扫荡其鬼神迷信也。所谓原始佛教，小乘是已。历时既久，不能以此餍足人心，渐渐引入救苦天神，土地生殖之神等而名曰"菩提萨埵"，如"观自在菩萨"，"地藏王"等，以及往生弥勒内院及弥陀净土诸说，而恢弘其教理，则合为大乘。至今吾国佛寺建筑，法式多定型。入门则见四大金刚造像，曰地、水、火、风，是皆《吠陀》教之神也。其五大曰空，空固无相可表也。往往隔庭对正殿佛像者，辄有龛，塑

[①] 参《增壹阿含经》卷二十；《萨婆多毗尼毗婆沙》卷五；《涅槃经》卷十九。

立像曰韦驮，操金刚杵，谓为护法神。是则雷电之神，杵表电光，谓之因陀罗（Indra），古雅利安族之战神也。印度于今佛教寺观不可寻，其制犹仿佛可见于我国。大乘之末路，盖尽徒《吠陀》神坛造像而礼拜之，菩萨、陀罗，异名同实。若是者，一正一反一合，衍变公式可寻，佛教之成，固有所自来也。至若由师授二、三学徒，乃至佛陀说法有千二百五十人俱，扩小学塾而至于大僧伽，生活与学术皆大众化，夺第一阶级之尊严，重四姓沙门之平等，皆其反《吠陀》教之社会面，亦其外表也。

观于史，物极无不变者。秦之法纲密如脂，而胜、广一呼，汉祖入关，与诸父老约，法三章耳，而天下定。大乘盛时，摩诃僧祇戒律等，亦云繁矣，而经论述作，亦浩浩不穷。般若等卷帙姑不论，第观于法相之学，其名相亦多如牛毛，剖析毫芒，宗因递建，以上智治之穷年累月不能尽。无怪其入唐而后遂微。繁极归简，净土以念佛持名遂为筏舟，其宗浸大。抑其变犹不止，必至于禅宗不立文字尽扫三藏十二部经而后已。其在印度亦何莫不然。自无著（Asaṅga）、世亲（Vasubandhu）之学不讲，龙树（Nāgārjuna）崛起而阐中观。传说当时已有二人，一为大乘论师，一为咒启铁塔之神秘人物，盖密乘起矣。于是舍大、小乘教理于不顾，摒基本戒律亦不持，独取于咒语之念诵，师尊之秘传，谓左右两道，殊途而同归，牛鬼蛇神皆作。虽然，净土之无量光天，即《吠陀》中之光明天也。密教咒术重声音之神秘能力，犹《黎俱》唱赞之遗风也。手印法术等，古祷祀之仪文也。于《唱赞》、《唵声》等《奥义书》，犹可窥其端。今印度教庙宇，其前多石雕牛像，盖农业社会重牛，此所谓"牛鬼"也。造湿婆神（Siva）之像，顶上以蛇群伸颈张头而为荫蔽，此所谓"蛇神"也。则密乘可谓为《吠陀》教之别子，今散分于印度教诸宗。大乘中无是也。繁与简相待，诸宗各派，大寺聚徒往往数千或数百人，而得其真传能世其学者，亦不过数人。以那烂陀大僧伽之聚合，而胜军独处于山林。学术虽大众化，所谓亲教秘传，亦有不废者。

"无"宗如是，"有"宗更无论已。立乎其大者，明乎其正统也。以《吠陀》教为正，则原始佛教为反，而合于大乘。以大乘为正，则密乘为反，而合于印度教诸宗。辩证之迹，昭昭乎著。千变万化不离其宗。撷此一线索而纠结以解，则上下通流，上窥四《吠陀》，诸《婆罗门书》及《森林书》，下瞰六派哲学及今之印度教，鲜有不贯者矣，此奥义诸书之所以可贵也。

进者，当寻此诸书之大旨。辞非华也，而著；义非显也，而彰，宜若其传世二千余年而未灭。其时初无哲学与宗教之分，于今治此学，则不能不分判。然分判必不得当。治哲学者必用逻辑思惟，在印度亦有其因明，与逻辑同用而稍拙，其成就时期在后，而此学固又超乎逻辑者也，虽有利器而无所施。以今之尺，量古之长短，可也；然有非长非短者，无可量也。何也？原出乎思想以外，非心思所可及，在学者犹当恢弘其心知以证会之，然后明其真，此则不得谓之哲学，无怪乎今之治西方学者不许其为哲学，断断而未已。然又难谓之为宗教理论，诚如庄生所云，"天地与我并生，万物与我为一"，是则尚何有于宗教哉？

虽然，非无其理也，其主旨有曰："大梵"也，即"自我"也。宇宙间之万物皆在大梵中，大梵亦在万事万物中，大梵即是此万事万物。在彼为此，在此为彼，此即彼也，万物一体。故其口号曰："汝即彼也"，而一而万，推至数之无穷，还归太一。是已有矣，万物皆真，真曰存在，存在曰智，智，知觉性之谓也，万物皆本于一知觉性。在"是"为有，为有即乐。故说宇宙人生之真理，不过三言，曰"真、智、乐"，而三而一，而一而三，即体即用，即用即体。

此理何由而明耶？曰：亦信之于始，行之于中，证之于末而已。其始于信，犹假定之陈于前也，而后推论，则转而为知，此非闻见之知也，必自心证知为"同一知"，则期于与至真合契。于是而从入之道万殊，诸《奥义书》尚未以一宗派之行为自囿，要其所教之理，归极于与至真合契。即自亲证与"真、智、乐"为一。

于是由身而推至于生命气息，至于心思，至于性灵，外而推至于"梵金胎"之为世界心灵，又由心思以上，推至于毗若那，由是乃达乎"真、智、乐"也。其分析身体中之气，以及心思以上诸等分，皆近代西洋科学之所未至。其探讨睡、梦、熟眠境等，科学今始及之；其声音之能力说，犹待研究。

其次，当寻诸《奥义书》之数及其作者：则曰，作者非一人，历时非一世，书数亦不定。于今汇为总集者，或百〇八书，或百二十书，要其自古所推重者，不过十余种。其他篇幅多小，然亦不乏精义。下焉者，仅采集已见于他书之偈颂数章，亦自为一书。仅为咒语而内容空虚者，亦自为一书。篇幅短小才及一纸而文义鄙陋者，亦自为一书。至今村塾学究，间有出一、二《奥义书》者，前所未闻，或二、三偈，表其名而不见其书，辄云秘授。竟不知其为自古传承耶？抑凭空臆造耶？或仅拟一名数语而原本无其书耶？要之其总数不定。又非特其数之不定也。其著者亦无可考。山林之士，初无事功可言。其或谓传承有自，望之系统秩然，则表其一名而已，生卒年月及平生事迹，皆无有也。学术流别主旨同异，如吾国之学案者，又无有也。通史、专史，皆不可得，而偶有记载，又与神话无分。至今西洋治印度学者，辄于其神怪荒芜之中，拨出少分犹若可信者以为史，盖不失其治学之谨严。大抵自《大梵经》撰者巴陀罗衍拿（Bādāra yaṇa）以后，诸论师时代始略有可考，时则公元一世纪以后矣。如"二元论"师摩阕婆（Mādhava），生在十三世纪。"胜不二论"师罗曼罗遮（Rāmānuja），生在十一世纪中叶。"幻有论"师商羯罗（Saṅkara），生于八世纪末，卒于九世纪初，诸人皆约略可考，而亦多傅会。如商羯罗之敌党，历诋其生平，自不可信。然皆非可语于中古诸《奥义书》之作者矣。

其次，当考此学之流传：汉武而后，西域之路通，吾国之丝绸，遂彰罗马元老之身，以为光荣。而天竺则《吠陀》教已衰，佛法渐盛；魏、晋而后，随佛法西来者，文字而外，医方，音乐，天文等皆有之。如婆罗门历法亦尝介入矣；唐末考验，于诸家为最劣。顾其正统之教未彰，难谓全为佛徒之亏蔽，盖其教法本不利于行远。文明起于生活，仪法本于物情。炎方气候异于北陆，风俗习惯不同。则能行于其本土者，未能行之他国，亦自然之理。史称楚王英好浮屠之仁祠，其所服食，则婆罗门之法也（参《阿祗尼古事记》）。厥后如鱼山梵呗等，则佛唱也，佛入中国后之初期，佛与梵之精义，尚未经深切甄辨，故徒观于外表生活方式等，颇多混同。而与其所传布之地，常格格不入。佛法能变，故行于中夏；耆那教绝不能变，故至今不出印度；《吠陀》教亦不能变，遂不出其本土而就衰。此就其外表生活言之，在此诸《奥义书》犹有可见者。及至回教入主五印，其传统之学，皆几乎澌灭矣。顾苏枯起朽挽之于垂殁之际，使印度教奉之为圣典而传布之于世界者，回教与西方人士之力也。

回教近古统治印度。在阿克巴（Akbar，1556—1586）时代早有以《奥义书》译成波斯文者，罕为世知。后蒙兀儿王朝第五世君沙哲汗之长子名陀罗菽可（Dārāshokōh）者，游于克什米尔（时在1640），闻《奥义书》之名，异之，遂自贝纳尼斯聘梵学者数人，往德里从事翻译。书成于一年间（1656—1657），得五十种。此《奥义书》第二波斯文译本也。后三年（1659），陀罗菽可之弟阿兰渣布（Aurangjib）篡太子之位，诬其背叛宗教危害邦国而置之死，太子固尝调和印、回之争者，其采纳印度教之书，罪也；而书亦渐行于世。

又可百四十年，法国学者曰杜柏农（Anquetil Duperron）者，游历东方，尝发现帕西人（Parsees）之圣典曰《渐德经》[Zend-Avesta，古东伊朗（Iran）语流传之经，至沙普哈（Shah Puhar）始集成一书，时在公元 309—338]，固异之矣。又在印度发现波斯文本之《奥义书》（时在 1775），同时有坚迪（M. Gentil）者，臣于菽查（Shuja ud Daula）宫廷，亦以一本赠杜柏农，由其友伯里耳（M. Bernier）携之返法。杜柏农既得二本，乃译成法文，未出版。后更译成拉丁文，始于 1801 年印行初卷，次年印行二卷，都五十种。

杜柏农之译是书也，名从音翻，曰：Oupnekhat，谓为"印度之古秘密教言，在印度本土亦至为罕见"，是则然也。谓"中涵神学与哲学理论，摄四《吠陀》之菁华，直由波斯文译出，且参以梵文原字……"云云，[1] 且称之为"古代秘宝"，因加以注释。其时拉丁文犹畅行欧陆，自其译问世，遂为全欧学术人士所知，至德国哲学家叔本华尔（Schopenhauer）读之，乃大加叹赏，谓举全世界之学，无有如此有益且使人感发兴起者。此为余生之安慰，亦为余死之安慰云云。于其所著《世界为意志与想

---

[1] 其拉丁文标题封面，如下：

Oupnek' hat, id est, Secretum tegendum; opus ipsa in India rarissimum, continens antiquam et arcanam, seu theologicam et philosophicam doctrinam, quatuor sacris Indorum libris Rak baid, Djedjer baid, Sam baid, Atharban baid excerptam; ad verbum, e Persico idiomate, Samkreticis vocabulis intermixto, in Latinum conversum; Dissertationibus et Annotationibus difficiliora explanantibus, illustratum; studio et opera Anquetil Duperron, Indicopleustae Argentorati, typis et impensis fratrum Levrault, Vol. I. 1801; Vol. ii. 1802.

像》(1818初版)一书之序言中,又三致意焉。①

顾此时当十九世纪初叶,欧西帝国主义,方事扩张,各国竞争渐烈,其谋侵略东方而占夺殖民地者日急。其于东方之地理、历史、哲学、宗教等犹昧然也,则弘奖东方研究,经典适其所不能忽者焉。于是法国又有吉遥门(Pauthier Guillaume)者,将《奥义书》牵合老子哲学,盖《道德经》已为西欧所知。译出《伊沙》及《由谁》两《奥义书》,并其梵文原本及波斯文译本,且为之疏释,1831年于巴黎出版,是为法文译本之始。②

于是印度乃有弘此学者,则罗木吽乐易(Rammohun Roy 1774—1883)也。乐易为宗教家,深知本土宗教之害,则排斥一切偶像崇拜,然于《奥义书》袒护不遗余力。尝译之为本土方

---

① 叔本华 A. Schopenhauer 'Die Welt als Wille und Vorstellung' 序言中,谓通《吠陀》由《奥义书》入,能采纳古印度智慧者,最易明其学,且谓当时梵学之影响,当不下于十五世纪希腊古典研究之重苏云云:

《Ist er (der Leser) aber gar noch der Wohltat der Veda's teilhaft geworden, deren uns durch die Upanischaden eröffneter Zugang, in meinen Augen, der grösste Vorzug ist, den dieses noch junge Jahrhundert vor den früheren aufzuweisen hat, indem ich vermute, dass der Einfluss Sanskrit-Litteratur nicht weniger tief eingreifen wird, als im 15. Jahrhundert die Wiederbelebung der Griechischen: hat also, sage ich, der Leser auch schon die Weihe uralter Indischer Weisheit empfangen und empfanglich aufgenommen; dann ist er auf das allerbeste bereitet zu hören, was ich ihm vorzutragen habe. ……》

同篇又谓倘非自矜之谈,则《奥义书》中每散策片语,适可继其思想之统绪云云:

《……da ich, wenn es nicht zu stolz klänge, behaupten möchte, dass jeder von den einzelnen und abgerissenen Aussprüchen, welche die Upanischaden ausmachen, sich als Folgesatz aus dem von mir mitzuteilenden Gedanken ableiten liesse……》

② 其法文标题如下:

《Mémoire sur l'origine et la propagation de la doctrine du Tao, fondée par Lao-Tseu; traduit du chinois, et accompagné d'un commentaire tire des livres sanskrits et du Tao-te-King de Lao-Tseu; établissant la conformité de certaines opinions philosophiques de la Chine et de l'Inde, orné d'un dessein chinois; suivi de deux Oupanishads des Védas, avec le texte sanskrit et persan, Paris, 1831—Pauthier Guillaume》

言，如"痕第"语（Hindi）及"孟拉加"语，以及英语。并出其家资印刷。其英文译本之总集，于1832年出版于伦敦，分为二卷，而殿于其散译《吠陀》篇章之后。是为英文译本之始。

斯时又十九世纪中叶矣。欧西各国收集梵文典籍渐富。往往入其村落，窥其庙堂，招其塾师、庙祝而讯之，炫以银币，购其贝叶钞本，捆载而去，于是经典等渐彰明于世，有矜为秘笈者以相夸耀，而名学者亦渐出焉。英之穆勒（F. Max Mueller），听雪林（Schelling）之讲于柏林（时在1844），其时多种梵本已为柏林之研究院所得（Chambers Collection）。穆勒遂抄写《奥义书》并注疏若干种，携归伦敦，译成十二种，初版发行于1879年，再版于1884年（Oxford, Clarendon Press）。穆勒于梵学明通，往往不免民族偏见，尝遭美国学者讥弹。（如W. D. Whitney: American Journal of Philosophy, 1886, H. C. Tolman: Art of Translating, 二卷合订本。纽约 Christian Literature Society, 1897出版。）然其译本至今为学林所重。其前有鲁耳（E. Roer）译本，亦自可观，出版于加尔各答，时在1853年。已收入《印度丛书》（Bib. Ind.）者。

进观德文译本，益斐如矣。三大国之海外政策，亦启其研究东方学术之竞争。其时德意志统一矣，国势方张，事事不肯后人。然梵学研究，环顾亦颇后人矣。由是急起直追，至今乃独为卓绝。时殆近十九世纪末叶，乃有米歇耳以初时之拉丁文译本三译而为德文（Franz Mischel: Das Oupnek'hat, Dresden），时在1882年。其次乃有杜森之《六十奥义书》，初版1897年。（Paul Deussen: Sechziz Up. des Veda; Brockhaus, Leipzig, 946 s. 二版1905年；三版1921年）。斯自梵文直译者，最为善本，而为此中文译本所藉为参考者也。至今研究进步矣，而其译犹屹为权威，亦无有撼之者。此中文译本于微细处往往有与之相异者，然皆微细也，未尝厚非，本不可厚非也。此又德文译本之始。

此世纪世界经两次大战矣，西方研究东方古学之风衰，求如开创时期之气魄庞大而成就丰多者，已不可得。而印度萎靡不自振其学，大率翻印前人之书，校刊不精，纸墨粗敝。盖集《百〇八奥义书》者三家，犹皆在上世纪之末。[1]然西方语文时时有散译单行者，如美国休谟（Hume）之《十三奥义书》，亦颇精彩。东方则日本尝聚梵文学者二十七人，译成《奥义书全集》都百十六种，分为九卷。1922—1924年东京出版（Tokyo, Sekai Bunko Kanko Kwai）。世之明通日文者，可读也。

抑此诸书之译成中文也，近则始于拙译之《伊莎书》与《由谁书》二种，并室利阿罗频多疏释，兼译者补注，由南印度发行，时在1957年，今并收入此《五十奥义书》集，而略其疏释。闻古有刘继庄之译，未见其单行本流行于世。又闻有汤用彤氏节译，惜未之见也。兹译出五十种，亦按《吠陀》而分隶焉。计属《黎俱》者二（1—2）；属《三曼》者三（3—5）；属《黑夜珠》者八（6—13）；属《白夜珠》者三（14—16）；属《阿他婆》者十（17—26）；又分属《瑜伽》道者十（27—36）；属出世道者七（37—43）；属湿婆道者四（44—47）；属毗师鲁道者三（48—50）。终焉。

虽然，请于翻译旨趣，更赘一言。窃谓此种著作，五印奉为

---

[1] 一、Subrahmanya Śastri 编
《108 Up.》，Madras 1883；1029页。

二、Śri Pitambara 编
《108 Up.》，Bombay 1895；868页。

三、K. Venkatakrisna Śastri
M. Ramachandra Śastri 合编
《108 Up.》，Madras 1896；893页。

宝典，吾国久已宜知。文化价值难量，象寄菁英稍见，其可以隶之《杂藏》，博我书林。原其文辞简古，时有晦涩，与后世经典梵文不同。贝叶传钞，历世不歇，讹夺衍文，间尝可见。且字少义丰，训释靡定；举凡文法，修辞，思想方式，在在与汉文相异，此出义庸或不渝，而精圆概难乎臻至也。顾吾国籀译天竺古典，权舆适自西元，名相可因，知闻已夙，传承有自，非如欧西近世始凿混沌。既历史负荷如此，自宜出以文言，使前后相望，流风一贯，绍先昆而不匮，开后学以无惭，初不必求售一时，取重当世。自惟较之内典之诘屈聱牙者，尚远过明朗通畅。以其本非甚深奥义，亦必不肯故为深奥之辞也。梵澄中年去国，皓首还乡。值景运之方新，睹百花之齐放。念凡此所存旧稿，庸或不无可观。爰付缮写，遂施剞劂。献诸明哲，所希教正。倘可悦诸心而研诸虑乎！未之尽者。

（时在1979年农历中秋　长沙徐梵澄序于北京）

《异学杂著》序

同异，异也。异同，同也。战国百家争鸣，坚白同异之辩作。秦兼并天下，儒者乃哆言大同，其说至今不衰。《易》曰："天下何思何虑？天下同归而殊途，一致而百虑。"夫同则一，异则多；同为本，异为末；同乃合，异乃分。一致，同也；百虑，异也。本一而末分，派衍云礽，此一之必为多，相异也。江汉朝宗于海，子夏、子游、子张，皆有圣人之一体，此多之归于一，相同也。同异之理得，乃有学术可言。古今时异，东西地异，种类物异，而为时为地为物一也。夫曰乐统同而礼辨异，是已，金石丝竹，其器异；宫、商、角、徵、羽，其声异，必多音繁会统而同之然后为乐也。若琴瑟专一，谁能听之？尊、卑、长、幼异序，吉、凶、军、宾、嘉异仪，一皆为之节文而归于善生也同。道术之为天下裂，固当在庖牺画卦之始。进化则区分别异，区分别异则科学方法也。学科分，分则多，多必各自独立为一家，立而专，专而精，精而至，至之极，观其会通为一而返乎同，文明灿然矣。古十二子各持其说，大略为六系，见非于荀子；荀与孟不相下而并称儒家。史迁序六家要旨，亦无甚轩轾于其间；后世汉学、宋学不相中，儒、释、道、耶、回多互相非，相互斥为异端，皆各自有立而自是其是者也。然其臻至极诣者，亦不相非相斥，知其异也，非是非优劣之谓也，不同而已。必也，言异非支离灭裂之异，言同非颠顶伈侗之同，各还其所是，各充其一家之学至尽，此乃真实社会主义科学精神，今世之所重，而后世之所必由也。梵澄无似，少学外文，长治西学。自华夏视之，异学之徒也。其居域外盖三十有七年，居域外不能无故国之思，所撰孔学，小学，及中土所传唯识之学，出以西文者，自欧西视之，又皆异学也。自惟皆条然不紊，各还其所是，类无所发明，未敢辄言会通谓达其同归也。迩者，二、三同志以其平生敝精力于象寄，多译他人之言，必欲观其所自撰者。于是搜集其历年自撰之文字，厘为一卷。问题名。沉吟少闲，蘧然曰："异学杂著"四字可矣。遂以名书。虽然，言异，亦有卓异、奇异、诡异、怪异诸义。而所撰皆平凡朴实，初无卓、奇、诡、怪之言。自非异人，亦非好异。此其所当辨者。

（1987年初冬序于北京）

《老子臆解》序

老子一书，自古为之注解者多矣。韩非而后，著名者无虑数十百家。其见于汉志者，如邻氏、徐氏、傅氏等之书早佚。至今存之河上公、王弼等数家注解，乃学人所熟知。近代欧西稍知此学，译者如林，英、法、德等文字皆有。而为博士论文者，又指不胜屈。凡此皆有专家为之著录，书目稍衰然矣。

建国以来，地不爱宝，鼎彝碑版，时出于山椒水涘。多历代学人梦想而未之见者。1973年，长沙马王堆汉墓中出老子帛书二种，尤为可贵，一篆一隶，皆西汉初年钞本，可谓学术史上之一大事，与汲冢竹书及孔壁古文之重要相若。既已有编印本发行矣，取以比勘通行诸本，见编次不同，字多通假，而大体无异。然帛本一字之殊，固宜珍若璆琳者也。综合观之，实堪叹美。在昔名注疏之仍多疵颣者，未有此西汉初元本故也，惜夫！

梵澄学殖浅薄，自愧读书不多。时值艰虞，遭家多难，自放于域外者，三十余年。以1979年归国，闻老子有帛书本，亟求得而读之，以惊以喜。遂就诸本斟酌，写成一定本，而亦未必定。越数年，以为说原文应是如此如彼，盖有其由，亦当说明之，遂就全部老子哲学为之解。文字既有拣择，句读稍异寻常，义理遂可批判。未肯全袭旧说，间亦稍出新裁，根据不丰，衹名臆解。

虽然，亦非造次而为之者。尝以谓俗儒诂经，道士宣教，多说废话。尤以倡儒、释、道三教合一者，挦扯牵合，遂成"同善社"之谈。而自来口义、语录、讲章之类，一发议论，策锋便起，徒快语言，羌无实义。凡此皆心所不以为然者，不敢效也。故每章撮其大意说之。疑难处释之，其原自明白无需解释者，略之。析理参以周易及先秦古说，不废庄子；偶见颇同西洋哲学者，标出之，意在点染以时代精神；无所发挥，非论老子哲学也。隶事，多取春秋传，间有取后世者，皆历史大事。音义多本之尔雅、诗序、说文等，以古字义解古文义，亦时有涣然冰释，恰然理顺者。要之，求以至简洁浅显之文字，解明书中之义理，恰如其分，适可而止。

（乙丑人日　徐梵澄序于北京）

跋旧作版画

鲁迅博物馆几位同志，从鲁迅先生昔日庋藏中，发现几幅版画，是我少年时在国外所制寄赠先生的。因此嘱我写几句话，他们想将其发表。

版画皆作于1930至1931年，算来颇有一些年岁了。我自己早已完全忘却了这回事。追记起一些往事，不免凄然伤怀。在艺术方面，我其实也曾有一些发端，但多未曾继续下去。最不成功的最是我所锲而不舍的，如数十年来所治之精神哲学。现在看来，版画之类，只算余事。虽是余事，亦有如重逢几十年不见的少年时的情人，感慨系之，不免徇诸同志之意，写一点能记起的事。

无庸说，鲁迅先生一生是惨淡的。而其有大造于民族之觉醒及新时代之开端，功烈无边，其文字力量之浩大，也许只有当年的反对党方有实际感觉。一九三几年我曾寄赠先生之诗，其中有云：

止酒惧无喜，大欢止稚子。
清秋海气深，高怀颇何似？
丹青谅销忧，文风标粹美，

　　　　　矫矫一代人，兀兀独隘几。……

是写当年之实情，非溢美。"丹青"却漫指绘画，则版画亦在其内。其所印《北平笺谱》，便是彩色套版画。版画包括木刻，而木刻艺术，是先生一手提倡的。以至有现代木刻之成就。成为专艺而风行，可观。

　　于是我又记起了周师母。会葬之间，我特殊晋见了师母。说了几句安慰的话之后，便说从此先生的"只字片纸"，皆不可失去了。师母毕竟是伟大的，一贯秉承先生的遗志奋斗，经历了多少风险，以至受难而遭电刑，也将先生的"只字片纸"保存了起来。外此，亦毋庸说，培成了海婴先生，能继父之志。古诗所谓"宜尔子孙绳绳兮！"周氏之有后，国人之所喜也。

　　这几张版画也由师母保存下来，我看了颇惭愧，因为不是什么好作品。因其是制赠一位导师的，算是依草附木，还有一点历史意义，舍此不论，专从艺术观点看，又算什么？我的性格乖张，是自知的，从来不喜依草附木，因老师而得名。自己的成就如何，自己是明白的，浪得浮名，至属无谓。尤其在创作方面，独立不倚，也算保持了知识上的诚实。

　　自来为鲁迅先生造像，或雕或塑或铜铸或木刻的似乎不少。我自己所作的一张，据说是所有木刻先生像之最初一张，却不是在木版上刻的。是刻在亚麻油毡版上（linoleum）。这是一种颇类硬橡皮的绿色版，通常三、四毫米厚，大小随意剪裁。着刀异常方便，它没有木的纹理，也没有坼裂或伸缩之弊。初治木刻者，多以此为练习材料，而印出效果却与木质版一般无二。而且价较木为廉。这几帧皆是以此材料制成。实际上木有多少种可刻，其间质地大有区辨，有甚工致之画，则宜利刀硬木，即古所谓"绣梓"，在梓木上刻画，有如用针绣绸。其刀，也有多种，或连柄钢铸，或用木杆而配刀头，有如西文写字笔装上一尖。通常也要创稿，用粉笔在绿色版上画好，再刻。刻好后用油墨滚印或平压印。纸张则宜用稍厚者。一次印刷可以多少张。

何以我治木刻？这是因为要研究技巧。当年我在海德贝格大学听艺术史课，选了一门版画课程，看到许多德国名艺术家的木刻画，如朵勒（Durer），荷拜因（Holbein）……诸人的传世之作，便想知道是如何制成的。当时大学无此课程，因为这是要研究技巧，乃由大学备函致该城的高等技术学校，为此中国学生特开一课，每星期六下午去学习二小时，头顶已秃的瓦德博（Wardburg）教授，自己是一位油画家，异常诚挚和蔼，高兴教这么一外国学生；在那学校的艺术工作室里，利用了一切工具，于是学习了一年。有一部分时间，费在木炭画上，是在粗纸上画模特儿，然后在纸上喷一层凝固液，使炭粉不落，不致因纸受磨擦而画面模糊。这是特开之课，没有另缴学费，材料一切取自工作室。似乎还有一两个同学，却不常到，环境很清静。

这其间未学石版画，因为其技术和国内的一样。艺术界也有以石版画而著名的，如斯列物渥格特（M.Slevogt）。似乎艺术佳作，不受工具的限制。铜镂又为版画之一大部门。通常用白蜡平铺在铜版上，再在蜡上刻画，然后将版浸入强酸，使其销蚀。过了相当的时候（久暂不定，视酸之强度及铜之纯度为转移。通常说铜其实是合金，有其百分比），用钳子取出，冲洗去蜡，则有蜡之处光平，作画之痕被蚀而显。再涂油墨铺纸压印，则非重压机不能。世界上有以铜镂画著名的，如列勃朗特（Rembrandt）。——大致凡欧洲画家，如作白描，则各种工具皆用。当然以油画为主，但线画皆所先学亦多擅长。我参观过这工技。自己学习，则只学了一种"冷针"，即用钢针在合金（多是锌）版上直接刻绘，不加酸蚀，再涂油墨。用机器压印。记得只作出一小幅，也寄给鲁迅先生了。

因为原意在研究技巧，未尝抱为艺术家之大志，未尝专意经营，未尝能分出必需的长时间。这几张试作，当然不成熟。刻鲁迅先生像，不必说，刻高尔基像，也是因崇拜其人。我曾读过他的小说的德文译本，共有精装三厚册，恐怕不是其作品之全部。试问文坛上有谁因痛心国事而以一铜管手枪自杀的呢？晚年领导全国文坛，大举办公，孳孳汲汲，也是致力于其民族以及全人类之觉醒，所以在其造像下写出一古诗，着重在这几句："老骥伏枥，志在千里，烈士暮年，壮心不已！"大概自托尔斯泰以后，俄国实出了不少天才作家，纯真，原始，所谓天民之秀者也。

其他所题之字，皆是胡闹。不知为何有一张《罐梨》，偏为先生所欣赏，来信说那张最好。或许因其朴拙，有点北欧的土气，再看不出其他理由。"百巧不如一拙"，朴拙在艺术中是有其地位的。又自标售价，其实每刻只印一、二纸，未曾出售什么，一张标半个马克，按当时汇率不到四角钱。另一张标价九千多马克，也是胡闹。并注有艺术家亲笔签名。意思是所以可贵了。先生也知其为对当时艺术界开玩笑的。中外一样，艺术品非普通商品，不甚有售价标准可立。有署名"风笠"的，未尝有什么寓意。是随手撰一笔名，如写完一篇杂文后之所为。

所可说的，大致止此。我从来不去记已往之事，已往之事只归结到四字曰"不堪回首"。记起只增感怆，无益。博物馆将这些旧作翻出来，又使我出此一丑，我也不反对。但这时忽然触起了平时萦心的一点小小问题，提出来向专家请教：

自从照相术发明以来，发展到彩色摄影，绘事上画肖像的机会减少了。塑像也可利用几张照片用机械制成。在某种意义上说，造肖像已失去其传统的重要性，艺事市场为新工技所夺。油画，水墨，版画肖像，比照相经久，照相至今尚没有经数十年不变者。姑且舍这些物质上的优点不论，只说木刻在艺术上的制作，将求其惟妙惟肖同于照相而止呢？或且将异，则所当异于照相者何在？——于是必有答者作出各种答案，或者会说，将充分利用且发挥工具之特长，只抓住形貌上几处要点，将对象的——在木刻这里是鲁迅的——精神形态表现出，可成佳作，则惟妙惟肖犹落入次要，不能止于此。

于这一说姑且不作评判，"舍貌取神"也是古说，通常是形貌尚犹未得，何况于神！随即就此又生出一问：是作鲁迅像木刻，将鲁迅的精神融入其形貌了，这时有没有作者呢？这便是说：这幅作品，是能一见使人知道是谁作的吗？——这便依原作者常时的作风有定，且为人惯见熟知，有以异于其他作家者。例如陶元庆昔年作了一幅鲁迅像，将鲁迅的精神形貌成功地表达到相当的高度了，凡人一见，已识为鲁迅之像，是陶元庆之笔。作风有定，未必优胜，有定而已，这必异乎照相之纯摄取自然。

倘若这两方面皆达到了，既表现对象之精神，又出之以自有的作风，问题便有程度之不同，问达到什么限度了，乃定作品之高下。其在画面上如何将此二者融合，正是艺术家的才能或技巧所达的问题。但根本问题仍是，如何摄取或体会到鲁迅精神？今之青年，多未曾见过鲁迅，只从照片或塑雕等得识，这是其生也晚，倘为木刻，与曾亲眼见过一面留有甚深印象者不同。孔子学琴，久之从曲中见到了作者的面貌，那不是神话或附会之说。这对造形已有所认识，与那徒凭所弹奏而想象者较易。大致只答"用志不纷，乃凝于神"，由读其书，知其世，长时心领神会，久亦可仿佛取像，如见其人。那时甚至感到木刻之类微末不足道了，乃正是可移写上木版而雕刻之时。

（1989年5月）

《周天集》译者序

世界文明进步，大体得归功于古巴比伦。分圆周为三百六十度，是古巴比伦人的创制。至今数学上仍沿用。每年分三百六十五日而有余分，自此也奠定了历法的基础。古玛雅之历法最精，但是否曾普及全世界呢，要待考证了。

这一本小册子，也分三百六十多条。每条是精炼简短之言，摘自室利阿罗频多（Sri Aurobindo, 1872—1950）的著作。室利阿罗频多是当代印度一位精神哲学大师，平生著作丰富。在其百年诞生纪念时，已出版三十巨册。而《周天集》，原来却没有这么一本书。这是其弟子所采集的，录在日记本的页顶上，这种日记本非卖品，只备从学者每日研玩一条。译者在室利阿罗频多学院里留居二十八年，曾得到这日记本，便将其从英文译成了华文，因其备阅读一年，独成一小册子，代拟了这书名曰《周天集》。

自阿罗频多的超心思哲学行世以后，凡英语通行之国皆有所接受，研讨，因为原著纯为英语。渐渐法文、德文皆有了译本。世界名都大邑亦成立了好几处研究中心、学会之类。其主要著作如《神圣人生论》及《瑜伽论》等，在西方名大学中多列为哲学系之必读书。在我国近年来已有华文译本出现，三十多年前已有其"事略"之类，流传于香港及南洋一带了。当时推之为"西方三圣"之一；余二，一为甘地（Mahatma Gandhi），政治家；一为泰戈尔（R. Tagore），诗人，文采事功，并皆昭著，独此一"圣"不甚为世所知。近年来其书稍出，研究的人多起来了。而议论亦颇不定。

最大一事在大师平生颇招物议者，是其在革命运动中退出了。这事与其修瑜伽有关，这里略为检讨一下：

室利阿罗频多，自幼在英国受教育，长大。二十一岁时回国，开始研究本土文化，渐渐参加独立运动。到三十四岁已为名教授而被推为大学校长；到三十六岁已为秘密结社之魁首，主持暴动暗杀等事。同年其秘密结社败露被捕，入狱一年，诉讼获释。获释后仍继续其爱国运动，但得讯又将被逮捕了。于是间关抵达南印度之一海滨埠头，名"捧地舍里"（Pondicherry），当时为法国属地，英国势力之所不及，时正三十八岁（1910）。从此隐居著述，凡四十年，以至示寂，未离该地。——其平生史事简括如此。

当其逃到法国属地之时，从爱国运动者的立场看，是领袖在共同艰苦奋斗中离弃我们了，不异于兵士之临阵脱逃。这是苟且偷生，即无以对身殉革命之先烈，亦无以诏示后起革命之人。那么，我们只能认其为落伍了，至少亦不认其为革命导师。

然则，当时阿罗频多应如何方免此咎责呢？——应当不避艰险，继续奋斗，事或不成，死之！那么方与其结党宣誓时之初心一贯，不愧为一英雄，烈士。倘煌煌功业具在，不愧为开国元勋。

这段史事的若干详情与当时环境如普遍思潮及民众情绪等等，去今已近八十年，耆献早已凋零，历史文件难考，很难作出详细报告了。但大致上面所记的，正确不诬。

自来革命家之逃难，脱险，亡命（"命"即是"名"，即改名换姓），流浪，是常情。在甘地，则入狱，出狱，再入，再出，以至多入，多出，几乎使拘禁失去意义了。革命家在流离颠沛中，即不能说其为贪生怕死；在阿罗频多，本人是一革命领袖，自有其进退指挥之力。倘其认为时机不当，或不需要本人指挥了，自然也应当进退自如。或者认为已往政策有误，循旧轨而前进无益，亦应自起改弦更张，又不可与士兵之临阵脱逃同日而语。——大致凡矢心革命者，早已置个人生死于度外，唯有其大业在心目中。死而有益于革命也，死之；生而有益于革命也，不死。生死之宜，取决于其对环境时机之判断，及其理想之所向，意志之所定。古之所谓"召忽之死，贤于其生也；管仲之生，贤于其死也。"也正是这道理。

一自阿罗频多退隐，是不是放弃了革命或背叛了祖国呢？——当年是未直接指挥暴动暗杀了，不更在自己家里装配炸弹了，但其与大革命运动，在精神上仍未尝一刻分离；虽居法国的属地，在物质上也未尝一刻脱出政府的秘密监视，英政府的，与法政府的密探，无日不在近旁活动。阿罗频多未为所动。而其从旁观地位预料国事之得失，无一不中。

主要一事：是他早已见到印度必然独立。有革命党人来见他，他愿意收为他的弟子，同他学修瑜伽，该弟子甚迟疑于其革命尚未成就，他向该党人说："我向你保证革命必然成功好不好呢？"——意思是说无须他参加了。那人便皈依他为弟子。这是他隐居后初年的事。客观看，这是降伏了一只老虎，免了许多人的祸害及其人自身的灭亡。该弟子后下也没有什么大成就，六十四五岁便死去了。生前却已见到本师预言之实现。

大师平生反对人说预言，以为这是人性上的弱点。然他自己所说多中，却不是故意为之。在第一次欧战时有些逃到捧地舍里的革命志士想出山了，他劝阻之，无效，皆一离该地，到英治下之印度后，随即被拘，一一监禁了四年，直到欧战结束。第二次欧战时，有革命志士鲍斯（Bose），要联络轴心国攻英，因而求印度之独立，他极力反对这策略，不听。其后果败，鲍斯于战时飞日本，机坠身焚。印度独立之前夕，他又作了一桩自称为"无愿望之行事"，派了一位大弟子，往新德里向国大党人进说，劝接受英之"克里蒲斯"和缓之独立方案，诸人不听。倘使能听用其说呢，必不致因突然一解放而起印回两派之分裂而互相屠杀，以致甘地亦因此殉命。此之谓"失计"，未能听用老成谋国之言。

总之，他虽在危难时脱离革命的秘密运动了，仍然时时系心祖国，谋求其独立的初衷无变。已是自觉用旧的暴动和暗杀政策无功，有另取较迂缓之路的必要。这亦复是有自知之明，知道自己对祖国以至对人类的贡献另有所在，价值更高，当自珍惜。设若他未曾逃脱，或竟至轻身殉国，那么必未能有此后四十年之创造；可说一手将整个印度民族提高了，使全世界认识此民族尚有此学术思想，尚有此人！

这便使人联想到泰戈尔。相传有这么一个小故事。诸革命党人想招致这位诗人入党了，其时诗人已负重名。有一次几人和他一同在路上步行，遇到一处泥泞，泰戈尔提起了雪白腰围长布的边缘，迟回谨慎绕转一些路，方才走过。同行者观人于微，对他有了解，觉得此士不能参加革命行动，只好让他去作诗。——诚然，人各有所能、有所不能，贵自知。泰戈尔发抒其民族之诗声，其光荣亦即印度民族之光荣，贡献岂可谓小？泰戈尔有《敬拜室利阿罗频多》一诗，是当他公开领导全国革命运动的盛期写的。室利阿罗频多也有《萨未致》（"太阳神"之名）一卷长诗行世，结构弘大，是《罗摩传》类型的巨制。还有若干首短篇。以诗学、诗功而论，与泰戈尔是齐等的。却未尝专以诗鸣世。

自来革命志士中途退出斗争行列之后，多是消极、颓唐，或至潦倒而死。在室利阿罗频多不然。一自退隐，未尝失去对革命的信心，仍在另一方面努力工作，从事精神建设。起初逃到捧地舍里后，生活是异常艰苦的。后下又有几个革命时的青年从者寻来依他，要养活他们。于是乎立"阿施蓝"（Ashram），即可谓"私塾"，——这是这名词的本义。在规模较大人数众多者，亦略同于"书院"或"学院"，但来归之弟子，多是倾全家而来，所以只好译为"修道院"。——教弟子修为之余，自己努力工作。一件重要工作便是办杂志。从1914年起，办了八年，是个人刊物，每月六十四页，一手写成。这便是诸多著作的由来。同年从法国来了一位精神成就者，即密拉氏（Mira），资助"阿施蓝"许多金钱；渐渐主持修院一切工作，即著名之"神圣母亲"。直到1926年，大师更进一步退隐了。其时正五十四岁。独居一楼，一以院务托之"圣母"。凡人皆不得见。得见每年有四次。皆是来者鱼贯上楼，在他面前走过一下，或者一合掌致敬而退。凡有疑问，皆书面答复。如是直至1950年示寂，入殓归土，方可谓下了楼。

修院扩大，常日居院者，到晚年已二千数百人，短期来来去去者不计。这时当年一些老同志，也在其见人的日子来谒见了。有某老战友低头一礼，眼睛不敢望他，随众走过了，心里还是不忘此领袖当年在危难中离开了他们，然睹其当前的成就如此，亦复爽然自失了。

室利阿罗频多在全世界被称为"精神大师"，这名称在我国古代无有。代之者，"圣人"，或"贤人"，或"哲人"，这些名词常用。那么，称之为近世"西方三圣"之一，亦无不当之处。其精神修为，始于三十二岁，正在革命运动高潮。其修为是经过印度本土老师指点的,即所谓修瑜伽术。主要是静坐,在早上静坐三小时,在傍晚静坐二小时,辅以调心制气诸术。修为似颇得法,神思大朗,半小时可写诗二百行,灵感奔注笔端,沛然不可止。记忆力大增,体魄亦健,皆是未修瑜伽前所不能的。然这番修习未支持很久,因革命事太繁多,无此暇日。直到三十六岁,再从一瑜伽师名李黎(Lele)重新起始,又修了四个月,李黎别去,认为从此无需他的指教了。室利阿罗频多遂独自修为。从此有了若干经验和证悟,旁人无从知道。然五印度渐渐传遍,室利阿罗频多,在瑜伽上有了成就,现示过若干奇迹。……

关于静坐修为,晚年答弟子的信中,说据他自己的经验,没有什么大益处。他能得灵感迅速写诗之后不久,亦大病一场,疗养了好几个月方得痊愈。——在他自己所办的修院里,并不教人静坐。每日傍晚院友共同作柔软体操二十分钟,倒是常轨。体操后熄灯静立五分钟然后散会。静坐每星期有两次晚会,皆是听一阵音乐之后,大家静坐十五分钟而已。参加或不参加,随人的便。——静固生明,终亦因人而异;"不如学也"。这是主旨。倘是求神通,或想得到什么身体上的好处,则起步便错。那样的静坐准会出毛病。

于今印度的瑜伽师,在都市里几乎满街都是,有些散布到国外南洋一带或甚至美洲,有的自命为"精神大师",号召徒众。大多身着黄衫,肆行黑法,惑众欺愚,招摇撞骗,好在这现象在中国都市中尚没有。因为室利阿罗频多修院渐负盛名,此"圣"本身即一大瑜伽师,而其国际教育中心,又有一华文组,属研究院,译者当时主持其事,便时复接到南洋侨胞的来信,说怎样从某印度瑜伽师修为,身体上出了毛病,请示救疗之法。译者将来信详细译出,找真实深于此道的人商量,皆是一无办法。譬如美好的玻璃器或瓷器打破了,无从补缀。精神受了损伤,害及肉体，终身不救。此外亲眼见知者，一位瑞典女士，修为未得其法，完全疯了，后被送回国，不知怎样。两位美国女士，其一病发而死，与瑜伽修为有关。另一位，也完全疯了。——这位女士风度翩翩，在译者主持一所谓"中国历史、文物、图片展览会"时，是一得力的助手。——她的父亲将她带回美国，由美国医生治好了，但其在印度一段历史，在脑经里全是一空白。此外所闻知的，在书上读到的，还颇有几位男士，皆是因修瑜伽而得了精神病，或发狂致死。说者或归咎于遗传，是先天的染色素中的缺陷。但其家世既未保存任何病历，亦难谓其与修瑜伽无关。理论上是有些人身的隐患痼疾，可以修瑜伽而治好。要之，瑜伽是条危险路。

这些事，在大师必然是明白的。深知倘修为不得其法，病害多端。于是将各个系统分别研究，一一将其真价值估定，而成其"综合瑜伽"之论。（全书四巨册，皆已译出，三部早在印度出版，第四部最近由商务馆出版。）在旧的智识，敬爱，行业三大系瑜伽中，特重"行业"，要工作，无论高低，由工作即"行业"而见道，空心静坐不为功。而特表"超心思瑜伽"，是至极向上一路的契入。即与宇宙间至真至上者合契。视整个人生为瑜伽，则其范畴之广大可知已。

客观论之，大师的事业，其转化人生或个人或集体的工作成功到什么地步，非浅学所知。因为这是精神实践之学，功效可奇巨而不显。以信徒之多寡更不足为量。下里巴人之和者多，不足以表其曲之高之雅。其显然可见者，乃是真所谓等身著作。著作之价值不朽，宜乎传世，则举世自有公论，而此论早定。即以目前这一小册子而论，皆是一点一滴。譬由管中窥豹，可见一斑。此一斑虽小，而全豹之文炳蔚可观了。

这一小册子简便易读，与高文大册不同。谓瑜伽既摄人生之全，则人间之重要事皆所涉及。无论称之为格言、或箴言、或名言、或片言、或寸铁、或散策，一一涵义皆异常丰富。虽出自大师之心裁，然亦是东西方文教菁华之采集。如元旦一语便源出尼采。其"超心思"一名词之立，亦远托尼采之"超人"。其关于艺术，伦理，性灵，美，爱，乐，自由，和平……诸说，并非一概独创，而是多依傍前修。读者随意掇拾一条，是可供久久玩味的。三百六十余条中有一、二条能被读者欣赏，有会于心，则译者感觉迻译的功夫没有白费。还有两点是当在书端说明的，或有助于了解。即一：瑜伽与宗教是迥乎不同的两回事。二：室利阿罗频多反对"绝食"，甚以甘地之以绝食为政治斗争的手段为不然。在这一点上此"二圣人"之意见不同。至若其他谋印度之独立及个人或集体之觉悟或知觉性之提高，在此"二圣"以至"三圣"皆树之为鹄的无异。三人皆彼此互相尊敬，甘地曾盛赞修院的工作，未尝于阿罗频多之退隐稍存芥蒂，这皆是确实有据的。

末了，还有关于这《续集》的几句话：

这集子出版时，加了一《续集》，乃是徇编辑先生之请。如实这样还可联缀下去，一续，二续，三续，四续，……但译者感觉不必那样做。因为《综合瑜伽论》四部，皆已出版齐全。还有《瑜伽的基础》，并《瑜伽书札集》，皆已在三十余年前问世。至若《神圣人生论》，阿罗频多自许为其平生巨制（magnum opus）者，亦已由商务馆在北京出版（1984）。他如《社会进化论》，华文译本行世亦在三十年前。然则倘无新的主要启示，再从诸书中提出简言，加以缀集，似乎没有必要了。何况可作的事还多。尚有"述"而非"译"的《薄伽梵歌论》，是室利阿罗频多五大部著作之一，正计划出版。《书札》至少还可译出两巨册。其另一长故事诗《太阳神》（音翻"萨未致"），早已入乎世界经典文学名著之列，华文尚无译本，翻译之工程浩大，只合俟之来哲。

这《续集》中有些是"神圣母亲"的话，即法国院母密拉氏所说，未於其中析出。前后编者非一人，见仁见智，各有不同。然二氏之主旨是一，所以不必分辨。《母亲的话》华文译本已出四辑，尚有第五辑未出，至第五辑乃全。

（1990年6月徐梵澄校毕附志）

《佛教密宗真言义释》序

佛教密宗，在唐末宋初，在吾华颇盛。其流入日本者，谓之"东密"；其入西藏者，通称"藏密"。而西藏亦多自印度直接传入者，故至今犹存。此宗特色，在念诵咒语，即所谓"真言"。大抵师弟秘传，念其文句而已，不求其义。然原作此咒语者，固取名、句、文章之意义也。此书从梵本原文及华文古代音翻，求出本意。所冀此秘密传授口中念念有词之真相，或可大白于世。中间涉及印度之"声明"或"声学"。所论及者亦广。

一

宇宙人生之真理，无限际，不可量。自文明开化之初至现代，人类所已知者，皆有限，微末，不能与其所未知者相拟。正因此，前途可开发之地域无穷，而人类文明之进化无已。通常遇到思智已穷之域，我们称之曰"不可思议"。"不可思议"固然是真实然也是遁辞，必使今之认为不可思议者将来化为可思议，乃是文明进化的原则。于是人类尽其所能向前奋斗，迈进，亦无已时。

人生观非宇宙观不立。人类是自然界之一物，至今未能征服自然；自然，古谓之"天"；他至多能做到"先天而天弗违，后天而奉天时"。即是观察到自然界许多规律，依此而作出一些有利于人生之事。在此大自然之"天"中，由历史经验，自来抽绎出了两大生命原则：一是求存在或生存，一是求嗣续或后代。两原则合并为一，成就了他的本能，即是其自我之求占据空间和时间。在进化之始，求存在必为多体，为集体。即使是求嗣续之本能，也托基于多体。在旧石器时代或其前，人已是社会动物，必合群，然后能生存。多体间必有情识之相通，于是发展了其相通之工具。工具非一，分析到本源，则一属声，一属形。一诉之耳，一诉之目。鸟、兽、虫、鱼皆是如此。虫类如蚂蚁，似乎还藉有触识以传通其知识，则仍可归于形的范围之内。鱼类在水中发出许多声响，皆有关其生存与繁殖，尚未为科学所尽知，则亦是诉之于耳。鸟兽之以羽毛之美丽相眩，以鸣声之和谐相求，终归是依乎耳与目。这其间尚有一优生原则，亦属大自然之机巧，兹不具论。

在人，从来未脱出大自然的支配，自有其自体保存与自类保存的本能，其相互依存发展了群性。以人与人之间的交通而论，当然是语言。语言，是若干简朴发声发展出的结果。文字，是发声的符号或记录，其发展远在其后。少数民族的文字制作，如藏文、满文等，皆近古之事。超出文字语言的范围，人与人之间的情识仍可有相通之工具，则是手势或其他表情，如聋哑人之手语，或盲人的触语。是最近代文明的产物。

以一般进化通例而言，简朴者在前，复杂者居后。如陶在瓷先，铁居铜后，皆有实物可证。由是可以略略窥见初民简单生活的情形。但因为声音不住，我们无法说明人类最初的语言何似。以初民生活而论，穴居野处，鸟兽同群，则似乎必是呼号警发在初，命令传达居次。如飞鸟，如鸣雁或乌鸦，若敌类临近了，则大鸣警告其群。这是日常可见的。推之初民在野蛮时代不异。若瞥见有野兽如狮子或老虎在草间潜动，必即时奋起，手持武器，准备大猎。或者敌人部落来侵，则即时警戒，群起抵抗。许多呼号，皆属表情，用在恫吓，或者降服。是在呼号警发中可假定人类语言的起源。发为男女之间之歌唱，如鸟之雌雄和鸣，似犹是脱出了野蛮游牧时代而在初期农业社会之后。

语言，当然是属于"有情声"，与自然界之"无情声"如风声水声不同。然"情"或某情与"声"或某声间之关系，这方面的研究至今甚少。语言学或比较语言学，通常不涉及这有关心理学方面的事。比较语言学——虽近几十年又大为学者所诟病——或者从几种语言中归纳出少数共通之元音，或几条亚利安语言上之变化通则，但成就也未尝弘大，它不处理这方面严格说来是语言哲学的问题。发声关系到物理和生理，有情则直接心理，而稍欲探源则牵涉到人类学与社会学。这换一立足点观察，又是一"能力"的问题，生命力是否影响物质，倘是，又如何又到什么程度等……如颂赞或祷告则在宗教领域以内了。总之，这主题的范围广大得很，可开发的新园地不少。

大致如今要研究语言学的，作一部分实地调查工作，也属通常研究范围。如今可用的工具如录音机，的确是方便了。倘到非洲土人中各部落采访，自然可得到某些成果，如绘制方言区域图等。除此之外，这里有一大宗材料可供研究的，便是印度的密乘真言，如下所出。其中保存了最古的人类语言传统。倘若说表情也是意义呢，则正含有丰富的意义。

二

字母，即是音符，全世界可考之最古者，说者谓始于腓尼基人，在地中海东隅，今之叙利亚和黎巴嫩之西。这滨海一带居民在海上各岛各岸作贸易，起始用符号记账，渐渐形成了一系音符即一列字母以及数字。时属西方之上古世，此后衍出了若干系语文，不必论。但世界上有一套最成科学系统的语文，成就的时代在后，最精详，世无其二，便是梵文，即古亚利安人之雅语。梵文中音符或字母，分汇精详，子音依喉腭舌齿唇，分刚分柔，非任何其他语文可及。而其中有些音，在非印度人极难听明或发出，古史家已言。如今之 A、B、C、D 等近代语，有些音不能表出，（为此之故，有近代思想家主张增添字母；但时代趋势总是由繁向简，不是求繁，所以不曾成功，而改革者的注意力又多转到世界语上了）亦无系统可讲。在梵文中有早制定有一部精详的文法，得归功于巴你尼（Panini）。巴你尼生当公元前四世纪，是东西方文明皆已大发展之后。其前，尚有七、八文法学者，但其书不传。——总之，声形分说，重声的一系统拼音文字，在东方以梵文为首出。

我们读一部古书，《书经》，其中有这样的话，"东渐于海，西被于流沙，朔南暨声教，讫于四海。"——于此始见"声教"一辞。窃思此所谓"声教"，即以声音为教之地，可与"文教"对举。汉代人传统解此语又不同，则以之属中国。如言"欲与声教则治之，不欲与者不强治也"（见《汉书》）。但汉人从来是讲"东夷，西戎，南蛮，北狄"，一例视之为野蛮人，不许以有何教化，而声明文物之教，全出自中国。或者非《禹贡》篇中这话的古谊。——无论怎样，姑立此为一"术语"，在学术研究范围内是可许的。正如"印度亚利安语",原没有此一实际之语言,而是研究上所拟定的,有其例证,订其通则,则可立。

华夏自古为"文教"之国,而印度及南洋一带可称为"声教"之区。古代之交通自不能如现代之便,但边区如非高山大河为界,很难说其绝不相通,必然彼此即此民族或部落与彼民族或部落之间,有相当的认识和了解。我国之始造书契,画八卦,视而可识,察而见意,是诉之于眼目,是文。文之较优胜处,便是可较广大普及,知识亦较易传之于后,换言之,是克服时间,由其记录之存于空间。"声教"则全赖口传,倘不加以文字记录,则易灭没,数传之后,其学逐绝。非是说"声教"绝不用文,而"文教"绝不用声。区别在于其所着重者异。其所表征以成其特色者异。推之,亦有其物质环境之异为其相异之由。

古之人,实在大大费了一番苦心,要保存其知识之永传于后。这里姑举一事以明古印度人如何要保存其当时之声诗即音读之久传于世而毋讹:

我们知道印度有惟一最古老的经典,即《黎俱韦陀》,是一部颂赞多个天神的诗集。最初只有诗人口诵,由祭司口传,后来经过若干年汇为"总集"了,便随之制作了几种读本。——这以华文为例作一解释较易明白。假定开篇初四字为"天地玄黄",这是"句读本"。辅之者,则有"进读本"(Krama-patha),一起一落,一字两见,则作"天地,地玄,玄黄……"另有"交织本"(Jata-patha),一字再三见,作"天地,地天,天地;地玄,玄地,地玄……"再有"密集本"(Ghana-patha),更复杂,作"天地,地天;天地玄,玄地天,天地玄;地玄,玄地,地玄黄,……"字句同一,而唱诵之法不同,则必无字句讹衍颠倒错乱之失,多本互参,原作的真姿保存下来了。

文字之变或说书法之变,如我国之甲骨文、籀、大小篆、隶、草、真、行等，历历可寻，因其"形"犹在。语音随以太消逝，无其显著之迹存留，则"声"读之变，难于考证。但上世纪末至本世纪初叶，经过许多欧西学者的努力，寻出了几条声音转变之通则，辅之以音标，参之以俗读，根据后起诸书诸注，及以上所说各本，最原始的这一部颂诗的读唱，假定是竟可恢复两千多年前的正声了。这可算其"声教"之主体。而梵文字体之变化，自古亦复甚大，稍古的"梵寐书"，"佉卢体"等，虽贝叶上常见，也殊异于今所通行之"天城体"，学者得从头一字母一字母学习。

细思古印度民族何以重声教，从自然环境或社会生态学着眼，亦可推想出一点原由。印度自其地理位置观，处于亚热带，真是得天独厚。气候常年温暖，动植物皆易繁荣。如今之南印度的农田，一年可三次种稻。土地稍旷开辟，即成丛莽，亦是从古如此。至今仍多有林居者，婆罗门老了也有一林居期。居森林中的野蛮人，生活不甚安全，要防野禽之掠，猛兽之袭，虫蛇之侵。其间树木蔽亏，望不能远，只能用耳，听有何者袭来。若干代若干世这么生活下去，耳识以久用而精，遗传之官能增利，遂能发难发之音，闻难闻之声。总之得归咎或归功于气候之过暖，不宜于稍多的体力劳动。人民的时间精力自然趋于内转，不劳体而劳心，这也助成其发展了所谓"内学"。在炽烈的太阳光中，人情总是喜好阴凉，在黑暗中幻想出许多鬼神，虚构出许多龙、蛇的神话。因此发展了许多宗教。甚至在其音乐中，也着重冷声，闷鼓……诸如此类。

三

"声教"与"文教"可以区别，有如上述。"文教"甚依于物质，凭藉思智，较复杂，也较永久。重人为。"声教"更接近自然。"声成文，谓之音"。竟可说"文"是一艺术原则了。其间情感居首，思智居次。例如歌唱，重在表情，这其间用不着深沉思想。初民发展了语言之后，大致诗歌先起，属群体，多表情。男女青年唱歌表示相爱，老人死后他人唱挽歌表示悲哀。多有韵有律。散文无韵无律者后起。我们通常总说"文明"、"文化"、"文章"等，可见文之道之广大。热带人还有"文身"之俗，包括以彩色点染或涂抹前额，亦是有其邃古之渊源，将身体涂上种种颜色了，入山则鸟兽惊怖，入水则鲨鳄潜形，超出自然环境为一非常可怪之相，亦所以保存其自我。后世发展为部落和教派的标志，则已忘却其初原作用了。

我们如今研究密乘，密乘摄身密、语密、意密三事。意密即观想，语密即念诵真言或咒语，身密即作契印，作何种坐式、跪式或手式，手式入乎符号学（Semiology）范围。真言便涉及"声明"，朴素的语言学，因为其中包含了大宗上古的语言传统。观想则属瑜伽学。瑜伽学当属深邃的心理学，但近代欧美心理学尚未将其充分采纳。三者以真言为密乘之主体或说实质，最富于宗教学上的研究材料。其所立之主旨，是"声从于字出，字生于真言，真言成立果"。[①]——此说是否正确，姑且不论。总归这是密乘人士的信仰。可谓真言被认为原始之声，因而生字，再生字之声。

佛乘之法相宗推理，运用因明，其最常举出的宗、因、喻三支之一量，便是：

声是无常，（宗）
所作性故，（因）

[①] 见《大日经百字真言法品第二十二》。

如瓶。（喻）

这是不待立量亦可知的常识，声发后即消逝，无由长驻，可以说是"无常"。"瓶"大致是指陶土制成，制成出于人工劳力——"勤勇无间所发"，即劳动生产，但碰之则破。所以喻其无常。"有情声"也是要由机体的发音器官发出，谓之"所作"，不作则无声。非是作与不作皆常在。

这一量之喻，不是无可论的。说声既如瓶，必如瓶之可见，若非如瓶可见，则不能如瓶之无常。同由劳动生产，即"勤勇无间所发"，诚然。但由此而生产者，性质多有不同，如瓶盆坚硬，布帛柔软，皆是"所作"。声与瓶同为"所作"，不必同如瓶之无常。进者，如说声如瓶，亦可说瓶如声，则瓶之品位不定，如声。……这类争执多有。由此因明学——不限于佛教之因明——中有"喻不可过量"之禁。

于此有一事当明，即这类讨论或争辩，归根结底，仍是信仰之不同。这不同于纯客观之寻求真理，不同于近世之物理学或纯思辨哲学。佛教是宣扬"诸行无常"的，这是其法印之一，将此印印在"声"上，亦顺理成章。古婆罗门教信仰天神，依四韦陀而主体是黎俱韦陀，由之衍出了"声生论"与"声显论"二者。不以瓶为喻，而以空为喻，如说：声常，无分（遍在）性故，如空，亦自成其说。说声，当然限于人类之言语声。此声之性，说为本来实有，常住。诸缘凑泊，显为名、句、文身，名、句、文身说出为无常，而声性是常。此之谓"声显论"。谓诸缘凑泊，发为句、名、文身，发生后即常住不灭，则成其为"声生论"。基本信仰在于黎俱，认其为梵王（即最高婆罗门天神）之声。表诸法实义，故为常。其他不契诸法实义，则为非常。黎俱非人所制作，实是天神之所为，至今仍为婆罗门的信仰。"声明"Sabda-vidya说韦陀之声，为能诠定量表诠诸法，诸法楷量，故是常住。所说是非皆决定故。余非楷量，故不是常。设有少言于法多不实者，亦名非常。

这便牵涉到语言之为"量"的问题，黎俱之言是否有永恒性、有效性。这又是争论不休的问题。韦陀之终教或韦檀多学派，谓声音之知，表义，如说某人是张三或李四，这是由声音之直知，则当入现量一类。胜论学派，较早，先于佛，不承认"声量"为独立一量，但许韦陀之有效性。因明学派则承认"声量"可独立，为有效，如韦陀之言，圣人、见士、专家之言，则为有效。主要是弥曼萨派，与胜论立异，承认韦陀之自体有效性和永恒性，因此承认声之为常。它是直接出自韦陀之一学派，所祀者多神，所重者仪法，仪法中之诵赞为最关重要之一项，无论高声唱诵，或低念祝祷，皆能发生效果，即暗许其声音中有能力存在。

于此，我们可比勘密乘的"真言"了。若是从韦陀教之背景研究真言，则许多问题不难迎刃而解。只是信仰佛教者或奉行密宗者，不肯从这方面着手，那么，其视景未免隘限了。古印度亚利安民族，重声教，直接从这传统源出，便是念咒；中国是文教之国，不念咒而画符，也是自古已然。分异仍在于一诉之耳识，一诉之眼识，如前说。密乘采纳韦陀教之信仰，自然也应许声常了，虽然未有明文，岂不与佛教因明所举相矛盾？它有脱出这矛盾诘难之法，后下讨论。它信仰声音中有能力，以其真言警觉天神，斥退魔鬼，寝息灾难，招引爱好……皆是直承古婆罗门教的传统。但以制作而论，真言远比不上黎俱诗颂。黎俱究竟是上古见道之士即"见士"和诗人所作，与中古之佛教徒不同。有格律音调等可说，无怪乎其被视为民族之宝典；真言偶尔有韵，其他诗颂方面之事，皆无可说。其所谓"声从于字出，字生于真言"。这"真言"是其所谓"种子声"，是简单之呼号、惊叹等声，竟可追溯到初民时代。

四

"真言",或"咒语",音翻"曼特罗","满怛罗"等。原字为 mantra,名词。(mantrayitum,动词,第三人称 mantrayate,有时亦作 mantrayati——"他念咒"。)亦有"谋议"、"忖度"……等义。〔菩提三藏(菩提留支)云:漫怛罗是密语也。西方若二人别语,更有人来,即相简别。或有人见彼别语,云:勿往于他密语,此名漫怛罗也。〕求其古意则为"祷词"。这分有节律与无节律二汇。前者是诗颂,当高声唱诵的,黎俱诗颂皆是。若夜珠之散文,则或高声或低声念出。如是,朗诵,唱赞,念出,不论属韦陀教或后起之密乘之"曼特罗",皆口口相传,一代一代保存下来了。

不容混淆者,"曼陀罗","满荼罗","漫怛罗","蔓陀罗"、"曼拏罗"、"曼荼罗",原文是 mandala,另是一字,义为"圆坛"或"道场",是修密法的场所,古代自汉至唐,以华文字翻译外文音,从来未曾标准化。译者各自为政,与现代同。甚至同一译师,前后出同一外国字音,也用字不同(这在一行疏《大日经》中数见)。大致学密乘者,先学梵文,较少困难。

"真言"即"咒语",在密乘师又以为不然。据一行《大日经疏》解云:"真言,即是真语,如语,不妄,不异之言。龙树《释论》谓之秘密号。旧译为咒,非正翻也。"这是华人的解释。"如语","不妄语"……乃佛经中常言,既称之为"真",则自可加以"不异"、"不妄"等解释。其实中国之所谓"咒"者,"祝"也。正是喃喃念诵之辞。祝福则为"祝",祝祸则为"诅"。似乎仍是初民信仰的遗传,不止起于春秋战国时代,于史乘中偶见者。祝诅，刑白马或用貜豕或"天鸡赤羽"为盟、为诅、为祓……是古代的巫术，在各民族中曾有，皆是信仰语言中含有能力或神能。在科学未昌明的时代，巫术曾起过若干大祸乱，如汉世之巫蛊，中世纪欧洲之邪术，枉死了多少人，史事具在，兹不论。

据菩提留支所云，"真言"本有"秘密"义。再据不空金刚《总释陀罗尼义赞》，则有四义：

真者，真如相应。言者，真诠义。

一，法真言——清净法界以为真言。

二，义真言——胜义相应，一一字中有实相义。

三，三摩地真言——由瑜伽者用此真言，于心镜智月轮上布列真言文字，专注心不散动，速疾症三摩地，故名。

四，文持真言——从"唵"字至"娑婆贺"，于其中间所有文字，一一字皆名为"真言"，亦名"密言"。

由此可知"真言宗"亦称"密宗"之故。原是师徒间之秘传，在其戒律中已有不轻授外人之禁，已是秘密。而入华之后，真言多只存音翻，虽原文有义而不出其义，则更现似不可思议，为秘密中之秘密了！

于此，便应求其何以只存音翻而不出义之故，因为原文多是有意义的。

翻译之事，在中国纷纭了两千年，最初是何种外语，无可考。与外国毗邻，必有通各种外语者。最重者可推胡语，即北方匈奴之语言，在汉世侵伐频繁，直到东汉和帝时（公元89—104），匈奴受创，从此渐无边患。或者自黄帝时代起，北方诸外族皆有语言而无文字，因此没有留下什么记载，除在中国，尚留存了一些史料。其次重要者，即天竺之语言。仍泛称胡言。大致北方及西北之胡人，与喜马拉雅山以南之古印度或天竺人，皆出自多个本源,语言或方言也有多个系统。中央亚细亚及中国之西北,是古东西方文化之一大熔炉,必有若干方言之混杂,佛法先自此地重译入华,概称其原之曰"胡言",是俗情。但数传之后,各种胡语与梵文分辨清楚了。远在东晋道安(314—386)译经有其"五失本、三不易"之说。兹加牒述且分论之:

《摩诃钵罗若波罗密经抄序》

"译胡为秦,有五失本也。一者,胡语尽倒而使从秦,一失本也。"这是说华、梵语之文法不同。

"二者,胡经尚质,秦人好文,传可众心,非文不合,斯二失本也。"这是修辞学上的问题,梵文重声,录音有同白话。称其"尚质",固然,求"文"则入乎诗颂之林,而诗颂亦"质",得声律之美而已。

"三者,胡经委悉,至于咏叹,丁宁反复,或三或四,不嫌其烦,而今裁斥,三失本也。"这是本文问题。散文说过一遍,再用伽陀体说一遍,或先或后,惟恐辞义有失。这传统始见于《黎俱韦陀》诸读本,如前已说。翻译时当然用不着了。

"四者,胡有义记,正似乱辞,寻说向语,文无以异。或千五百,刈而不存,四失本也。""义记"是注疏之一体,牒述正文,了无新义,不得不删。这里所说的"乱辞",是指古代诗歌辞赋的结束语,往往综括全篇意旨。所刈去者,偈或语句。

"五者,事已全成,将更傍及,反腾前辞已,乃后说而悉除,此五失也。"换言之,仍是本文之重复,亦删。

以上第三、四、五失,皆是一个意思,只是删去不必要之重文累句。以华梵两文之悬隔,翻译时不失却本来面目,是不可能之事。其"三不易"乃指佛经之微言大义,其译时不得不"删雅古而适今时",又"以愚夫之心,度圣人之智",以"千岁之上微言,传使合百王之下末俗";"又阿难出经,迦叶令五百六通迭察迭书，可谓慎重，而今人平平。"从事于此，皆是不容易之事。

大致关于佛经翻译的讨论，最古者此。因其"不易"，失却原文之真姿，于是有分工合作之举，组织了译场，至梁武帝时（502—549）已经大备。至唐未改。玄奘（660—664）的译场建立，人材颇极一时之选，不甚平平。翻译的体例比较前世严明，所以成其"新译"。而音翻也较标准化了。有其"五种不翻"之例，"不翻"即是不出义而只存音译，其说如次：

一，即秘密之，故不翻，如陀罗尼者。二，语含多意，故不翻，如薄伽梵之语具六义者。三，此方所无，故不翻，如阎浮树者。四，顺于古例，故不翻，如阿耨菩提者，是非不可翻，以摩腾以来常存梵音故也。五，为生善故不翻，如般若者。谓般若二字，闻之者生信念。以如译为智慧，则生轻浅之意故也。（见法云翻译名义集序）

这里所说之"陀罗尼"（Dharani），非是说此三音之一字，此字义为"持"，或"总持"，持善法不失，遮恶心不生。通义指"咒语"，即一切"真言"，或"明"，或"密语"。五名指此同一物，何以只存音译而不翻出意义，保密故。

五

玄奘译经立此五规则，即今观之，大有可讨论的余地。有本不应译义者，即各种专门名词。有无从翻译者，或本无其物，即"此方所无"；或本无其义，而只有表情，如惊叹声学。这在"真言"中为多。有必加保密而存音翻者，则原意在不使凡人得解。其"顺于古例"与"生善"皆是信仰问题，亦可列入"秘密"之例内。总归，玄奘之五例，皆可一言以蔽之曰："生信故"。

以今例推古例：举凡地名、人名，在古还有许多鬼神之名，只合保存音译。今称法国之首都曰巴黎；古希腊女神曰 Paris；英国之首都曰伦敦 London；天竺乃印度之古音 Hindu；恒河，恒字从心亘声，恰合 Ganga 音译；约翰原名是 John，阿难陀原名 Ananda；……推广可以成一部字典，皆不应译义。孔子在中国自来称"孔夫子"，在英文与以半音译，加了一尾声 us，作 Confucius（孔夫子与孔子，其间微有分别，表称之者身份不同。宋人笔记中有说）。孟子也作 Mencius。皆属佳翻。而耶稣基督 Jesus Christus，音翻，亦佳。即不寻其义。"基督"一名源出 Chriein，希腊义，表"值得傅膏油的尊贵人"，与梵文之"薄伽梵" Bhagavan 相似，亦只从音翻"基督"例，已共喻。

　　密宗采纳了几乎全部韦陀教之鬼神，皆初原佛教及小乘佛教之所不取。中国在汉代以前即佛法未入中国之先，是祖先有灵，简单天神地祇之类，是帝王去祷祀的。及至大乘尤其是密乘入华之后，牛鬼蛇神皆成崇拜的对象了。且普及而深入民间。鬼神各有专称，很少义译。亦复不知其字义。考出印度雅利安语各神名之相通，是近代比较语言学之事，已脱出了宗教信仰范围。如 Ahura 之为 Asura，即音翻之"阿修罗"，在韦陀时代还没有邪恶鬼怪之义，直到佛教发展以后方变了。如说为"海底夜叉"之类，是后人傅会的——这些皆可归入玄奘之"此方所无"一类。

　　原本有声无意的字，也只合音翻。华文中之喑、恶、叱、咤，皆怒声；夥颐、嚇喟，皆惊叹声；或些、只、兮、且，皆韵语声，若翻成外文，也只合存音，因为本来有意有无义。在真言同然。然华文常用之字，不能全部表出梵文之音。不得已而添造一批新字，也属秘传，只有其教中人可识。如

　　　　㪍㗚 = bhrum

　　　　㖿 = hum

　　　　泮吒 = phat

唵 = Om……
齩 = dya
䏢 = kya
𭉰 = jah

凡此之类，不胜枚举。此外，表长音，则字下注一"引"字，多子音拼合，则下注"二合"，"三合"，"四合"，无"五合"者。实可见其用尽方法，以方块字写出梵文之音。偶尔亦注明"上"者表四声或五声中之上声，或"急呼"，"轻"之类。结果，可说到相当限度是成功的。因为自古至今的钞手很少不写错字，多钞而成衍文，漏落而成破阙，绝少一至善尽美的写本。在华文早有其版本校雠之学，在梵文刻本少而写本多，亦需要校勘工作。以华文音翻而校对梵文写本，是一极大的辅佐。至若藉此而学梵文，又相去远矣。

我们不能听到华人古代念真言是否如梵本原音，但可推定若是纯从华本音翻，必不似。一、二字犹或可懂，多字相连，去原音必远。非但是声调之抑扬顿挫莫道，即本文仍有繁简之别。以今译语为例。如说"约翰"，已是省去了 Johannes 之尾音 nes，而 John 又更是拉丁之省文，从"约翰"二字反读不出 John。以"麦瑞尔"翻 Maxwell，或"荣郝朋"翻 Younghusband（皆晚清译名），比较精切，但其中仍有子音未出，今人一读便知。古代梵文名字入华又多遭简省，"提婆达多"变成了"调达"，"菩提萨埵"变成了"菩萨"，……诸如此类。正确的声音是真言之生命。除非古人先已学好梵文音读，由师尊口授，否则凭华文本念出，必完全不是那么回事。

前言五种不翻，第一便是"秘密故"，即是真言本身皆只存音译这事实，没有说明何以当保密？在梵文皆有其义，译成华言皆无义了，为何应当如此？推想起来，不是没有缘由。初民发声之遗留，本无字义，上面已说了。推到人类习性，可说仍有隐显或阴阳两面。几乎可说是为秘密而秘密了。《奥义书》中，亦有"天神皆好隐而不好显"之说。即如民俗中之字谜，竟成密语。——这里姑举一道家之字谜为例："委时去害。依托丘山。循游寥廓，与鬼为邻。化形而仙，沦寂无声。百世一下，遨游人间。敷陈羽翮，东西南倾，汤遭厄际，水旱隔并。"这只是离合"魏伯阳"三字。何必诡秘如此呢？自晦其名而已。这与现代人好用多个笔名无异。宋世大儒朱熹，也曾化名"空同道士邹䜣"。其实皆非"亡命之徒"，（命者，名也。即是隐去自己的原名。改名换姓。）说出真姓名也无何关系。总归出自生人有此习性，有其私，不喜凡一己之事皆公开。即相信真言中有何神的力量，便不肯轻易公之于世了。

其次是畏祸。即信真言中有何能力，这便如同武器，——密乘中有降伏与摄召之事，使用真言如同执持武器。武器为凡人所用，便如孺子操刀，不免自伤或伤人。倘若从瓶子中放出了魔鬼，如《天方夜谭》中的故事，又不能念念有词将其驱入瓶里，则为害不小了。从来学密宗的人多暴卒，正是这信仰的缘故。然则将真言保持秘密，使非师授便不能念，许多字也不认识，是比较安全的办法。

其次是好文，如前道安说。密教传入中国后，不免受到中国文化的熏染，尤其是进入了宫廷，皇王贵族的生活，起居服饰皆颇华美，则不免自惭形秽了。譬如"烧施"，是韦陀以降之火祀礼，这名称不甚优雅，保存音翻曰"护摩"，比较文明。作圆坛为道场，先平地，用"牛粪"和"牛溺"涂治，这未免太鄙俗了，称之曰"瞿摩夷""瞿摸怛罗"，存音翻，（gomayam 与 gomutram）那么除其教中人，外人不知所谓了。古印度人其实也太朴质，生活简陋，这也是其许多教派不能行远的原因。他如

"食血肉鬼"仍保存音翻曰"毗舍遮","尸陀林"曰"寒林"（弃死尸处），诸如此类，即今观之，仍以不翻为好。

其次是存分别，分别即自尊，即高自标置。任何教无不视他教为外道，而其本教则与之有分别。其实印度教各宗，相去皆不远。耆那教与佛教，在义理上也多同似，而相视如天壤。在名相上事同文异，即所以示有别于他教。如"定"为通称，"三摩地"为佛教所独有，由此以成其秘密。其他分别之处，真有如我国历代之改正朔，易服色。梵文称之"荜波罗树"，在印度佛法盛张时代，改称"菩提树"。到密教盛行时代，人体的各部分也有改称，右手名"慧手"，左手名"定手"。自小指至拇指，也改名依次为"地、水、火、风、空"。如言"双屈二水"，即双屈二无名指，言"二空双并出"，即并出二拇指。……诸如此类。

以上略加搜讨所谓"秘密故"的原由。由于习性之自私，由于信神之畏祸，由于好文而掩陋，由于分别而尊本教。于是真言一宗与外宗他教隔绝，几乎成了一专业，可追踪韦陀教祭司职业。密乘在佛教史上占了晚期之重要地位，也卓然有几位大师。其亦称"真言宗"，是其修为以真言为主体。真言在梵文有义，至少在少数传法者是懂到的，密乘师如一行，在其作《大日经疏》中也解释了一部分；但密乘数传之后在中国已式微，真言之本音本义一概没落了。似乎密宗流派仍有散在草野，不得而知；在日本则授受分明，有其纪录。华文中《大藏全咒》早有总集，惜不得其文并勘之。这里所译出的只是全部的一极少分，存疑之处，以及不自知其谬误之处，衷心希望海内外方家教正之。

（《世界宗教研究》1991年第二期）

《苏鲁支语录》缀言

(附郑振铎序)

这世纪初，中国大举吸收了西方思想。其功效是显而易见的。马克思列宁主义给介绍了进来，竟是开辟了一新时代。今兹建国，以之为主导思想。前于此，或同时，若干西方文教菁华，亦经介入，而最影响中国思想的，是德国的这位诗人——哲学家，尼采。可谓为新时代的先驱之一。

尼采的一部主要著作，便是这《苏鲁支语录》，甚为鲁迅所欣赏。鲁迅最初加以翻译，用的是文言，题曰《察罗堵斯德罗绪言》，是第一卷《序言》的前三节。那译笔古奥得很，似乎是拟《庄子》或《列子》。以原著的思想及文采而论，实有类乎我国古代的"子书"。宋五"子"尚不在其列。这是华文第一译。后下鲁迅再度翻译，用的是白话，从新开始，止于《序言》的前九节，题曰《察拉斯忒拉的序言》，后附注解，刊于1920年6月《新潮》杂志第二卷第五期。此后有郭沫若的译本，题曰《察拉斯屈拉图如是说》，亦止薄薄一本，似是节译。后下鲁迅属徐梵澄将全书四卷译出，交郑振铎出版，时在1935年。书名乃鲁迅所定，郑振铎选作了一页序言，便是书端这序。郑序中说还有楚曾先生的一译本，当时未便出版两种译本，是以未取。此外另有高岸先生的译本，似乎后下皆已行世。那么，此译之外，至少还有两种译本流传。

事过五十年，周，郭，郑三氏皆先后辞世。独此翻译者无俚，还只是植物似的顽然生活在。这时商务印书馆诸同志，以谓此书毋妨再版，对我国思想界仍有参考价值，便从北京图书馆所存的一册复印出一部，要译者先自己校对一番。——意思说：请你看，你自己曾经做的！

这使我的心情回到少年时代了。倘现在要我翻译这书呢，我必然迟疑而又迟疑，谨慎到不敢轻易下笔了。但少年时代不同，那时仿佛是"笔所未到气已吞"，学肤而气盛。不到半年，便已全部译完。一往求时间经济。每天从早到晚，坐在窗下用毛笔佳纸写正楷小字。慢慢一字一句译出，很少涂改，不再誊抄，便成定稿；一部完了，检阅一过，便发出去。这比起草而再抄写，节省了许多时间。这办法至今仍用，值得介绍给当今写作者。

请你看，你自己所写的！——我自然对读者要负责，这时工作沉重了。于是细细将原文与译文逐字逐句校对了一番，发现几处误译，改正了，凡欠精确处又加修饰。或者，这又微微减损了初译的原形。看来也只能这样，让其过去。

今兹再版，工作必须更加入细者，因为时代改变了。三十年代，着眼在绍介西洋思想入中国，只求大旨明确，不必计较文字细微。今兹不同。青年学德文者，要取原文为进修之助；而且西洋读华文者已多，又要取此译本为学华文进修之工具，便要顾及其华文根柢皆不深，要使其易于了解。那么，一些惯熟的文言词汇，只合改成更浅显的白话常语。譬如鲁迅的文言译本，有些语句，如："如彼莽蜂，屯蜜有盈"，或"一黄耇与一男子，皆辗然矣……"我真不懂现代青年，将作何解释。——同然，我的译本中也包含许多文言语句，这次有些也换过了。如"斋怒"，"训对"，"长怀"，"样舸"，"阿芙蓉"，"泊夫兰"……等等，皆换过了，减去一些陈套语。

这里不妨附带略说一个永远讨论不完的问题，便是翻译。据文字记载，我们是自公元前二年已有了西书翻译，到如今也近两千年了，中间在唐代之"新译"、"旧译"，闹过不少纠纷。我现在只想贡献一个意思：一个译本无疵可指，处处精确，仍然可能是坏译本，不堪读。正如为人，"非之无举也，刺之无刺也"，仍往往是"乡愿"，不是"圣人"。这仿佛是一有机底活事物，不是电子机器能操纵的。

当然，初版中有些处所是排字之误，责在手民和校对者。总之，当年郑氏很可能取某译本校对过，至少有楚曾之译本可参看。也许发现此本有些错误或不同的地方，便也让它过去了，和我现在的态度一样。也许将来三版还得再加修改。

此外，有一文字上的小处要向读者说明的：便是这书中"底""的"两字通用。——大致自北宋以后，中州一带，只用"底"字。在此则"的"字表形况，亦属具有格，"底"字则纯用为形况词。如"美丽底"亦可作"美丽的"，但"我的"，"你的"……等属具有格，必不作"我底"，"你底"……这是此书之一微小创例。

其次，郑序中有一句过讲之言："这部译文是……从德文译出的。"——这是事实，我承认。但随着说："他的译笔，和尼采的作风是那样的相同。"——读者稍研原著，便可知道这话是溢美。我真想改他这句话为疑问语，"和尼采的作风是哪样的相同呢?"那本是不可能的事。

尼采，诗人、哲学家，是以文章自信的。他明通好几种语文。生平对德国的一切，几乎皆不满意，多贬词，独于其语文，特加认可。尝以谓路德（Martin Luther）与歌德（Goethe）而外，在文字方面还有第三条路是他所履行的，便是他之撰这部《语录》的文章。近代德文，即所谓"新高地德语"者，最先是由路德从拉丁文翻译基督教《圣经》奠定了基础。〔其实也得力于其助手弥朗希通（Melanchton），成就了所谓"九月《圣经》"者，是1522年9月刊行的。〕其次当然是歌德的《浮士德》（Faust）。歌德也还有几部名著，但这书和《圣经》几乎无人不读。从十七八世纪至今，若干作者，如诗人，小说家，戏剧家，以至哲学家，其创作皆助建，增丰，深化，美化，大化了德国语文；而尼采自信他这部著作，当与前二者媲美；有德文之阳刚性，灵活性，与和谐之声。自许其作风有"对称"之妙巧。——所谓"对称"者，略同于华文之"骈俪"，多是一槪一槪词义之平行，或对反，不必定是字句之对偶。成双配对，亦修辞学上之一法，工整则可爱；但在思想上则叔本华尔（Schopenhauer）尝以此攻击康德（Kant）之汇分，说他正误在爱好"对称"上。那是从批判哲学而言，与诗著（Dichtung）不同。——尼采又自夸此作有如舞蹈。说他写作时，有时每一母音皆是经过谨慎选择的。舞蹈，当然是生动活泼，有旋律之美，然亦是经过严格的训练而能。总之，尼采之意，是这部《语录》，当与《圣经》与《浮士德》鼎足而三。后下有批评家（如Grützmacher），是推许其甚且超过了前二者。客观说，这诚可学德国文学中一大柱石，奠定了弘深底德国文坛。

这是一部散文诗。自来西方读者，于此议论不定。正如尼采的思想，至今亦无定论。有说此为叙事诗或史诗，或为心理叙事诗，或为精神奋斗之叙事诗，或为心灵争自由之英雄史诗，或为神话史诗，为先知史诗……这样那样品目。但尼采自己，从来未尝说其为史诗或叙事诗。有时称之为"戏剧",有时称之为"交响乐"而已。我们从体制方面目之为"散文诗",颇为得体。

单从语文学看,这部书里出现了一些新字,及以二、三字相结合而成新词,皆戛戛独造。全书未尝用一个外国字,以德文论,极为纯洁。有些名词及其铸造,近于文字游戏了,然表现力强,也非常生动,必然是精心出之的。其于鸟、兽、草、木之名,运用不算太丰富;这却是诗之本色。在我国古诗,亦可多识鸟、兽、草、木之名。其所重乃在象征,亦多式多样。如狮表雄猛,鹰表骄傲,孔雀表虚荣,苍蝇表小人,夜蝶表崇敬心理,滚下山的小石子表落后的人,闪电表超人之希望,山峰表造诣之高,大海表视景之广远,……如是等等。新字新词无从见出,象征意义在翻译中稍可推见。

虽然,诗是有韵有律的。——华文与西文结构基本不同,这使译者无从刺手。从华文角度看,这里是双声与叠韵皆用。用韵是两行或多行末字音同,这在其他西方诗亦然,与华文诗不异。但在遣词或多字连贯中,始以同一声即同一子音(alliteration)[①],在华文谓之"双声",亦古诗中常见。这可以三叠,四叠,姑可名之曰"声头",与"韵脚"相对。这在印度日耳曼语系中,可算文字之胜处,如迦利大萨(Kalidasa)的梵文诗中,时亦运用这技巧,很动听。而且同此"声头",又可再见于下一行

---

① 为研德文者,姑举几个例:
Silber und Seide 叠 S 声
Wind und Welle 叠 W 声
Schwere schwarze Schlange 三叠 Sch 声
Lebendige Leuchttürme des Lebens 三叠 L 声

(Stabreim)①,正是德文古体诗之一律。诗人之匠心独运,于此可见。凡此一加朗诵,声调或刚或柔,有如按谱度曲,睦耳娱心。所以尼采自己,对这作品有"交响乐"之称。但译者的心思运到这里,如追逐敌人到了桑驼海,于此路穷。

在此一著作中,这类"声头"、"韵脚"也不常用,偶因意义恰合而一运用之,异常生色。是诗,无疑,然是散文诗。其文辞的佳胜处亦不止于此。尼采大概吸收了古希腊、罗马的辩士和文章家的技巧,不但在此书亦在其他著作中,其文辞之充沛,有时真如长江大河,雄伟而又深密,实为可惊。但亦有其弱点。即形况词喜用最高格,时复重言之,则失之过强,效果反而降低了。有某无产阶级中人说,"读歌德(的作品)使人感觉温暖,读尼采,简直是灼人!"这话不无道理。——但说罢正面再衬托说一反面,那效果很能增强。我国古之游说士和文章家,多用此术。尼采亦然。尼采往往亦仅作反面叙述,使人懂到正面。此外或化抽象为具体,或以部分代全体,或写别相表通相,或写非生物如有生物,或正语而实反说,或仿一古语而正变此古语原义,尤其是善用拟喻,和联合矛盾词。——要之,种种文章技巧,操纵到极为娴熟,近于自然。

技巧精到,进而为艺。纵是美丽文辞之凑合,不足以成为一首好诗。也不足以成为一篇好的散文。这其间,更需一心运用之妙。——尼采研究也已百年了,学者的多方面的探讨亦近于穷尽。有学者曾从艺术观点,——尼采本人是推崇艺术高出宗教与哲学而上的,——分析这部钜制,说明其有绘画性,雕塑性,以

---

① Lange, wahrlich, möchten wir warten, Bis dir einer deinen Gott wieder aufweckt. 五叠 W 声

Wer aber nähme dir deine Schwermut von den Schulter Dazu bin ich zu Schwach. 三叠 Sch 声

及音乐性。绘画重影光明暗尤其是彩色，出之于文字，则赤色热情，黄明思惟，紫红福乐，深紫沈郁，黑色记忆，光明沉默，黄金色小船，阴森柏树……之类。雕塑性即造型性。所描写的人物，如国王，巫师，精神的良知者，以及苏鲁支主角，一一钩出了特点加以模塑，一一栩栩如生，而一一皆能表心灵境界与情绪及其发展与转变。稍可惜者，是全部颇缺建筑性。它不像一弘大精深的建筑，一部分紧接一部分，凡大小梁、柱、门、户、墙壁、窗、牖，以及一切嵌、雕、镶、饰，皆各如其分，恰当其位，成为一有机底整体。

此一不足之处，恰为另一时间艺术元素所弥补，便是其音乐性。这不止于字句的音节之圆融和美，而是指整体之一往流动，有如复杂之乐奏。其"主导主题"或"主导旋律"（leit‑motiv）有二：一"超人"，一"永远回还"。第一主题为正极底弘声和合，为各端思想之出发点以及终点，有时已寂而豫兆或第二主题之将兴，寂然又重新轻响。第二主题准备已久，跃跃欲出，但突然一现而止。旋又再起，又再寂，出之以小音阶，浸欲化为高调。起初支持以忍力，不使大化，终乃使其辉煌腾现，反复回旋，以迄铿然而止。这是音乐之能事，采纳入文字以成其"鸿裁"，是绝高底艺术。而尼采自许此书为"交响乐"，则已自知。他自己是深明乐理，且善弹钢琴的。

托理想于故事，非徒一往抒情，制作亦颇同小说，然故事简单。作者本意是求其朴素简单，意在摹拟《圣经》故事。所假借的主角，是古代东方之拜火教主苏鲁支，这三字之名是唐代的音翻，则拜火教早已见知于中国。后世这宗教也未尝盛大，尼采不过利用其悠远，幽微，自说其教言，与此历史人物了无关系。以教主身份而出现的人，在尼采是以之与耶稣相比。说教言重简朴，要说最少的话，几乎一句表一真理，一语成一格言。世界上几位大教主，除了释迦牟尼善讲故事，有点老嬷嬷似的唠叨外，皆是如此。这《语录》中多是散行，即是此意。尼采其他著作也多出之散行散段，则亦顺乎当时欧洲流行的自渥尔太（Voltaire）以下的作风。然尼采多讽刺。其讽刺源于辩证和论战，可算一种负极底教言。不同于正极底明白开示，而是使人反过来由此悟彼，因此以成其诙谐。大致除了抒情，辩证，叙事之外，这《语录》中还有戏剧成分，则较明白表现于第四卷。

细观这书的内容，倘先有欧洲文化的普通认识，则更能欣赏。有些微细处，如说"在捕苍蝇"，是古罗马确曾有暴君，终日无所事事，在宫廷里捕苍蝇。如说："给箫声引入了迷渊"，则出自古希腊《史诗》，航海者因此迷溺。如说"汉士"则是德国民间语，人名，表一愚痴混沌底青年。说"噫—呀"，是德语"Ja"之长音，即英文之Yes，即答言"是"，开口缓呼，说英语者亦往往用之。如"在橄榄山上"，拟《新约》中耶稣在橄榄山上说教，"七个图印"，亦出自《启示录》。其源出自《旧约》者，近三十处，出自《新约》者，七十余处。这些统计早已有学者作过了。这里删去了一部分，存于副录，以供读者参考。这皆近于我国旧文章中之"用典"，然还不能严格说为"用典"，至多可说是"使事"。尼采之熟习《圣经》，因为父亲是一位牧师，自幼受了宗教氛围的陶染。然不是精研《圣经》的学者，立意也不在传教。总之尼采是深明欧洲文化史的，可惜未甚明了东方。

其次，当略说尼采哲学。

尼采在西方早被认为"诗人——哲学家"（Dichter-Philosoph）。通常哲学家可以无诗，诗人可以无哲学，然亦可以相互有。柏拉图（Plato）在历史上早被目为"诗人——哲学家"，然柏拉图是反对"诗人"的。尼采对"诗人"也大加嘲笑，则是一种自嘲。同时代的赫德苓（Hölderin），却有其独特见解：

"诗,是哲学的始与终。"而且,"终竟一切皆将成为信仰"。则诗人的想像亦为知识之路。这方面且不深论。总之,尼采哲学,在此书是出以诗的形式的。

尼采因病,三十五岁就离开大学教职退休,在某一方面说这是不幸,然正亦因此成就了一位古"哲人"的标格,隐约与古希腊之"哲人"相同,以自由发表其原始理念,成一家之学,则亦是大幸。正如叔本华尔在大学中很少学生听课,然退处之后乃成一家之言。哲人,与哲学家,与哲学教授,其间是颇有分别的。分辨处亦颇微细,总之是是否能自由自主的问题,不完全在于讲学与不讲学。以康德学问之深邃,处世之温恪,而不得不避德皇威廉二世(Friedrich Wilhelm II)之怒,受到其教育与宗教部长维耳勒(Wöllner)的儆告,按下他的宗教意见不发表了。则古之德国教育界的情形可想。

早几年,尼采的名字在北京某报上出现,被指为"反动派"。——事实是尼采之被目为反动,在中国似乎为时尚浅,在欧西是由来已久。其同时代的一位哲学家,韦兴格(Vaihinger)——《如是哲学》的著者,——尝分析尼采思想,指出其所反者七:一、反悲观论。二、反基督教。三、反民主制。四、反社会主义。五、反男女平权论。六、反唯智论。七、反道德论。我们还应加上三条:八、反资本主义。九、反国家主义。十、反瓦格勒(音乐家)。

这里应紧接加以说明,此十者,除最后一条反瓦格勒的音乐之宗教色彩,稍见于事实外,余皆是"倾向",即其思想之趋势,非有任何实际行动,未尝立出标语,走向街头。而此诸"倾向"亦有显有晦。纵使觉得此一哲人在大声疾呼,也皆在纸上。韦兴格用"倾向"这一名词,最为妥善。

综观这十种倾向,皆有可议。若详细分肌擘理,一一论列,有所不能，亦此篇幅之所不许，只合俟诸将来的专家。这里只能择其关系较重大者，略为述说。而译者亦不自以为皆当。要于事实之所明，真理之所在，客观之共是。皆无讳言，乃合于科学底社会主义精神。

先说其反悲观论：叔本华尔是著名的悲观论者。尼采是读过他的《世界之为意志与想像》一大著而表钦重的。也许还受到他的《妇人论》的影响。韦兴格说，尼采的"基本原理，是叔本华尔派哲学，受了达尔文（Darwin）主义的熏染，转到了正面或积极方面"。此派亦有其巨子，如封·哈德曼（Von Hartmann）之流。但尼采的妹妹已反对此受达尔文主义的影响之说。尼采之积极肯定人生，是明确的。教人忠实对待我们生活其上的这土地；在我们中文常语，是入世或持世或保世，不要妄想彼土或虚无缥缈底天国。——这里已透出非是纯粹主观唯心论的消息了。——其常说对远方或彼土之企慕，在此译本中译曰"遥情"，那远方或彼土仍是在此世间，没有由心造出另一界。因此反对悲观与厌世离欲等等出世道的主张。痛苦，人自然希望其立刻过去，消灭；快乐，则希望其常存，所以拟喻其情人为"永久"。那么，这乐观论只是对悲观的反动了。这似乎非常简单。然我们试观印度哲学，几乎无一不是带悲观论的色彩的（印度哲学大师达斯鞠多 Das Gupta 说）。而中国亦早已染上了佛教的人生观，趋于出世或厌世道亦平民中时有者。则其所反对者的势力异常浩大，非独西方基督教的力量而已。可谓简单，然很重要。

再说其反基督教倾向。——尼采是无神论者，其所反对之基督教，是公教与誓反教双摄。但他不反对耶稣，甚至可说还尊重他，如"看那人呀"（Ecce homo!）[①] 则甚至以耶稣自比。只悼

[①] 这书曾由梵澄译成中文，也是鲁迅介绍出版的，即《尼采自传》。

惜其生年太促，在三十三岁就被钉十字架，——大致虔诚底信徒，必有一大段说耶稣何以当三十三岁而死的道理。然我们若放眼看，倘其生活到七十四五，如孔子，或八十多，如释迦，那教言必不止于此，也当不同。这似乎是废话，但在历史哲学中亦所不废。

这无神论的来源，是尼采汲之自希腊古典。自来人类的奋斗，可概括曰求进步，无论是在平面或向上。倘在上已有一正极圆满底存在，更无可增上了，则可谓已定立已实现的目标，则亦无需向之追求了，"还有何可创造，设若已有了天神！"然则人类的极限已止于此。这正是古希腊思想。由此尼采结论到：如此便不应当有上帝，因此也没有。但古希腊人结论到，人生的奋斗，求幸福与圆满与进步有其限际，而这限际是不可跨越的。希腊哲人反对多神教，已开无神论的先河；而从一神教到无神论，也是顺流归海。其间民俗的信仰与哲人之高见，自是不同。苏格拉底（Socrates）是因无神而被判罪，其前之安那萨戈拉斯（Anaxagoras）也是被目为无神论者的。

反对教理是一事，反对教会另是一事。柏拉图的理想国里，有哲王，其下有战士。苏鲁支的国土里，也有战士。然两者的世界里，皆没有教士或牧师。

大致从教会人士看，尼采是反动派之尤。此《语录》各卷单行后，从1885到1986年，销行不过六七十本。其中购买最多的，乃是在德国每两年举行一度的公教会议之教士。是留心这反动钜子，加以提防的。——附带可说：直到两年以后，1888年，勃兰兑斯（G. Brandes）在丹麦公开演讲尼采哲学，一时座无虚席，乃风动了欧洲思想界，且在青年中激起了一时的尼采崇拜狂，其著作于是大销行。然其时尼采患病已深，次年医生乃宣告其不可治。

"上帝死掉了！"——这是尼采的呼声。他晨间听到教堂的鸣钟，则诧异说："这是可能的么？……"从教主疑起。东方我们中国恰有类似的一事。朱熹自说他午夜听到佛寺的鸣钟，便觉此心把握不定。那是或许感到异教也有些道理了。于此可见东、西方两哲人的性格不同。中国儒家也有其上帝，根本不能与基督教的上帝相比。佛教也占了东方信仰一大百分数，但不相信上帝；儒与佛皆在"邪教"之列，然仍颇信"神"。至若原始佛教，是道地的无神论。

以上两者，对我们的关系不大。若涉及其反民主制，反社会主义，与男女平权，在今时可算反动了。还有反资本主义，反国家主义，反旧道德等，又不算怎样反动。——于此，请向读者贡献一愚见，虽不能说是启开全部尼采思想之钥匙，然亦可能帮助一点了解。便是：尼采思想，出自一个精神渊源，高出普通智识水平一头地。——这"精神"姑可谓双摄其理智与情感。——然也不算高极，决不是如其自己所云：怎样一足离开了地球，在"人类和时代以外六千尺"。凡其创作，无论是诗歌或大部论著，皆出自此渊源，皆是倾于感兴的，即他自己所谓"灵感"（他自己于"灵感"亦有明确的分析）。如这《语录》的第一卷，便是用十天时间一气呵成。其所倾吐，皆不是方案底，不是教科书似的，像其他某些哲学家专凭思智，惨淡经营，严密组织，以成钜制，如康德。皆是源泉混混，流注出之，所谓"混成"。在此一渊源中，有若干质素，皆其学之所积，原不过如同某化合物，在自体本无矛盾，及至写成之后，再加以思想分析，便仿佛有些自相矛盾处了。当然不是完全未曾组织经营，但在其知觉性中这工作已经完成于其发表之先。由"后天"之显已成于其"先天"之隐，由"归纳"之隐以发为"演绎"之显，是他的全部创作过程。而我们所见到的，只是其演绎之"显"而已。而这，淑之以奇特，丰富，美丽的文辞，使人感觉其光焰万丈，其实亦不过高出普通思想家一头地而已。

这精神渊源，更远是挹自希腊古典，有学者认其思致是狄阿尼修斯式的（Dionysus）。如婚姻观念，目的在于存传种性。正出自希腊。言节庆，言欢乐等，也出自"酒神"（Bacchus）的庆祝会，而此神节之庆祝游行，必在队伍之末有持长竿者上饰phalloi，乃生殖崇拜象征。——当然，其男女不平等之见，亦承自日耳曼民族之传统。大致此种观念，至二十世纪之今日，犹存留于欧西，亚洲更不必说。那么，对进步思潮，这可算反动，在尼采时代，正以其为当然。

谓其精神中所酝酿者，有自相矛盾者，毋宁谓其为各思绪之层次不同。我们普通只见阳光白色，用三棱镜乃见其色彩层之相异。这里值得研究的，是此贵族化的思想家之反民主与社会主义。可异者，百年来德国社会主义的文字，很少反对尼采，或反对之也未尝留若何深深底痕迹。大致因为他是一精神思想上的伟大革命者，遂忽略了他这方面的倾向。亦因为尼采主张生存之上升，即人生之发扬，由个人之升高，亦可转为一般普通水平之高起，遂仍与以容许而推崇其思想吧。大约在第一次欧战后不久，有人在德国工人阶级中作过调查，结果知道普通工人并不读尼采的作品。其有读之者，某些答复惊人得很。许多推崇之说不必论。如有某矿工人说："对于有远见的人，是经过社会主义，乃达到尼采的个人性的可能。"又有某工人说："人应在尼采和马克思（Marx）的基础上提高文化。"——或："《苏鲁支语录》，不是为无产阶级而是为高出众人者而写的。"——或："应该超上的人，是那可怜的物质环境的奴隶"。——或："群众不能没有高出众人者而存在，但这种人也不能没有群众。"……诸如此类。

姑举一例，涉及民主者。尼采尝贬抑"呆目的民众，不知

'精神'为何物者"，然在《前言》中苏鲁支的第一句话，便是向太阳说："伟大底星球！倘若不有为你所照耀之物，你的幸福何有？"——这象征意义似乎很明白了。倘若太阳表真理或主义或人物，"所照耀"者是否可说为民众呢？倘是，则又已开始说教即推许民众的重要了。然则这两个理念是互相冲突了。一般民众的知觉性往往低于个人，这也是事实。虽至上真理亦需要民众之认识或接收，亦复是事实。然则只好说是一为世俗真谛，一为超上原理了。这里只有层次之异。说不上自相矛盾或正动反动。

再举一例：尼采久已被认为个人主义的提倡者，因此为时代所诟病。这由于误解了个人主义为自私自利。这已是旧底譬喻了，个人微小，在社会中有如大机器上一个小螺旋钉。倘若此小钉不充分发挥它的作用，则大机器的运转，不能不受滞碍了。这理由岂不异常浅显？自私自利却不同，是小螺旋钉不自安其为小钉，要化为大杠杆或整个机器，则其害可想。在此《语录》中有这样的话："对群众的兴趣较于自我的兴趣古老：如良心为群众，则恶心为自我。诚然，狡狯底自我，无爱的，于大众的利益中求自己的利益的：这不是群众的起源，却是群众的末路。"——这里群己、公私之辨很清楚。凡人皆有其自我的意志，知觉或不知觉皆是向上求其"生命"之圆成，即完成其有"生"之使"命"。在群众中知觉或不知不觉成为模范，英雄，这是个人主义，不是自私自利。

此外，还应略说一声势浩大的对尼采的误解与责难，尚未在上述十倾向之列。即是他于战斗的理念。他写过这些话："什么是善？勇猛是善；是良好的战斗使事物归于圣善的。"——又："设使长剑交相如殷红点点的长蛇，则我们的祖先乃善对人生了。……一柄剑是要饮血的，跃跃欲试而迸出星星之花。"尼采生涯结束在上世纪末端，这世纪两大战皆不及见，因为德国两次皆战败了，所以要在这两大战祸中求其极因，寻其知识根源，则归咎于尼采哲学。尼采的这些理念，可远溯其由来于古希腊哲人赫拉克莱妥斯（Heracleitus），因其说过这些话，如"战争为万物之律则，万物之父，万物之王。"历史上的圣人，教主，哲人，……很少有绝对底和平主义者。纵使尼采是一绝对和平主义者，或历史上未曾有此一哲人或其他同见的若干哲人，此一世纪中的战祸也未必没有。稍治唯物论的人，便知道帝国主义的形成，及各帝国主义间之冲突，及其战争之起，皆由于许多因素，而且主要是经济因素，很难归罪于一方面或一国，更少能归咎于一人。纵使某方面有野心家，利用某派某人之学说，或曲解，或涂饰，以之为标榜为号召，则其咎不在学说而在利用之之人。甚者，其为标榜号召之效果如何，也还属疑问。姑举东方近代一史事：太平天国，近代史家考证其为农民起义，其所崇拜的人物所以号召群众者，为"天父"，"天兄"，……这源于基督教，有浩大声势，但似乎不能归功或归咎耶稣基督。

尼采有指上世纪七十年代战争为"强盗战争"之言，而且因此忧虑德国的将来，十五年后犹说对德国的质素（Wesen）实未能兴起热情，且更不愿说这堂皇底民族纯洁无罪。

"反动派"这名词确不是一好称呼，说"反对者"却好点了。"尼采反瓦格勒"，有此一书，那是艺人于音乐的争论，不算反动，互相反对而已，虽两人曾有很好底友谊。至若反对国家或国家主义，当属反对派了。尼采所斥为"新底偶像"的国家，是普鲁士之军国主义之国家，且贬斥其所谓"历史底教育"；不是提倡无政府主义或无国家论。二十世纪之两大战祸，为尼采所不及见。俄国沙皇之推翻，德国威廉之被斥逐，皆在十七八年之后。其所指乃帝国或君主专制国。究竟经过两次大战，欧洲人颇醒寤过来了，国际组织日见增多，渐谋长治久安，越过狭隘封域的范限，成民族间互利互惠之势。国家主义可说过时了。上一世纪的反动思想家，如今亦不怎样被目为反动。

尼采分析欧洲社会，指出国王统治，"小商人"支配，或"小商人统治"。其时欧洲资本主义方兴，尚未达到大资本主义阶段。说："凡一切仍然发光的，只是有小商人的黄金之处。"——"看呵！看如今各民族所行所为，皆像小商人一样了。他们仍从各个废料堆里，拣取最小底利益。"——这似是预言了现代的情形。商业主义发展为经济侵略，在本身是大并小，对外国是强凌弱，一切皆取决于黄金。这世纪初，买办阶级在中国尚未形成以前，中国的"士大夫"尚有尼采这种观念。于今各国多少在外表总有些物质方面的繁荣，但这外幕后正有无穷底困苦，疾痛，罪恶。这正是二十世纪人类文明之病。尼采未曾深研经济，查出这病源，仍是从症候上攻治。说之为正动或反动，看人取什么据点了。

究竟文明也是进步了。物质条件变换，生活环境改易，民俗习惯也随之更动了。这时必然产生新道德，新礼节，新仪文。尼采之所攻击者，正是旧道德，昔日所视为天经地义的旧伦常观念。有估定然后有价值，则旧价值当一切重新估定。这预告了现代和将来之必然。在一转变或过渡时期，旧者已倾倒而新者未确立，则一切旧社会秩序依旧伦常而保持者，必至天翻地覆。这时便需要一番大弥纶，从新经天纬地。在这方面尼采诚不失为新时代的先驱。为正动为反动，又看人取什么立场为说了。

还有一事是关系较小者，是其反对唯智论。提倡发挥本能，即所谓"良能"。这近于卢梭（Rousseau）之回返自然之说，立意在恢复或充实人之生命力。自来人类的行为不是纯凭理智的，而本能中正自有非思智所及之理存。这是一纯哲学问题，大有可研讨者在；于此也说不上正动或反动。

以上所说，无论其反动或反对倾向为七或为十或更多，皆可谓各依其观点而异。尼采在此著中自有其"主导主题"二：一曰"超人"，二曰"永远回还论"。——有学者（Rittelmeyer）考证"超人"这名词，早见于1688年之《教化书》①，然似非尼采之所取材。或者取之自歌德之《浮士德》。先于尼采亦尚有用此名之人。要之，非自尼采新创。

关于"超人"，自来各家之论纷纭不定。最简单之说，略同于我国旧时所谓"异人"，是身、心发展皆为特出的人。然决不是"仙人"或"圣人"，自由思想家的脑筋，不会那么愚妄和庸俗。假定是"后天"环境的培养，——尼采是不信"先天"的，——人的身体发展可以超出寻常，在良好底形体中，力量和技能卓绝，或者出乎现代世界体育明星而上。换言之，是生理底。在心理方面同然，有其超上道德，解脱了普通德素之凝集于"末人"或"最后底人"而阻碍其发展者。当然，必自有其若干心理的力与能，非常人所有。

尼采以这意象多方为说，却未曾描画出一定型。无定型，而仅有依约之形，在思想上为有缺，在艺术上为有余。若善画者画出一绝世美人，轮廓无不鲜明，风神无不具足，美则美矣，亦止如此而已。大致高明之画家，总不肯表现至尽。此"超人"之说亦未尽，使人感觉其不定；但尼采自己的本意原是正面使之不尽，而其反面的目的已经达到了。譬如革命，只依约指出前途之光明，然充分表出现实之黑暗。至若将来果然造出何种建设，未加、亦不必尽说。总归人是应当超过的，这是他的主旨。

于是种种讨论皆起了。有说此一思想，是说个人之小我，当没入大全与无限知觉性之海洋中，如是乃成其为"超人"。然反

---

① Erbauungsbuch，或可译曰《精神保育书》，论及"精神之爽快时辰"事。

对者说尼采不是说小我之下堕或没落，而是由一更高底自我之优越而上臻，至少是小我与大全之相对。或说尼采反对"同情"，以为是引诱苏鲁支犯最后底罪恶者，是利他或博爱主义，为颓废表现，小我之放纵，以"爱邻人"使他个小我得其满足乃有其意义者；而当代之以"爱远者"之"遥情"，即对最远者"超人"的照顾。然"爱邻人"与"爱远者"仅有所爱之不同，其为外乎小己而为他不异，因此反对之说不立，这亦复是一可从各方面成不同的立说的问题。大致可说所爱不同，其情必异。尼采此义，没有内中底矛盾。

这类争论，皆以"超人"为个人，然有多数学者说"超人"表类型，是人类之一新种类。这便牵连到达尔文思想。在十九世纪，达尔文的进化论震荡了全世界。由低等动物进化到原人最后乃到高等人（homo sapiens）。然则终有一日必至于"超人"类，这是一新理想。于此，论者谓尼采在学术上犯着方法的错误了。科学底进化论，是回溯底，由今返古，就古史之痕迹而建出理论。不是由现在推测未来，作凭空的预言。固然，进化至今，重心总是在本类型以外，要转变，或渐变或突变，然未尝示出有何固定的目标，适者生存，弱者淘汰，所谓"天择"，仍属偶然，人类无从知此"天"之意旨；只能知自然界之变，不能知所将变是者为何。——最近时科学上有"遗传工程"的实验，亦不是能预定必产生某一结果的人，合于想像。——而今兹却定出了一目标，名之曰"超人"，是这样那样……

大致有史以后，人类还只能说是有了"进步"而已，因为有了各种文明，然不能与史前期的若干万年的"进化"相拟。若说到大自然的目标，这里便是精神哲学的一重要转捩点，归到信仰了。信必有"内入作用"（involution），然后有进化发展（evolution）。信仰有太上者存在，则前进只是转还，进化终极是要与太上合契。这便是今之所谓瑜伽哲学,她超出宗教以上了。譬喻是一条蛇,身体旋转,口可以衔接尾巴。克实说,人之本质或本体,在有史以后,未尝进化到何种程度。所以说婚姻的新目标是生出"超人",或道德的新目标是培养出"超人",……皆颇觉渺茫了。

自"超人"之说出,附之以进化思想,一时掀起了全世界思想界的巨潮,对西方宗教之打击是巨大的。上帝是人的极限,如前说,上帝及天国或彼土的信仰,皆动摇了。"人间底,太人间底",(是尼采另一著作之名。)顾名可以思义。在基督教卵翼下的道德,以及庸俗伦理,皆要重经考试,定出新价值,不合此理想者,便当废弃。"超人"与"末人"相对,用常语说,亦是所重在特立独行之人,这里便看出其反社会主义的倾向,与重个人主义的端绪。以譬喻说,只培异花,不植常卉。如可生特种奇花,虽牺牲凡卉亦所不惜。便是这么一个园丁。

这里又当附说言与行之不齐了。如今头在天上而脚在泥土里的教主、教士及精神领袖之流,遍处皆是。皆是教人"行我所说的,莫学我所行的"。由其所说的看去,尼采几乎是一绿林大盗,然考其生平行事,立身处世待人接物,皆极为温和,有礼,替他人设想,——如在其结婚问题上,反复思考是不是对她有好处?——竟近乎纯利他主义者了。

"超人"不重种种小德,特出某一大德性则掩盖种种寻常德性。其善与恶,罪与罚等,许多观念皆改变了。这些皆值得深加研究。总之此说出后,在全世界思想上生了巨大影响。甚至最近代"超心思论","高上心思"……以及视社会上的罪恶源于苦痛,不当视为罪恶而当视为疾病;以及为人类准备将来的"正午"之说——因为每个精神领袖必自以为已经"启明",自处如在一日之"晨"——以及其他精神哲学上的某些细节,皆有所挹取自这一渊源；他如儿童教育，尼采之论，自属最进步的思想了。

其次，当于"永远回还论"，这书的第二"主导主题"，亦略作提示性底陈述。

通常研究尼采哲学者，分其全部思想为三个时期。其实三时期或亦可说三阶段，皆难明确分辨，因为他的思想当被目为一整体，初期的原素后期中也有，中、后期的种子也在初期中萌芽。第一期着重艺术，尤其是时间艺术，对往者深透入希腊的悲剧精神，憬想一新的更高的文化之创始。第二期则为知识论所范围，重实证科学，在伦理上也持实用论，相信人类可建立纯粹科学文化，在其中见到人生的最高目的。第三期乃神往于强力，有伟大人格如"超人"者的完成。以为人类最雄强底本能，乃是"权力意志"（Der Wille zur Macht）。凡出自强力或增上强力者，便是"善"。凡促进我们的生活向上且增加其动力的知识，便是有价值之知识。主张重新估定一切价值，亦在此期。主子和奴才道德之分，亦辨于此期。以第三期思想为最成熟，以第二期于尼采为最快乐。此"永远回还说"，成于1881年秋季。重复出现于两年后之此书。同期著作有《朝霞》与《快乐的知识》两书。[①]——这《语录》第一、二卷皆成于1883年，第三、四两部则完成于1884至1885年春季，当归于第三期内。

> 看呵，你是"永远底回还"之说教者，——这便是你的命运！
>
> ……
>
> 看呵，我们知道你所教示的：一切事物永远重还，我们也在其内，而且我们永始便已存在，并一切事物。

---

① 此两书皆有梵澄译本，商务印书馆出版，在此《语录》之后。

你教说，将有一伟大底转变之年，伟大年之巨物：这必定像一流沙的时计，不断地从头倒转，以得从新流下，流出：

……

以致我们在每一伟大年中也同于我们自己，在最大处和最小处。

这便是说，凡生活过的一切瞬间，皆复转回。我们已是无限如此，将来也会是无限如此。尼采似稍偏于将来。如说："勇猛更是最好底击杀者，——勇猛，攻击着的：也将'死'击杀，因为它说：'这便是人生么？好吧！再来一趟！'"

这宗思想不隶于批判哲学，只是一种信仰。然立刻当说，这与灵魂转生的信仰不同，不是同此一心灵或性灵，过去如此，现在如此，将来也无限如此。后者似乎古希腊哲人毕达戈拉斯（Pythagoras）已有。那位哲人相信人生取决于星象，星辰列成某图像，生人便当如何。图像移转至相同之次，生人的一切事相必与前时的相同，因此谓之回还。这种非科学底星数学或神秘天文学，在二十世纪的印度犹存。这又牵连"劫波"的信仰。"劫波"是音翻（梵文 Kalpa），在华文简省称"劫"。劫中一切灭没，劫后一切如故。（《大唐西域记》载有一著名问答是如此。）佛教也承袭此说，而大乘又不相信灵魂或性灵。劫间若干时历必有，恢复如故也必有，此之谓"永远回还"。

尼采在前此的著作中，也间或提到此说，在《悲剧的生产》一书中已提起过，余处也曾说及在历史曾有的，有过一次乃有第二次的可能。但在此《语录》中，出此"永远回还"说以戏剧性底表现。这不能不归之于其个人经验了。

在《快乐的知识》一书的著作时代，有其未发表之笔记，是为此一说寻论据的。大致说："时"无限，"力"有限。上帝既不存在，则亦无凭其神想以创出新的无限可能之事物者。若世界有内在之"力"常造出或意想出新的无限可能性，则此"力"必自体时时增长。然而"力"，亦如其为"力"而已，不能出乎其自体之外，由是"力"之造出可能性有限。若谓"力"为一无限体，则与"力"之本谊相违。然"时"无限。"力"所创造之可能性既穷，势必重复。于是曾一度发生者，亦必重复至无限度。——这是于此信仰权立出一理论基础。其生时未发表。

后之研究尼采学说者，认此一理论为不立。谓纵使承认力为有限，然此必非单一者而为多种单力之总和。若假定其数只二位，以 x 表力，$x = a + b$。a 一变，则 b 必相应以一变。则 $a - 1$ 相应于 $b + 1$，则其关系一变，而新可能性起。如是种种错综之力，变换可能无限，其结果出之新可能性亦无限。

虽然，理论根据是不必这么确立的。这是一精神经验，原不必求其根据于思智中。主题着眼处在"永远"二字或"常性"。则应研究"时间"这一因素。——"时"与"空"，是否依经验而起，洛克（Locke）则曰"是"，康德则曰"否"。洛克谓"时"之知，乃得自简单理念，起自吾人观省所感觉之短长，连续，为一方程，"空"为另一方程。康德反对此英国派哲学之说，谓"时"与"空"皆先于经验。"时"为一必需理念，说不上事物自体，如"空"。无绝对真实性。非自体存在，非内寓于自体存在者中。而斯宾塞（Spencer）又推论到"时"与"空"皆为不可知。在近代，室利阿罗频多，释宇宙以知觉性，谓"时"乃知觉性的伸展，"空"亦知觉性之舒张。最近太空科学家苏俄之科际列夫（Kozyrev），又说"时"是一种能力，有其密度，有其流向，有其速率，有其作用……其说尚未详出，或已公之于世而笔者尚未知。

以上五说，第五纯属唯物论。而以第一与第四说，较能阐明此一"永远回还论"之起源，皆属唯心。主观唯心，以时间为知觉性的经验。推之于往事为过去，伸及于来者为将来，一住于今者谓之现在，延引至无限为永久。其起作用于过去为记忆，于将来为先见，于现在为知识。有时知觉性前移，即感觉现在之境，为过去所曾有。由种种知觉之凑泊或联想，意会，……人到了某地，遇到了某人，感觉从前已至其地，已识其人，其实未尝至其地或识其人，这也是凡人很常有的经验，即西方所谓 déjà vu。知觉性更前移，在某些人士则成为先知，预言者。出离了现在的境界而观照现在的境界，乃感觉到事物之回还。知觉性是一，而在个人中心为多；概括分其层次，这是一较寻常为高的一层知觉性的作用。

这现象并不神秘，在尼采是深心信之，乃托为苏鲁支的教言，而那么猛力出之以戏剧性底陈述。他自己是神志极清明而气性极温和底人。事例：如养病期间他在山谷间徘徊，某次忽然感到心里非常温暖，和悦，转眼一看，原来是一群牛走了近来。其敏感如此。其疯狂是否与此有关系呢？不可得而知。按其著作，皆是清明而深邃的思想之表现，没有什么疯狂的痕迹。他决不是故意创立一欺世之说，或抄袭一古信仰而诧为自己的新发明。

其实此"永远回还"之说，在现相界当前便可见实例，用不着诧异。如日之升，如月之恒。同此一太阳，一月亮，永远是去了又回来了。苏鲁支自说"堕落"或"没落"，是取譬于太阳的堕落或没落。植物之因果相生，亦可取像。如谷生芽，芽成稻，稻生谷，长川相续，虽第二代的谷粒不即是第一代的种子，其实种性未变，谷亦相同，说之为回还亦可。那么"永远回还"之说，亦所以表宇宙间生生不息之机，取超上义说。

进者，若以学说之效果而订其价值，则此说之价值甚大了。生生不息之现相，足以表生命之动性，之恒常，之永久。这是对人生之一大肯定，学说以"生"为中心，则"死"不过生之一态。——某些宗教以"死"为中心，即尼采所斥为"死的说教者"，则以"生"为不幸，为"死"之一态，"绝对底死"或"涅槃"乃为永久。——所谓勇猛将"死"也击杀了，便是此意。这导致人生之乐观，否定着悲观论。"死"则诸动皆已，无有去来，说不上回还，何况永久！这永久常回，更增加了人的勇气，以克服人生之困苦，一往趋于乐生，这也给英雄主义作了理论上的一大支柱。

虽然，于此亦颇有理论上的滞塞处：事情由最大以至最小，皆当回复，像现在这样，岂不是"末人"或"最后底人"，也当回复，而"超人"也像现在这样只是存为理想或希望？——诚然。回复亦颇同于循环，但没有注定这轨道有多么长，或圆周有多么大。到某一点"超人"出生了，而且还可永远重复出现，则为何只着意于"末人"之再现呢？

进者，一切如现在者皆当重复，则事物之转变是注定了，这与宿命论有何分别？——诚然，事物必有转变，或即无时无刻不在转变，而转变必有其过程，即所谓命运。但宿命是一取决于此命运，人无所为，所重在运之前定。此说固谓事物之转变必有其过程，非谓一切只听命于此过程，而是人有所为，所重在生命意志之发扬，向前或向上进展。由重复推之为前定，而前定何必无为，有为何碍于前定？——这不是曲意替尼采辩护，观其说生命必有意志之表现，而意志在于"力"或"权力"之说，可以推出此理，因为"力"或"权力"必非无为。则不能混同于宿命论。

就文明进步作历史观，则其过程也不是直线的，而是螺旋纹之圆转，所以人事上常有历史重演之说。其实是循螺旋纹上之同一垂直线上一点了，则也可见事物之回还，视景与前者相同，然而据点提高了。这是就常识方面说，未必为尼采之意。

更进而取此回还说以为伦理方面的行为问题之准绳，亦有其效果。康德讲实用理性，论道德原则为"普遍化"，必人人可为。如偷盗行为，是不可"普遍化"的事。如"普遍化"而人人为之，社会必至解体。在尼采则提出"重复化"之说，其作用亦同。问题：你愿意你这样的生活重复以至于无数遍么？若已知自己的生活不正当，或知觉自己的错误、过失，则答复必然是不愿意。必然会觉到一误不可再误。亦如偷盗，是不可"重复化"之事。在个人时复可为，在大众亦必人人可作。取两说并观，康德之说为横，属平面，属大众。尼采此说为纵，属直线，属个人。高度的倒转则为深度，直线之乘方则为面积。立说不同，而归趋一致。

这信仰还有些理论上可诘难处，难得圆满地答复。这出自高等的精神经验，不是从下构架的，而是自上流注的。难绳之以严格的逻辑思维。这是人生哲学，而人生也不是纯逻辑的过程。

"超人"与"永远回还"两说，大致有如上述。说者谓在前说中，尼采将"超人"提到愈高，便显出庸俗中凡人之愈下。这创伤和毁坏是巨大的。再立后说，又是医疗这创伤和补救其所毁坏。前说似乎抹杀了凡人之存在，后说又将他的生命给还。这也成为一说，但是否尼采立意如此，仍为可议。

由此书而观其哲学思想，实见其为丰富，多方。若愈加分析，必愈见其分歧繁复。在此则似无此必需。而出之以散文诗的体制，文辞之美，与其思想相辉映，与一般枯乾的哲学文字大有分别。其所为人崇拜者，不单在此，尤在其人格伟大，苦斗了一生，有一种不屈不挠的精神，是一种英雄主义。自其五岁时丧父，以至于受到大学教育，皆是勤奋努力，以至二十四岁时便当教授。年青时当过一年炮兵，曾堕马受伤，久治始愈。后来又当过战争中前线的伤兵救护士，那时因教职已隶瑞士籍。辛勤讲学十年，到1879年因病退休，退休后几乎每年著一书，到1889年在都灵（Turin）城街上猝倒，从此精神失常。由他的母亲看护他七年，母亲死去，又经他的妹妹看护三年然后去世。平生遭受了时人的讥讪，冷遇，精神痛苦可知。失恋，因而独身；而孤独，亦无朋友。于这种种痛苦中，仍不失其于人生的乐观，对生命的崇扬，一将人生之升沈起伏称讥苦乐括于一语，曰："这便是人生么？好吧！再来一遭！"而仍保持了大希望，曰："化你们的大悲为对超人的爱吧！"……

尼采也是热烈底抒情诗人，可谓开了新浪漫主义一派，德之里耳克（R. M. Rilke）或吉阿格（S. Georg）之诗，皆受了他的影响。其他文学家如纪德（Gide），妥玛斯曼，以至哲学家如韦兴格（Vaihinger），柏格森（Bergson），萨耳特（Sartre），以至施扁格勒（Spengler），皆染其其思想甚深。至若萧伯讷（G. B. Shaw）之《人与超人》，尚不在话下。——在中国，当然是为鲁迅所欣赏。

不幸，尼采思想在生时已被人误解以至利用，如特莱支克（Treitschke），一位爱国史学家兼政论者，已将其学说曲解，身后又为野心者所假借，奉为宝典，愚惑常人。至今仍是反动派之尤，不但在几年前我国亦有人这么称谓。崇之者如天，非之者如渊，尼采平生，也实是登上了高峰，只为了向下堕落的。如今西方国家的学者，对之或则讳言，或因为德国人在此世纪两大战中皆大败，而毁灭还不彻底，要将其哲学家也贬斥；最不舍其仇恨的是犹太人，因为德国曾大举在战时杀戮犹太人。然尼采平生实未尝反对犹太人。德国昔年之排犹，乃是经济原因，因为他们操纵了德国之经济动脉，金融界。不是像后时的以、阿为土地争夺之故。然昔年以、埃战争中，以色列首揆葛达·梅侬（Golda Meir），说出了一句苦言，辩护其先制人之战略，说："我们与其死掉了而受人怜悯,毋宁生活着而负了恶名!"——这位老太太所说,正是尼采的道理。

总之,于世界上世纪这么一位明星,研究至今未已,议论至今不定。其在这世纪初为鲁迅所推崇者,正因其为"反动派",鲁迅生当大革命时代之前端,其时可反对而当推倒者太多了;如主子道德,奴隶道德之说,所见相同,乃甚契合。《鲁迅与尼采》,这是可著成一大本书的题目,将来希望有人从事于此。——究竟说来,尼采的文化哲学,未尝深透入民生根本之经济基层;观察到了一颓败建筑的上层破阙,而未涉及此建筑之已倾或将倾的基础;而且,著眼多在个人,小视了群众;见到了阶级划分,忽略了劳动生产;见到的暴君专制是在政治方面,未见及大资本家之压迫的经济方面甚于暴君;见到了大规模阵地战,未见及小规模游击战;见到了钢刀利剑之杀人,未见及如鲁迅所云"软刀子杀人不觉死"。深透西方社会,欠了解东方文明。所以在东方的影响,远不若唯物论之落实。甚者,其思想时常披了诗化的外衣,在理解上又隔了一层,虽其效果比较悠远,然远不如质直宣传之普及大众。所以在推翻旧时代事物而创造一新时代,在东方以后者较容易成功。鲁迅晚年转到了马克思主义,却未尝抛弃尼采,所重在其革命精神,同向人类社会的高上目标前进。

末了,请赘加几句译事之言,事过五十年,这译本仍有人读,实因尼采原作深有可供研究的价值,译者只忝为文字之役,求其无误或犹有未能。远不能如前所举怎样与尼采的作风相同。总之以为这不过西欧一家之学,其言有偏有驳,有纯有至,是一复杂底有机体。其与余家冲突亦多,则译者主张各观其所是而不执,不必趋于折衷主义,亦不必强求其会通。以译者学问之浅薄,所见或与西方人士不同。于同情底理解虽未必作到,而大胆底批判亦未敢妄为。——凡文字及见解纰缪之处,多希望海内外专家是正。

(虎年谷雨后四日徐梵澄序于北京)

附:郑振铎《序言》

尼采(Friedrich Nietzsche)的《苏鲁支语录》(Also Sprach Zarathustra)刊行于1884年。全书凡四卷,以富于诗趣的散文,写出他的"哲学"。这是一部语录,托为一位波斯的圣者苏鲁支,向他的门徒和人民们训说的;所谓"超人哲学"便是他所宣传的东西。尼采他自己对于《苏鲁支语录》有一段自白:

"在我的著作中,《苏鲁支语录》占一个特殊的地位。我以这著作,给人类以空前伟大的赠礼。这本书,声音响彻了千古,不单是世界上最高迈的书,山岳空气的最真实的书——万象、人类遥远地在它之下——亦且是最深沉的书,从真理之最深底蕴蓄中产生,这是一种永不涸渴的泉水,没有汲桶放下去不能满汲着黄金和珠宝上来!"

"他所升降的云梯,没有边际,他比任何人已经看见更远,意愿更远,并去得更远。"(Ecce Homo,楚曾译文)

他自己又说过:"人如不自愿闭其智慧,则对于发自苏鲁支之歌——鹰鹍之歌——必须给与适当的注意。"

他所注意的是"将来"而不是"过去"。"哦,我的兄弟们,你们的高贵不当向后流盼,乃是向前凝视!你们当爱着你们的孩子们的国土——在最遥远的海上没被探险过的国土!让这种爱是你们的新的高贵吧。我盼咐你们向着那里扬帆前进!"

这便是苏鲁支——尼采——所呼号着的话。

这部译文是梵澄先生从德文本译出的,他的译笔和尼采的作风是那样的相同,我们似不必再多加赞美。

在我们得到梵澄先生的译本之后,楚曾先生也以他的另一部全译本交给我们,很可惜是不能再在这里刊出了,对于楚先生,我们谨致敬意和歉忱!

(1936年)

《鲁迅珍藏德国近代版画选集》前记

德国《创造》版画集刊，始末不详。大致始于1918年左右。年出四集，每集十帧。皆当代艺人作品。鲁迅先生由上海商务印书馆经手购得时，乃自第二集始。或者其时第一年度当有之四集，已不可得。所购得者，自第二年度第一集起，至第五集，则中阙者二。第六集亦阙其二。于是乎止。共十六集，凡版画一百六十帧。

何以第五、六年度皆阙其二，必因当时购之未得。倘出版后旋即售罄，则国外之采购者亦难得其全。事距今已七十年，在吾国虽经历沧桑，然经周师母许广平女士之精心保护，乃博物馆诸同志加意珍藏，初无失落至四集之事。

此十六集每帧皆同大小（四十一厘米乘三十一厘米）。纸质颇厚而柔，宜于拓印者；虽岁久色已微蔫，而皆无破损。每帧必有原作者用铅笔签名于下。使观者弥感真切。仅有一帧因作者身故而由其夫人代签。

版画包括木刻，冷针镂刻，镂蚀画，石版画四种。间有印出后由作者以彩色点染，色多至三种。主要仍黑白二色。

每集有关于作者之介绍文字，前后共四页。似撰者非一人，观点不同，水平互异。亦非人皆史家，有共通标准。往往多艺苑浮谈，敷衍为说。然似亦有老教授之流参与其间，拳拳恳恳，殷心指导，寓箴规于奖借，意在使后进克展其才能，斯为可贵。在总编者涵纳众流，亦固其宜。

艺术家之著名者，多有自传，或旁人为之立传，则其生年月日皆有可考。然在女艺术家，除少数外，多不可考。盖欧西礼俗，由来忌询女士之年龄也。是即在同时代，求史实之详明，已有限制。凡集中所举艺人，出生多在上世纪末叶，工作盛时，多在本世纪二三十年代。当时距其辞世之年尚远。而第二次世界大战随之。民生残敝，文献凋落，诸艺人之升沉存殁，又已难详。故多仅录其生年，而无从著其卒年。此当俟将来考定补入。

在于平世，稍著声名称艺术家者，一国无虑千数百人，而人必有作品数十、百件。倘人出一集，则限于人力物力，势所不能。《创造画刊》人选一帧，一年亦仅四十人，此无可如何者也。且一人之身，作品有少、壮、老之异时，采者因时代、因观点而异尚，则一帧是否即其平生之代表作，甚属疑问。故此华文翻印之集，虽删去一作品，仍逐录其介绍文字。使将来更得其作品，有所参考。倘原作品与介绍文字两无可取，则皆删而存作者之名。

原集之介绍说明文字，不过六十四大纸。其中之人名，地名，派别，运动等，甚为复杂。音翻颇难精确，俗译亦多讹转。然沿用之久，只合斟酌采择。如一河流或一城市，英语、德语，原自异称，在德国者本宜就德语音翻，然读者非所素习。姑就通行已久者采用。

中西文化背景，究竟不同，名人，杰作，在欧洲尽人皆知者，在我国大多昧然。反之亦复如此。兹择其甚关重要者笺注，资料则取自德、法、英三种文字之百科全书，极求简明，使阅者易于了解。而原集文字内容有未备者，间亦从诸全书中采取补入。因原文亦限于篇幅，未必详尽。——由此可知此一工作，实难完善。或有承讹阙漏之处，深望海内外方家补充是正。

时光迅速，此百年之中，世界情势大变。无论国际，即各国内部，凡阶级、宗教、政治斗争，皆极惨烈。以艺术为政治斗争之手段，则已出乎传统艺术范围，必不能以夙昔之标准绳之，而当于其用心，主旨，目的忖度，自有得于牝牡骊黄之外者。此翻印选集，未尝墨守旧时之绳尺，未尝徒凭选者之主观，未尝略存对外之歧视。纷纭异说，主义滋多；暧姝师徒，派别蜂起。第各就其所是而观其有是，则采；就其所见而见其不及，乃删。务求弘博，以广遐观，宜可以陶淑艺林，导扬当世。谅此为德国编者之苦心，原亦鲁迅先生之志也。

(1993年12月杪，徐梵澄附记于北京)

《陆王学述》后序

以上十九篇，将陆象山、王阳明这一系哲学，牒述了一大概。其所涉及的他派也颇广泛。学者循此进而开发，当有新的收获。因为中国历代文化宝藏实属丰富。究之精神哲学的领域，本自无边，其出发乃自心源，而心源无尽。

所以标举这精神哲学者，因为这——"此学"——较纯粹思辨哲学的范围更大，它能包含后者却不被后者包含，思智只属精神"大全智"的一部分，而出乎思智以外的知识有待于开发的尚多。就名相言，精神可容纳思想，而思想涵盖不了精神。无疑，至今精神真理多涵藏于宗教中，但宗教已是将层层外附如仪法、迷信等封裹了它，使它的光明透不出来。偶尔透露出来的，的确是"放诸四海而皆准"的达道，即陆氏所说之心同理同。

自古及今，宗教对人类的福赐是大的，但其所遗的祸患亦复不小。读西洋史及南亚史及观现代各地宗教战争的情况是可明了的。——中国似有天幸，历史上类似西方的宗教战争未曾有过。汉末黄巾三十六方同日而起，只是政治斗争，不是两教或多教间之互相攻杀。其他小规模之起义，性质相同，如白莲教等。中国历史上的天灾人祸也多，但这种祸患没有。

诚然，历史上未尝有可凭宗教迷信而长久立国者。五千年中国文教菁华原自有在，不得不推孔孟所代表的儒宗。仁民而爱物，于人乃仁，于物不必仁，而亦不失其爱。从容中道，走出了一条和平忠恕的坦途，能善其生，即所以善其死。有了宗教之益处，而不落宗教迷信之邪魔。脱去了一切心理上自加的缠缚，如天堂，地狱，原生罪，风刀之考，六道轮回……等等荒谬幻想。所谓神明华胄，出生原本自由，不必入教堂受名或受洗。

人生亦不可无有禁戒，所以善其生。宗教中的戒律是多的，有的苛细之极，若不加学习，在日常生活中动辄得咎。孔子也曾说人生三期之戒，可谓深透人情，正是所以善生，不是束缚。绝不是磨折此身体至死，以图其所谓精神的解脱，或不生不灭的无余涅槃或梵涅槃。我们现在只看阳明之教，千言万语的教诫，由博返约，只曰"去私欲，存天理"，只此六字真言，何等简单，而且积极，非是消极只戒人不要这样、不要那样而空无所成。倘使人能诚诚实实、念念在此六字上下功夫——即孟子所说"必有事焉而勿正"之"事"，——其效果之远大，良好，等于或且胜于遵守一厚册经文戒律。这如同一原是健康的身体，只有一点极简单的卫生原则，则用不着服这药或那药，守住一大部医药学，因为身体本没有病。

所谓良好而且远大的效果，是既明"此学"已，同时便得到"此乐"。于是人生之痛苦皆除，直至"存吾顺事，殁吾宁也"。徒从事于思辨哲学，或者从之能得到理解上的满足，如同解答了一谜语，不是于宇宙人生真实的全部悦乐的体验。再返于约，这又更简单，只有一个字，即孔子所教的"仁"。其他一切名言以至体系，皆从此中源出。知"仁"然后知义，知礼，知乐，……以至本体，功夫，理，心，道……最后归到一句口号，曰"学者学此，乐者乐此。"——仍是古说。

这一小册子，尝题作《陆王哲学重温》，是数年前偶因感触而写的。其材料搜集于数十年前。意在以最简单的文字表达这一派学术，不讲多话。读者若依此自寻材料，详细发挥，竟可欣赏其弘庞博大，亦又深奥精微。但主要纲领皆在这里了。初稿曾请教于蒙登进先生（中国社会科学院哲学研究所研究员，《中国哲学史》杂志总编辑），得承指教数处，兼惠借图书参考，深为感谢。梵澄居异域久，学殖荒落，此中重复冗沓之言，及疏忽遗漏之处，皆所不免，诚望海内外博达君子予以教正。

(1993年5月18日写竟于北京)

专 论 篇

韦陀教神坛与大乘菩萨道概观

这篇文字,只是在韦陀教与大乘佛教的神坛前,作一番巡礼。因为这题目的范围颇大,难于作一详尽底研讨,姑且只作一概观。

我们知道佛教初起,是不信神的。原始佛教可说属于"无神论"(Adevism),它反对婆罗门教之神。无论后世依佛经的内容作三时或五时判教,案于佛初说法,说的是八正道,四谛,十二因缘等;如何脱苦而得涅槃是所着重的,形而上底哲学问题多所不谈。后来直到大乘发扬,仍于宇宙间之"能力"(Shakti)不判,何况说"神"。印度古之所谓"神",在梵文中称"提婆",Deva-devata一字根 $\sqrt{\text{div}}$,有"给予人"之义,古代又有"祭物","所祭祀者","神圣者"之义。这字在西文不可译为 deus 或 god,西文这些字的意义,与此字初始之义相去千余年。然舍此又无他字可翻,只好取多数名词如拉丁之 dii 希腊文之 theoi,英语中之 deifies 等为代表。"菩萨"是"菩提萨埵"Bodhisattva 的省称,"菩提"意义是"觉","智","萨埵"是一个"真体"。"大乘"音翻"摩诃衍那"mahāyāna,"衍那"原义可说为"路","路道"。"乘"义后起,在中国自《法华经》盛行于世之后,

"乘"之名乃确定不变，因为该经中说"三车"，"车"即是"乘"。大乘到末期亦称"天乘"，音翻 Devayāna 为"提婆衍那"。"提婆"义译为"天"，"天"与"神"，在华文意义已大为不同了。"提婆"亦是流俗尊称，如父、师、贵客皆可称之，但在佛教中只是指"神"。追寻这些"神"的由来，当然要追溯到古之韦陀，佛教末期加进了无数"陀罗"Tārā 又称"救度母"，已是入乎"金刚乘"或"密乘"了。

首先，我们看印度古代的这些神或神的观念的起源，其次看它们如何衰谢了，如何在印度教中保存了一部分，然已变。如何入佛教又再变，入中国之后又三变。这样研究下去，是易落入支离破碎的，但要在挈其纲领；这里姑且就多家稍已确定之说，表出一大概。

我们知道，在印度考史是极困难的事。因为撰著的历史不完备，而历史与神话不分。于今若求知印度史的一点历史年代，只合采之印度本土以外他国的记载，佛乘方面，当然是要取材自中国史料。而中国的亦如他国的皆非尽属可靠。即如佛陀的生年，中国推到周代，时当公元前 1027 年。南传一系则新加罗谓生于公元前 623 年，缅甸一说为生于公元前 653 年，现代大致推定佛生于公元前 557 年，成道在公元前 528 年，大涅槃在公元前 480 年或 486 年。要之只有一大概之说。近代西方学者考证印度古史，说亚利安人的文化始于公元前 1800 年左右，随后便是韦陀时代了，大致推定是在公元前 1500 年起；韦陀《诗颂》之结集，大致在公元前 1000 年。在公元前 700 年可谓韦陀时代已经结束。自公元前 600 年至现代，诗颂之集不变。（参：Maurice Bloomfield 编 Concordance of the Vedas。）中间祭祀之起，祭祀教育之兴，四族姓之分，至公元前 750 年左右为祭司极权时代。在佛起以前，可假定韦陀教已有一、两百年之衰歇。此一说颇可靠。及至公元后二世纪，龙树创中观而大乘安立，从此有南宗与北派之分歧。南宗宗般若，确凿根源地难定，大致是由南印度转至西方更转至北方；北派因与希腊波斯交通而受濡染，根源地亦难确定，参入了敬拜道，祈祷他力，往生乐土诸教义。成了所谓西域的大乘教。这么一直发展到七世纪中叶，玄奘归国，那兰陀寺随后被焚，大小乘佛教皆渐渐在印度本土灭亡，然在印度本土以外流传了。据《寄归内传》（卷一）："北天南海之郡，纯是小乘；神州赤县之乡，意存大教。自馀诸处，大小杂行。考其致也，则律检不殊，齐制五篇，通修四谛。若礼菩萨读大乘经名之为大，不行斯事号之为小。"可见舍教理之分别不论，大小乘有此拜菩萨与不拜菩萨的不同，而即可见依自力与依他力两道之异，推之则宇宙观人生观皆有区别。传说中之"正法住世五百年"，自佛灭度后则不能不推为小乘时代。"像法住世一千年"，则亦无妨说是大乘时代，从公元前二世纪算起。在印度本土则公元后二世纪时婆罗门教又复兴，渐渐分成各派，即今之所谓印度教。中间又采纳入回回教，以至近古的基督教。

有了这么一个历史的大致轮廓，我们来看这些古代和后代的神，方能得到一比较清晰的概念。

第一个韦陀之神，便是"因陀罗"

在《黎俱韦陀》一千零二十八篇诗颂中，颂赞因陀罗的可四分之一。似乎在古伊兰与印度两民族未分的时代，已经敬拜此一神。这最初是表人类对大自然的力量的崇拜，是雷雨之神。到后来衍变为战争之神，击杀"旱魃"（vrtra）或"黑暗"之神。"旱魃"被杀，则释放被囚禁的水即雨水，而且胜得光明。其为战神，则当亚利安人南侵而征服古土著的时代。

诗颂中说此神的形状，是可怕的。他能饮"梭摩"液，——一种古代醉人的饮料，今失传，——如湖海之量。饮了"梭摩"，头，口，颊，髭，发，皆飞动起来了。而吃的是牛，一吃若干头，所以是大腹。它的气力自然很大，因为形体有十倍此土地之大，所以称"威力主"或称"百威神"。它所用的兵器，是一"金刚杵"，有时也挟弓矢，持着一钩。"金刚杵"便是电光，在雷雨中的常见现相。它的出生，有两说，一个似乎说他是"天神"Dyaus之子，与"火神"为同父双生兄弟。另一说是"工巧"神（Tvastr）之子，被他后来杀掉的。他的妻名"因陀南尼"Indrānī。他是一班"摩楼"（marmta）的盟友，它们帮助他战斗，所以又名"摩楼捶旺"（Marutvant）。①

神话的中心，在于击杀"旱魃"。有时也屠龙或蛇。战斗胜利了，山中的水皆解放了，人间乃免旱灾。说水在地中，但有时也说是空中之水与天上之水，所以说囚禁水的是怪物，山便是云。又说云是铁石所建筑的天魔的堡垒，其数常九十，或九十九，或一万。是空中堡垒，能够飞行，所以因陀罗又称"摧毁堡垒者"。寻常他杀妖怪，如罗刹之类。水既在空中为雨降下，驱逐了云，则说因陀罗把太阳仍然安置在天上。或说在黑暗中寻得了太阳，替他开路。倘是长夜已过，刚启开了晨光，晨光譬如母牛，牛是从黑夜之栏中放出了。有说其打碎乌沙——即晨光或朝霞——的车子，因为它迟留太阳不出。有说其打太阳神的车子，毁断了它的一个轮子。总归他是一威力之主，能舒卷天地如皮革，或者擎持天地，如一轴之贯两轮。有说天地为一魔鬼所结，他打胜了这个魔鬼而天地始分。

---

① 此亦"风神"，或说其数七，以"摩利支"为首。大藏中仍有《摩利支天经》，名出于此。

因陀罗与人类有亲切的关系。因为他是"百威之神",所以战士祈祷他,帮助亚利安人征服黑色皮肤的人,说某次他驱散了黑皮肤的人一群五万,使亚利安人得有土地,使"大西攸士"人隶属亚利安人。[①]诗颂中还称他是朋友,是援助者。战胜掳掠得财之神(Maghavan)。

在 Avesta 中,亦有"胜利之神"名 Verethraghna,(= Vṛtrahan),即"杀戮旱魃者"。于此不难假定,在"印度伊兰时代",有这么一位表自然之力的天神。其时亚利安人一方面游牧,一方面战斗。所以将它们的想像,反映出这么一个形态。他们当时好勇,好醉饮,因暑而时望雷雨。及至耕耘定居之后,他种理想的神继起,不复敬拜歌颂他了。于是变成了《史事诗》和《古事记》中的一位英雄。后起亦有因陀罗战胜克释拿(Kṛṣṇa)的传说。或者在韦陀时代晚期,有一仍拜因陀罗之民族,战胜另一信仰克释拿神之民族,遂起此传说。

佛法究竟在印度支配或说统治了人心千数百年,若干名物象数皆佛化了。如同一树,在古称之为 Aśvattha,在佛教人士则称为"菩提树"。同此一大力之神,在佛教中变成了"天主帝释"Sakro devendra,音翻又作"释提桓因"[②]或简称"帝释"。"提婆"加"因陀罗",省略"陀罗"一音,又省略"羯罗"一音,成了"释提桓因"。虽然,这里仍要将这"帝"字研究一下。

诸"天",当然是指诸"神",但亦当指自然之天。于时已是到史诗时代了,则起了四天王之说。佛初成道已有四天王献钵之说,则为"世界的保护者",简称"护世",在华文乃称之曰

---

① Dasyus 字义为"毁灭者",即原始土民,亦称"黑皮",亦称"羊鼻子"。从事畜牧耕耘,亦有堡垒。被虏为奴隶,故至今"仆人"犹称 Dāsa。

② 参《法苑珠林》引《长阿含经》。

"王"。遂有"增长","持国","多闻","广目"之四"王",分主春,夏,秋,冬,而于地为南,东,北,西。大致还是指"神",然其所护之域或天,是自然界之天。其所称之"天女",当然是"提婆"之阴性字（Devī）,及所称之"天子",乃是"提婆"之子,与华文"天子"之义,大相径庭了。于是"因陀罗"不止是专称,而起了多个附义,又简称"帝释"。

大致韦陀时代后的印度教,已没有人敬拜这位因陀罗了。但在我国历代寺院建筑中,还存了一位"韦驮菩萨"。这名称是当理解为韦陀时代的菩萨或韦陀教的菩萨,即此一神。塑像多是武士装的立像,手下支持一长金刚杵或其他兵器,则仍是古代雷电的象征。大致古代战斗或狩猎,也有携带织网的。《华严经》中仍有"因陀罗网"之说,又简称"帝网"。于是这位"帝释",成了佛教的"护法天王",打击外道,在印度有与拜水外道,拜树外道,拜蛇外道争斗之说。及至入乎金刚乘中,乃成为"金刚手菩萨","手"表"权能",于是因陀罗神的宗教上的衍变遂止。

第二,当说"阿祇尼"Agni

"阿祇尼"是"火"神。在拉丁文曰 ignis,在斯拉夫文曰 ogni,字根或许是 ag,字义原为"活泼","驰驱"。——起源甚古,或在"印欧时代"。

《黎俱韦陀》第一颂第一字,便是这"阿祇尼"神。全书称颂此神者,都二百余篇。凡八卷皆以此神之诗始。地位之重要,略次于因陀罗。

此火乃古亚利安人祭祀之火。说他的形状,头上腾起光芒,面对诸方,背如凝脂,头发是火焰,髭作黄赤色,齿如黄金。舌头动则是天神们在食祭品了，他常是辉光生动。

又比况这阿祗尼为动物，则为牛而吼，自磨其角。说他初生如犊子，炽盛则如烈马，为诸天神所乘的马，或者运载一车牺牲品上达。又为鸟，为鹰，居于水中则为鹅，据有森林，如鸟栖木。他的粮食是木、清酥油，每日三餐。他亦是天神食祭品的口，焰光便是食杓，斟出祭品贡献。也与群神同饮"梭摩"汁。——他常驾着两匹黄马拉的车，天神乘着这车往返祭祀场所。

他的出生，是天神之子，也是天与地之子，也是诸水之子。有说来自远方，是因陀罗用两片云或两个石头生出的。出生之后，便不能哺他。他有无数生，这便是家家户户皆要生出他。大致说他有三生，人间，空中，天上。而生出他的十女郎，则是说人的十个指头。生于干木，旋生旋吃掉父母。称为"烟炽"，红烟直起，则如柱擎天，声如雷，烟如潮。然他常是年青，因为每日清晨出生。但也没有比他更老的祭祀者。他生于空中之水里，则说为诸水之胎藏。又燃烧于水中，则说为在诸水怀中生的牡牛。他生在最高天，有说由摩达理施婆 Mātariśvan[①] 携他来到人间，是天神对人类的大赠品。—— 治希腊神话者，记起普洛美贴阿斯 Prometheus，岂不感到同似？——有说太阳也是他的一相，为光明天之光明，生于太空的彼面，洞见一切物，生为朝日而起。总之，他有三生则有三身，三头，三位，算是韦陀神坛最古之三位一体。

如说因陀罗为战士，则阿祗尼为祭司。常被称为"家庭祭司"，或"请神祭司"，"执事祭司"；在韦陀仪法中，祭祀各有专

[①] "摩达理施婆"字义是"自伸展于母体中者"，拙译"生命之主"，即万物之母。或谓"空"，或谓"地"，或谓"风"。

执，要之离不了火。又称他聪明，全知，号"诸生明者"，因其"明"不可及，明了一切众生。他的特殊能为，则是驱逐邪魔，度人生离灾厄，解脱人因无知所犯的过恶。有时又称其即是因陀罗，即是婆奴拿，甚至称其即是"智慧女神"。——附带当说，直到后世克释拿教派兴起以前，亚利安人崇拜宇宙间这么一个阳性原则，阿祗尼。韦陀时代的女神只有乌沙 Ushas，是"朝阳"或"夕阳"之女神，或"朝霞"或"晚霞"，是贞女。直到印度教崇拜"大梵"即"婆罗门"大神了 Brahmā，方给他一配偶即"智慧女神"（Sararvatī），是语言与学术的保护者，加入了一阴性原则。而在《黎俱》中，此"智慧女神"原与"语言之神"（Vāch）有分别。在佛教中则成为"辩才天女"，入金刚乘方称为"妙音佛母"，"清净佛母"，其起或在公元七世纪之末。大乘初起直至六世纪，所崇拜的皆男性之神，仅有"陀罗"为女性，亦不重要。直七世纪初渐渐有二"陀罗"，后增为二十一。

要之，佛教中"火神"没有地位。后世方成为金刚神之一，"五大"或"四大"原素之一。然在韦陀时代，在天为日光，在空为流电，在地则为人间所生之火，由是同为一火而有三头三舌三身之说，所谓"三位一体"。后世在印度教，则为"大梵"，"维师鲁"，"湿婆"三位一体之神，表自然之生，住，灭三态。在佛法中也有"法身"，"报身"即"受用身"，"应身"之三身说，则已是哲理化了，皆可远追至此一胚型。

第三，当说"楼达罗"Rudra

这亦复是一威猛之神，说为形貌美丽的一位天神，皮肤棕红色。头发梳成结，着金项链，挟雷电杵，操弓矢，常常和"摩楼"（Maruts）在一处。有说是诸"摩楼"之父。他有一头母牛，名冨施尼（Pṛśni），"摩楼"皆是从这母牛的乳房取出的。而他自己也威猛像一头牡牛，又像天上的红色的"野彘"。也常是年少不老，为世界之父或"自在主"。人之求祷他，总是请他止息威猛，不伤人畜，但他不是降灾祸的魔王。他豪富，善于赐福，能医疗，有千种药材，为最伟大底治病者，所以号曰"清凉"，或称"有清凉剂者"。也称道他的性格曰"湿婆"（Śiva）即"吉祥"。

倘若我们寻求在大自然中这有何物理根据，则我们可假定此楼达罗表风暴及雷雨摧毁的现相，一场在炎洲大雷雨风暴之后，实给人以涤除和清凉之感，那么可归功于清凉之力，有同药剂。倘若这种摧毁不是对田园人畜的大破坏，则依然在那里的物质环境下是一大赐福。在"后韦陀时代"，这名词全为 Śiva 所代替，以"大梵"表生，即创造，以此神表灭，亦散坏，而与"维师鲁"即养育者为三位一体（trimurtī），或同体或一体，如上所说。但"湿婆"Śiva 这名词，若从梵文中求之，亦不明白。但在原始印度土语"达未荼"文（Dravidian）得一字根曰 $\sqrt{se}$, sev，似乎可合，义为"红色"，"棕色"，"美丽"，"正直"，而南印度方言坦米耳文中，亦说 seyyan，义为"红色者"，"毁灭者"。毁灭之神作火色。这是千年前的诗中所有。或者古亚利安人达未荼人相混合时，所敬的神相似，因而亦合，渐至达未荼人增多，势力强大，竟罕用 Rudra 一名，而取 Śiva 一名词代之了。——这非是不合理的假定。

在《黎俱韦陀》中，关于楼达罗者，三全颂，一与"梭摩"合，凡四颂。梵文字根为 $\sqrt{rud}$，有"呼号"，"哭泣"之义。这是文字随流俗的变化，人生总是不喜爱表毁灭等相状，而喜欢"吉祥"，也许亦是文义禅代的原因。——至若大乘中亦有"药师佛"的敬拜。（参《法华经》卷六）或"药王菩萨"，[①] 穷究往古，亦是此神。

第四，当说"婆奴拿"Varuṇa

《黎俱》中除因陀罗而外，以此为最大的一神，但诗颂不多，十一二篇而已。

这神，说其为宇宙的最大君王，他包举这宇宙，他的领土则是"摩耶"，义为"幻有"，所以称他为"摩因"（Māyin）。是一千眼神，他的眼睛即是太阳。坐在车上，披着黄金袍服，时常从天上坐车下到人间，坐在祭草上受供。——有他的一班侦探环他而坐，他们伺察凡人，促起凡人祈祷。《诗颂》中又赞扬他为宇宙法律的保持者，他分置天地，将太阳装在天上，将火置在水里，将"梭摩"放在崖石里。于是明月经天，群星丽空，天雨下注，江河入海，皆服从他的教令。

古亚利安人以自然界与人事界多有其定则，所以推出一神为"定法者"，凡天神皆服从他的法律，其权威之广，鸟飞不到，水流不及。他遍知，知道空中飞鸟的次数，知道海上船只的航行，知道飘风经过的路程，知道宇宙间一切过去未来的秘密，知道一切群生眉睫的动数。他保持宇宙大法，所以能发怒而惩创破坏法纪者。他用绳索系繋罪人，而消灭其恶果。颂赞称他，便称道他的赦宥。正人死了，可在天界一福乐世间见到他。

此一名词，说者谓与希腊文 ouranos "天"同源。梵文字根，

---

①《翻译名义集》引《本草》序，开元中，敬礼药王菩萨，菩萨姓韦，名古，字老师，原疏勒国得道人，则或是另一传说。然疑梵文中 Bhaisajyaguru "药师"一名词或亦此说之由来。Bhai 音可作"韦"，名"古"则不得其出处，而 guru 义则为"老师"不误。"古"或又从此 gu 音衍出。至若为西域之疏勒国人。待考。

$\sqrt{vr}$ 义表"周绕","覆盖",或原本指"天",遂取其"覆盖"义。Avesta 中,有 Ahuramazda "聪明的神灵"一名,与此 Asura Varuna 名异实同。那么,起源很古了。说者谓印度伊兰时代,婆奴拿的重要性,远过于因陀罗。其所保持的大法即所谓"道"(Rita 或书 ra,r 原为 ar 或 or 之省文,在拉丁则为 or,er,ur,或 re。在梵文原义为天体之运行,义转为伦理之通则。故当译为"道"乃合。佛乘中不言此 rta)。于此亦可见"阿修罗"一名词,在韦陀时代犹是善义,不像在后世以及在佛教中成了六道轮回中之一道,是一班魔鬼。——而婆奴拿总常是与密达罗(Mitra)并称,字义为"友",即波斯文之 mithra。《黎俱》单颂密达罗者,仅有一篇。十四世纪时,萨衍拿(Sayana)注《韦陀》,说密达罗司昼,婆奴拿司夜。其说似后起,大抵二神德性皆同。说稍变谓密达罗与晨光合,婆奴拿与夜色合,又皆为太阳神之子。由此更变,婆奴拿则为月神。太阳神有一教派,崇拜日月五星,或由巴比伦之崇拜天体之信仰而转入印度。此派则以其为月神,而月分上、下弦,则谓其为初生就盈之上弦月。终至古《韦陀》之说全失,又仅其为水神一说尚存,其世界在地下某处。则近于史诗的时代了。为何这两神总是连称,这也是情理之常,在印度古人不异,大致谁也不会爱敬一位知道自己眼睫的动数而手下有一班侦探的神,所以将其与"友神"并提,表示是朋友而不是仇敌。

在佛典中,似乎难寻得与此神相应的菩萨,却变成了一佛,曰"水天佛",或"水天中天佛",似乎不是两佛连称。那么,由韦陀教入印度教之后,或由印度教入佛教,再流传入华,而本义全失。

第五,当说"太阳神"

同一太阳神有三个名称。萨衍拿注《黎俱》,说太阳升起以前，称"修利耶"（Sūrya），东升西没称"阿底替耶"（Āditya），这是后起之说。此字从 Aditi 而得，是"晨光"或"朝熹"之女神。女神嫁与"天"神而生太阳神。这是一"自然"之人格化的说法。第三个名称是"萨未特黎"（Savitr），此字之根是 $\sqrt{su}$，本义是"刺激"或"兴奋"。常与"提婆"并称，可曰"刺激"或"兴奋之神"。诚然，宇宙间若没有太阳，则必不能兴起生命和一切活动。《诗颂》中称此神相为金光，金目，金手，金舌，金臂，坐金车，驾两马，辉金光以照三界，直至地极，一上一下，众生毕见。他的自古之太空驰道，没有一点灰尘，在此路上他赐福于敬拜者，使人得富庶，神得永生。为人祛除噩梦，扫荡鬼魅，消解罪业，保护正人义士死后往其安土。天神们皆服从他的领导，而祈祷者常求他扬举其心思。有一《太阳神颂》为三八音诗，至今婆罗门每晨诵持不衰（Savitr）。

太阳神既有三名，譬如一人而有多名，不足异。然又称其即是阿祇尼，即是密达罗与婆奴拿，这是此神亦即彼神，所谓 Henotheism，正是多神教与一神教的过度处，由分别之"多"，渐归于综合之"一"，是历史上的寻常现相。但是，说修利耶又是凌空之鸟，为飞鹰，为朱鸟，那么，太阳光线是从空中传下，犹有可说。又说他是牡牛，身上有斑点，或说他为骏马，白色而辉煌，则禽与兽不同了。统同说，依然还皆是生物，然又说他是天的宝石，另说他是一杂色宝石嵌于太空，或又是车轮，一武器，则竟是无生命物了。初看这很易懂，《诗颂》的作者不同，此人作此说，彼人作彼说。但是，这其间颇有一点较深奥底哲理在。兹不详论。《诗颂》中亦称他是"大全创造者"（viśva Karman）。他祛除黑暗，卷之如皮，或投之于水，他量度时间，增延寿命，消除疾病，又当祭司。人求他向天神告其无罪……

阿底替耶即是修利耶，为阿底体之子。但在此是"诸"子，一说有六，一说有八，一说十二个。六个可能是表六季的太阳，——印度古历每年有六季之分，——八个则可能是表八方之太阳光，四方加四方间为八。十二个则当是表年十二月之太阳光。但阿底体不独是"晨光"，又是天，是空，是父，是母，是子，是一切神，是一切人，是一切已生者与未生者，是宇宙众生万物之源。

修利耶字是从 $\sqrt{svar}$ 衍出，义为"光明"，即 Avesta 中之 Hvare，"太阳"。该经亦说其有骏马，又为大神 Ahura Mazda 之眼目。那么，古印度与古伊兰民族同拜此一神。此神在《罗摩衍那》中编成了另外一故事，不具说。

在原始佛教及小乘、大乘中，似乎没有太阳神的崇拜。可是总不能摆脱千多年传统的束缚，总将佛陀的相好，牵涉到太阳的光明。佛典中写佛之金色光明及所放之光明，屡见不一见。后世造像当然是从项背起一大圆光，那是如同太阳之佛光，但造像尤其是雕刻属艺术范围，这一圆光果是出自印度或自希腊或自更古的文明区域，是艺术的考史问题。犍陀罗的造像当然是受希腊雕刻影响，其佛像无一不有圆光，但时代已是在公元一世纪了。大乘中由此起了"日藏佛"，"大光佛"，"光辉佛"，末期兴起了"太始佛"（Ādibuddha），或"毗卢遮那佛" Vairocana，义为"光明遍照"，更夸张了"光明"的这一方面，那么已当与"金刚乘"合论了。[①]

[①] 商羯罗 Śaṅkara 曾说其时有各种拜日教派（Sauryas 或称 Sauras，Saurapātas），教徒胸前额上，皆有烙印痕，时当公元后十世纪，今已无闻。今仅有阿利萨省之 Konārak 庙，已倾圮。外此 Gayā 有一庙，无人过问，Benares 尚有一小者，敬者稍多，为燔燎以祀太阳神。

第六，当说天神，地神，风神，雨神

最古亚利安人所敬拜的，有"天神"（Dyaus），起源或早于其入印度之时。此字即希腊文之 Zeus，通常音翻"宙斯"，称"天父"，即 Zeus Pater，亦即拉丁文之 Jupiter。似乎古日耳曼人一支，亦敬 Tiu 或 Ziu，即是"天神"；古诺司曼人一支，亦拜 Tyr，是同此一神。——于此，我们知道佛乘中之"天"或"提婆"，与此多么不同了。

"天神"与"地神"（Dyāvā Pṛthvī）相偶，《黎俱》中有六颂双举之。"地神"独出，唯见于三首。"天神"未尝独称，综说为两界《rodasī》则不下百余次。天为父而地为母，生出众神与人类，而且加以养育。——附带说，这与他教之说上帝创造了一对男女而后有人类等，是多么不同了。——说其为某神所造，则为一牡牛，一母牛，皆富于生殖力而不老。"天神""地神"皆广大博厚，凡人生之粮食，财富，疆土，荣誉，皆其所施，有时称颂他们皆聪明正直，救群生之患难。有时说为所祀之主神，坐在牺牲前歆享之。说其为牛，为马，牛则赤色，鸣吼，或取象于电光与雷声。马则如黑色骏马，而有珍珠装饰，则取象于黑夜之群星丽天。但此二神的特性皆不甚显著。在古韦陀时代，此一敬拜似不盛大。凡说其他天神相偶，则其一的特性必然显著，如上所举的婆奴拿。每"天神"与"地神"并举，则二者平等。其敬拜虽不盛大亦不甚衰谢。"地神"Pṛthvī 一名原意是"广大者"，义自明白。

佛法中对于天、地无甚敬拜，原始佛教本是一种启明思想。农业社会当然与土地亲切相依，但它的土地之神不能如游牧民族的战神等之声光辉赫。佛教上无论大小乘皆不重视农业，垦土掘地皆佛家所戒（见《四十二章经》）。但是谁也脱离不了土地，谁也要依土地的富藏而生活。于是不得不有"地藏菩萨"（Ksitigarbhah），这其初原是指物理底土地，入乎大乘菩萨之林。这菩萨后起，但溯源仍可追到韦陀时代。在我国寺庙中往往有其造像，是独占一龛，但也表为"金刚"或护法神之一，是"地大"。唐代不空译出的《地藏菩萨问法身赞》，仍可参考。至若《地藏菩萨本愿经》，疑伪。然地神之受敬拜，于此可见。

韦陀中的"风神"是涡柔（Vāyu），"风"即是"气"。在《黎俱》的《补鲁洒颂》中，说其为原始巨人的气息。——"补鲁洒"（Purusa）字义为"人"，这似乎是表一创造的物质原则，所以有原始巨人之说。《黎俱》的这一部分在第十卷中，以体制以内容言，似是晚出，而且作者已明三韦陀兼四族姓或阶级，说"补鲁洒"是世界万物，一切过去者未来者。思想乃与古韦陀为远，而与诸《奥义书》为近。亦可视为泛神论的初端。——虽然，古代则说涡柔是"工巧神"（Tvastr）的女婿。时常驾两赤马，或九十九马，或一千匹马，坐车游行。与因陀罗同车，在饮酒礼上可先于因陀罗，酒是指人间灌献的"梭摩"。又说他是人类之父，兄，朋友，能护持生命，延长寿算。

此名从字根 $\sqrt{vā}$ 而得，义为"吹"。双举则称（Vatā-Parjanya）或（Indra-Vayū），为"风雨"或"风雷"。Parjanya 是雨云之神，全部《黎俱》颂这位帕遮尼亚之诗不过三首，余处提及大约三十次，有时意义不过是雨云，不是神。又称之曰"水皮囊"或"乳房"。有时称为牡牛。这神坐在水车上下倾其囊，则人间降雨。这事与雷电同作，促生植物，亦且使母牛，牝马，女人能生育。有时称之为"天"之子，或众生之父，亦植物如"梭摩"之父，"土地"是他的爱人。

此一神在韦陀中虽不甚重要，但起源颇古，似乎远在亚利安人入印度及伊兰以前。有说波罗底海岸之立陶尼亚人（Lithuania）所敬拜的"雷神"Perkunas 与此神同一。该民族是古亚利安人的一支。

末了，当略说"琰摩"即"死神"（Yama），与"祖灵"（Pitaras）

佛法入中国后，民间似乎添了一位"阎罗"或"阎罗王"，是秦汉古籍中所没有的。在古韦陀时代，则已有这么一位"死神"，其实亦与其他诸神的性格不同，只是一死者的统领而已。说此神的家世，父亲是"太阳神"，母亲名"昧光"（Saranyū）。有一个妹妹，名"琰靡"（Yami）。全《黎俱》中，其颂诗不过三篇，但第十卷中尚有一篇，记他和妹妹的谈话，妹妹称他为唯一有生死者，要和他结婚，但他拒绝了。余处亦说他愿意舍身得死，至于别一世界，遂给人开辟了一条路，至其祖先逝处。

常与琰摩并称的是"火神"，"火神"引导死者，所以称为他的朋友，又是他的祭司。——于此，似乎可推知火葬的起源甚古。——他常常和安吉罗萨同到人间，饮"梭摩"，且享受祭祀。安吉罗萨（Angirasa）是祭司的一大族姓。

琰摩所居在最高天——古韦陀时代只有地、空、天三界，——居处歌吹不绝于耳。凡人供奉他以酥油，以"梭摩"，求寿年，求他领导至天神所在之处。有两种飞禽是他的使者，一是枭，一是鸽。他有两头巨獒，皆是四只眼，虎纹，巨鼻，替他守居处，也游行人间，为他传信。人间也敬这大犬，为了延长寿年，大致他的鸟使一到，那么人便会去了。

他的路便是"死"路。他足上有链子，与婆奴拿的胄索同。佛典中也说及胄索，投出去可将对象网住，不必须是伤害也可以是网救或挽救。他即是永生者中最初有死者，所以是人类的鼻祖。似乎也是死人的首长，天上乐园的主者。全部《黎俱》中，未尝道及其为惩罚罪人之王，其赏善罚恶之说，远在后世方起；与中国的"阎罗"异。

这一双生姐妹，即 Avesta 中的 Yima 与 Yimeh，说人类皆由之而生，该经中又说他是世间乐国之王，则起源应当在"印度伊兰"时代了。

那么，人死了到那里去了呢？各原始民族的信仰，人死后必有其灵，其后嗣乃敬拜其父祖之灵，后世乃发展为"祖灵乘"。《黎俱》中犹存颂诗二篇。古代亚利安人的信仰，也颇有其特异处。

《黎俱》中称祖先，通常是指远祖或初祖而言。这不但是一支一系的祖先，亦复是一大族或一民族的祖先。以远近分，近者自曾祖以下，三世而已；或者分上、中、下三等，中间者往往不甚纪念，下者即近亲，上者即远祖。诗颂中常常说起安吉罗萨，阿他婆，蒲厉古，婆喜史多，这皆是祭司之族上的祖先，或者是《韦陀》的编者。为什么要敬这班古人呢？因为他们开辟了到他方世界的路，使后人得继续前往。祖宗既有其灵，那么这在生人如果克服了某敌人，这必然是其部落的某世祖之灵保护了他们。若在本族本部落间起了争讼，则终结是以某世祖的遗训为断，争讼既息，家族繁荣起来了，则又是某世祖之灵保佑了他们。这么，祖先崇拜中非仅如普遍之报本而表感谢之情，亦充分具有英雄崇拜心理。

人死了既是起程往遥远的他方世界，或往东方之天，太阳所出即诸天神所出之方，或往西方，即太阳所入琰摩的居处，那么，设奠，请他们饱食登程。后世这种思想稍变，使亡灵得食，是使他形成一个身体，由此而能跋涉到祖灵世界。这世界自然是天神所居了。"神"这名称所以也用来称祖先。但祖先究竟与"神"不同，所居在第三天，后世说为维师鲁三步而踏到的最高一步之处。那里常是与琰摩在一起相宴饮，饮"梭摩汁"，听音乐，相娱乐。也常是由阿祇尼领导，乘诸天神之车来到人间，成千而至，南面坐在祭草上受享祀，其子孙则并火神一道邀请，请他们赐后人以财富，荣禄，子孙，年寿等。这火神是火葬之火，与"祀火"不同，然终是一个"火神"。

《诗颂》凡说及宇宙大事，皆是天神所为，但间尝也说及是人灵的功劳。说其将繁星嵌饰在天上，或说其发现光明，开启朝霞，将光明安置在白天，将黑暗安置在夜里。有时也说琰摩为人类初祖，因为他最初替生人开辟道路到西方日落之处，所以是祖灵界之长。然本以其别为一神。

在诸《奥义书》中，"祖灵乘"(Pitryāna)与"天乘"Devayāna 相分别，这是后起之说。至今印度教中，祀祖也还是一要事。家主日常所行之祀礼分三种，"常礼"，近死者的"祭奠礼"，以及特别有所求愿的祀礼。每年有可谓泛祀之礼，约略同于我国古代之"袷祭"，即诸祖合食之祭。文野有分，原旨是一。(Śraddha) 在野外行之，将食物，大抵是饭团，香花等供奉，抛去了，是敬拜祖先。

到韦陀晚期，人死后轮回之说乃起。到佛教时代则更盛了。《韦檀多》或《奥义书》时代，也说起人死后如何回转还生，怎样入乎风，入乎光明，再入乎雨，由雨落下为水而入草木，由人之食草木即谷物等而入乎人体，由生殖再还而为人身。但六道之说未立。到大乘发扬时代，除佛以外，众生总在六道中流转。天、人、阿修罗，据此还没有什么恶义。或者这位琰摩便是"焰摩"或"夜摩"，还被安置在欲界之第五天。及至地狱、畜生、饿鬼三道，则极尽其幻想的能事了。天之数已增至三十三，凡欲界六，色界二十三，无色界四。——三是一成数，古之三界既分，则神数为三三三。印度教则说神大小凡三千三百万，通常总喜欢用三的倍数，《奥义书》集成百〇八种，《史诗》中日神百〇八名，至今念珠还数百〇八一串。① 北传佛教普贤转世三三三番。中土无著见文殊神话，北方佛徒前三三与后三三。地狱则增至十八层。——《奥义书》中，则算计火，地，风，空，日，天，月，星为八"婆苏"，加十一楼达罗，（释为人身中有五知根与五作业根及自我为十一）加十二阿底替耶即年之十二月，加一因陀罗，与一般茶帕底，成了三十三天，其说似较佛教之说为古。佛教中时常说八万四千，如天寿八万四千劫之类，散见《增一阿含》、《棻阿含》等经，随处可见。——无论怎样，天堂或天界与地狱，到大乘发展后方立下了精确详尽之说，至少到佛出世以前，古代印度人的人生观是以较光明的，没有后世这些鬼怪与地狱之说。

韦陀神坛主要是这些神，如上述。但也还有次要的，如般茶帕底（Prajapāti），是造物之主，衍变为赐人以后嗣与牲畜之神。在《阿他婆韦陀》与《白夜珠韦陀》中，又称之为诸天之父，乃升为三十三神之一。如"梭摩"，原是一种醉人之液汁，又称之为"月神"。还有普商 Pushan，保护和长育牛羊之神。还有 Rbhu，兄弟凡三，皆工巧之艺匠，制造马车和祭器等，还有两阿施文（Aśvin），是"朝曦"与"晚霞"双生兄弟，同娶普商之妹即"日光女郎"。皆年少貌美，捷如鹰隼，有金翅之飞马负其车而行。能保护衰弱及年老未婚女子，能使仙人返老还童。——总之，当韦陀教盛时，那民族的生命力还没有衰老，种种哲理思维

---

① 周天分为三百六十度，是古代巴比伦的发明。日从日中落下九十度称地平，必再经十八度而余光斜射方全尽。这倒是一点点科学。

与诗歌创作，颇为丰富，在文化史上不失为南亚地区的一光明之源。

世变时移，人类社会改变了，虽生产方式未甚改变，然而物质环境改变了。而且人类之追求真理，那种动机总是永不止息的，心思总是改变的，因此文明也才有进步，不论时间延伸到多么长，若干世，若干世纪，苦干纪，人类的进化是一事实。宇宙间生生不息，大化流行，人事实无时不变。到韦檀多初期，古韦陀之神便少有人敬拜了。比方农业社会人民定居，便不怎样喜欢战神，转而崇拜土地，崇拜生殖。祭司极权时代已过，到《薄伽梵歌》时代，已经嘲笑《韦陀》之赞颂为无用，如遍处有水，一小池之水便没有了重要性。而佛陀出世了。由小乘而大乘，又再变为金刚乘与密乘，这是在佛教范围以内的衍变。在佛教范围以外，由繁而简而分，婆罗门道一衍而为三：大梵道，维师鲁道与湿婆道。在佛教衰微以前，也仍受佛教影响，如基本戒律及诵三皈依等，只是所皈依的对象改变了，至今仍有迹相可寻。

其次，当于大乘之菩萨道更略申言。因为现代我国还是颇多明通佛法的人，然少知道婆罗门及印度教的人，所以稍详于前，亦无妨稍略于此。

佛说法，揭橥诸行无常，有漏皆苦，诸法无我，涅槃寂静。这说出了人生的真理，虽真理不止于此。入涅槃当然人生之苦皆息，但这只是佛陀的理想。元魏菩提留支译的《破楞伽经中外道小乘涅槃论》，凡二十种，亦皆不同于佛说的涅槃，皆各有其最高或最极的人生理想。《薄伽梵歌》也说起"梵涅槃"，仍与佛教相同，似乎不分辨有余依或无余依。平行视之，各个自佛教所斥为外道者，无一不有其理想，亦多有其仪法、修为、戒律等。因时代之进步，各教各派之荡摩，内容之增益，理论之扩充，渐次从原始佛教衍出而为大乘，尤其是北传，完全改变了佛教的本来面目。谓大乘诸经皆是佛说，是自古已争论的问题。谓其为佛说可，谓其为历史上的瞿昙即迦牟尼或释迦文佛（"文"是音翻）所说则不可。皆是假托佛名而作。自外道观之，佛法又是外道，如今看来，佛教而外之诸道，大有研究的价值。

由外转内，由小趋大，教理方面姑且不论，仅从其迹象观之，实已大大发展了。佛与菩萨发展到后世，几于无有分别。即以佛之为"觉者"，本身原指瞿昙一人，然而后来增至七佛，巴利《佛谱》则增至二十四，《方广大庄严经》称五十六佛，末七化身佛同。《妙法莲华经》称佛以俱胝数，《金光明经》说佛以千计，《弥陀经》说八十一万亿，《大事经》详佛数，三万万名释迦牟尼。终之则数如恒河之沙。这皆是佛教初期所梦想不到的。进者，八十年左右度世说法之瞿昙，据南传初义，涅槃后永寂，天、人皆无由得见，即过去二十四佛，亦永寂永灭。独《大事经》记佛寿历多劫。《法华》说佛土中佛寿虽长，然非不死。至大涅槃亦归永寂。唯耶输陀罗为未来佛则寿无尽。至《金光明经》则其说美满，佛寿原不可量，大涅槃后终也无尽，佛本无死。于是而三身之说确立，法化之则为常为遍，神化之则诸相诸种随好皆附加上去了。以至于十力（掺杂藏《出曜经》《撰集百缘经》），四无所畏（参《大般若》），十八不其法（参《大庄严经论》），附益不休。

佛本身如是，菩萨如何？——中土尝加以汇分，有自行菩萨，外化菩萨，及随机现身菩萨三汇。自行即是自化。如萨陀波仑（见《大品经》）净藏，净眼，题耆罗，那赖，羼提和（见《度无极集》），善信（见《菩萨决定要行》），燉光（见《慧上菩萨经》），乐法（见《濡首无上清净分卫经》）。凡此皆存名经卷，无见于造像。第二汇则化他人谓之外化，如文殊，普贤，净精进，树提摩纳，普施，重胜王皆是。其中以文殊，普贤最著。随机现身,则旷野菩萨现为鬼身,散脂菩萨现为鹿身,尽漏菩萨现鹅王身,慧炬菩萨现猕猴身,离爱菩萨现羖羊身之类,以及五百诸菩萨各现种种身。至金刚乘中菩萨乃名号增多。亦复有十地,十力,十自在,十八不其法,若干种功德。兹不具论。一般说来,近乎所谓多神教了。

于此不妨回溯韦陀之"火神","风神"等。古之宗教信仰衍出了哲学,犹之炼金或炼丹术也衍出了化学。于是地,水,火,风成了宇宙之四大元素,而加上了一"空",此空非无为之空,只可说"以太"。四元素为四大神后又为金刚,则小乘中佛为之"次第说法,除其恶见,示教利喜,施论,戒论,生天之论,欲为不净,上漏为患,出要为上。敷演开示清净梵行……说苦圣谛,苦集谛,苦出要谛,演布开示。"(见《长阿含经》)则一一受三皈五戒,于正法中为"优婆夷",(?)总之成了佛门人物了。其于日"天子"千光,月"天子"之说略同。然一方面又颇转向物理自然界之观察,不从而神之。如说日光热焰有十因缘,触山而生,日光清冷有十三缘,触水而生(见《起世经》)。雷、电、云、雨,亦皆不从而神之,但电有四种,东西南北各有其名,云亦有四种,以风大或水大或火大而异色。雨却是阿耨达龙王兴云致雨。云有雷电,占亦谓雨,而雨师放诞淫乱,竟不降雨。(参《长阿含经》,《楼炭经》,《起世经》)这些还是初期小乘诸说,采纳或可说未离民间信仰,如说下雨一由于龙,一由于雨师。

其次,诸"天"的地位也不同了。如说光明,"诸比丘,萤火之明,不如灯烛,灯烛之明,不如炬火,炬火之明,不如薪火,薪火之明,不如四天王宫殿、城郭、璎络、衣服身色光明……"乃至"善见天光明,不如大善见天光明;大善见天光明,不如色究竟天光明;色究竟天光明,不如地自在天光明;地自在天光明,不如佛光明。从萤火光明至佛光明,合集尔所光明,不如苦谛光明，集谛，灭谛，道谛光明。是故，诸比丘，欲求光明者，当求苦谛、集谛、灭谛、道谛光明。"（《长阿含》，卷二十）这么四天王与佛光明说皆居于真理光明之下。亦复是近于启明思想。轮回之说是《奥义书》时代已稍成熟的。即是说人的心灵之还生人间而再为人。至佛教则"天"是一道，为六道之首。如四天王，考之《大楼炭经》，《起世经》，皆铺陈宫殿华美，饮食精妙，极声色之娱，叙述亦颇自然。《长阿含》中有四天王闻善则喜、闻恶则忧之说，亦颇超妙。及至中土伪造之《佛说四天王经》，则说四天王伺人善恶，而赏善罚恶之说兴。这是所谓"不可同年而语"了。然佛说凡天皆有二大灾，一命尽，二劫尽。劫尽三因缘，大风，大火，大水。命尽则项中光灭，头上华萎，颜色为变，衣上尘生，腋下汗出，身体损瘦，蝇着自离于本座（参《五苦章句经》）。这当然皆是人事之返映。劫尽之说诸教皆有，或者是自然界变异留在人类下意识中的余痕，往古实有洪水，地震，火山爆发诸事，以至今世还有，或者程度不同。要之诸天之信仰不如菩萨，从另一角度来，则在智识范围以内，亦颇已脱去迷信而近乎开明。仍属于"思心"之组织。菩萨道则得重在敬信，出自"情心"了。

菩萨道重敬拜，主要发展是在北传一系统。凡佛，菩萨，天王，金刚，陀罗之类，皆有造像，即所谓偶像崇拜，据清乾隆间宝相楼藏像，原数可七百八十馀尊，造像如此，其说之复杂可想。以释迦之为教主，其尊当然有过于菩萨，然必推崇其过去亦为菩萨，而菩萨道乃更尊大。（参《大智度论》，《僧伽罗刹集经》，《生经》，《杀身济贾人经》等）在中土则文殊、普贤、观音而外，如净精进（见《大集经》，《调伏王子道心经》，《菩萨行经》），树提摩纳（见《树提摩纳发菩提誓愿经》），普施（见《贤愚经》，《度无极集》），重胜王（见《慧上菩萨经》），皆所谓外化一汇，不甚普遍于民间。文殊有在中土五台山见示之说，姑稍作考证。

考 Nañjuśrī 一名，音翻义译不一，如说妙德，妙首，普首，濡首，敬首，妙吉祥，满殊尸利，曼殊室利，文殊师利，皆是同此一菩萨。《华严经》谓："东方有处，名清凉山，从昔以来诸菩萨众于中止住，现有菩萨文殊师利与其眷属诸菩萨众一万人俱，常在其中而演说法。"此所可据者为"东方有处"一语。即出自东方。《放钵经》说之为佛道中之父母，仅暗示其重要性。《悲华经》说其名曰王众云云，无关宏旨。独《自生佛古事记》（Svayambhu-Purāna），说文殊师利离五台山，谒自生佛精舍，精舍在迦理呵罗陀湖中，其时湖中水怪充满，一挥剑决开南岸，水流竭乃成平陆，便是今之尼泊尔云云。另说谓古有其人，最初建立尼泊尔文化。有说谓其为游方僧，传佛法入该地，又尝入藏为松赞干布之臣。有谓其人原出中国北方，后世神化者。西藏亦有此信仰，谓莲花生祖师及宗喀巴为文殊转世。又有说其为工巧之神，另说为农事之神。要之，种种传说，皆表其与尼泊尔及西藏文化有关系，未必出于印度。五台山或在喜玛拉雅山麓，中土山名五台，后起。犹如鸡足山在云南，亦是后起之名。

晋代翻译《华严经》，五百菩萨摩诃萨，以普贤菩萨，文殊师利而为上首。Samantabbadra 音翻三曼跋陀，《观经》，《大论》皆称曰遍吉，如实"室利"译为"吉祥"是正确的，bhadra 则以"贤"或"善"义为正。《悲华经》载"阿弥陀佛为转轮王时，第八王子泯图于宝藏佛前，愿于是不净世界修菩萨行，复当修治庄严十千不净世界，令其严净，如青香光明无垢世界；亦当教化无量菩萨，令心清净，皆趣大乘，悉充满我之世界，佛即改泯图字，号为普贤。"由此说而普贤行愿，为人所称。真所谓众生无尽愿亦无尽。有说其为至高智慧之代表。有说其居处在四川的峨峨山。皆后起傅会之说，无据。

在中土及东、南亚，最著称的一菩萨，是观音。Avaloklteśvara，以《西域记》音翻"阿缚卢枳多伊湿伐罗"最为正确。义是"观"与"自在"。"自在"即"自在之主"，不知何以得"音"字一义。必然误刊落"伊湿"一音，而误作 svara，则其义为"音"。或者最初此名乃从其他西域方言之译梵文者，间接译入华语，所以未能正确。此神之敬拜盛于中土，则在出《金光明经》以后，在公元后二世纪，在北印度则拜观音盛于三世纪，至七世纪臻极，八世时大乘渐衰，至十二世纪时在喜玛拉雅山以南，声名寂然。亦在七世纪中叶入西藏，藏民信其代表佛陀，守护佛法，直至弥勒将来下生。亦信其为第四世界即如今这世界的创造者。入日本则在七世纪初云。

以象征论，文殊表智慧，普贤表喜乐，而观音表慈悲，以次居于空上，火上，水上。还有象征力量的金刚手，居两间，象征富藏的地藏，居地上。依然是远古四大的传说。观音的敬拜甚盛，在边疆流行的金刚乘中造像特多。此后有喜事的学人，毋妨专修一《观音》或《观自在谱》；举出其造形之变相若干种。手，臂多象征力量或权能，则有二，四，六，八，十，十二，二十四，千，二万二千手等不同。由身所吐现或五佛，或十二佛。或三头，或五头，或十一头。其吸收印度教诸神之迹象可考，其手印，姿态等，以至于法物，多采自他道。如印度最初的观音像，合掌作婆罗门礼，与大梵神造像同，其后造像有时而五首，与湿婆化身同；有造像为手持三尖叉，蛇绕其上，亦与湿婆同。而此三尖或三股尖叉，原希腊海神之武器，则其受他国文化上的影响，亦有可说。——此皆所谓密迹观音，当入金刚乘或密乘研究范围。至若本为一男性菩萨至中国而变成了女神，这或者是源于印度之"力"（shakti）的崇拜，"力"常是阴性，慈悲便是一柔爱之力。或者，因流俗称"南无"（Namo）即"皈依"，音与"老母"二字相近，所以成为一慈爱的老母便是女神了。崇拜"力"的信仰，至今在印度还盛，如杜迦母（Durga）便是。

其次，如前所说三十三天，在佛法中为"忉利天"，仍其名而异其实。日落之处，是西方之极乐世界，几乎是一直线衍为净土一宗。自三经一论流行，阿弥陀佛至今为人所念诵不衰。这名称小乘经典中没有，法显、玄奘皆未尝笔录，古之锡兰、缅甸、暹罗诸国人亦未尝尊信。其名初见于《千佛名经》，则与《维师鲁千名经》一同性质，而远与《苏鲁支千名》同调。字义为"光明遍照"或"无量光"，实远自韦陀时代"太阳神"的观念源出。在中国则"无量光佛"与"无量寿佛"为一，在梵文则一为"阿弥陀婆"，一为"阿弥陀攸斯"，去其末音，皆成了"阿弥陀佛"。然在西藏，则二者绝不相混。人死而往生净土，或无论往那一天或乐园，仍是直承《韦陀》教的"天乘"信仰。

其他菩萨之多，不必说了。但在中国流传还有十六或十八"应真"即"罗汉"或"阿罗汉"。这字 Arhat 义是"值得供养者"，一说出自字根 $\sqrt{hr}$，有"杀戮"义，是"杀戮"或"销除"烦恼者，是得了解脱的人，人天似无往返了。说菩萨乘其救苦之愿力，还要回生世间，罗汉却不回来了，有此一分别。正如诸菩萨能赐福，能救人，诸天却不能，诸天若要救度众生或成佛，也还是得回生世间。罗汉数原只有十六，至五代贯休画像仍为十六，还有李龙眠画的像，皆存石刻。可惜在印度考不出什么了。至其数至十八，有说为宋之苏轼所增，不知苏氏所据。至乾隆则据藏文刊定为十八，各说其居处，他亦无闻，不说有何平生事迹。近代法人 Levi 又考订了一番，次序改订了一下而已。这有如禅宗在中国的初祖，推菩提达摩，其前在印度还有师承世系，亦无可考。印度的师承是着重的，但不重历史，如前已说。

如"大梵明"的传承世系，在《婆罗门书》及《奥义书》中犹有可寻，但若干代人皆只有一名字，题名而已。

这里附带解释一事，达摩"一苇渡江"，这故事在中国民间流传了千多年，说达摩立在一根芦苇上渡过了长江，明代人还作了这么一幅画，犹存于西安碑林石刻。"一苇渡江"是不错的，但这"苇"疑不是芦苇而是一苇篷船。船是芦盖为篷，遮阳蔽雨，似乎很古就有。如《诗经》中"谁谓河广，一苇杭之"，注家多只以为"一苇"为"窄狭"的意思。"杭"即是船。但应当作动词解，如"方之舟之"。人的体重必不是在水上可凭一根或甚至一束苇而支持的，大概坐的是船。

于此，这文字似可结束了。至理往往是不可以文字语言表述的。禅宗竟根本不立文字语言，无有于佛，更无有于菩萨。佛法究竟是出世的，菩萨道不得不从俗而入世，但根本上仍是出世的。然非菩萨道则佛法必未曾可能发扬。从历史上看，此一外国之法，深入民间凡六百多年打稳了根基，从此算是中国的了。印度本土韦陀教无所谓出世道，到韦檀多时代方有出家人。出家以解脱为极归，或树涅槃为究竟，这不能是人类有生之本旨，亦复与"自然"的进化通则相违。中间兴起的大乘道，竟可说是一历史的必然与逻辑上的需要，顺其发展轨辙而必至，而变至金刚乘或密乘其变乃穷，密乘参入了多少密义，非通相，属秘传，非可一概而论。陀罗数量甚多，总归是一次等神祇。大致在人类亦有一鬼神的创造冲动，亦如其有艺术的创造冲动。如今在印度那烂陀故址，犹可见到一些或完好或破碎的陀罗雕像，亦无可称名。

如是，约略作了这么一番概观，此中纰缪必然不少。有一点似乎是应稍加着重的，是从印度整个文化史或宗教史中看佛学，如是方能看清楚佛教的真姿，有许多现象尚可用朴素的唯物论解释。若局限于某一"乘"之内，所见必不能完全。"佛学"Buddhology 原与"佛教"Buddhism 不同。在研究方面开拓新天地，必出乎佛教以外，而从其前，其后，其旁列的诸教致力。这一小小尝试即从韦陀教起。无庸否认，凡此所说皆为"外学"，即于此"外学"亦是些外行话，那么，诸希指教。

(《世界宗教研究》1981 年第 3 期)

《唯识二十论》钩沉

小　引

　　昔勤策之流盛倡唯识论，同时镜芙大师且赞为"巧不可阶"。其后胡适之辄诋为"印度最卑贱之陀罗尼"。于今返观之，巧则巧矣，盖巧于立说而别有所为者也。比之于西洋哲学，仍属单纯朴质，亦不可同年而语。谓为卑贱之陀罗尼则不然。稽诸史事，在大乘全盛就衰之际，唯识亦不过其诸宗之一耳，经诸师补苴增益，迨体系圆成而旋就萎落，与佛法而皆亡，轮廓犹稍存于吾华，谓其为高为卑为贵为贱皆无自而可。胡氏或有激而云然，要之非通方之论也。梵澄昔年亦稍窥此学，颇欲究其中之奥窍，寻古德之用心，辄取《二十唯识论》梵文原本与诸译本对勘，字研句校，条分缕析。因未学藏文，而与藏文对勘，则借助于南印度学者阿雅斯瓦密氏。所得虽不过数纸，而诸家之苦心孤诣，翻译之进退得失，皆粲然明白矣。戋戋者殊不足道，因索居域外，稿存三十余年。今春颇闻国中犹有讲此学者，乃稍出以呈似高明。惜愚于是学亦荒疏已甚。然窃意此种为学之方，或者不无是处。古释道安比勘译本，时中原义；晚清龚自珍研读《华法》、《般若》诸经,辄得其敷衍与窜置之处,蔽罪天竺之"蛆虫论师"(此龚氏语)。此皆未睹原文,然由此而有启发,指证确凿,无可非难,则虽寻行数墨,此种工作,正有不可废者。虽然,学者倘求证所谓唯识真如乎,则亦无事乎此。

(1)梵文本:Vijñaptimātratasiddhi Vimśatika – Trimśika, Paris, 1925, Sylvain Levi;(2)藏文本:胜友译,Ye·ses·sde·笔受,国际大学所藏手抄本,Mdo Si LVIII 2.;(3)后魏瞿昙般若流支译,唯识论一卷影印碛砂藏本忠帙四,上海频伽藏本来帙九;(4)陈真谛译大乘唯识论一卷,影印碛砂藏本忠帙五,上海频伽藏本来帙九;(5)唐玄奘译唯识二十论,唐窥基述记四卷,宣统二年江西刻经处校本。

一　缺页

二十论梵本阙初叶。莱维据藏文本及汉文本覆成梵文,汉文本未注谁译。其所补者,似依奘译自"安立大乘三界唯识"起,至"定处定时"止,凡二百四十一字(述记卷一第一页一面第四行至同页二面第七行第七字止)。梵文翻成十五行,内含二颂。

莱维唯是根据藏文,勘之汉文本而始信。诸汉文本或但供参考,所据必是奘译。藏本近梵,字句几无同异。而由莱维之弃择,隐约可窥见原本之真姿。今依据奘译,参以余本,勘之如下。

1."安立大乘三界唯识以契经说"下有"嗟尔佛子"之词。在第八啭。藏本有。陈译有。魏唐二译皆阙。

2."意兼心所"作"意兼相应"。藏本同。此同于魏译"相应心"。

3."唯遮外境"下"不遣相应。内识生时似外境现,如有眩翳,见发蝇等,此中都无少分实义"。凡二十八字译本无之。魏译,及藏本皆阙。述记注谓"旧论此中设为外难,方显正理,此译家增,非梵本有。"(述记卷一,第十五页二面第五行)即魏译之"问曰……答曰"。陈译于此段义略同而文大异,作"众生于无尘中见尘,为显此识故立斯譬。如眼有病及眼根乱,于无物中识似二月及鹿渴等而现"。此后又出"三性二谛同无性性",则余本皆无。

4."唯遮外境"下取旧译所立为论宗一颂。即魏译"唯识无境界,以无虚妄见,如人目有瞖,见毛月等事"。此一颂述记谓"勘三梵本无之,但译家增。"(第十五页第一面第九、十行)又云:"校三梵本,及勘题目都不合有,名唯识二十,何得有焉。"盖推测之词。莱维补入,是矣。名唯识二十,盖举成数而已。其余魏译此后长行,"问曰此初偈者明何等义"(来帙,九,第七七页二面第十八行以下),则未补入。一取一弃,皆依藏本。唐人精确,疑为译家增,第云勘三梵本无之,终亦未肯下四字曰"非梵本有"。大乘基于旧译时有阳秋,然其矜慎若此。

5."若离识实有色等外法"梵译为"若无色等境"其义显豁,藏本如是也。述记谓"若者,若其事"(第二十二页二面六行)。今语谓之"倘若"。窃疑"实有"译时增文。而"识"字衍文。否则"若"字下有一"非"字,文义始贯。

6."何因此识有处得生"。"此识"二字,梵译有义无文。

7."何故此处有时识起,非一切时","何故"、"识"梵译有义无文。

8."何不决定随一识生"。藏本同唐译,作"不决定",而不作疑问语。"决定"梵本无文。

9."非无眩瞖有此识生",梵作"非余人"。

10."蝇"新旧译皆同,梵本作"蜂"。

11."寻香城等无城等用"梵译作:"寻香城无故,城作用无,而非于余(城)有(城用)。"同魏译(凡十一则)。

即由此一阙页论之。莱维弃取皆当。藏本以"相续"为心,非是，则莱维所不从也。"心所"译为"相应"（2）盖必与心相应，犹可从也。其于汉本以奘译为依，决矣。真谛译"修道不共他"一颂及"无量佛所修"一颂，及其长行皆删。颂则行十六音，与余颂合。骎骎近古。然而观乎余颂，长行疏释，分字逐词，非若华言，又行四句，再加诠释，以此论之，原作真姿，有非可力致者乎。然梵、藏质直，唐译安雅，可睹也。

二 颂第二之四

1. 魏译第二颂，即陈译第四颂，即唐译第一颂，即梵本第二补入之颂。余类推。同名异译，聊举数端：（见表）
2. 唐译"如梦损有用"原是梵本第四颂初分。及至第四颂义尽，则增一句曰"故四义皆成"。梵本无文，余二译皆无。
3. 魏译"依业虚妄见"，梵、唐、陈三本皆无。信译家增。
4. "同见脓河等"，魏译阙。余三本皆有。
5. 第三颂直译为
   "处等决定成

魏 译	陈 译	唐 译	梵 本	注
心	识	识	Vijñāpti	
尘	尘	实境	Arthā	
人	相续	相续	Samtāna	
所作事	作事	所作	Krtyakriyā	魏佳
饿鬼	饿鬼	鬼	Pretas	
梦中动身	梦害	梦损	Svapnapaghātah	
狱主	狱卒	狱卒	Narakapāla	
为彼所逼恼	及其受逼害	能为逼害事	Taiścābādhane	魏佳

如梦亦如鬼

相续不决定
同见脓河等"
故知陈译此颂恰合。唐译避"相续不决定"一句与上一颂重复，简省而为"身不定"，遂不得不弃"成就"一字。但其所以恝然弃置者，以长行中犹有"而多相续不定义成"一句，文周义足。

6. 魏译之"问曰"，"答曰"，"偈言"。及长行每段标起之"此偈明何义"及唐译之"颂曰"，"论曰"，皆译家增，非梵本有。陈译，藏本皆无之，近原作。

7. 唐译："论曰：如梦意说如梦所见"。——此句直译当作"如梦中即如梦，何也"。

陈译频伽本此处之二颂阙落（来帙九，第八十三页第一面第十六行以下），而于卷末中出之（同上第八十六页第一面第五，六行）。校勘之失矣。

碛砂本亦同此失。

述记于此有云："梵云伊缚筏，今言如梦"（第二十八页第一面第一行）。缚字下注"平声呼之，合名梦也"，误。"伊缚筏"义译为"如"。

述记云："显梦所见为二定喻"。二定，即定处定时也。

解第三颂唯魏译最详，有问有答，凡五百五十余字（来帙九，第七十八页第二面，第一至第十三行）。诸本义同文异，疑别有梵文。

8. 唐译："谓如饿鬼同业异熟多身共集"。陈译作"饿鬼同业极位故"。陈本此句与梵本恰合。

9. 唐译："而或有处见村园男女等物"，原作"而或有处见蜂园女男等"。其在华言，"村园男女"，乃习惯语。然在梵文，"女"字一音，"男"字三音，修辞例音节少之字居前，音节多之字居后。(Alpactaram)。故曰"女男"也。

10．唐译："即于是处或时见有彼村园等，非一切时"。梵本无末四字，作："即于是处有时而见非一切时"。

11．唐译："遮捍守护，'不令得食'"，魏作"不令得饮"。陈作："不令得近"。梵本无文。

12．唐译："等言，显示或见粪等"，原作："等言显示尿粪等满，如彼脓满"。此种处所，过详亦微伤雅道，奘师有意无意略之矣。

13．唐译："由此虽无离识实境而处时定非不得成"。陈译："是故离尘，定处定时得成立"。梵本原作："虽无实境，处时决定义成"。

14．唐译："由此虽无离识实境，而多相续不定义成"。陈译："如此唯识相续不定离尘得成"。梵作"如是虽无实境，而相续不决定唯识义成"。或"如是唯识虽无实境，而……"此处"唯识"一字，在修辞上属灯扉语，字在第六啭声。奘师于上（13）及此皆曰"离识实境"。增此二字，文义遂觉鲜明，极成唯识义。译本且较原本为佳，于兹有征。

15．唐译："又如梦中境虽无实而有损失精血等相"。梵本原作："如于梦中虽无交会而有失不净，此（之谓）梦损。"魏译于此后插有"众生如是，无始时来，虚妄受用色香味等外诸境界，皆亦如是实而无成"。此段文义虽明畅，然梵本无文，余二亦无，疑别有梵本。

陈译以"梦损"为"梦害"——害者，患也。不得与下文"逼害"之"害"同释。

16．唐译："应知此中一地狱喻，显处定等……而处定等四义皆成"。此一段魏译解说详明，但增文甚多（来帙九，第七十八页二面第十八行至七十九页一面三行）。陈译文句稍减，甚与

梵合。唐译微有增损。今直译之如下

一切如地狱。

义成当知。"如地狱"言"如在地狱"。义何由成？

同见狱卒等　能为逼害事。‖4‖

如在地狱见狱卒等，处时决定义成。且见狗乌铁山等物来去。此"等"字摄诸有情，而非唯一。受逼害义成。虽无狱卒等，同业异熟增上力故。由此虽无诸有，而此处，时决定等四［义］皆成可知。

由是而四本异同皆见。陈译中"定处定时见狗乌山等来平等见非一"（第八十三页二面第一行），"来平"当是"来去"之误（凡十六则）。

三　颂第五之十

1. 唐译："何缘不许狱卒等类是实有情？"梵本原作："复次缘何不许狱卒及狗乌是实有情？"实有情，魏译作"众生"。陈译作"实众生"。唐译或又作"真实有情"。为极成唯识故，译时增此"实"字，及"真实"二字。梵本无之。原意是实，音译"萨埵"，广义萨埵，亦非"实有情"者。汉文古义，情，实也。则不必增"实"或"真实"。

魏译于此问答出其"五"者，余本皆无。又频藏本（来帙九，页七十九，第一面，第九行）"五者，地狱主等若是众生，非受罪人，不应于彼地狱中生"。"人"字下应逗句。

2. "地狱"音译"捺落迦"，奘译二名互用，故欠鲜明。"且此不应捺落迦摄"梵本原意是"因非应地狱摄，一一不受如彼苦故"。

3. 唐译："形，量，力既等，应不极相怖"。魏作"形，体，力等"，陈作"若同形，貌，力，量"。勘梵本唐译较佳。而此即以下所谓"胜形，显，量，力"。基师疏为"胜形色，胜显色，异貌量，触处力"。梵原文同，后文仅增一"色"字。彼疏当提前至此。而"不极相怖"，有信笔之衍。原是："形，量，力既等，且互相逼害，应不相怖"。

4．唐译"此救非然"，梵本无文。"颂曰"，无文。——"所执傍生鬼"，"所执"二字无文。盖论师习惯套语，译时不觉流出。

5．唐译"变现种种动手足等差别作用"。魏译作"动手脚等及口言说"，陈译作"或显现动摇手足等，生彼怖畏作杀害事"。"手足"华语常用，未是增文。然"差别"、"口言说"、"作杀害事"，梵本无之。三译又相互无之，则各自增文也。

6．唐译"非事全无，然不应理"，魏译："以是义故，不得说言唯有内心无外境界"。梵本"然不应理"及魏译此句皆无文。

7．唐译"若许由业力"一颂，较余二译为独近梵文。此精当不可易。新译胜处在此种处所。

8．唐译"业熏习余处"一颂，较余二译为精当矣。魏言"异法"，"异处"。陈言"内外"，固皆不如唐译"余处"。第三句"所熏识有果"，果字足成，固不足论，然其义犹未出。直译当作"同处熏生果"，再接第四句"不许有何因"。原义着重在"即于彼处"，意谓"不许即彼熏习处有果者何也?"魏译虽于文不近，然此二句颇得大体，作"善恶熏于心，何故离心说"。此又旧译之胜处也。

9．唐译"依彼所化生"，魏作"为可化众生"（为，去声）。陈"为化执我人"。按原文，此"所化生"即所受教化之学生或弟子。直译当是"为初学者[说]"。

"密意趣"之"密"字，甚易起误解。陈译"由随别意说"，斯为得之。原文义不过为世尊为初学者别有用意而说耳。

"如化生有情",此处化生即变化生,与第一句之"所化生"异义。

魏译此颂后长行有"色香味等十二入外诸境界"云云,余本皆无。当别有所本。

10. 唐译"说无有情我,但有法因故",此半颂在魏译无文,在陈译为"无众生及我,但法有因果"。述记谓"今勘三梵本并无果字,然有故字"。今勘此梵文,虽无"果"字,亦无"故"字。于基师此字不能无疑。

11. 唐译第九颂末句"佛说彼为十"。"彼为十"三字梵本无文。盖凑颂也。陈译"故佛说此二"与梵本恰合。此亦旧译之胜处也。长行中"佛依彼种及所现触,如次说为身处触处"下当作"此密意趣已"。而作"依斯密意,说色等十"梵本无文,此必系译时增。

12. 第十颂后半,诸译皆未允当。依梵本当译作"复因计执性,教入法无我"。(凡十二则)

续前同名异译表

魏 译	陈 译	唐 译	梵 本	注
畜生	畜生	傍(旁)生	Tryak	
众生	实众生	(真)实有情	Sattva	
入	入	处	Āyatana	
微尘	邻虚	极微	Paramanu	
卫世师	鞞世师	吠世师迦 胜论者	Vaiśesika	
六厢	六方	六分	Sadamśatā	

四　颂第十一之十五

1. 唐译："复云何知佛依如是密意趣……各别境耶？"魏译作："问曰：又复有难：'云何得知'"皆作疑问语，与梵本合。独陈译不作疑问语，然而非也。作"此云何可信……"。（频。来九，八十四，一，十一行）（碛。忠。二五三，三十三，第一面，二十三行）当由"云何"一气读下至"不由实有"一逗，至"眼识等境界"为一长句，则仍是疑问语，与诸本皆合。"此"字当删。疑衍文也。

2. 唐译第十一颂，较余二译皆胜。魏译竟作"非可见，不可见，不可见"云云。隔梵文愈远矣。然唐译仅一字不精："又非和合等"，"等"字梵本无之。华文凑成颂字故尔。

3. 唐译"谓若实有外色等处"，"如是外境或应是一"。"实有"增文足义。"外境"原本有义无文。陈译此句直质，逼真梵文。魏译义同文异。

a、唐译"或应是多，如执实有众多极微各别为境"。此"如执……"句梵本无文。

b、唐译"或应多极微和合及和集"，此"及和集"梵本无文。"如执实有众多极微皆共和合和集为境"句亦无文。

此（3a，3b）两处皆极重要。勘梵本及余二译本皆无文，则显属奘师译时增文，或窥基森森析义，而奘师不得不与足成也。"如执"（前三. 4）、"实有"（四. 3）皆习惯语，故一见可知非梵本有。

4. 唐译"理应非一"、"理亦非多"、"又理非和合或和集为境"。诸"理"字华文足成。"或和集"亦无文，同上（3. b）。细详梵文Samhatā一字义，"和集"已足。更出一"和合"，顺经部旧译耳。以一字而译成二名，贯以"及"字"或"字，在奘师翻译为罕见。或者徇窥基之意欤。

按魏译此颂长行，作"有三义故"又出"神我"等说，在梵本或另有所据矣。今研唯识则外道诸说，多由疏而明。舍唐疏而求义，魏译固有所存，此又旧译之胜处矣。

5．唐译"则应聚色亦不可见"下直接以"迦湿弥罗国"云云，与原本文句次序不同。此处陈译较合，作："若汝言邻虚不得聚集，无方分故，此过失不得起故。"——"若汝言"三字译时增——唐译删此前句，而作"无方分故，离如前失"。陈译续以"是邻虚聚更互相应，罽宾国毗婆沙师作如此说。则应问之：如汝所说，邻虚聚物，此聚不异邻虚？"此句陈"如汝所说"四字译时增文足义外，余皆与梵文恰合。唐译"论曰：今应诘彼所说理趣：既异极微无别聚色，极微无合，聚合者谁？"则在颂后。后又增添"若转救言"四字，皆异于梵本。

『按今以唐言直译此难，则是"极微不得相合，无方分故，无此过失。但聚色（原文亦是"和合"）相互和合。（"和合"亦可译作"相应"）迦湿弥罗国毗婆沙师如是言。则应诘彼：何者极微聚色不异极微？

　　极微既无合
　　聚有合者谁
此是相合。
　　或相合不成
　　不由无方分"。』

唐译此段"无方分故"属极微。"有方分故"是增文，属聚色。因对举易误会。"既异极微无别聚色"一语，仍从该诘问蜕变而出。"此是相合"谓"此乃就相合而言"。颂在华文不能插入此语。于此（唐译）参错出之，增文以明义，变句以合理，而唯恐其有失也，译者苦心，于斯具见。然而翻不如魏译之疏而朗，阙而彰。三家得失，于此毕见。

6. 唐译"聚有方分亦不许合，故极微无合，不由无方分"，勘梵本"故极微……"句无文。

  按此处基师助立二量：聚应无合，即极微故，犹如极微。极微应合，即诸聚故，犹如聚色。有此二量，原义乃明。而增此一句，所以反显。此后疏言"此中乃有法之差别"（述记卷三页十三，二面第七至第八行），此谓有无之有，系动词。法之差别与有法差别并举，合下为六过也。为使义不混淆，此有字当删。因下有"合有"一词。——附识。

7. 陈译"何况有假名聚?"出一"假名"，原文无有，唐译无文，而疏则因之。有义无文，存之疏中者是也。

8. 陈译此段末作"邻虚和合，若可然，若不可然，今所不论"。此句除"今所不论"外，皆与梵本合。然者，许也。唐译收为半句，作"又许极微合与不合"。是已。然下所续之"其过且尔；若许极微有分无分，俱为大失，所以者何"。凡二十字，梵本无文。

9. 第十四颂第一句

唐译：极微有方分。

陈译：若物有方分。

魏译：有法方所别。

按梵本原意为"若彼有方分之分别，则彼……"彼者，舍极微外，无他可指。陈魏拘文，竟未为得也。

10. 陈译（碛，二五三册，三三页，二面，二十五行）"云何得成一物一"，物后之"一"字衍。下句"影障复云何"。频伽本"复"字误"得"字（来，九，八十四页，二面，六行）。

11. 陈译："邻虚东方异余五方，乃至下方分亦如是。若分有异，邻虚聚分为体，云何得成一物。"此译稍增"聚分"、"五"以足义，余与梵本字字吻合。然唐译则作"以一极微六方分异，多分为体，云何成一？"出义则同，文省于后，辞则安雅，此唐译胜处也。

12. 唐译："以无余分，他所不行，可说彼此展转相碍"。陈译："何故作如此问此邻虚无有余分，是处相合他来则障"。按二译此处皆不明晰，魏译不必论。勘梵藏两本，此当译为"若无极微余分，是处他（指极微）来故，则当有彼此相碍"。唐译前句"以无余分光所不及，"及"以无余分，他所不行"。以今语出之，则为"以无光所不及之余分"及"以无他所可行之余分"。"不行"当作"来"。梵文作 Āgamana，原有"不行"与"来"二义。唐译之滞义在此一字，述记此一段"以微所拟东非东等"，无谓，原文无"可说"及"何故作如此问"、"相合"诸语。

13. 唐译："觉慧分析安布差别，立为极微或立为聚俱非一实"——"觉慧分析"、"俱非一实"二句梵本无文，译时增。

14. 唐译："青等实性"。梵本"青"字后有"黄"字。

15. 第十五颂第二句：

　　唐译：俱时至未至

　　陈译：俱无以未得

　　魏译：取舍亦不同

按三译皆晦。原意是"俱时取非取"，唐疏中出"又应俱时于此于彼无至未至。一物一时理不应有得未得故"。此"至未至"与"得未得"梵本同文。即取非取也。

16. 唐译"或二"译时足成。颂出四难，析疏成五。有间隙事与中间见空，原属一难。故曰五难四义，此唐疏之精微处也。

17. 述记（卷三，二十六页，第二面第四行）"犹如无隔一颇胝迦一所依色"。——颇胝迦梵语为 Sphatikam，水晶也。
（凡十七则）

五 颂第十六之二十二

此中同名异译，续举数端，如附表：

魏译	陈译	唐译	梵本	注
	同类	众同分	Sabhāga	
	胜能	差别	Viśesa	
心业	心（重）罚	意罚	Manodanda	
檀拿加（国）	檀陀（林）	弹宅迦（林）	Dandaka	
现信	证量	现量	Pratyaksa Pramana	
他心知	他心通	他心智	Paracittavidā	

1. 唐译："诸法由量刊定有无……如是境耶？此证不成，颂曰："勘梵本此证等六字无文，而直接"现觉如梦等"一句。又直接长行一句曰"谓无外境，如前已示知"。此句华本无文。

唐译于此作"论曰：如梦等时虽无外境，而亦得有如是现觉；余时现觉，应知亦尔。故彼引此，为证不成"。此段梵本无文。陈译于此作"如梦时离尘见山树等色无有外尘。证智亦如此。"梵本亦无此语。

唐译此颂第二句"已起现觉时"，此句只可一逗而与第三句紧接。陈译作"是时……是时……"者，恰与原文合。而唐译之"汝时……尔时……"亦恰合，然未出之颂中，故增文以明之欤。陈译"是时……是时……"既见于颂中，故增文中聊举山树等色。要是未离谓无外境四字之义。

2. 唐译：见及境已无。

陈译：此时不见尘。

述记（卷三，第三十一页，第二面，第八行）谓"第三句中言及字者，即相违释。意显有二难，至下当知。"相违譬如眼耳，二难即是能所。基师析义固精，勘梵本则陈译为合。原是"不见"；见，动词。无及字。

3. 唐译："如何此时许有现量"句，原在"时眼等识必已谢故"后。下当接"尤以"（今言：尤其如此）。又"刹那论者"，陈译则作"吾人说刹那刹那灭"。藏本亦作"刹那论者"。然细勘梵本，无"论者"二字义。又"色等现境"，"色"字下有"味"字。故此句顺唐制而直译，则为

"尤以刹那刹那现境色味等斯时已灭"。

4. 唐译："见此境者"，与梵本微有不同。原作"见此境者，唯于外境色等许有现量。"而无"由斯外境实有义成"一句。

5. 陈译："似前所起之尘后时得生"，唐译辄作"似前（或外）境现"，勘梵字则原义为生，详义理则现字殊胜。而"似前境"之"前"字，"后位"或"后忆"之"后"字，皆译时依义增文，以求醒豁者。下一句"即说此为忆曾所受"梵本无文，盖译时增。

6. 唐译（以下述记卷四）："既不自知觉境非有，宁知梦识实境皆无"，梵本无此文。一征一诘，亦无奥义。此处陈译甚合，作"既无此事，故知觉时所见尘异梦中所见"。然顺陈制而直译，宜作"既无此事，故知非所受一切无尘如梦（中尘）"——陈译此后更有"复次，梦有更起义，觉时则不尔，非一切无尘"，勘余本皆无。

7. 唐译第十七颂第三、四句如作

"梦见境非有

未觉不能知"

则字字与梵本吻合，如陈译。

8．唐译串习惛热。陈译串习惛熟。按熟，热双声，熟假借为热。昏假借为昏。字从氏省会意，或从民声。广雅释诂三，惛，痴也。旧说唐人避民字讳改从氏者，非。碛藏作昏熟，不讳。然按诸梵文，昏字即是，热字却非。盖热字原文为 Prataptah，然此字为 Prasaptah，义译为倦，即"昏倦欲眠"之意。且热字于上下文亦不甚合。盖陈误于前，唐误于后。而基师更释曰"毒火所煎号之曰热"，又"圣智不生名之为热"，亦似无据。

9．唐译："如实了知彼境非实"，陈作"如如理见……"（碛二五三册，第三四页，二面，第廿五行）或作"如理见……"（频，来帙九，第八五页，一面，第十二行）。魏作"如实知见"，按梵文则译作如实或如理皆可，而不可译为如如（之）理见矣。

10．唐译："不由外境为所缘生"，"为所缘"三字译时增文，非梵本有。

11．唐译长行中"二识决定"及颂中"二识成决定"。勘梵本"二"字无文。颂中原作"识相互决定"，此又踵陈译处。顺唐制此半颂当译作：

　　展转增上故

　　识更互决定。

述记出前后二解。其谓邪正二识决定者是也。能所之说无文。

12．唐译："论曰：以诸有情，自他相续诸识展转为增上缘，随其所应，二识决定。"梵本此句下有一语曰"更互者，彼此义"。盖奘师所弃。颂中既未出"更互"二字，则长行中删之也宜。此句中"相续"及"为缘"皆译时增。"为缘"可存，"相续"可删。此语陈译出之，作"更互者，自他共成自他事"。此即魏译"迭共"义。

13．唐译："各成决定，不由外境"。"各成决定"四字译时增文。

14. 陈译："云何梦觉二人行善作恶"。"二人"梵本无文。原是"云何于梦觉善恶现行"。

15. 唐译第十颂
"梦觉果不同"
"觉"字梵本无，陈译无。然魏译有，作"寤"。梵本原作"梦中"，此唐取魏译处。

16. 唐译："论曰：在梦位心，由睡眠坏，势力羸劣，觉心不尔。故所造境，当受异熟胜劣不同，非由外境"。

陈译于此作："是正因能令梦心无有果报，谓愦睡所坏故，心弱不能成善恶业"。

魏译无此文。

梵本仅作："然是处此因，非外境有"。

藏本同梵本。

是则陈增于前，唐踵于后。

17. 梵本：及由具神通者意念势力。下唐译足成曰令他梦中见种种事。陈译作复次有神通人心愿故，下亦足成曰有如此事。梵文不待此句而义足。

18. 陈译"娑罗那王等"。唐译"娑婆刺拏王等"。魏译娑罗那王。魏译是。梵本原无"等"字。唐衍婆字，误拏为拏。又增等字。

19. 魏译比丘夜蹈瓜皮事，诸本皆无。魏译"仙人瞋心瞋毗摩质多阿修罗王故，杀余众生"。陈作"毗摩质多罗王见怖畏事"，唐作"令吠摩质咀利王梦见异事"三译皆失之，原本但作"败坏"。述记又谓"今此论说阿修罗得梦，经说觉时遭苦，然理大同"。论原说觉时败坏。其说未知何据。

20. 魏译尼犍子与佛问答乃在长行中。原本无文，陈译守本，述记另出，是也。又言"贼烧山林聚落城邑不言火烧"，以喻意罚，兼具"诸法心为先"一偈，诸本皆无。由此观之，魏译终疑另有所本，其胜处亦非余本可及也。

21. 梵本"抑能知耶"，唐译作"若能知者，唯识不应成"，陈亦足成曰"云何言识无境"。梵本义虽深奥，文则简明，于兹是例。

22. 第二十一颂，梵本在"如知自心智"后，紧接一问语曰："云何不如实耶？"随以颂之余文答曰："不知如佛境。"其后紧接长行曰："如诸佛不可言说自性境。此二于境不如实知"云云。奘译于此自"论曰"以下，反复颂文，凡五十八字，而后接入"此二于境不如实知"。

陈译："如不可言体他心则成佛境"，据梵本"他心则成"四字可删。

23. 唐译："非佛谁能具广抉择"一语，梵本无文，足成。

24. 陈译第二十二偈"如理及如量"一句，非颂本有，又出之于长行。唐译作"此中一切种"，今言即"此成唯识中一切种种"，恰与原文合。然如理如量一语实佳。述记亦采之。

25. 唐译："余一切种非所思议"及"超诸寻思所行境故"。勘梵本"余"字无文。"超"原作"非"。此等处所，微细之义，皆有分别。亦华文茂美处。

（凡二十五则）

附：唯识二十论作者世亲（Vasubandhu 音翻"婆苏畔度"，亦译天亲），其平生具见印度佛教史；考证其时代等，迄今亦未有定说。兹不论。独斯论入华之第一译，尚有略当解释之处。

旧译题《楞伽经唯识论》（一名《破色心论》），天竺三藏法师魏国昭玄沙门统菩提流支译。（据碛藏忠字帙，第二百五十三册），南条目录因之（No. 1238）。

按隋法经"众经目录"第五云："唯识论一卷，后魏瞿昙留支译。唯识论一卷，陈世真谛译。右二论同本异译。"盖列入众论异译之下。

又按开元录第十二有译有本录中菩萨三藏录之二，载"唯识论一卷，一名破色心。初云唯识无境界，元魏婆罗门瞿昙般若流支译"。并注"第一译"。同录第十九载此论"一十九纸"。又云："唯识论一卷初云修道不共他。上二论并天亲造，陈天竺三藏真谛译"。注云："第二译"。同录第十九载此论一十纸。又云："唯识二十论一卷，世亲菩萨造，大唐三藏玄奘译，出翻经图。第三译"。

贞元录第二十二同说。至元录第九同说。

查菩提留支 Bodhiruci 一名，义译"觉希"。瞿昙般若留支 Gautama Prajñaruci，义译"智希"。此"希"字即汉文"希贤""希圣"之"希"。但在梵文属次义。字本义为"光耀"。即当曰"觉光"，"智光"。而译曰"智希"，"觉希"，显然存谦虚之意。在汉文串例，则可曰"希智"，"希觉"。

道宣传云"又熙平元年（即梁天监十五年，丙申，公元517），南天竺波罗奈城（Vaṅarasi）（在中天竺）婆罗门姓瞿昙氏，名般若流支，魏言智希，从元象元年（梁大同四年戊午，公元534）至兴和末（兴和元年为大同五年己未，兴和仅四年又改元武定。此谓至538），于邺城（时东魏都邺）译正法念、圣善住、回净、唯识等经论凡一十四部八十五卷，沙门昙琳，僧昉等笔。当时有沙门菩提流支与般若流支，前后出经，而众录传写，或多轻略。各去上字，但云流支，而不知是何流支。迄今群录译目，难得详定。"开元录引此，并云："今搜访实录件注如前"，则自"得无垢女经至辫子道人问论，右一十八部九十二卷"中，唯识论亦在。

据此，则标般若流支者是。至元录以三本二十论与奘译"三十论"同列，注"右四论与蕃本同"。

又考"楞伽经唯识论"，此题亦颇不合。梵本论未标经，亦不附经。此盖由菩提流支尝译楞伽，二留支既混，而说经解论，义理可以相互发明，故标曰"楞伽经唯识论"欤？

又"破色心论"、"推破邪山论"，似出经时译场所加，梵本无此称谓。

又云"魏国昭玄沙门统菩提流支"云云，是亦颇有当辨者：

考刘宋大明四年庚子（460），北魏文成帝改元和平，以释昙曜"任北台沙门统"。僧史略谓"详究魏文帝敕昙曜为沙门都统，乃自曜公始也"。昭玄寺原为监福曹，统摄僧伍，有犯戒违法沙门，于此治之。齐以法上为昭玄统，法顺为沙门都。都者，都维那也。都降统一等，一统一都，为一正一副。孝文帝诏云："副仪二事，缁素攸同，顷因曜统独济，遂废斯任"，可知昙曜以前，有正有副，至昙曜独兼都统。至昙曜后又都统分摄。外此考菩提留支及般若流支，皆未尝任都或统，以情度之，一外国沙门而统摄中国僧徒之事，当交通官府，接触平民，虽戒检不殊，而民俗串习不同，语言文字隔阂，且其任务在于翻经说法，则似亦有不可能者。或者，统属尊标，有虚名而无实事，则加之以表尊敬，与"三藏法师"之为尊称也同。要之，此亦有望于方家订正。

（《世界宗教研究》1982年第4期）

关于毗沙门天王等事

编辑先生：

　　读　贵杂志1982年第四期张政烺先生演讲词《封神演义漫谈》，稽考沈博，钦佩之至。兹不揣冒昧，就管见所及，补充一、二事，以质高明。自知此考据多不到处，然思学者循此中线索往前研讨，必有所得。

　　　　　　　　　　　　　　　　　徐梵澄上

《封神演义漫谈》（页60）有云：

　　印度神有个毗沙门天王，也称北方天王，是个武神，手托着宝塔。他的眷属很多，有五太子。第二子独健常领天兵护其国界。第三子那吒太子捧塔常随天王。……"

　　"毗沙门天王的画样传入内地，在唐玄宗时，是分两次由两个地方引进来的。《大唐西域记》说于阗国（今新疆和田县）是毗沙门天王的故乡。于阗王自称是毗沙门天王的后代。……

　　首先使人感兴趣的，是毗沙门天王在梵文原名什么？——自古译音无定字，从汉文洄溯其梵文对音，甚难准确。汉文极好简略，所翻往往仅存着主音或重音之易入听者，如 devadatta "提婆达多"仅存为"调达"，bodhisattva "菩提萨埵"只称"菩萨"，诸如此类。于此"毗沙门"，初见使人易认为 viśam，"天王"是义译，patiḥ。viś 原指"民众"或第三阶级的人。patiḥ 意义为"主人"，两字合则为"人民之主"，"主"亦是"王"，一翻音一译义，此例串见，乃成为"毗沙门天王"了。(此名旧译为"民主"，亦有译为"方主"者，意谓主宰某方之天地。但可疑此 v 字母乃 d 字母之误写，diśa 原义恰是"方向"。)——但此无确证，姑存一说。

较近正确的另一说：则是 viśrāmanaraja。"沙门"亦即"沙弥"，是 śramanaḥ 的音翻而略去末音。唐时翻全音曰"室罗摩拏"。这是佛教中出家人的通称，不分老、少。原义是"劳苦者"，但前加"毗"vi 音，具分别与对待义，又中引 a 为长音 ā，则义为"安靖者"。"劳苦"的对待为"休息"。——rāja 本义是"王"，"邦君"，或"治者"。合称则可谓"安靖王"或"休宁王"。——考宋洪迈有"稗沙门"一说（见《容斋随笔》卷五），引《宝积经》中所举"稗麦"的譬喻为据，讥斥"沙门"，则与"天王"之义不合。"毗"，"稗"同音。皆以翻 vi，在古原合，因古无轻唇音（参钱大昕《十驾斋养新录》卷五）。

另求一直证：据《北方毗沙门天王随军护法仪轨》，署"特进试鸿胪卿大兴善寺三藏沙门大广智不空奉诏译"，有云：

尔时那吒太子，手捧戟，以恶眼见四方，白佛言：'我是北方天王吠室罗摩罗阇第三子其第二之孙，我祖父天王及我那咤……'

此"吠室罗摩那罗阇"即"毗沙门天王"。vi 在此则翻成'吠'，音同。至若此"第三子其第二之孙"，文义不甚明了。在较通顺之汉文,当作"……天王之孙,其第二子之第三子"。——"北方",指中央亚细亚一带。大致自古为各游牧民族用兵之地。安靖地方,或使民生休宁,为人民所愿望。理想中出现一大勇武之天王,加以保障,遂称曰"安靖王"或"休宁王",乃情理中事。

其次,"独健"是义译,或可作 ekavirah 等。"那吒"无义,原文可能是 Nada 或 Nala 之类。后者是印度故事诗中一英勇国王之名,但其故事不类。兹不论。

如是,可知"毗沙门"梵文之名与义。更从诸佛经加以推求。考《华严经》(卷一)已有此名,许为夜叉王之首。如云:

"复有无量夜叉王,所谓毗沙门夜叉王,自在音夜叉王……"

凡十王,则与"龙王","鸠槃荼王","乾闼婆王","天子","天王"相区分。同经(卷三)有云:

"复次,毗沙门夜叉王,得以无边方便救护恶众生解脱门……"

没有说出其若何性格。——其次,《七佛八菩萨所说大陀罗尼神咒经》(此经晋译,失译人名,附东晋录)(卷四)有云:"毗沙门天王欲说一偈半"。其偈平常。但自谓"我于往昔修菩提,为众生故作鬼王"。"鬼王"与"夜叉王"似是同义,因夜叉必然是鬼;或者又有分别,但与"天王"必有分别。——其次《佛说鬼子母经》(失译人,附西晋录)有云:

"……有王名毗沙门,主四天地,护人命。出入常从毗沙门求愿……"

则仍称"天王"。——其次《胜军不动明王四十八使者秘密成就仪轨》(唐不空译),其"第十六:'五天人散罗王,是毗沙门所变身。'下注：'右手持金刚杵，左手押腰，赤色形也。若人欲得一切人爱念者，是呼使者'。"（末句"是"意为"这是"）则与弥陀，普贤，文殊，观音，地藏，月天，水天，火天，迦叶佛，焰魔罗，那罗延天……所变之身并列。——以上诸经，除《华严经》外皆属密乘。密乘诸经成就较晚，虽其中所包括者，可出自各地土俗，起源甚古。

密乘中又专有《毗沙门天王经》一卷，唐不空译，属杂咒部。此经开卷即云："尔时毗沙门天王在于佛前……"另有《佛说毗沙门天王经》一卷，宋法天译。内容大同。题添"佛说"两字，开卷即以"如是我闻"始，作：

> 如是我闻：一时佛在舍卫国，祇树给孤独园，尔时毗沙门天王，与百千无数药叉眷属，于初夜分，俱来佛所，放大光明，照祇陀园一切境界。……五体投地，礼世尊足……

两经皆以"真言"为主，说受持此"真言"之法；皆显然不是佛所说之经。如不空所译者，在开卷说：

> 尔时毗沙门天王在于佛前，合掌白佛道：'世尊！我为未来诸有情等利益安乐，丰饶财宝，护持国界故，说自真言。我此真言，如真多摩尼宝王，能满众愿。世尊许听我说！'——佛言：'善哉！善哉！天王，汝能愍念为诸有情，恣汝意说'。……

这里说法者不是佛陀，听众皆是"药叉"（"药叉"即"夜叉"Yaksa)，时间是在夜晚，主旨是诵此一咒（"真言"即咒)，则可求"利益安乐……"——可见此"经"与一般大、小乘诸经，相去甚远了。即此已可假定其是以真言为主，附会佛陀，其成经时代必远在佛陀及佛经以后。或由不空口授，本无其经；或亦印度原有此真言，有其梵本，由不空赍之入华，从而宣译。同一经而前后两译，宋译更装有一开篇之"如是我闻……"更像是佛经了。倘此开场白在梵本原有，出经时则不空亦无必加删去之理。总归是两本中之一较像佛经，其成就时期必是较后。但此亦不可入于"伪经"之列，因其未尝冒充佛说。若视大、小乘诸经为正统，则此恰为外道。密部诸经多被视为外道。此神则或出自印度本土，或出自西域，不定。

其次，不妨从造像等事略加寻讨。有《北方毗沙门天王随军护法真言》一卷，标"……大广智不空，别行翻译，不入正经。"此中有云：

> ……若行者受持此咒者，先须画像。……于白氎上画一毗沙门神，七宝庄严衣甲。左手执戟稍，右手托腰上。（据前所引小注，则为'右手持金刚杵，左手押腰'。）其神脚下作二夜叉鬼，并身作黑色。其毗沙门面，作甚可畏形，恶眼视一切鬼神势。其塔奉释迦牟尼佛。教汝若领天兵守界，拥护国土，何（通'呵'）护吾法。即拥遣第三子那吒捧行，莫离其侧。……

细寻这段文字，稍治印度学者，便将见到其不甚像印度本土之神的相状。"七宝庄严"是常说，如楯，栏之类，多说为金，银，琉璃，珊瑚，玛瑙，真珠，琥珀等合成，可出自印度。说金刚杵很相似。但这里说的是手执"戟稍"，印度自古所常用之兵器，有弓，箭，圆饼，金刚杵，刀，棒，斧等，很少有"戟"或"稍"（即"槊"），戟，槊皆有长柄，利于马战，多用于北方。不似。又印度神像，克释拏（Kṛṣṇa）是青色，湿婆（śiva）颈亦青色。在密乘中成了"青项观音"，只有死神方作黑色，这里夜叉鬼也作黑色，不似。倘是印度之神流传到了西域，至少已是大大出俗化了。请进而观其所叙捧塔之事。

考中国古代无塔。塔是纯粹从印度传入的。许慎《说文解字》："塔，西域浮屠也。"属新附字。梵文 stūpah，音翻"窣堵波"，字源 stūp，义为"堆聚"。最初制作，必为垒石或堆土，所以纪念死者，在野蛮民族中常有。至今犹存印度鹿野苑之大佛塔，亦不过一大圆筒形之土堆，中实，亦不可攀登（本世纪初年，有英人在塔底透圆心穿过一管道，未曾掘出什么）。其石雕者，至今在那烂陀故址犹可见到很多，散在荒烟蔓草中，多不过两、三英尺高，原所以纪念逝去的高僧大德。大致中实者最古，中空者次之。其中或其下安置舍利（即火葬灰烬中之人体矿质结成之小颗粒）者常有，中空而安有或立或坐之佛像者后起。——这里说此塔中奉释迦牟尼佛，且可手捧之行，虽属想像，亦自有其由来，当于下述。以艺术史眼光观之，已当定为佛教晚期作品之题材了。古之阿育王（Aśoka 即无忧王）已有奉佛而造八万四千塔之说，大致造塔居造佛像之先，已随佛法而漫布亚洲各地。如，我国西安今犹存大、小雁塔之类。——这里容易误认，因为在建筑上有些尖圆顶，也谓之塔。如印度教的庙堂，全部有石建者，在平顶上更有多个石刻之弹形顶，高耸可观。（如迈索 Mysore 省梭曼纳普城 Somanathpur 之"凯也舍筏"神庙 Keśava；或南印度之控巴可南 Kumbakonam 城的萨郎加班尼 Sarangapani 庙，皆是。）疑徐霞客游到了云南鸡足山，"望见方外黄金宝塔"，便是滇缅边境的类似的佛教建筑，至今犹有可见者。——计不空作此"不入正经"之"别行翻译"时，距阿育王已千余年。其那吒捧塔之说，当在佛法已漫布西域而造塔已成为寻常事之后。

所谓想像亦自有其由来者：有说无论人类怎样放纵其幻想，他总不能想像出未曾在宇宙间有过的事。如说"兔角龟毛"为乌有，是由于人已见兔，龟，已知毛，角，然后方能联想。其说近唯物论或现实论。但此处说由来是说其尚有根据或依托可寻。由于某事众口流传，附会装饰，年月既深，愈变愈诡。西游、封神，皆是这么源出的。考辩机撰《大唐西域记》(卷十二)有云：

> 王城西五、六里，有娑摩若僧伽蓝，中有窣堵波，高百馀尺。……王感获舍利数百粒，甚庆悦。窃自念曰：'舍利来应，何其晚欤！早得置窣堵波下，岂非胜迹？'寻诣伽蓝，具白沙门。罗汉曰：'王无忧也！今为置之，宜以金，银，铜，铁，大石函等，以次周盛。'王命匠人，不日功毕，载诸宝舆，送至伽蓝。是时也，……观送舍利者，动以万计。罗汉乃以右手举窣堵波，置诸掌中，谓王曰：'可以藏下也！'逐坎地安函，其功斯毕，于是下窣堵波，无所倾损。观觌之徒，叹未曾有。……

这一则神话，或毋宁说一则童话，**据情理推测**，也可有其事实根据。不知何来的何人的舍利，必是于大塔建成后再埋入其中的。或许大塔中央原有一、二尺高的小塔，在埋藏舍利时，有长老（此称罗汉）手捧此小塔，待掘土安函埋藏已毕，又将小塔置于原处。——及至众口哗传，遂成为罗汉手捧百馀尺的大塔了。玄奘于这类故事也是道听途说——"闻之土俗"。而在辩机的笔下，遂叙成不可思议之神力了。辩机早于不空约百馀年，可能所据皆同此一传说，因其怪诞乃尔长存，衍变遂成为那吒之手捧佛塔了。

凡以上所说，皆悠悠之谈。推测而已。其所以感触笔者写出这些文字的，恰是见到有些神话，正可与西方希、罗世界的和埃及的并观；因时代推测，前后遥相系属，性质大体相同，虽不能造次臆定后者必出于前者。随即使人感兴趣的，有下列这些事。据《大唐西域记》(卷十二)"瞿萨旦那国"条，有云：

> 王甚骁武，敬重佛法，自云毗沙门天之祚胤也。昔者，

此国虚旷无人，毗沙门天于此栖止。……

此国此王，当然有其历史性，不是虚构。

——在西方也有国王甚好自命为天神之后裔者，即罗马之奥古斯妥斯（Augustus Octaviānus Caesar），其生平当中国西汉之末，卒于公元后14年，寿76。他要追崇其远祖为阿颇罗（Apollo）。好臣下这样尊崇他。——瞿萨旦那王既自命为毗沙门天王之后裔，则不妨假定此天王为该国所敬拜之主神，或即出自本土，或自外入而根柢深植于该民族的信仰中。——阿颇罗也不是罗马本土之神，是自希腊传入的。而在希腊又是自外地传入的，成了荷马（Homer）史诗中十二神之一，源自小亚细亚，或说远自西伯利亚。——即以其为夜叉王之一神话而论，则当源于印度。但疑其成说较晚，在印度教中称夜叉为"财神"（Kubera）的侍从，则已是在社会崇拜财富之近古了。由于印度有此传统，称外邦人或异族人为异类，最初，夜叉可能是亚利安人对某异族或野蛮部落的称呼，如至今在印度之星数术中，尚称欧洲人为"白鬼"（似乎中国古代亦有此习串，如《易经》，暌，"载鬼一车"，近人考证，谓此即俗语所谓"洋鬼子"，坐满一车。另释"鬼"为"贿"，非是）。诸天为尊，夜叉为卑，此一国王想必无以夜叉王为远祖之理。于此更可假定：此一毗沙门天王，或原是西域某部落的英雄，征服了某些邻族或强暴者，安靖了地方，死后仍为人所崇拜，尊其为天王而神化了。由于那些部落文化颇低，没有历史纪录，至今文字上遂无可考。《西域记》中那"昔者"二字，意义不定。姑以玄奘在西域所闻之时为据，不会后于公元七世纪初。下至不空出经以之为"天王"时（不空示寂于大历六年，公元772），则仍有百余年为其密乘时代。这时代可以洄溯，大致很难溯到公元以前。在佛教经典中，纵说密乘与大乘平行，也起于公元后二、三百年左右。

同上，又有云：

……其王迁都作邑，建国安人。功绩已成，齿耋云暮。未有胤嗣，恐绝宗绪。乃往毗沙门天神所，祈祷请嗣。神像额上，剖出婴孩。捧以回驾，国人称庆。既不饮乳，恐其不寿。寻诣神祠，重请育养。神前之地，忽然隆起，其状如乳。神童饮吮，遂至成立。智勇光前，风教遐被。遂营神祠，宗先祖也。

这故事是从神像额中剖出了一婴孩。——古印度传说，婆罗门阶级，生自梵天之口，第四阶级乃生自梵天之足。其最古时代（Chhandas 时代，就黎俱而言）阶级尚未形成，其后乃分二、成三、加四。四是"戍陀"，字出古波斯文之 Hudra，最后圆成了此一大系，所谓四族姓。四族姓人皆有信佛者，所谓"四姓沙门，皆称释子"，阶级之分化泯除了（其详可参看《摩登伽经》卷上）。神话是说头之尊高甚于足，所以表婆罗门之尊贵。或许上面这故事是由此取材。但西方故事与此类似而时代更古者，有一希腊神话：

"宙斯"（Zeus 即"攸彼得"Jupiter），宇宙间至高无上之神，妻"美迪士"（Metis）。"美迪士"之智慧才能，远超所有的天神而上。"宙斯"怕她所生的孩子，将来会胜过父亲。于是当她有娠时，便将她吞掉了。不久后"宙斯"头痛，乃命工匠之神（Vulcan）将他的头剖开，霍然一极小女孩跳出了，随即变大，全身甲胄，往群神中开会去了。这便是"敏内娃"（Minerva），亦即古之"雅典娜"（Athena），希腊的护神。

"敏内娃"或出自古"敏乐阿"（Minoa）城，其神力仅次于宇宙之主，著见于史诗。又名"雅典娜"，是最初以橄榄树赐给人类者，教人类服马者，初始造船者，第一制笛者。由于崇祀之广，才能之多，称号不一而足。有一称号为 Coryphagenes，意义为"头脑生出者"。其敬拜遍地中海沿岸，庙宇多建于希腊，意大利，西西利，北至高卢，东及菲尼西亚，南至埃及各地。

这希腊之神话，与西域之神话，甚有同似处。同为天神之头上或额中剖出了婴孩，而其为武神不异。不同乃在一为男孩，一为女孩，在希腊则出生便已长大，避免了哺乳一段，因为国王究竟是人王，不是神主。——以此三橛神话并观，内容大致相同，而希腊的最富丽，似乎也最古。若以最初崇祀"雅典娜"的"普庆节"置于公元前1495年，（Panathenaea）如西方史家早已定论者，而此神话又必起于其前若干年，则馀二者当远在其后。是否希腊的这天神的信仰，影响了西域的土俗呢？

同上，（卷十二）有云：

王城西百五六十里大沙碛。正路中有堆阜，并鼠壤坟也。闻之土俗曰：此沙碛中鼠大如猬，其毛则金银异色，为其群之首长，每出穴游止，则群鼠为从。昔者，匈奴率数十万众寇掠边城。至鼠坟侧屯军。时瞿萨旦那王率数万兵，恐力不敌。……其夜瞿萨旦那王梦见大鼠曰：'敬欲相助，愿早治兵，旦日合战，必当克胜。'瞿萨旦那王知有灵佑，遂整戎马甲，令将士未明而行，长驱掩袭。匈奴之闻也，莫不惧焉。方欲驾乘被铠，而诸马鞍，人服，弓弦，甲链，凡厥带系，鼠皆啮断，兵寇既临，面缚受戮。于是杀其将，虏其兵，匈奴震慑，以为神灵所佑也。瞿萨旦那王感鼠厚恩，建祠设祭。奕世尊敬，特深珍异。故上自君王，下至黎庶，咸修礼祭，以求福佑。……

张氏演讲中也道及了此事，还说有一事，出自《宋高僧传》译经篇一之一，于"唐京兆大兴善寺不空"下有云：

天宝中，西蕃、大石、康三国，帅兵围西凉府。诏空入，帝御于道场，空秉香炉，诵仁王密语二七遍。帝见神兵可五百员在于殿庭。惊问空，空曰：'毗沙门天王子领兵救安西，请急设食发遣。'四月二十日果奏云："二月十一日，城东北三十许里，云雾间见神兵长伟，鼓角喧鸣，山地崩震，蕃部奔溃。彼营垒中有鼠金色，咋弓弩弦皆绝。城北楼有光明天王，怒视蕃帅大奔。'帝览奏谢空。因敕诸道城楼上置天王像，此其始也。

赞宁的文笔较辩机为简洁。于此曰"彼营垒中有鼠金色，咋弓弩弦皆绝，"所本仍是《西域记》。在辩机的笔下，玄奘是"闻之土俗曰……"则可知原系风闻，或实或不实。"鼠壤"是汉文习串语，其物不稀罕。宋杨亿《草制》，曰："邻壤交欢"，真宗批注曰："鼠壤粪壤"，杨亿因此辞职。——鼠毛而金、银异色。或许是夸张之词，可能是黄色或灰褐色。有首长为群，亦事理之所有。刺猬不是大动物；至今印度之鼠，大者常见，往往百十为群，食禾稼等为灾。朔漠旷野中亦常有之。汉苏武被匈奴放逐于北海，即今贝加尔湖附近，是人迹罕到之乡，不给粮食，苏武便掘野鼠弃中藏食之。野鼠搜积了粮食，如松子橡实之类，藏在洞里，准备过冰雪之冬。苏武踪迹到便掘取充饥。若有军队屯于旷野，也可遭鼠患，必然是常事。

老鼠的生理组织与人类的不甚相远，在地球上争生存，也算人类的天敌。人而敬拜老鼠，如上瞿萨旦那国之人，必有其特殊原因了。然世间之事，往往无独有偶。——古希腊历史学家赫乐朵妥斯（Herodotus，生当公元前五世纪中叶，号称西方的历史之父，亦地理之父）。生平曾游历埃及。在埃及神庙里，见到神像中托着一鼠。被视为神的动物。古埃及曾有两城以鼠为神圣，一是南方的班乐坡力司（Panopolis），一是北方的列托坡力司

(Letopolis)。这位史家所游到的，是北方这城。考古学者至今在该地古址中，偶尔还发现铜铸的老鼠，其上往往镌有祷告之辞，有制作者的名字，是信士献神之物。

这种事也是可理解的：我国古人讲礼貌亦有自称犬、马的，表谦卑。《诗》中言"硕鼠硕鼠"，也没有什么大恶意，不比"豺、虎"。春秋鲁之臧孙和齐君谈话，称之曰："抑君似鼠……"也不算是怎样对国君的大侮蔑（左襄二十三传）。在铜铸的老鼠上记名而献神，必是自表其卑贱如鼠，因为无论怎样鼠不算高贵动物，如犬、马。其用意，或者是求福，赎愆……之类。可推想古埃及人不是崇拜老鼠，所崇拜的是神，因置于神的掌中，则算是神的动物。此与古希腊或今印度之视蛇不异。

有一事赫乐朵妥斯在埃及所采到的，竟与上面所引瞿萨旦那王之事相类，使人疑惑后者是否以前者为蓝本而造成的。——班乐坡立司城，还有一节庆日，纪念老鼠解埃及之危。曾有亚述军队侵略西方了，压到埃及边境，忽然一夜之间，亚述人营中来了无数老鼠，咬坏了弓弦鞍甲等物，使战具皆坏，次晨亚述军队不能战斗了，只好狼狈遁去，几乎全军覆没，埃及边境的危急解除了，所以立了神庙纪念这事，因而崇祀老鼠。

这是古代西方著名史实：亚述国王西拿基立（Sennacherib），是此一役之主角，包围耶路撒冷（Jerusalem），事见楔形文字之"太洛泥版史"（Taylor Prism）。亦合于《旧约圣经》所记，凡三见（《列王纪》下，19：35。《历代志》下，32：1—6。《以赛亚书》37：36）。所记皆无甚出入。说希西家（Hezekiah）王早已缮城堡，修守备，湮泉水，刊山木，防亚述人来攻。及至耶路撒冷旦夕将下，埃及事势便岌岌可危了。旧约书中称杀败亚述军的是上帝的使者，未尝完全归功于鼠群。——一如不空所记解安西之围，归功于光明天王，未尝完全归功于老鼠。——总之是一夜之间，死去了十八万五千人。西方史学家于此事解释纷纭。神秘主义者之说不足论，理性主义者则谓由于急性鼠疫。但虽急性鼠疫也需要传染和酝酿的时间。古雅典的五年鼠疫（起于公元前430年），和中世纪横扫欧洲的"黑死病"，至今还是使人谈虎色变的。但无论怎样，很难于一夜毁灭十八万多人。总归这是一千古疑案。其事在公元前701年。

这事与匈奴战事，可揣测为偶同，亦可假定为因袭。

上面所引之荒谬事而说为神秘的，是唐玄宗之见到毗沙门天王之神兵一事。原见于《毗沙门仪轨》。此《仪轨》据张氏说当出于不空之门徒之手，很可能是事实。不空原是一密乘大师，其实亦即古之巫者。其所经营者，多是些诡秘怪诞之事，如灌顶，祈雨，止风，禳灾……之类。其入华盛于开元。不空之前有金刚智，是不空的本师，以开元七年来华，二十年卒于洛阳。其前又有善无畏，以开元四年来华，其徒且有著名的历算师一行，或者一行亦信密法。大致玄宗、肃宗、代宗三朝，密乘弥漫朝野，而中经安、史之乱。安、史之乱中不空未曾离开长安，成了一时代的巫术的中心人物。诡秘怪诞之讹言谬论，是每当社会变乱时必炽盛一番的。往往讹言一起，愈变愈奇，何况神怪之说，久已在朝野上下的信仰上安立了基础。这玄宗见天兵故事在这种背景上出现，诚无足怪。不空之卒，上距天宝近三十年，殁后其徒撰此，亦竟无可质证，事在两朝之前。其时生民经过异族一番大蹂躏，凋敝已极，诚不堪记起承平盛时。"白头宫女在，闲坐说玄宗"，悠悠怀古，深具感伤，无稽之谈，不成信史。或者，此一小说还只是冰山之一端，其整个荒唐迷信浸在社会下层如何深大，亦难测度。现代史学家岑仲勉亦尝说及此事，所引据乃《佛祖通载》，谓"其事无别证"（见所著《隋唐史》卷上）。其实，此种故事任何严正的修史者也不会采录的，除了信密宗者流。

如是，从上面所录出的一些材料，可以比勘，亦没有什么重大的结论可作。笔者竟假想因袭胜于偶同。匈奴故事及安西故事，皆出自亚述故事。因为那史实太浩大了，在西方历世未忘。当然，若仅以细故之相同，遂假定古埃及，希腊有对东土之影响而远至于阗，似乎推之过远。但古之东西方之交通，虽不如近代之方便，也不如我们所想像之困难。如"烽火照甘泉"等武力驰突不论，宗教信仰之传播，亦有非地域所能限制。于此请稍申其说：

汉以后西域诸国，一般皆是文化水平颇低。那些地方自古是游牧民族所踞，族类纷多，血缘复杂，战伐频仍，游流不定。其范围史学家也不一其说。以其为通道，则西通小亚细亚，更远通希腊和埃及，而东通长安。但一贯是文化不高，似乎自然环境及物质条件远不如汉土之优裕而能长期继续发展。试在地图上以孔子的故乡曲阜为极东一点，以耶稣出生地伯利恒为极西一点，其间作一横线，则西域诸国占去左方南北几乎三分之二。这地区不失为东西方文化之一大荟萃场。其古之巴比伦，亚述，犹太文化皆曾兴起，盛大，衰微了，从东去的有汉土势力，从南去的还有印度影响。各个系统互相荡摩，相拒，相引，相成……其最可征者，无过于宗教信仰。举凡佛教，——姑以佛教为划分点——，其前之袄教，其后之景教，摩尼教，再后之天方教，皆从此入中国。凡此皆通过许多游牧民族，但那些民族本身，对文化很少独创的贡献。

这里，大致有一通则可述，即所谓文化交流，是大者吸收小者，如水之就下。水之就下，必然挟其所过之地的水而下行，聚许多小流而为大水。某一系统推移，——文化从来不是静定的，——必然挟带了各地本土文化原素，其间种种物理的参合变化，难可胜言，往往经过某些地域和一长段时间，其本来面目皆改变了。在这点上可见其过渡期与经历处之重要。佛教一离印度本土而北传，遂化为大乘而密乘，本身渐渐变质了，远为在鹿野苑初转法轮时之瞿昙始料所不及。而在其所传播之区域，愈与其土俗信仰合，愈浸灌到社会的低层，其势力亦愈增大，存留亦愈久远。于上列举之引据，可见毗沙门天王信仰于佛法之为后起和外附，渊源或是怎样神化了的某英雄崇拜，变成了和平保障的护世神，在密乘中便为敬拜佛而说"真言"之夜叉王或天王了。在佛教则是大者吸小者，亦所以成其大。

这不仅于佛教为然，于古希、罗世界之宗教亦然。古罗马的宗教当然是采纳自各地者的综合，主要是从希腊，几乎全部移来。而希腊的又是从各方面的流注，到荷马（假定在公元前907左右）时乃汇为史诗之大神坛。希腊亦自有其"神秘道"，可比媲佛教的"密宗"，然较繁富，较文明。密宗里有很多野蛮原素，兹不论。从来秘密教的势力是高过显教的。古希腊的神秘道，至今在欧西社会里犹有其遗踪可寻，散在各地的秘密结社多是。希腊信仰西移，亦可从雅典而经西域诸国东注。譬如光明，总是四射的。

东西方交通史，若干年来中外学者已加考究了，于此不论。专就文化迹象或宗教形表而言，其间尚有若干问题未能解决。如"唵"声（Aum），为婆罗门之圣语，亦密乘之真言，在韦檀多时代尚且将其分析而成为一奥义书。其出自印度本土无疑。但亦可疑其源出Amen"阿门"，则出自近东，即至今西人祷告词尚以为终结者。又如密宗之"灌顶"与基督教之"洗礼"，仪式不同，而同为入道，是偶同呢还是依起或因袭？或俱另本一源？又如初期基督教信士，莫不削顶存须，竟与印度教及佛教信徒，容饰不异，又是谁影响谁，或原不相涉而为偶同呢？……凡此类问题，皆少有定论。笔者所疑惑的，东西方之交通，是否较史乘可徵者为频繁？因为有史以后，虽有高山大川沙漠气候等之障阻，欧洲与亚洲的陆地究竟是一片。

必于史有徵而后信，则考古上实物之发现与今存之极少量文字史料皆有可徵。穆天子西游可算史实，学者考订其事在公元前十世纪。然一国之天子出游之先，必然是已有了通路在，否则披榛莽，开通道，未必是国王之事，也与此传说不合。其时所罗门庙已建，希腊已是荷马与另一伟大诗人赫西阿朵斯（Hesiodus）的盛时，稍后（公元前884）久废的阿仑匹亚运动会初度恢复了。穆天子所遇到的，也许是西亚某部落的女王，未必远到希腊。但后下屈原楚辞中的"指西海以为期"，那"西海"正可假定是地中海。晚近西安出土之秦始皇兵马俑，其列为方阵，竟有如罗马军队著名的方阵，这两者的细节尚待研究，或者不能是偶同，而是彼此曾有影响。至若"丝绸之路"通，乃是公元以后的事了。

倘若古之中西交通频繁，则各宗教之互相荡摩，生克，乃意中事。这必与各个或大或小之民族之混杂与流移相因依，根本则随各地自然环境物质生活条件而变转。大致凡朴素信仰而变成体系完整的宗教，内容丰富了，理论发展了，自有其教主，导师，经典，规律，仪法，信条，徒众者，在历史过程中，总难保持其自体的完整，纯洁，而一成不变。多是受到外来和内起的势力而分支分派，或大别出而又小歧分。往往经过几度正、反、合，愈变愈失去本来面目而形体亦愈褒大了。很少或几乎没有绝无外缘而历世不变的。换言之，还是吸收或采纳或因袭的机会多。

（《世界宗教研究》1983年第3期）

梵文研究在欧西

中国和印度的交往，绵历近二千年，自古有文化交流。因为亚洲除中国外，文化稍高者唯有印度。交流至今的结果，是人之知我者无多，我之知人者不浅。以佛法而论，最初伊曾授经笔录，早在公元前2年。至今民众中之"善男信女"，还在寺庙里烧香拜佛。两大民族之智慧一经融合，曾产生出奇花异果。如佛教中发展了禅宗，风景胜地建造了宝塔，敦煌及大足等处留下了雕刻，以至守温依梵文制作了字母皆是。这文化交流又衰歇了千余年，直到近世印度诗人泰戈尔（R. Tagore）访华算起，方渐渐有恢复的希望了。

中印文化之交往，少见书于史籍，只有佛法之传入例外。但在印度本土，佛教在八世纪已渐趋于灭亡，它先受印度教的摧残，后为回教所克服，到十二世纪末已大体无存。佛世预言其"正法传世五百年"，史事证明应验。"像法传世千年"，便不能求之印度本土了。——时至今日，我们不能也无从追随往古，印度早已无佛可学，无经可取。若犹有经，则依考古学上罕有的发现。于是我们不得不扩大视景，开阔新途。因为南亚这一庞大民族，其学术原不止于佛学，还有许多派别宗教。而多有其独立性和原始性，诸派哲学或文学更不必说。虽则自其脱离英国统治，争得独立自主以后，尚未能振兴，但其本土传统学术，大有可供我们研究和参考者在。

学术研究的道路，原是由少数人开辟的。（中国如何最初弄明白了西域诸方言，那劳苦是难想像的。）其起初所面对者，有如榛莽。于是披荆斩棘，费了若干心力，拓出了一条通行之道，倘是向上，则后来者历阶而升可以一步一步循之前进，主要是得脚踏实地，等级历然，容不得丝毫虚伪。于此便无须取任何捷径以求速成。一般的学术研究，大致皆是如此。而印度之学，多涉玄微，极易蹈空，结果是自误误人，自欺欺人；终日在光影里头，徘徊不定，终身无成。

有幸循已开辟之坦途前进，这便是享受前人所植树之果实，或如俗说："前人植树，后人乘阴"。凡开创初期垦殖之不易，培植之辛勤，多为后期继起者所忽略了。这便值得深思，回顾。而前人工作有未到处，便应当由后人加工。历史上的环境不同现代，其所阙处，由于其时代不同，其所着重者不同，其所预料不及。则亦无由责难。举一小事为例，从六朝至唐代中国已学梵文，至今历史上未尝有一部可供今人所用的梵文字典。《一切经音义》至今于本国语文研究仍甚有价值，时时犹可供汉学家参考；《翻译名义集》也仍可提供佛法中名相之解释，但于梵文学习的补助极微。皆是以汉文为主。而古人之所着重者，是佛教，视景不能如现代之广阔。字典如此，文法亦然。古人之所缺，正有待于今人弥补。这些工作皆艰巨也，正有极远大的前程。观于西人的收获可见。

印度学是关于印度本土的学术，在我国于今正待确立，但第一步我们不得不取法西洋。——说取法，还是饰词，事实上是迳直自西洋采取。这里立刻生出疑问：印度居亚洲之南，说西洋指欧美，岂非南辕北辙，走迂曲之路？纵使学有所得，岂不是第二手资料，而永是依赖，随西人所云亦云？要解释这些疑难，不妨参考西洋的印度学初创之经过，于此且略加叙述。

近代欧西开始知道印度有其高深的学术，是耶稣教会人士所介绍。传教，是将福音诸书的教义，传授给印度土人，但同时便窥见了其本土自有其宗教以及种种学术。譬如播种，必须知道土壤、气候、灌溉等情形，这是教士所不能忽略的。将异地的情况报告本国，是教士的重要工作。亲历其境，采访当地尊宿，得之口传，参以典籍，往往是第一手好资料。其时亦非久远，近在十七世纪中叶，有一荷兰教士名罗格（Abraham Roger）在1651年将伐檄呵利（Bhartṛhari——公元550年前后人，名见《南海寄归内法传》）的文法学，译成荷兰文，在欧洲出版。罗格在玛德拉斯传教颇久，找到这一部书便属一位南印度婆罗门从事翻译，后来在本国印行。这是西方之建立印度学之第一碑志。

这本书的影响颇大。流传相当广。后来德国之赫德（Herder 1744—1803）撰《诗歌中的民族之声》（1778—1779），（Stimmen der Völker in Liedern），还从之取材。

印度的古典给欧洲知道了，是教会人士之功，但随后出现了伪书，则是教会人士之过。因为两地人士尚不甚相知，所以中介者容易售伪。同在此十七世纪中叶，有一耶稣教会神父，名罗柏（Robert de Nobilibus），自制了一部韦陀，名曰《耶卓韦陀》（Ejour Vedam），传入欧洲百余年。那位神父的制作似乎不是毫无根据，是采取了当时当地其所闻所知者，缀集而成。这书于1778年有法文译本，次年又有德文译本，但印度古典中没有这本书。这书蒙蔽过了一位法国大诗人伏尔泰（Francois Marie Arouet de Voltaire 1694—1778）。他得自从南印度回法国之某君，甚为欣赏，认为是古韦陀的注释，百年前婆罗门所译出的，所以阐释古代梵文之晦奥者。将其献与巴黎皇家图书馆典存。他对于印度民族之所知，皆出此书，并撰《论诸国礼俗及其精神》（Essai sur Les Moeurs et L'Esprif des Nations），也是以此为根据。

其实《耶卓韦陀》，或即 Yajurveda 之音译。即所谓《祭祀明论》。古本集成在黎俱韦陀之后，婆罗门书时代以前。中含颂制以及散文，原本不伪，但异乎罗柏神父之撰。此书亦早在1782年，已有人（Sonnerat）疑其不真。十八世纪后期，梵文古典渐渐为欧洲人士所发现，此一赝鼎，也经确定了。

这一伪作的影响颇大，梵文典籍的信誉因之大损。凡有古本之典籍介入欧洲，遇到的是怀疑。甚至有哲学家（如 Dugald Stewart），不但不信一切梵文古书，并梵文文字本身也不肯置信了。他认为在古希腊历山大东征，进入北印（Taxila 地，时在公元前326年）之后，有一班巧伪的婆罗门，始依希腊文仿制了一套字母。——这当然不是史实——文字既从欧洲源出，其所表之印度文化，自然皆逊于欧西的了。在现代看，此说自然不立。

这一小故事值得我们深加观省，因为今时正盛倡中外文化交流。虚妄蹈空，则贻误不浅。中外皆然。

时至十七世纪末叶，欧洲对印度学术的认识，稍增进了一点。仍然是传教士之力。有耶稣教会神父名翰克司雷登（Johann Ernst Hanxleden），在印度传教三十年，学到了方言，编出了一部梵文文法。时在1696年，但这书未尝行世，稿件却保存了下来。又过了几十年，有一位奥国教士坡令诺（原名 J. Ph. Wessdin，入教后法名 Fra Polino de St Bartholomeo，属迦美会 Carmelite），自 1776 至 1789 年，在玛拉巴（Malabar）海岸布道。这原是昔日翰克司雷登之传教区，因而读到他的遗稿，后之编出了两卷梵文文法行世。这是踵罗格之后的于史可徵的著作。此外坡令诺还撰有《东印度游记》《婆罗门制度》两书。（后者拉丁名 Systema Brahmanieum，1792 年罗马出版。）这些著作，以印度的宗教、语言、典籍、习俗等皆有所了解。但主旨是以之为传教之助，在学术史上所留的痕迹不深。

所以编出梵文文法书，是由于欧西渐渐学梵文了。这文字不是摹拟希腊文而作，自有其渊源。就古代世界各文化系统观之，印度这一系有绝大的原始性、独立性和保守性。梵文至今概括为两部分，一韦陀时代梵文，在先；一经典梵文，在后。印度本土，历史上屡遭外族入侵，古波斯人，希腊人，月支人，回教人，英国人，或局部或全般皆曾统治过印度了，而至今日印度还是印度。学徒背诵韦陀，依然与古不异。时代可回溯到公元前 1500 年。由此下至公元前 200 年，史家称之为韦陀时代。这时期前半，文化中心在印度河流域；后期，中心移到恒河流域，大致在今之旁遮普（Panjāb），在北方。由公元前 200 年至公元后 1000 年，回教征服印度时止，乃是真正的梵文时代。

这时已近 18 世纪末叶了。英国早已入侵。对印度学术的研究，第一功臣当推英之赫司廷斯（Warren Hastings 1732—1818）。其人不是学者，而是政治家。十八岁时到东印度公司当书记。由此努力工作，凡二十三年，到四十一岁当了孟加拉总督（Governor General）。他认为要统治印度，非明通印度古代法律不可。于是号召一班婆罗门，采集梵文法典，编为一书，名 Vivadanavaselta，其中于财产继承法等记录颇详。但此书成后，当时无有明通梵文能为翻译者。于是由梵文译成波斯文，再从波斯文译成英文。（译者为 Nathaniel Brassey Halhed），称之曰《A Code of Genteoo Law》（《乾竺法典》），Genteoo 是葡萄牙文，音译乾竺，即印度。这书由东印度公司出版，时在 1776 年。后两年，德文之汉堡译本行世。（Hamburg 1778）〔赫司廷斯在任总督期，多所更张，年老回英伦，被指控高等违法，涉讼七年，始被判无罪(1795)。然家亦破。后仍由东印度公司赡养，卒于英伦。〕

赫司廷斯任总督之功过如何，不论。但其能开始倡导梵学研究，可谓卓识。在他的资助与敦促下，始成就第一个英国的梵文学者，即维金司（Charles Wilkins 1749？—1836）。维金司往贝纳尼斯（Benares）即印度教圣地学梵文，大有成就。其人起初也是往东印度公司当书记（1770），一生于梵学之介绍卓荦。在 1785 年他译出了 Bhagavadgītā（即《薄伽梵歌》，是印度教的一部宝典，近代印度开国英雄甘地，运用之争得了独立自主。）名之曰"The Song of the Adorable One"。这可谓以近代欧西文字直接译自梵文之第一部书。过两年，又译出了一本 Hitopadeśa,（即《善教寓言》，是一本给童子讲世故的书，普通读物），名之曰"Friendly Advice"。(1787) 此后又将《摩诃婆罗多》史诗中"莎恭达罗"一部分译出（1795）。再进，则以其自撰之《梵文文法》出版。这时欧洲没有梵文（天城体）字，由著者亲自书写铸模，制出字粒，乃能开始印出梵文书。维金司晚年又从事迻译古印度碑志，为印度碑志学之开山祖。

其次，梵学家也许要推锺斯（William Jones 1746—1794）。但非专于梵文文学，是英国当时的著名东方学者。其人年少时，已翻译波斯、阿拉伯文的诗歌。盛年往印度（1783），任加尔各答最高法院推事，计在印度留十一年。始学梵文。创立孟加拉亚细亚学会，(Asiatic Society of Bengal。该会所出版之《学志》，J. R. A. S. 甚有名。) 时在 1784 年。越五年，乃将其所译迦里大萨 (Kalidasa) 之莎恭达罗[①] 一剧本问世 (1789)。过了两年，这书乃有弗司特 (Forster) 的德文重译本出版。这震惊了德国文坛，赫德 (Herder) 与歌德 (Goethe) 诸人深加赞赏。一般欧洲文学家，乃觉东方文坛，亦自有其杰作。

鍾斯的学术方面广。其最重要的译著，为《回教法典》，两种，及《摩奴法典》。(Mohammedan Law of Succession to Property of Intestates, 1792; Mohammedan Law of Inheritance, 1792; Institutes of Hindu Law or the Ordinances of Manu, 1794) 这后一部是印度法。有德文重译本，1797 年在德国魏玛 (Weimar) 出版。但在 1792 年，他又出版了迦里大萨之另一著名抒情诗，名曰 Rtusamhāra，译名 "Cycles of the Seasons"。[②] 又以梵本原文在加尔各答印行。这以前的梵文书，多是钞本，或凭记诵。有在印度印出的，自此书始。

鍾斯确为语文天才。生平通东西方语文共四十一种，其中十三种较精熟。梵文造诣甚深。证明其与希腊、拉丁诸文字相关，曼衍于克梯克 (Celtic) 及日耳曼 (German) 诸语。在语文学上的贡献不少。又当考印度神话与希、罗神话之同异。开辟了比较语言学，比较神话学的新领域。

以时代先后为次第，继鍾斯而起有科布洛克 (Henry Thomas Colebrooke 1765—1837)。这方是奠定在欧洲的印度学的第一人，在各方面立好了坚定的基础，使后起者可以建筑上去。

科布洛克十六岁时，便往印度 (1782)，其初十一年未尝学

[①] 此书已有季羡林教授之华文译本。
[②] 此书已有之华文译本。

梵文。似一贯受锺斯的培植，到1794年锺斯逝世，则早已从事梵学了。受遗教翻译印度法律书，于1797—1798年出版，名曰《印度契约与承继法律汇编》(A Digest of Hindu Law of Contracts and Succes sions)。锺斯亦治文学，好梵文诗歌。科布洛克则所涉之范围更广。法律之外，举凡印度之数学，文法学，宗教哲学等皆所涉及。其论诸韦陀之文章(Essay on the Vedas)，颇激起了欧人对此印度古典的兴趣。如前所云伪韦陀之辨定，亦在其文章行世之后(1805)。

科布洛克尝印行梵文字典，巴你尼文法，善教寓言，基罗阿琼那故事诗(Kiratarjuniya，见于《摩诃婆罗多史诗》中)。又自撰梵文文法。亦籀译古碑志多种。平生珍藏印度钞本甚多，价钜万。归英国之前，举以赠东印度公司。后收归伦敦印度公署图书馆珍藏。

其次，要推汉密登(Alexander Hamilton 1765—1824)，早年往印度学好了梵文。1802年经巴黎回国。时当英法釁起(适值Amiens和会之后)，拿破仑下令：凡侨居法境之英国人，皆不许回国。于是汉密登只好在巴黎教法国学生梵文。恰好此时德国诗人施雷格(Friedrich von Schlegel 1772—1829)正游巴黎，遂从之学(1803—1804)，颇有所得。更进而深造，读巴黎图书馆所藏梵文典籍。其时该馆所藏，约略仅二百种。——于此，整个印度学的研究，从英国渐渐传到欧洲大陆，开了十九世纪之一盛期。

考英国最初能居印度学研究首位，确然开风气之先，道理很简单，因为英国统治了印度，而且，终于从荷兰人手里，收得了东印度公司。德国当时没有东方殖民地。没有求知印度的急切的必需，也没有研究上的种种方便。但自从有了"莎恭达罗"剧本的重译本，又读到了"印度法"，且将锺斯的著述陆续翻成德文，于是对东方生起了遥情（Sehnsucht），这有助于其浪漫派文学的发展。如赫德著《人类历史哲学的理念》（Ideen Zur Philosophie der Geschichte der Menschheit 1784—1791），于远东学术再三说及，便可证明。自施雷格以后，德国学者渐多学习梵文，既自直取梵文，又藉助于英译，这与初期英人藉助于波斯文等情况相同，但除去了筚路蓝缕之开辟工程，事半功倍。于是施雷格乃于1808年出版了一系译著，名《印度语文与智术汇编》（Ueber die Sprache und Weisheit der lndien），皆是脱略扶持，独创天地。汇编中收集了罗摩传（Ramayana。此名早见于佛典，但无华文译本；有之自季羡林教授始）的选译，摩奴法典，薄伽梵歌，大战史诗中莎恭达罗故事。同时施雷格之兄威廉（August Wilherlm von Schlegel 1767—1845）也曾学梵文，亦曾往巴黎大学从摄齐学。（A. L. Chezy 1773—1832）摄齐为巴黎大学（Colleze de France）之第一个梵文教授。施雷格兄弟，校刊了种种梵文典籍，作了若干翻译介绍，威廉·施雷格乃当了德国第一位梵文教授。——在波恩Bonn大学，始设梵文讲座于1818年。又出版了《印度图书杂志》，发表了许多关于语文的文章。时在1823年。同年，又出版了《薄伽梵歌》的拉丁文译本。直至1829年，其生平最著名之翻译部分完成，即《罗摩传》的初部出版。——施雷格兄弟皆诗人，凡所译著，不但佐助了本土浪漫派文学，亦且继英之锺斯开拓另一园地，即比较语文学。但这一门新学之确立，得归功于同时另一学者，波普。

波普（Franz Bopp 1791—1867）略后于施雷格兄弟，也曾往巴黎大学从摄齐学梵文。时在1812年。他曾学各种古代语，从而创立此一新学。即是以历史的比较的方法治各种古语，撰《梵文动词变化系统与希腊、拉丁、波斯、日耳曼语文之动词变化系统之比较观》（Ueber das Konjugationssystem der Sanskritsprache in Vergleichung mit genem der griech u, a, Sprache)。发表于 1816 年。为此学奠定了初基。此书之末,亦附《罗摩传》及《摩诃婆罗多史诗》断章,标其韵律。其附录之韦陀散篇,独采自科布洛克的英译。同时断取史诗中《纳那》(Nala)故事,则附以拉丁译文,校订精审。由是德国后进之学梵文者,多以此书为课本。因所选之原文简洁,便初学。波普又翻译出史诗中其他故事。又出版过《梵文字汇》(Glossarium Sanscritum),也编过梵文文法(1831,1832,1834 诸年,继续出版)。但其平生主要作品,为《比较方法学》(Vergleichende Grammatik des Sanskrit, Send, Armenischen, Griechischen, Lateinischen, Litauischen, Altslawischen, Gotischen und Deutschen, 1833—1852)——其贡献不可谓不大,一贯承施雷格兄弟之革命精神,专作学术研究。

当时在德国与波普齐名的,有禄克(Friedrich Rückert 1788—1866),是一位诗人,却擅长翻译。其出自梵文者,有几种文学作品(如 Makamen des Hariri; Nala und Damajanti; Sakuntala des Kalidasa 等等)。其人平生通语文三十种。著有《婆罗门的智慧》(Weisheit des Brahmanen 1836—1839)。

西欧至十九世纪中叶,渐臻人文主义盛期,而梵学研究已成为时尚。这时有一位伟大的人文主义者,极力提倡梵学。此即丰波尔特(洪堡)(Wilhelm von Humboldt 1767—1835)。其学方面亦广,学梵文则始于 1821 年。当致书与威廉·施雷格,说倘若梵文研究不深,则不足以明语言文字之源流,——以谓印度日耳曼语,或称印度欧洲语 Indo-german——,更不足以明印度史事。

而且,凡有新发现或新翻译,以某种文字发表,随即有了另一文字的课本。因为学术是天下之公器,容许人人研究。一微小问题另在于版权。

至此,已略说初期在英国和德国的梵学开创情形,也当注及同时在法国的研究。虽英、德、法三支各有胜处，而究竟同出一源，对象是一，观点有异乃存乎其人，如英雄所见不同于庸凡，而无由隶属于国别。

法国的梵学研究，是由彭洛夫（Fugene Burnouf 1801—1852）奠定了基础。其人年四十始为巴黎大学教授，其学主要在于韦陀。但一生最大贡献乃在恢复了古代"渐德"Eend 语文，即古波斯语，即苏鲁支教主所用之文字。他自己于梵学的功劳，是教出了几位大弟子，如穆勒（F. Max Muller）如罗特（Rodolf Roth 1821—1895）皆是此学之明星，有如下述。

于此，请略说韦陀研究。梵文是一，但前为韦陀梵文或简称韦陀文，文字稍有不同。以上所述诸种著作，如大战史诗，罗摩传等，即现代所学之梵文，皆属经典梵文以内。韦陀据我们想像，是最古的经典，如黎俱，当属经典梵文了，但韦陀文字既颇有分别，所含的内容多涉及神道，在学术界便将其别开，经典梵文多涉及世俗，包括种种文学作品。显然自为一类。而佛教作品之出以梵文者，又颇与文学作品之梵文不同。（马鸣唯一作家除外）是比较简单化了。这其间又牵涉到土语 Prākrit，与巴利文 Pali，后下更当提到。

前说科布洛克已有论诸韦陀之文，激发了欧西对此古典以及古民族之兴趣（1805），有创始之功。至 1838 年，德之乐逊（Friedrich Rosen）已印行黎俱韦陀之初分。惜乎早辛，全工未竟。同时出现的一位巨子，即彭洛夫的高足弟子罗特，发表了一小册子，《论韦陀之文学与历史》（On the Literature and History of the Veda 1846）。这本小书开后来德国研究韦陀之先河，是创造时代之一书。四年后（1850），威尔逊（H. H. Wilson）有其英译，是在牛津（Oxford）大学开梵文课之第一位教授。——于此，当略明黎俱韦陀的传统，始可明罗特以至穆勒功绩之所在。

黎俱韦陀，纯是一集颂赞天神的诗词。说四韦陀，最古者前三，谓之"三明之学"（trayē vidyā）。第四阿他婆韦陀（Atharva Veda），后起，内容主要为咒语，呼召鬼神，形式同于黎俱，而精神则大异。思想更在原始时代，起源实自邈古。是多属巫术，在平民中通行。非如黎俱之精神较高，专为祭司阶级所用。第二三曼韦陀（Sāma-veda）中除七十五颂外，皆取自第一之黎俱。专就祀梭摩（Soma）之礼而编排者。第三夜珠（Yajurveda）不单包括黎俱之颂赞，亦有说祀事仪法并加以解说之散文；"黎俱" ṛk 字义为"颂赞"，"夜珠" Yajus 字义为"祈祷"。"三曼" Sāmam 字义为"唱赞"。克实论之，仍是以黎俱韦陀为核心。

黎俱诗颂十卷，原名"十轮"（mandalas），共收 1017 篇，若加附带于第八卷之 11 颂，则共为 1028 篇。以量而论，与古希腊荷马（Homer）存诗大致相等。以第二卷至第七卷为核心，此各为一诗人或其后裔所作。"诗人"古称"见士"，即见道知真之士，其第一、八、十皆非一家传之作，而为多人所为。第九卷则就内容为专祀"梭摩"神者，编成一处，其诗制亦一律。以量而论，第八卷颂数少于第七，以时代论，第九卷则在前八卷已集成之后，第十卷显然后起，皆前九卷已成定本之后，收有第一卷之首章。且又加入了新神，如"朝霞"之神；如"信心"，如"忿怒"，开始化为神名。而因陀罗（Indra 雷电神）阿祇尼（Agni 火神），仍保留了地位。在语音上可考出与前九卷有不同处，可表其往余三韦陀之过渡。如有些古字已渐不用，（例：语词 sūn 在前九卷中出现五十次，在此卷中仅一见。）后世常用字已经出现。（例：labh "得"、"取"，Kāla "时间"，lakṣmī "财富"，e-vam "如是"。）

诸诗何时而成？编辑何时而定？——在印度古典中，迄无文字纪录。这只能从内容上画出一点大约的界线，是欧西学者之功。大致不当后于公元前一千年，诸诗已经结集。即三曼韦陀成集以后。这是由语文学上的转变而推知。其诗颂之成，则在其前又若干年。其经集编定本（Samhitā text）则在诸婆罗门书编成之际，则大约在公元前六百年。又有"句读本"（Pada-pātha），以沙格利耶（Śākalya）为编者。"句读本"之后又有人编成"转诵本"，使前后两字重复，如"天地玄黄"四字，作"天地，地玄，玄黄。"又更有"交织本"（Jatā-pātha），基于前转诵本，为"天地，地天，天地，地玄，玄地，地玄……"最后为密集本（Ghana—pātha）只为"天地，地天，天地玄，玄地天，天地玄，……"皆是文法学者，为保存古文，苦心设出之法，使此民族最古老之一诗集，不致失传。

凡其今存之历史，多依外国记录。时代是大致可定，如一位诗人迦里大萨的生平，据各种记录考证，有多个假定，最早者与最晚者，相去可九百多年，迄无一定。（参拙译《行云使者》跋文）——此中凡论韦陀时代等，皆大致推测而已。韦陀书之起源，据缪勒（max müllar），或在公元前1200年，大致从公元前1300年到1000年，这三百年间，可表韦陀诗颂语文从旧到新之衍变。

于此，先得陈述一事属缺憾者，即印度从古无写定之史。——其故，说者（A.A.Macdonell）谓古印度民族未尝创造历史，如古希腊之波斯战争，或古罗马与迦太基之战争（Punicum bellum），皆系本民族之存亡，结各小部而成大国，在政治上发扬光大，因而有史。其次，由婆罗门道根本蔑视人生，以生存与行业为罪恶，无意于世事，故不重历史记述。——第一说似疑确立，因古印度民族之尝有强弱大小之并吞争战，且曾建立几个辉赫的王朝，的确创造过历史。第二说可存，因婆罗门道及诸派哲学,无一不带悲观与厌生色彩。生已难堪,哪能顾及传世?——这似可解释以物质条件的决定。热带与亚热带生活太容易,人口易于滋多,这成为生活之困难的原因,而气候多不利于文物之保存,致使一般文化水平低落。从古只有对天神之颂祷及仪式才保存下来,没有可以稽古之历史典籍。

(未发表)

陆王学述（节选）

小　引

　　久矣，哲学家只说自己的语言。往往不治其哲学的人，便不能懂。这似乎是事理之必然。人不能扳下一高深理义，如物理学上的，使人人皆懂。"没有皇王之路达到数学"，这是古希腊之名言。所谓其自己的语言者，便是有其所运用的许多专门名词或术语，在物理、或数学、或化学等，便是许多符号和公式。其实皆是人智之所及，倘加以学习，弄清楚了那些名相，纵或艰深，终于不会有什么不能懂的。

　　专说自己的语言，一般很难使其学大众化。这是一弱点。在现代中国，西洋哲学介入了，涌进许多新名词，尤其是音译，在普通人确实感觉困难。直到近一二十年，方渐渐稍趋一致，大多标准化了，虽其正确性还颇有可商讨之余地；必颇明通其源出之西文——大多是拉丁或希腊文——方易明了。"皇王之路"或是易行或是愉快之路，必是大众皆乐于行走的，而专门学术不必如此。"道则高矣！美矣！宜若登天然，似不可及也。何不使彼为可几及、而日孳孳也？"——孟子于此论早有答复。①

高深之学难于大众化，是一弱点，这便引起另一事实，即不易传世。所谓曲高和寡，《广陵散》自嵇叔夜一死，便永远失传。然现在所处理的这宗古学，内容不是不高深、优美，在古代不是不普遍，从宋代流传至今，未尝断绝，只是如今有断绝的趋势了。姑断自马一浮止，可推为迄今最后一宋学大师。马氏之后，尚未闻有专于宋明理学之大师出现。然则正在这"绝续之交"点，重温此一理学，不是没有意义的事。必然是要有于此学身体力行的人物，走出了其书院或学院，说出平民大众皆可了解的话，然后对社会有影响。于今看宋明儒者的语录和文章，有时真如看集句，所集者多是取自四子书，在古人是容易了解的，因为科举时代，以四书为取仕之通途，是人人所熟读的。现代不然了，普通人罕读四书、五经，因此不甚了解，由此也不能欣赏。这是主要困难之所在。其次，是现代社会比古代复杂化了，进步了，科学发达了，许多学理成了古董，废置了。那么，纵使了解，也不能珍重，只觉其无谓。再其次，现代物质方面的生活，带来了许多方便，同时也带来了许多麻烦。空间的距离已大大缩小，而时间的迫促也大大增加。我们没有古人的生活上的简朴，也没有那种生活上的余闲。很少人能"张拱徐趋"，悠然乐道；玩味那些格言、简语。

凡此，皆不是真正的困难。如现代普通话说，请学者走出"象牙之塔"，走到十字街头，为大众说教，不是怎样的困难事。明代许多讲学家，便是这么作的。打着旗帜，扬其标语，从一处

---

① 公孙丑曰："道则高矣！美矣！宜若登天然，似不可及也，何不使彼为可几及，而日孳孳也？"

孟子曰："大匠不为拙工改废绳墨，羿不为拙射变其彀率。君子引而不发，跃如也。中道而立，能者从之。"（《尽心章句下》）

走到一处，历乡村城市，到处向群众说教。而没有四书五经的根柢，这困难也易于克服的，取而研究之便是。西洋有学者，于中国之经、史可谓毫无根柢，然其研究中国之学，一提起便头头是道。生活太忙也不成为理由，在开始便计划去用多少年时间，则总可有其结果的。——真所谓困难者，在着实见道。这是讲学家的通病。终其身在思智中转，在语言文字中求；结果，其造诣臻极到朱晦庵而止。到晚年难免生悔。虽然，这不成为根本弃置此学的理由。

稍从正极方面说：近古以来，真所谓中国本土的哲学，只有这一套最觉声弘实大。远承孔、孟，是儒宗的精粹思想。仅举一例，可想大概：如晦庵说《通书》，谓"周子《通书》，本号《易通》，与《太极图说》并出程氏，以传于世。而其为说实相表里。大抵推一理、二气、五行之分合，以纲纪道体之精微，决道义、文辞、利禄之取舍，以振起俗学之卑陋，至论所以入德之方，经世之具，又皆亲切简要，不为空言。顾其宏纲大用，既非秦汉以来诸儒所及，而其条理之密，意味之深，又非今世学者所能骤窥也。……"——此学始于周子，所以朱子如此加以赞扬。若细分析此说，仍有可讨论者在。但大体这些说法是从历史潮流阐明了宋初的风尚及其后为学之定向，是相当真切的。——即今观之，宋明理学，实卓立于世界，从之我们可以认识自己。

定　　名

我们通常名此古学曰宋、明理学。于此当研讨一下。汉、宋对言，则简称宋学。但由宋、元至明，学统一贯，主旨内容皆不甚相远。于宋尚有学派之分歧，于明则虽亦纷纷错出，然主旨之歧异甚少。此黄宗羲所以不草《明儒学案表》之故；于宋，则表列其系统条然。明代讲学家宗旨多,只多口号之异,内容少出入。宋以前呢?——答复这问题是要追寻全部古代思想史了。——大致秦灭而后,持世教而领导每时代的主要思想,仍在经学,即孔门之经。汉人传经,"守家法,重师承",仍是孔学。魏、晋、南北朝虽崇尚老、庄,然经学犹在,所谓"南人简约,得其英华;北学深芜,穷其枝叶",仍多是在三礼、三传中用功夫。唐重诗赋,很少独创卓出之思想可言。韩愈、李翱之流,仍是传承孔、孟思想。就全部历史以观,宋五子之流,远不如晚周诸子,因为晚周诸子,各自有独创之原始思想,其时正值"百家争鸣",不囿于孔、孟。宋儒则以复兴孔、孟思想为主,自许其为千二三百年间已断之"道统"的继续。其断,断自孟子。"轲之死,不得其传焉。"时当宋世,承残唐五季丧乱之余,古之儒家,有此一复古运动。由此一直发展下来,所以就时代而言,简称"宋学"。

治国学者,尤其是西洋人之治"中国学"(Sinology)者,总感觉有此困难,即同一对象而有多名。即如人物,同一人可有多名。如朱熹,当时学界称之曰晦翁,因他字元晦,一字仲晦。死后谥"文",遂称文公。又称考亭,以讲学之地而尊称。又称紫阳,以其书室之名而名之。追封徽国,则称徽国文公,亦简称徽国。而朱子自己也有笔名,曰空同道士邹䜣,——一人而有九名,乃西方所未有。如是,同此一学也,也有多名。最显著的曰"心学"。心字涵义极广,在宗教中(是否可说上一切宗教),如儒与道与释的内涵,举不外是。唯心论与唯物论之分,姑且不说,因为在此讨论起来,会不免弥漫泛滥之失,当别论。宋儒又自诩为"身、心、性、命之学",即以此四者为主题,分析人生,从而致其修为,以"变化气质"……等。又称理学,因为这是义理之学。而"心即理也"。至今社会俗语,仍言"天理良心"。大程子尝说"天理"二字是他自己体认出来，即修为之所独见。伊川也说："人只有个天理，却不能存得，更做甚人！"又说："自理言之，谓之天。自禀受言之，谓之性。自存诸人言之，谓之心。"或者，可另取一更简单之说："理之所在谓之心，心之所有谓之性。"总之心学、理学同是一物。这是宋人的定义。

抑又有不止于此者。元修宋史，立《道学传》之名，将宋五子等列入其中，而先于《儒林传》。那么，将"道"与"理"联上了，如今之常语曰"道理"。此道即孔、孟之道，即"朝闻道，夕死可矣"之道。至后又推而广之，以谓道与学为一。"舍道则非学，舍学则非道。故学道爱人，圣师以为训，倡明道学，先贤以自任，未尝歧为二焉。"① 实际三教各有其道，且各自许为"正"道，不同于己者谓之"异端"或"外道"或"邪道"。只是立场不同。然讲道学，则为儒门所专，释与老皆不称道学。似乎到清初"道学"已不被尊重了。实际上明末一班道学家也自有其弱点，孔、孟之学也成为清谈，贻讥社会。顾亭林当时愤慨说："昔之清谈，谈老庄；今之清谈，谈孔孟！"——"太极圈儿大，先生帽子高"，——旧学理失去了生动力，所存留者是形式。当易姓换代之际，时潮是一反过去之风尚，而汉学起。故有"道学起而儒林衰，性理兴而曲台绝"② 之评。这亦是历史事实。这立刻牵连到汉学、宋学之争的问题，兹不论。

如是；三名词所表者为同此一学，这是历史事实。但现代一个新世纪且将开始，人类文明已大大进步，科学已发达到了相当的高度，西方哲学已大量传译入华，我们有将此一宗古学检讨一番的必要了。必须用新眼光、新权度加以衡量。因为从古那班学

---

① 李心传：《道命录·序》。
② 语见江藩《汉学师承记·序》，下句义为古礼制之不讲。

者，是以"放诸四海而皆准"，"百世以俟圣人而不惑"自许的。

今世治西洋近代哲学者，倘拈起"此学"来，便不免生起疑惑：根本这是否可称为哲学？——究之哲学一名词不古，中国古有称哲人，哲夫，哲妇……等，从来未曾有立所谓"哲学"一名词者。它是从西方介入的一词。诚然，此学已出到了纯思辨范围之外，未尝有形式逻辑或因明。而逻辑或因明，究竟范围有限，不足以弥纶宇宙间之真理。而且，人生可喻说是球面的，非是一直线或单方程的，非一公式或三支五支之量所可笼络。实际我们的寻常生活便不全是逻辑的。然而在此古学中，也有彝伦之说，有伦有序，有彝有型。即使用逻辑绳之，也看不出有何纰缪，然其立义粘柔且活泼多了。反过来说，从此一学翻成西文，舍哲学（philosophy）一名词而外，亦寻不出恰当的称呼。

其次，有一中西皆颇合然稍嫌空泛的名称，即"形而上学"（metaphysics）。此词在希腊原文，亦无其他深义，指其在物理学之"上"或之"外"而编为一部之学而已。译名却正对。《周易系辞上传》云："是故形而上者谓之道，形而下者谓之器。"也许是严复创立此译名。这又似乎是心与物之对待了。——此一"物"便是《大学》中"致知在格物"之物，亦即"物有本末"之物。格物之解，到南宋陆游，已记其有十八家，然未出其名。今时我们也可举出显著的好几家，然似乎尚无人考出这十八之数，想来大半也是失传了。但宋儒很少承认道与器对立。或将心与物划分。有云："上形下形，曰道曰器，道无形，舍器将安适哉！且道非器可名，然不远物，则常存乎形器之内，昧者离器于道，以为非道遗之，非但不能知器，亦不知道矣。"① ——总之，今古语文时有变化，中外皆然。同一字在古有善义，在后世可变

---

① 薛季宣答陈同甫，见《艮斋浪语集》。

为不善义，相反亦然。《大学》中之物，与今之唯物论中之物，难说为同一。"上下"古训亦为"前后"。不知怎样，在近年"形而上"变为玄虚以及虚伪的意思了。这是俗语中可矫正的。形而上学又牵涉到玄学，玄学一名词却未变，玄学属道家，盛于魏晋，则不可与此宋、明儒学同日而语。

　　说及"形而上"、"形而下"之学，便宜有上学、下学之分了。西方——古印度韦檀多时代——诚有上学、下学之分，但我国古代未尝有此区辨。相类者，却有内学、外学之别。这分别自东汉时已立，"东都诸儒，以七纬为内学，六经为外学"。① 图谶盛于东汉，因为光武是依谶纬而起义的，那界划亦自是分明。然后世纬学未尝发达而经学盛大，这界划渐为人所遗弃了，而"内学"一名遂为佛学所专。近代佛学大师欧阳竟无，有其"支那内学院"之建立，欧阳氏是由儒入释，这名称是他所采用的，似乎未尝不有深意存乎其间。握住此一要义，则远非称之为"中国佛学院"之泛，且拔出流俗了。禅师家也有"房内人"之称谓，是指同见解同证悟之人，这恰好与今之口语"门外汉"相对。宋、明诸儒皆重内心修为，但不称为"内学"。姑以其根柢之《大学》言之，则其八目中之格物、致知、诚意、正心、修身，姑可曰皆为内心之事，而其齐家、治国、平天下，虽皆根于内心，然由己及人，由近及远，亦可称为外学了。现代精神修为之士，也多分内中和外在，各自成说，没有《大学》的这一系统。宋儒自诩为"内圣外王"之学，功夫是内外交修，先内圣然后外王，有其本

---

① 《资治通鉴·汉纪四十四》卷五十三，胡三省注。"学"在印度古世称"明"，一为"上明"，即由之悟入"不变灭者"之学。"下明"乃四《韦陀》，声明，仪礼，文法，文字学，诗学，天文学。（参拙译《五十奥义书》初版第688页）宋人也就"下学而上达"一语有所讨论，涉及"小学"之洒扫应对进退诸事。但没有学术上的"上学""下学"对举。

末、次第。

此一圣学,近人以其内涵有多处与欧洲人文主义相合,又指为中国的人文主义。欧洲的人文主义,是越过千余年,要摆脱中世纪的愚昧和对上帝的信仰以及附着滋生的迷信的种种束缚,而恢复到古希腊的理智时代。此则有同于宋儒之复古。然宋明儒者,取材于"观乎人文以化成天下",① 其志度之高大与广远,远非欧洲人文主义者所可及。然过度着重了"人",忽略了物,只助成伦理学的建立,而阻碍了自然科学的发展。其御物的态度,王船山曾说得很明白:"圣人只做得人分上事。人分上事便是己分上事也。《中庸》言'尽物之性',也只是物之与人相干涉者,索与他知明处当。使其有可效于人者无不效,而其不可乱夫人者无或乱也。若天际孤鸿,江干小草,既不效于人,而亦不能相乱。须一刀割断,立个大界限,毋使彼侵此陵,失其人纪。"② 又谓:"所谓'天地之间'者,只是有人物的去处。上而碧落,下而黄泉,原不在君子分内。"③ 这可作为人文主义的辩护;然今人或可斥其为"人类中心主义"(anthropocentrism)。专事寻求上帝者,必不谓然。要之,王氏之解释,仍有可讨论之余地。

于此又有一问题当稍解释,这其实是属于研究方法上的问题,即"通相"与"别相"之辨。我们所讨论的,大抵属于通相,观大体,论一般。这么便以义理为中心,时代为依据。而个人亦在此中占有其应得的地位,但这不同于专论个别道学家,如撰史之立传。问二程是不是代表宋世之理学呢?答复当然是,然亦不全般。因其前尤其是其后还有许多理学家。若有卓出之思

---

① "观乎天文以察时变,观乎人文以化成天下。"见《易》之"贲"。"文化"一名词,古义原出于此。
② 《读四书大全说》,释《孟子·滕文公下》。
③ 《读四书大全说》,释《孟子·滕文公下》之"则塞乎天地之间"句。

想，即当采纳，则亦不必问其是否能代表全体。以其学为主，其人为次。当然决不能忽略个人。尤其是这自许为身、心、性、命之学，必与其人之身、心、性、命息息相关。那么，正有赖乎考史。然究其极致，仍是标其学，举其系统，咀其英华，求其实证。

精神哲学的建立

以上所说诸名，至少还可添上一二，曰"性理"之学，——"天命之谓性"；曰"精神哲学"。兹讨论后者。

上述此学既归入哲学范围，西洋称之曰中国哲学，其名可立，然性质不同。而加上精神二字，则距离减少了。那么，何谓精神？

精神哲学一名，在现代常见，在宗教范围中，然与"神学"大异其趣。只有在印度室利阿罗频多（Sri Aurobindo）的瑜伽学或"大全瑜伽"，多与相合。将其统摄入宗教是世俗误解，它与宗教有天渊之别。东西古今之文化主要只有三大系统：古希腊、罗马一系；印度一系；中国一系。近代西方哲学，皆从希、罗一系衍出。三者以印度一系宗教色彩极浓，希、罗次之，中国又次之。此一中国哲学，臻极也归到信仰，与宗教同，但没有宗教之迷信及甚虚伪、妄诞；然不是没有对宇宙人生最高真理之探索。当然，说到"神"，是从人之为圣人而再上推去的，曰："圣而不可知之谓神"。[①] 而此神不是希伯来的创造天地的上帝。最高真理曰道，所以也称道学。《大易》"观"卦中说："圣人以神道设教而天下服矣。"这句中的"神道"一名词。以及《系传》中所

---

① 《孟子》。

谓"神而明之存乎其人"，"神而化之"，"显道、神德行"，此诸"神"字，在文法上皆是动词，不是名词，不是庙、堂、寺、观中人所敬拜的人格化之神或为其代表之偶像。讲蓍法："显道、神德行，是故可与酬酢，可与祐神矣。"此末一神字也是指神化，所谓"助神化之功"。此外如说"非天下之至神，其孰能与于此"，"天生神物，圣人则之"，……在文法上皆是形容词。说"唯神也，故不疾而速，不行而至"，与上文"唯深也……唯几也"并举，此"神"字竟可说是助动词了。此外形容词也化为名词，如"阴阳不测之谓神"……——附带说，《论语》、《孟子》、《周易》等，皆此学之基石，故引证之可较易了解。——当然，用现代眼光看，一位道学家决不是一宗教家或原教旨主义者，而精神哲学（spiritual philosophy）也不是唯灵论（spiritism 或 spiritualism）。这是治西学者所易忽略的。

究竟"精神"二字，应当如何下定义呢？——这名词涵义极深广，是很难用一二语下定义的。道家甚讲精、炁、神三者，舍炁不谈，可知其为两者之合。苏子瞻之徒，曾讨论这问题，结论为"精出为动，神守为静，动静即精神"。这是就其外表说。通常语文中说花草滋长很有精神，或某人之行动很有精神，皆是形况语。则是指花草之鲜活，茂盛，或某人的身体强健，行动有力，言行相顾，能贯彻主旨……克实言之，这皆是今之所谓生命力的表现，收摄在此一名词之内。而人，在生命之外，还有思想，即思维心，还有情感，即情感心或情命体。基本还有凡此所附丽的身体。但在最内中深处，还有一核心，通常称之曰心灵或性灵。是这些，哲学上乃统称之曰"精神"。但这还是就人生而说，它虽觉似是抽象，然是一真实体，在形而上学中，应当说精神是超乎宇宙为至上为不可思议又在宇宙内为最基本而可证会的一存在。研究这主题之学，方称精神哲学。这一核心，是万善万德具备的，譬如千丈大树，其发端初生，只是一极微细的种子，核心中之一基因（gene），果壳中之仁。孔子千言万语解说人道中之"仁"，原亦取义于此。

孔学是心学，但不是今之心理学（psychology），自不待言；而这精神哲学，又不能混淆于晚近西方之所谓 para - psychology。那一些研究还没有科学性的建立，未能成宗；而多涉及催眠术、巫术等，尚不能摄入精神哲学范围以内。至今东西方的精神哲学，虽容纳许多东西，然尚属纯洁，非如许多宗教之藏垢纳污。原始宗教无哲学可言，更无所谓精神哲学；精神哲学是后世被吸收进去的。以质素而论，它远远高出宗教了。至今它也只能诉于知识分子，其势用又远不及凡夫所相依为命的宗教。而既成为哲学，它总是属理性的，虽摄理性，然又大于且超于理性。

何以现代可将此宋明儒学列入精神哲学一类呢？——因为二者内容大致相类，而宗旨颇同。在精神哲学中，普通总是以身与心对，中间还有一情命体。心则言情感心（heart）和思维心（mind）。在稍精深的瑜伽学中，还涉及其间之微妙生理体。论及人性，则分高等自性和低等自性。宋明儒学说为身、心、性、命之学，也是分别探讨，主旨或最后目的为"变化气质"。而精神哲学也着重"转化"。——两者皆着重身、心之修为，而"转化"是何等艰巨之事，儒者最有经验。如大程子之"见猎心喜"的著名故事。俗语所谓"江山易改，本性难移"，若是先天遗传，便无从更改，若是后天所习，则可改变，然是俗语所谓"摇篮所学，入墓方休"，近于顽梗不化了。然而困难不是弃置的理由，世间事没有不是经过困难而成就的，而自古至今，正不少人严肃地从事于此。先天之遗传，其间正不少瑰宝，待后天如何发现，贵重，珍惜。

这，似乎联系中国的理学于印度的瑜伽了，将二者融合，沟通。倘若真能将二者沟通呢，却也不是坏事。中外之人总是同其为人，而世间之真理虽多方面而总归是一，说起来必有可通之处。无如瑜伽与此学又有一世界的分别。它主要实习的是"气"，或调心，或制气，做那么许多功夫，分成了若干派别，如赫他瑜伽，罗遮瑜伽，孔荼里尼瑜伽等（Hathayoga, Rājayoga, Kundaliniyoga）。重点在"能力"（sāakti），分为左道，右道，一皆与中国道家的修为相近。如今印度的瑜伽学，已是破败不堪了，皆是瑜伽士尤其是其中之"成就者"（siddhās）其实是行巫术者，到处为殃作祟，暗中害人，贻祸社会不浅。① 然室利阿罗频多，综合了其中之菁华部分，成立了大全瑜伽之学，方稍振起。② 那么，对我们提供参考资料，仍然有益。否则一般而论，不值得怎样沟通。单是讲名相之棬译和了解，已是一巨大工作，需要若干人合作。是一极艰巨的问题。

为何与如何

为什么现代有重温此宋明精神哲学之必要呢？——就一极微末不足道的理由说，是改变西洋对中国的偏见。客观的偏见对我们不是无关，但是微末。那偏见不是一日酿成的，至晚是始于明末公教士之入华传教。其寄回罗马教廷的关于中国的报告，只是说起中国是一无宗教之国，只有祖先崇拜，换言之，即是没有受洗的野蛮人。然则是教士的责任，以基督的教义去征服野蛮人。假"太平天国"之名的农民起义，其信徒便摧毁宗族中的祠堂及其神主、牌位等。经过了268年的清朝，至今新、旧教的口号仍

---

① 此说乃得自南印度 S. A. A. 学院院母法国密罗（Mira）氏之"演讲录"者。
② 此在1950年以前。

是"中华归主"。又有更可怪者，即是印度至今犹存此愚昧之见，即问："中国有什么高上的宗教追求呢，除了从我们传去的佛教？"——这真是人或民族度量相越之远，无可计量了。纵观西方历史，可见到基督教初兴时怎样被排斥，受压迫，到中世纪又怎样排斥邪教，压迫异教徒，以及后来的宗教战争；在东方则南亚以及中东，印、回之相杀，亦至今未已。若使我们不用历史唯物论的眼光看，推出种种原因，而专就宗教而论宗教，则其流毒生民贻祸人类之罪恶，可谓上通于天。由此我们不必因无西方的宗教而自惭，反可因此而自幸了。中国诚然从西方接受了佛教，但本土亦有道教。儒教虽偏于教育之教，而非宗教之教（在近世这名词的涵义内），然而，高尚的道德，伦理，在西方多包含在宗教内，在中国却一贯建立于儒教即孔、孟之道内。倘若我们继续一贯发扬我们的孔、孟之学，以近代新眼光有所拣择而作此精神追求，则客观对我们的愚昧偏见，可以不问。所以说，这必要性仍属微末。外国人怎样我们便应当怎样，只表现了无所自立或中不自主；"杀君马者道旁儿"，古有明喻。

在学术上依他人的好尚为转移，自己失了主见，便将劳碌无成。且举两个极小的例。大概在这世纪七十年代中，有班西方人忽大热中于古印度之《韦陀》，以为是一条通天之路，在韦陀教其实也是以此自信的。便要恢复三千多年前之祀神仪法，召集一班学者，在南印度大作其祀神典礼。陈列陶片，斟灌酥油，念诵咒语，一遵古制；其结果可想。事实上是演戏而已。在印度教圣经《薄伽梵歌》中，已斥《韦陀》之如遍处有大水时地中的一小池，则早已无甚价值。适见其学术重心，不在本土而在他人，异国。若有西人从印度之残蠹破书中，拣出一种稍加拂拭，以作其论文，取其学位，诩其深造，则在印度本土必大起一阵惊扰，加以提倡，因为外国人高兴！——又再举一例：若干年前，某西友告诉笔者：陆士衡的《文赋》已翻成英语了。我便说，这是我少年时也熟读的一文，至今也还能背诵几句。没有什么。倘在印度呢？必然又大举提倡熟读此文了。因为外国人好尚！幸而中国还没有染上这恶习，可说学术之重心未移，仍在国内。

但重温此古典，在我们确实有此需要，因为这有助于我们知道自己，有助于陶铸一时代的新人物，有助于文明的进步，有助于世界人道之发扬。自五四运动以后，推翻了传统的封建时代的偶像，正极的建设便是社会主义。但社会主义未曾忽略了个人。社会譬如一极复杂的机器，必须其中每一螺旋，每一轮轴，充分完成其职责，不失其为螺旋为轮轴者，方能与其余诸部分结合而发挥其作用和功效。在个人也如此，身体内中各器官皆如此。必须有健全的个体，然后有健全的群体。这古学中有一绝大的个人主义的阴影，是封建社会投下的，因为在君主制度下统治者是国君，——"其尔万方有罪，在予一人；予一人有罪，无以尔万方"，或"一人贪戾，一国作乱"。——国君只讲其治国、平天下之理，儒者皆孳孳汲汲于此，所以儒学难脱变相个人主义的色彩。在现代我们早已推翻了帝制，自然淘汰了其许多违背民主时代精神之论，但儒学中之胜义，决不能为我们所扬弃。真正的个人主义却应已脱去了这阴影，且将为社会主义所采纳。正如今时社会上也表扬了各界的模范人物，如"劳动模范"，"英雄"……皆是"个人"。

治此一古学譬如开矿，入山开采，必须辨明矿脉，——古已有学案、传记等，记载其渊源所自，及传授分流。因时在近古，史事明白，容易处理。——然后采集，加以冶炼，去其渣滓；即是拣选其不与时代精神尤其是科学方法相违的，视其对今世以及后世有何裨益，将其采纳，表扬，或存置，搁下。然存置或搁下，亦不是将其毁灭，因为倘其中有些真理的东西，终归是毁灭不掉的。现今许多不合时宜的事物，我们只合将其保存给后人，毁之可惜。将来也许在废料中，又可提炼出其他物品，作新的用途，且不论；至少其历史价值是可取的。这么"重温"，便远远异乎"复古"了。五四运动之后，文化界也有一班头脑顽固的人物，大大主张复古，经不起时代潮流的涤荡，也渐次销声匿迹了，未曾恢复出什么，未曾成就个什么。如今说重温宋明诸儒之理学，是准备创造一新的将来，不是召唤已逝去的幽灵而重苏一过去。

这里附带说近代一史实。抗日战争起，大部分学者迁入四川。素谈宋学的马一浮，便恢张其"复性"之说，办起书院讲儒学。介乎儒释之间的熊十力，也偏重儒学了，后下还大论张江陵。讲了一生佛学的欧阳竟无，也大讲《论语》、《孟子》等，编其《论孟课》等读本。皆是感觉到了民族的生死关头，还是孔、孟之学有益。若干人奔赴国难，无形中是遵循了孔、孟之道，杀身成仁，舍生取义。《孟子》一书，开篇便阐明义、利之辨。毛泽东教示中国永不应在世界上称霸，是明于霸、王两道之分。……这些，皆是颠扑不破的真理，宋、明诸儒，"讲之精矣"。是其学之实行一面或应用一面。

学而不能行，或学而无所用，如庄子所说学屠龙之技，"单①千金之家。三年技成，而无所用其巧"，②则不如不学。实际技与艺已成规模，或学已成宗已建立者，决不至于无用。庄子尝说无用之用适可为大用，正自有道理。宋儒如程、朱则薄功利，陈同甫一派不谓然。然两派皆明于义、利之辨也同。文化事业，多看不出实利，而其利较之常人所见之眼前实利，乃大过千

---

① "单"即"殚"，义为耗尽。
② 《杂篇·列御寇》。

百倍而无限。急功近利当然为世俗所轻，纵使是急近功而图实利，也应从另一方面着手，所谓以义为利，然后有得。西洋俗谚："哲学烤不出面包。"但没有哲学，根本不会知道为人，那么，更不会知道烤面包以及如何吃。"虽有粟，吾得而食诸？"一般而论，哲学，无论唯心或是唯物，皆不会无用，不会与人生无关；但从始至终，多少亦应求其实证。科学不必说，就此深奥的心学而言，在自己有自己的体会或实践，乃是至关重要的事。对他人能表白得出或表白不出，乃是外向的事，不关重要。不妨先自成己，然后成物。姑重题一著名的故事：朱子解格物为"穷至事物之理"，——此说亦本之李侗，[①] 非朱子自创。——遂有"今日格一件，明日格一件……"之说，甚遭议论。到王阳明便认真实地加以研究了。尝自云："众人只说格物要依晦翁，何曾把他的说去用。我着实曾用来。初年与钱友同论做圣贤要格天下之物。因指亭前竹子令去格看。钱子早夜去穷格竹子的道理，竭其心思至于三日，便至劳神成疾。当初说他这是精力不足。某因自去穷格，早夜不得其理，到七日亦以劳思致疾。遂相与叹圣贤是做不得的，无他大力量去格物了。……"[②] 这便是古人治学的实验态度，无妨下笨拙的功夫，也正是有益的；虽然失败，因为可在此一道之上大标一语曰：此路不通。诏示来者免枉费心力于此。——这，也是重温此学之正当态度。

当代扫除文盲是一伟大工作。倘识字而后，便教以粗浅的宋

[①] 朱子亦有"一旦豁然……"之说。李侗原说云："为学之初，且当常存此心，勿为他事所胜。凡遇一事，即当且就此事反复推寻以究其理。待此一事融释脱落，然后循序少进而别穷一事。如此既久，积累之多，胸中自当有洒然处，非文字语言之所及也。"（见《宋元学案》）

[②] 《传习录》。

明儒者之学，即教以如何做人，似乎也甚重要。即扫除心盲，稍重伦理；古人于这方面讲究倒是很精微的。尤其我们是中国人，始终离不了这些道理。

这里无妨指出，重温陆、王，即是意在双摄近代哲学与宗教原理而重建中国的精神哲学。仍其多种称名，如理学、心学、道学……但舍精神哲学一名词而外，亦无其他适当且能概括无遗的名词可取。其所以异于纯粹思辨哲学者，则在乎躬行实践，内外交修，求其实证，即所谓"自得"，态度仍是科学的，脱出了玄虚。终期于转化人生，改善个人和社会，那么，亦可谓此为实用精神哲学。而又有进者，精神所统辖者如此弘大，故此哲学亦广阔无边，正不宜精细界划，中间存有充分发展的余地，留给将来。人类的心智永是进步的。

朱、陆并尊

精神哲学溯源当在孔子以前，易经时代或当殷之末世，姑不论。孔孟而后，圣远年湮，到周敦颐乃为宋学初祖。此后则二程兄弟为一系统，而继之以朱子。与朱子同时而在孔学中辟出天地的，是陆象山，到明代继之以王阳明；因为有所绍述，程、朱自成一派，陆、王自成一派。朱、陆本人的理论没有什么大相乖背之处，而两家门人各矜传授，互争短长，又历数百年相攻不已。这里标陆、王哲学之重温，可立刻提出一问题，是否修前世之戈矛，黜朱尊陆？

答复是简单的：朱、陆并尊。

顾亭林曾引东莞陈建之论，曰："朱子有朱子之定论，象山有象山之定论，不可强同。专务虚静，完养精神，此象山之定论也。主敬涵养以立其本，读书穷理以致其知，身体力行以践其实，三者交修并尽，此朱子之定论也。"① ——这里说的"定论"，毋妨说为其"主旨"，有些讲学家到晚年始确立的，此说朱学，可谓定论，标出其主体所在，无欠无余。说象山则有所未尽。"专务虚静，完养精神"，可说上道家之修为，而象山是由读孟子而见道的，未尝受老、庄之濡染。程、朱皆曾深研老、释，而象山未曾。象山确是卓越的儒家。而当时即有诬象山为禅学者，后世尤盛，是其本人曾屡次辩驳的。总归孔门原有此一路，似与道与释相同，颜子以及诸大弟子何尝不虚不静？或者子路性躁一点，而人告以有过则喜，何尝不虚？——虚即虚心。又象山当年讲学，何尝不教人读书，穷理，主敬，涵养，致知，身体力行？因为顾亭林之学，自幼未尝出离朱子的教育范围，不但顾氏，即明代学人皆从朱子入手，以入仕途，所以知朱子较深，——也因为朱子之学易探，——说朱子比较详尽。或者顾氏不满于当时陆王学派末流之空疏，浅薄，而仍对陆氏有此挈举，然已觉有尊朱黜陆的倾向了。尚难推此言为定论。必再加以"身体力行，超然见道"，或"上希思、孟，卓立大本……"之类的话，方可稍尽象山之蕴。

朱子之可尊，是在其为一伟大的教育家。同时也是很能干的政治家或毋宁说行政人物。其讲求荒政，在民间兴利除害，抑豪强，兴学校……等等善政，不可胜数，当时孝宗也说："朱熹政事却有可观。"其知漳州时，"以习俗未知礼，采古丧葬嫁娶之仪，揭以示之，命父老解说以教子弟……"这些礼仪，行之数百年，即明末传教的西人所不解而视为野蛮无宗教之国的习俗，——因为在西方这些皆包括在宗教内——，至今仍其为"文公典礼"，在解放前还盛行民间。总观其一生："熹登第五十年，

---

① 《日知录》卷十八"朱子晚年定论"条。

仕于外者仅九考，立朝才四十日。"[1] 这是惜其未能大用之说。那么，朱子平生的心力，是至少一半耗费在政治上了。

这么一位政治家，事实上也不全是一迂缓的"道学家"，却是奋斗了一生。负了"道学"之名，而"道学"被目为"伪学"。最后"伪党"又被目为"逆党"。观其议论之激烈，也无怪乎朝廷侧目，小人必倾陷之而后已。如其投匦进封事中有云：

……以陛下之聪明，岂不知天下之事，必得刚明公正之人，而后可任哉？其所以常不得如此之人，而反容鄙夫之窃位者，直以一念之间，未能彻其私邪之蔽。而燕私之好，便嬖之流，不能尽由于法度，若用刚明公正之人以为辅相，则恐其有以妨吾之事，害吾之人而不得肆。是以选择之际，常先排摈此等；而后取凡疲懦软熟平日不敢直言正色之人而揣摩之，又于其中得其至庸极陋决可保其不至于有所妨者，然后□[2]而加之于位，是以除书未出，而物色先定，姓名未显，而中外已逆知其决非第一流矣。[3]

在南宋，持这种议论的人自然不宜于做官。但朱子较成功的事业，还是在其办教育，如恢复白鹿洞书院，就遗址重建，创立其学规等事。在学术方面，则成就丰多：平生为文凡一百卷，生徒问答凡八十卷，别录十卷。弟子及门满天下，历数百年不衰，其势力可谓浩大。

于此，我们无妨于朱子的学术略加探讨：

在旧时论学术当然是基本六经。在六经中朱子分《易经》之十二篇与象辞。盖郑（玄）王（弼）合象辞于经，非本来面目，

---

[1] 《宋史·道学传·本传》。
[2] 此处疑有阙文。
[3] 《宋史·道学传·本传》。

是恢复《易经》之原状，则为有功。然以陈抟之《河图》《洛书》并入《易经》，则是其过。朱子颇信道士炼丹术，曾为《参同契》（汉时道家之书）注释，而署名"空同道士邹䜣"。——"邹"、"朱"双声，"䜣"、"熹"通训，——在纯粹儒林视之，则是其过。其次，朱子疑伪《古文尚书》，开后人考据之端，则为其功。而怀疑古文所有今文所无之《书序》，则是其过。其弟子蔡沈《集传》，亦不信《书序》。又其次，朱子不信古诗托男女以寓君臣之说。（以上皆取自近儒章太炎说。现代国学大师之眼光，毕竟比较开阔，较之尊"朱夫子"之俗儒不同。）——于今朱注《周易本义》随处可得，细玩其注解之模棱，真使人疑惑其为注时，果自己已否读懂了？但也是因为时至现代，多家考证解说已使易学研究的水平提到比朱子的时代高。然这仍是一部未究尽的书，西方译者统计过，约略自西历公元起，直到现代，每年有一种关于《易经》的新书出现，此一统计，大致也去真实不远。所以我们也不能责备朱子，因为是时代进步了。于注此书，他实际为学人尽了最大的努力。于其《四书集注》等皆然。

这努力未尝落空，由明至清，考试四书皆是用朱注。而这是入仕之途，朱学成了必修课，所以行世之远。而平生到处讲学，门弟子满天下，到明初，诸儒皆其门人之支流余裔，亦使其学传承不绝。清修明史，讥明代"经学非汉唐之精专，性理袭宋儒之糟粕……"其论诚然不公，但也部分牒出了事实。那"道统"自朱子及其前之濂溪以下至清代之李光地、汤斌，更下至倭仁等，是一贯的。

由今观之，尊朱子为一经注家（exegete），甚合，因为朱子原本也是诗人，孝宗隆兴六年，以"诗人"荐，以未终母丧辞。而诗人自来是要精于字句的。兹举一例：

胡仁仲（宏）即五峰先生，著有《知言》一书，其中有云:"心也者,知天地、宰万物以成性者也。……"朱子曰:"'以成性者也',此句可疑。欲作'而统性情也',何如?"——张南轩(栻)曰:"'统'字亦恐未安,作'而主性情',何如?"——朱子曰:"所改'主'字,极有功。然凡言删改者,亦且是私窃讲贯议论,以为当如此耳,未可遽涂其本编也。何如?"

这种治学态度,严肃精密,一字不肯轻轻放过,正是朱子的长处。即今世学者,或自立说,或诠释古书,遇吃紧处,正也如此一丝不苟。然高头讲章,亦因此而起,而累积,皆成了古人所谓甘蔗滓,"嚼来嚼去,有何滋味"?(清世某名医徼秀才等读书人语,责其不重体育。)这当然不能责朱子,即可说此亦有其消极影响而已。大致宋五子中,在文字上做工夫,以朱子为首。好修改他人文字,有时嫌于吹毛求疵。余四子皆不如此。尤其是周子,多么和宛,多么圆融!其次大程子,一出言人见其为蔼然可亲之仁者。在作风上颇与朱子不同。但朱子在辩论上有时遭到过情的诋毁,也只说"熹虽无状,自省得与此语不相似也"。——不辩,仍是心平气和,未失其学者风度。

世间之理无穷,思智探讨有所不能尽。尤其是解释经典,常时流入纷繁,细碎。在西洋中世纪解释《圣经》也如此。此经院哲学之所以又译为"烦琐哲学"(scholasticism),可见中外同然。即朱子晚年亦"颇悟其旧说之非,痛悔极艾。至以为自诳诳人之罪,不可胜赎"。[①] 然王阳明亦说:"予既自幸其说之不谬于朱子,又喜朱子之先得我心之同然……"又《传习录》中有此一段文字:

  士德问曰:"格物之说,如先生所教,明白简易,人人

---

① 王阳明:《朱子晚年定论·序》。

见得。文公① 聪明绝世，于此反有未审，何也？"

先生曰："文公精神气魄大。是他早年合下便要继往开来，故一向只就考索著述上用功。若先切己自修，自然不暇及此。到得德盛后，果忧道之不明，如孔子退修六籍，删繁就简，开示来学，亦大段不费甚考索。文公早岁便著许多书，晚年方悔是倒做了。"

士德曰："晚年之悔，如谓'向来定本之误'，又谓'虽读得书，何益于吾事'。又谓'此与守书籍，泥言语，全无交涉'。是他到此，方悔从前用功之错，方去切己自修矣。"

曰："然。此是文公不可及处。他力量大，一悔便转。可惜不久即去世。平日许多错处，皆不及改正。"②

这么看来，阳明根本上是服膺朱子的。而阳明也灼见朱门之另一弱点，如云："而其《语类》之属，及其门人挟胜心以附己见，固于朱子平日之说，犹有大相谬戾者……"③ ——因为门弟子太多，朱子是一边作官，同时一边聚徒讲学。——弟子之谬解老师之说，在古今学林常见。许多纠纷点，已有后下王船山在《读四书大全说》中详细分析过了。弟子之误解老师之说，或与人争胜故意曲解老师所教，老师是不应负责的。"使西河之人，疑汝于夫子"，子夏也不免受到责难，可见古已有之，在孔门已经不免。如实弟子应独自树立，确立自己的人格，不当依草附木。这事到明代（是否可说一直到现代？）尤盛。推出老师为护符，或自诩秘受，心传，其实远违本师之教，其间变怪多端，到王学末流，讲学家风靡天下，其弊可睹。

---

① 即朱子。
② 王阳明：《传习录》卷二。
③ 《朱子晚年定论·序》。

夷考朱子平生议论，亦有实不妥当者。如说格物、致知、天理、人欲等。但我们今有此见解，是因为我们生于朱子（1130—1200）几于八百年之后，中间经过了若干汉学宋学之耆儒硕德的研究，方能脱出了那"理窟"，不为朱学所范围。就其时代论，朱子是伟大的，在普通伦理方面，确实陶铸了其当世之人，如着重公私义利之辨等教理。着实为学说奋斗了一生。宁宗庆元二年（1196），韩侂胄用事，监察御史还诬朱熹十罪，诏"落职罢祠，门人蔡元定亦送道州编管。四年，熹以年近七十，申乞致仕。五年，依所请。明年卒，年七十一"。① 生平当攻击"伪学"最盛时，有选人余嚞，至上书乞斩熹。从游之士，或逃隐丘壑，或更名他师，过门不入，甚至变易衣冠，狎游市肆，以自别其非党。而熹日与诸生讲学不休。……可见当时压迫之严重了。

陆 学 非 禅

温，寻也。重温，即是重寻。"温故而知新"，孔子之言。一见于《论语》，再见于《中庸》。朱子尝云："旧学商量加邃密，新知培养转深沉"，甚得其意。后世王船山则推广此义，以谓"温故"者，乃寻绎其旧之所得，……乃"尊德性"之功。

粗略言之，"故"即旧之所习。亦可谓之"惯"。孟子言"今之言性者，故而已矣"，是说讲的只是后天之习惯，而非先天之本性。本性无有不善，而习性有善有不善。王船山氏谓："以性之德言之，人之有知有能也，皆人心固有之知、能，得学而适遇

———
① 《宋史》。

之者也。① 若性无此知能，则应如梦不相接。故曰'唯狂克念作②圣'。念，不忘也。求之于心而得其已知已能者也。抑曰'心之官则思'，思则得之。此天之所与我者，心官能思，所以思而即得，得之则为'故'矣。此固天之所与我者，而岂非性之成能乎？以德之成性者言之，则凡触于事，兴于物，开通于前言往行者，皆天理流行之实，以日生其性者也。继之者善，而成之为性者，与形始之性也。性以为德，而即其性，'故'之为德性也明矣。奉而勿失，使此心之明者常明焉，斯其为存心而非致知也，明矣。"

船山此论精微。其"性日生，命日受"之说，为前哲之所未发，大可破俗见，以谓人一自出生受命，便至死不易。此说"温故"乃"尊德性"之功，正合象山之旨。象山之学，以"尊德性"为宗，谓"先立乎其大，而后天之所以予我者，不为小者所夺。夫苟本体不明，而徒致功于外索，是无源之水也。同时紫阳之学，则以'道问学'为主。谓格物穷理，乃吾人入圣之阶梯。夫苟信心自是，而惟从事于覃思，是师心之用也。……"这是黄宗羲《学案》中之说，表两边皆有偏蔽。

"重温"或再寻，倘只是增加一点新知，则仍是致知之事。而朱子有"新知培养转深沉"之说。倘其所谓"转深沉"是到了实见本体，则与陆说合。姑且看象山之教人。

象山教人，以发明本心为始事。此心有主，方可应天地万物之变。象山自己见道，自云亦纯由四书。本《孟子》扩充四端之说，教人明心，即先立乎此一大本，然后一切涵养省察之功，有其归趣。于此不妨参考其教学数事：

---

① 今之言教育以启发为主，不宜灌输，亦本之此理。
② 作，则也。

四明杨敬仲（简）时主富阳簿，摄事临安府中，始承教于先生。及反富阳，先生过之，问："如何是本心？"先生曰："恻隐（之心），仁之端也。羞恶（之心），义之端也。辞让（之心），礼之端也。是非（之心），智之端也。"[①] 此即是本心。对曰："简儿时已晓得，毕竟如何是本心？"凡数问，先生终不易其说。敬仲未省。偶有鬻扇者，讼至于廷。敬仲断其曲直讫，又问如初。先生曰："闻适来断扇讼，是者知其为是，非者知其为非，此即敬仲本心。"敬仲大觉。忽省此心之无始末，忽省此心之无所不能。

这是当下一指点，即省悟。有同于"居士闻木樨香否？"曰："闻。"曰："吾无隐乎尔。"这必须老师极为明通，而弟子也善悟善解。又参《语录》卷三十五，门人詹阜民子南所录：

　　他日侍坐无所问。先生谓曰："学者能常闭目亦佳。"某因此无事则安坐瞑目，用力操存，夜以继日。如此者半月。一日下楼，忽觉此心已复澄莹中立，窃异之。遂见先生。先生目逆而视之，曰："此理已显也。"某问先生何以知之。曰："占之眸子而已。"因谓某："道果在迩乎？"某曰："然。昔者尝以南轩张先生所类洙泗言仁书考察之，终不知仁，今始解矣。"先生曰："是即知也，勇也。"某因言而通，对曰："不惟知、勇，万善皆是物也。"先生曰："然。"

类此还有一广东学生事：他读《论语》子路曾晳章，总自谦逊说"不懂"。久后老师说："问问看，莫又真不懂哪？"——于是问他，他答说："子路，冉有，……曾点却说到这里了。"——"这又懂？"——那学生仍然谦虚说："这也是偶然说中的。"

[①] 语出《孟子》。

如是。可见陆氏之讲学，实与俗儒不同，非徒说明文字章句而已。其《语录》①中有云：

《论语》中多有无头柄的说话。如"知及之，仁不能守之"之类，不知所守所及者何事。如"学而时习之"，不知时习者何事。非学有本领，未易读也。苟学有本领，则知之所及者，及此也。仁之所守者，守此也。时习之，习此也。说者，说此；乐者，乐此。如高屋之上建瓴水矣。学苟知本，六经皆我注脚。

这一"此"，即上述之"曾点却说到这里"的"这里"。此即所谓"心得"。船山于其《读四书大全说》中，也涉及此一问题：

近见一僧，举"学而时习之"一"之"字问人云："'之'者，有所指之词。此'之'字何所指？"——一时人也无以答之。

他这总是诡计，禽鱼计，与圣学何与？缘他胸中先有那昭昭灵灵石火电光的活计，故将此"之"字捏合作证。若吾儒不以天德王道、理一分殊，大而发育峻极，小而三千三百者，作黄钺白旄、奉天讨罪之魁柄，则直是出他圈套不得……

知之者之所知，好之者之所好，乐之者之所乐，更不须下一语。

夫子以此"之"字，统古今学者之全事。凡圣学之极至，皆以此三极处之。然合之而大学皆备者，分之而随一条目亦各有之。

从乎当求所知、所好、所乐为何物之说，则于虚空卜度一理，以为众妙之归，则必入于释氏之邪说。

---

① 见《陆象山先生全集》卷三十四。

船山说"更不须下一语",是说这是自明的。象山以"此"字代"之"字,亦可谓"统古今学者之全事"。但船山是反对释氏的,也反对象山。然象山确实见道。则未尝"于虚空卜度一理,以为众妙之归",教人以"明本心",与虚空中卜度不同。而且,象山亦反对释氏。但其说"此",疑于禅师之不立语言文字而求证悟。所以朱门弟子,后来目其学为"狂禅"者,以此相攻。其间其实非止毫厘之差,而有千里之隔。"统古今学者之全事",犹有"古"、"今"、"学者"之辨,若韦檀多哲学,则"此"(tat)包括宇宙万有。"此"即"是","是"是"真是"而非"幻有",与释氏之说又不同。陆学,王(阳明)学末流,有阑入释氏之失,但皆非陆、王本人之失。今所探讨,是其本人之学,非其若干传之后的末学。老师不能替弟子负咎,已如前说。

夷考其被目为"狂禅"者,实亦有其由,在其生前已被人误解。象山于乾道八年(1172)登进士第。后除国子正;敕令所删定官。[1] 曾被召见,因陈五论。轮对第一札读太宗起头处。上(孝宗,赵昚)曰:"君臣之间,须当如此。"答:"陛下云云,天下幸甚。"……读第二札论道。上曰:"'自秦汉而下,无人主知道',甚有自负之意。其说甚多说禅。"答云:"臣不敢奉诏。臣之道不如此。生聚教训处便是道。"……于此,可见当时在朝廷已有此误会了。[2]

象山于此偏讲"生聚教训处便是道",是就当时事势而言。以南宋之偏安,士君子无时不有恢复中原之念,所以提出范蠡霸越之"(十年)生聚,(十年)教训"之语。考其晚年荆门之政,如整顿吏治,筑立城池等,功绩巍然可观,不下朱子,或且过

---

[1] 见《宋史·儒林传·本传》。
[2] 见《陆象山先生全集》卷三十五。

之。周必大尝称其为儒门躬行之效。大抵儒林之事功，自范仲淹而后，远非"袖手谈心性"而已。惜多不得展其抱负。皆远去禅宗人物不止千里了，何况陆氏。

又考陆氏家学，则纯属宗法社会一大家族中之礼教。"父贺，以学行为里人所宗，尝采司马氏冠、昏、丧、祭仪行于家。"① 兄弟六人，兄九龄于秦桧当国黄、老之学盛行时，独尊程氏之学。登乾道五年（1169）进士第。仕至全州教授，未上而卒，年四十九。第五兄九韶，隐居为百口之家长。"晨兴，家长率众子弟谒先祠毕，击鼓诵其辞，② 使列听之。"③有《梭山文集》，《家训》，《州县图》。——九渊在此环境中生长成人，何从与释氏之教相接触而得其禅宗之知识呢？及其应试登第，有何僧侣与相友而教以禅学呢？其后讲学传道，有何禅语授人呢？或以禅语为引据呢？亦或教人静坐，而静坐岂即是禅？道家亦复讲究静坐，又岂不可说为道家？——考之于史，皆得不到正确的答复。

究竟一时代的精神哲学大师，——这可说上象山，而难于以称朱子，——也不能于异教之此一大宗派毫无所见知，或闻知。其见解与船山不异，佛、老一并排斥。尝说："佛、老高一世人，只是道偏不是。"又说："禅家话头'不说破'之类，后世之谬。"也曾作出历史观察，见到"老衰而后佛入"。④ 那么，这些皆属异端了。——异端与正道相对为说，如云："此理塞宇宙，所谓道外无事，事外无道。舍此而别有商量，别有趋向，别有规模，别有形迹，别有行业，别有事功，则与道不相干，则是异端，则是利欲，谓之陷溺，谓之旧（曰？）寠。说只是邪说，见只是邪

---

① 《宋史·儒林传·陆九龄传》。
② 谓其所撰家庭训戒之辞。
③ 《宋史·儒林传·陆九龄传》。
④ 皆见《陆象山先生全集》卷三十五。

见。"——这是针对释氏。——"万物森然于方寸之间，满心而发，无非此理。"此"道学"之所以为"理学"也。而又说到"此"字了。"格物者，格此者也。伏羲仰象俯法，亦先于此尽力焉耳。不然，所谓格物，末而已矣。"——这却是针对朱子。

又回到"这个"，即"此"，若不在当时陆氏的讲学氛围中，真也颇难于领悟。再举一事，见《学案》附录。

> 有学者终日听讲。忽请问曰："如何是'穷理尽性以至于命'①?"
>
> 答曰："吾友是泛然问，老夫却不是泛然答。老夫凡今所与吾友说，皆是理也。穷理是这个理。尽性是尽这个性。至命是至这个命。"

"是理"即"这个理"。——这里容不着下一转语，悟即悟，不悟即不悟。见道即见道，未见道即未见道。即是"这个"，即是"此"。学者由是误认其为禅宗。

这也是一段著名的对话：

> 一夕步月，喟然而叹。包敏道侍。问曰："先生何叹?"曰："朱元晦泰山乔岳，可惜学不见道，枉费精神，遂自担搁，奈何?"包曰："势既如此，莫若各自著书，以待天下后世之自择。"忽正色厉声曰："敏道！敏道！恁地没长进，乃作这般见解？且道天地间有个朱元晦，陆子静，便添得些子？无了后便减得些子？"

时时以宇宙万化为心，乃有此无增无减之谈，一触即发。有如其《语录》中所记："万物森然于方寸之间，满心而发，充塞宇宙，无非此理。"

这里涉及朱子，便不得不分辨朱、陆两家学术之同异，这是

---

① 语见《易经·说卦传》。

一复杂庞大的问题。如上节已有所说，现代研究也当是朱、陆并尊，必是朱子方可批评陆子，必是陆子方可批评朱子。两家门弟子互道短长，已属无谓，而今世再修治古已沉埋之戈矛，左袒右袒，交攻互讦，则做戏而已。我们只可采取两家之学，求其精蕴，与现代所谓精神哲学合者，从而表述，或力之所及，从而发扬光大之，方云有益。如上所引，陆评朱子，谓其"泰山乔岳，惜不见道"了，还有较深刻的批评：

> 或谓先生①之学，是道德性命形而上者。晦翁之学，是名物度数形而下者。学者当兼二先生之学。先生云："足下如此说晦翁，晦翁未服。晦翁之学，自信一贯，但其见道不明，终不足以言一贯耳。吾尝与晦翁书云：'揣量模写之工，依放假借之似，其条画足以自信，其节目②足以自安'，此言切中晦翁之膏肓。"

看来义理之辨，真在毫厘之间。王船山解释"一以贯之"与"贯之以一"大有分别。"执中"与"执一"，又当分辨。大致先已真切见道，方能一贯。陆与朱之书，其实亦颇委婉，其事是代其兄梭山与朱子辩太极图说。有云："……周道之衰，文貌日胜。事实湮于意见，典训芜于辩说。揣量模写之工，……③以子贡之达，又得夫子而师承之，尚不免此'多学而识之'之见，非夫子叩之，彼固晏然而无疑。先行之训，予欲无言之训，所以觉之者屡矣，而终不悟。颜子既没，其传固在曾子，盖可观矣。尊兄之才，未知其与子贡如何，今日之病，则有深于子贡者。……"

因为朱陆所争问题太大，姑且专考陆学何以被误会为禅。

---

① 即象山。
② 原书是"其习熟"。
③ 即上文。

《语录》中有云:"此道非争竞务进者能知,惟静退者可入。"又:"人精神在外,至死也劳攘,须收拾作主宰,收得精神在内。当恻隐即恻隐,当羞恶即羞恶,谁欺得你?谁瞒得你?见得端的,后常涵养,是甚次第!"又:"穷究磨炼,一朝自省。"又:"或问先生之学,当来自何处入?"曰:"不过切己自反,改过迁善。"——凡此,皆是教人自反,澄心内观,刻实论之,此与禅相似,然大与现代精神追求亦精神哲学上的追求有合。若随意翻检禅书,其任何语录之类,皆与这些话大异其趣,至少这些话不打机锋,不逞精彩,皆是平平实实之言,可遵可行。兹更引其一语,见其崭然卓立为儒林之见道而决不容误解为禅者。有云:"今一切去了许多缪妄、劳攘,磨砻去圭角,浸润著光精,与天地合其德云云,岂不乐哉!"——"合德"之说,出自《周易》乾之九五。

间尝思之,乾之九五,为"飞龙在天,利见大人",——"见"今言"现",——所谓"与天地合其德,与日月合其明,与四时合其序,与鬼神合其吉凶,先天而天弗违,后天而奉天时。天且弗违,而况于人乎?况于鬼神乎?"——凡此云云,以文明进化的立场观之,有其极悠远的历史背景,竟无妨说,源于初民部落对其酋长或首领的崇拜。"大人"指其"人君"或君主。如颂尧之仁如天,则已是文明开化之后的此一崇拜之留痕。西方的精神哲学以及瑜伽学,皆有与宇宙间至上神圣者或与自然合而为一之说。这是将自己的人格扩大化,实际上已是无帝王可称,乃有此抽象化的理念。在君主时代,为避讳起见,"利见大人",自然不好称"利现",朱注解此"见"字如常义。以回纥见郭子仪为喻。似乎陆氏以成就为圣贤为主旨,"合其德","与天地相似,故不违"。

论 学 之 诗

"圣人之道，入乎耳，存乎心，蕴之为德行，行之为事业，彼以文辞而已者，陋矣！"——这是周濂溪之说。周子是主张"文以载道"的。"文辞，艺也。道德，实也。笃其实而艺者书之。美则爱，爱则传焉。贤者得以学而至之，是为教。故曰：言之无文，行之不远。……不知务道德而第以文辞为能者，艺焉而已。噫！弊也，久矣！"[①] 后之道学家多同此见解。

朱子是曾有"诗人"之称的。陆子所留下的诗不多，不过数首。因牵连一学术讨论会，故分录之。

淳熙二年（1175），吕东莱约先生[②]及象山、紫阳，会于广信之鹅湖寺。先生谓象山曰："伯恭约元晦为此集，正为学术异同。某兄弟先自不同，何以望鹅湖之同。"遂与象山议论致辩。又令象山自说，至晚罢。先生曰："子静之说是。"次早，象山请先生说。先生曰：某无说。夜来思之，子静之说极是，方得一诗云：

鹅湖示同志

孩提知爱长知钦，
古圣相传只此心。
大抵有基方筑室，
未闻无址忽成岑。
留情传注翻榛塞，

---

① 《通书》。
② 即陆九龄，子寿。

著意精微转陆沉。
珍重友朋勤切琢,
须知至乐在于今。

象山曰:"诗甚嘉。但第二句微有未安。"先生曰:"说得恁地,又道未安,更要如何?"象山曰:"不妨一同起行。"及至鹅湖会,东莱有问先生别后新功。先生乃举诗,才四句,紫阳顾东莱曰:"子寿早已上子静船了也。"举诗罢,遂致辩于先生。象山曰:某途中和得家兄此诗,云:

墟墓兴衰宗庙钦,
斯人千古不磨心。
涓流积至沧溟水,
拳石崇成太华岑。
易简功夫终久大,
支离事业竟浮沉。
欲知自下升高处,
真伪先须辨只今。

三年之后,朱子乃和此诗:
德义风流夙所钦,
别离三载更关心。
偶扶藜杖出寒谷,
又枉篮舆度远岑。①
旧学商量加邃密,
新知培养转深沉。
却愁说到无言处,

---

① 此朱子之所以为诗人也。

不信人间有古今。①

三首妍媸略同。象山谓"第二句微有未安",想来在"只此心"三字。古圣相传者,是"道心",尧命舜之言曰:"人心惟危,道心惟危。"人人皆具之心知,亦不必古圣传授。但道心即是人心,人固不可有二心。此亦无论。终究"微有未安"者,想系指此。其次,"著意精微转陆沉"。此颇有见地。"陆沉"二字首见《庄子》(则阳),物沉于水,则沦没;人隐于世俗,则陆沉,同一形况词。"精微"之学,原是"著意"不得的。何况这是心学。往往至精深极微妙之处,只可心领神会。于此不可执着。以道学正统自矜者,未免此过,使人感觉其道高深莫测。或者朱学之徒亦有之,而陆氏总说"易,简"——"易简而天下之理得矣"。"乾知大始,坤作成物。乾以易知,坤以简能。易则易知,简则易从。易知则有亲,易从则有功,有亲则可久,有功则可大。可久则贤人之德,可大则贤人之业。"②

——此象山"易简功夫终久大"句之由来。

此一学术讨论会,朱子当然不怿而去。三年之后方答辩以一诗,于其末二句致讥,曰:"不信人间有古今"。——这似乎也不完全是讥讽。在修为上,无论是儒或释或道,有此一心境,静定到某一阶段,是主观上时间、空间的观念双泯的。客观的时、空当然不因此而改变。粗略观之,朱子是存讥讽。

从文学立场用现代眼光看,三首皆不是怎样的佳作,属讲学家的议论,近于口号。讲学家从来多是薄此不为,没有好诗。因为这颇明白揭出陆学主旨,故拈出一说。

---

① 以上均见《学案》所引。
② 《易经·系辞二传》。

所 立 卓 尔

前所举陆学主旨在"尊德性"云云,大体已是。然仍有些节目,还应当录出,使人所得的印象比较分明。尤其是不致左右朱、陆之间,蹈前人偏袒之弊。

人要有大志。常人汩没于声色富贵间,良心善性都蒙蔽了。今人如何便解有志。须先有智识始得。

须是有智识,然后有志愿。

"志个甚底?"——先要有智识。智识从何而得?……终于不外是"道问学"之一途。

一学者自晦翁处来。其拜跪语言颇怪。每日出斋,此学者必有陈论,应之亦无他语。至四日,此学者所言已罄。力请诲诘。答曰:"吾亦未暇详论。然此间大纲,有一个规模说与人。今世人,浅之为声色臭味,进之为富贵利达,又进之为文章技艺,又有一般人都不理会,却谈学问。吾总以一言断之曰:胜心。"——此学者默然。后数日,其举动言语颇复常。

"胜心"可说是好胜之心。倘自立卓尔,自是所谓见道明,必不致有此私意,必胜人而后已。即如体育竞赛,自然争先,但决不是专以胜人为目的。技能果高,则自不落后,无此一私意存于胸中,——今言"心理包袱",——可能表现更好,往往是新进少壮即年较轻者夺得锦标,无此私意故能发挥自如,而其技果高,故胜。为学亦然,有云:

"莫厌辛苦",此学脉也。

"惟精惟一",须要如此涵养。

学者不可用心太紧。深山有宝,无心于宝者得之。
居象山,多告学者云:
汝耳自聪,目自明,事父自能孝,事兄自能弟。本无欠阙,不必他求。
又云:
优裕宽平,即所存多,思虑亦正;求索太过,即所存少,思虑亦不正。
又云:
内无所累,外无所累,自然自在。才有一些子意,便沉重了。彻骨彻髓,见得超然于一身。自然轻清,自然灵大。
又云:
人共生乎天地之间,无非同气,扶其善而沮其恶,义所当然。安得有彼我之意?又安得有自为之意?
又云:
自立自重,不可随人脚根,学人言语。
又云:
大凡为学,须要有所立。须思量天之所以与我者是甚底。为还是要做人否?理会得这个明白,然后方可谓之学问。
又云:
人生天地间,如何植立。
又云:
上是天,下是地,人居其间,须是做得人方不枉。
又云:

学者须是打叠田地净洁，然后令他奋发植立。若田地不净洁，则奋发植立不得。古人为学，即"读书然后为学"可见。然田地不洁净，亦读书不得。若读书，则是假寇兵，赍盗粮。

又云：

激励奋迅，决破罗网；焚烧荆棘，荡夷污泽。

又云：

要当轩昂奋发。莫恁地沉埋在卑陋凡下处。

凡此诸条，象山为学教人之宗旨，大致可见了。要得窥其全豹，今仍有其全集在。可惜《复斋文集》，明万历中文渊阁尚有之，至清全祖望时已亡佚。看来陆氏兄弟，一皆有所立，卓尔，而兄弟之宗旨，又微有各不相同处。皆可说是独立不惧，遁世无闷的人，虽各有政绩，然皆非高官显宦。复斋谥"文达"。象山谥"文安"。

今且以现代精神哲学绳之：自"莫厌辛苦"以下，皆是言治学之方，亦即精神修为之道。正如学打拳，初学不宜用力，不可勉强，要优游涵泳，从容不迫，只若持之以恒，久之自然中规中矩。思虑很难泯除，要在反观其起处，即一念之动，已能辨其正与不正，不正则改，亦自心知之。正如上文所言，"内无所累，外无所累……自然轻清，自然灵大"。这正如静坐时，似乎视听皆寂，然昭昭内觉，不是半昏迷半妄想之状态。心正则气正，气正则身体器官功能皆随之而正。

讲到"人共生于天地之间，无非同气……"云云，这是凡理学家皆讲究的。张子（横渠）说："民吾同胞，物吾与也"，正是此理。——附带说，张子此语，著于《西铭》。《西铭》中云："故天地之塞，吾其体；天地之帅，吾其性。"两语，最为见道。推之于印度韦檀多学之"自我"，其理一般无二。又云："尊高年，所以长其长；慈孤弱，所以幼其幼。圣其合德，贤其秀也。凡天下疲癃残疾茕独鳏寡，皆吾兄弟之颠连而无告者也。"可谓孔、孟哲学之菁华，西洋之"人道主义"，举不外是。——一言以蔽之，曰不自私，或曰不私。是放诸四海而皆准之义理。

但其谆谆勉人者，是"自立自重"，自我有独立精神，这与孔子绝四之"毋我"不相抵触。大丈夫是顶天立地，三才之一，与天、地参，可说"做得人"也不简单。"'学者'，所以学为人也。"这句话是从古至今讲之不完。只此一路，"或有讥先生之教人，专欲管归一路。先生曰：'吾亦只有此一路。'"① 路即是道，文言出之。道，一而已矣。所以前人有云："陆子得得于道，壁立万仞。"以气象言，或者有同于程子之"泰山岩岩"。

讲到"自立"，北宋诸儒的气魄，着实不凡，皆是不肯依傍他人，即于古人也不肯依傍。司马光已疑孟子之说。而邵雍别创先天，自成一易学之体系。自立其数，数据其理。成其《皇极经世书》，其后张文饶本之又别立一蓍法，不用大衍氏之四十九蓍，而取七十二。合一曰太极，分为二以象两，以后揲右揲左等……皆是自出心裁，不泥古人。象山是抱这种精神。朱子亦然，唯恐落入了他人的窠臼。

这里有触目惊心的一段话，几乎是完全与西欧基督教的修为一样。即"打扫田地"之说。"田地"是说"心田"。那譬喻不说"田地"却说"殿堂"，应当打扫清洁，乃能安妥神像，即人的心灵。荆棘污秽，则喻人欲。从俗说：人的良心不正，则愈有本领只愈助其为恶。如今西方的犯罪者，很少是无知无识的人，多是知识分子，而且精明能干，技术高强。我们当然不会偏激如庄

---

① 见《学案·附录》。

子,以仁义圣智归之于大盗,[1] 但以今世之社会现实而论,如造伪钞,贩假药,制毒品,劫人质,……种种社会上的罪恶,皆非很高的技术不行。所以象山谓此等人若以学问传授之,使之"读书",则无异"假寇兵,赍盗粮"。

朱子有"天理流行,人欲净尽"之说,其说大有可研究者在。后世非之者,以为贻祸不浅。但近世的精神修为,多是说治心而养生,养生莫善于寡欲,欲即情命的要求,不可剿绝净尽,重在转化之而趋于神圣一途,即使之归顺。归顺于天地间之"理",西方称之为"上帝"。此则于《礼记》所谓:"傲不可长,欲不可从"[2] 之说相合。总之,鸿庞美善的生命力,是不可戕贼的。要培养,使之用于正途。

学者也诚然要有点气概。志趣高远,方不沉埋于卑陋凡下处。陆子曾有句云:

仰首攀南斗,

翻身倚北辰。

举头天外望,

无我这般人。

其气魄之大,由此是可想见的。也诚然要有这种气概,个人与社会方有进步,方可践履崇高上达之途。一般道德水准方可提高,凡人不致沦于卑鄙下贱。周敦颐之爱莲,亦是此理。

自来批评象山者,谓其失在"粗"。"粗"是说未能入细。然"粗"可存大体而不失于琐屑。"细"则难于改变为广大,久远。又议其恃才之高,信己之笃;疾人已甚,甚至骂人为"蛆虫"。——在儒家,不教人完全除去喜、怒,发怒只求其"中

---

[1] 《庄子·胠箧》。

[2] 从,即纵。

节"，得其"和"。在旧式医学上，也有一怒可以治好某种疾病之说，如心理上之幽忧，或身体上之某种郁滞。那是配以阴阳五行之说，其在《易》曰"震"。所以发怒不完全是坏事。——但象山之怒，或者非为俗事而怒，庸许在辩论道理之时。至若斥人为"蛆虫"，则未必不然，难说必然没有其事。但以孟子之圣，也曾斥人为"蚯蚓"，其讥诃陈仲子，也可谓刻画尽致了。这不能称为败德。当然，以平心静气析理为宜。推之古史，宗教主如耶稣亦曾发怒，且动手推翻过圣庙里兑换金钱的人之钱柜等。说者谓这是其被钉十字架的主要原因，扰害了某些人的活计。

除指出这两种过失之外，在历史上寻不出其他对象山的指摘。才高非过，气盛以发怒为极。在学理上与朱子的争论，"其争也君子"，不可与俗人闹气混为一谈。

检《学案·附录》中，还有此一条，颇待解释，录之如下：

临川一学者初见，问曰："每日如何观书？"——学者曰："守规矩！"——欢然问曰："如何守规矩？"——曰"伊川《易传》，胡氏《春秋》，上蔡《论语》，范氏《唐鉴》。"——忽呵之曰："陋说！"

良久复问："何者为规？"

又顷问："何者为矩？"——学者但唯唯。

次日复来。方对学者诵"乾知大始，坤作成物，乾以易知，坤以简能"一章。毕，乃言曰："乾文言云'大哉乾元'；坤文言云：'至哉坤元'。圣人赞易，却只是个简易字道了。"遍目学者曰："又却不是道难知也！"又曰："道在迩而求诸远，事在易而求诸难。"顾学者曰："这方唤作规矩。公昨日道甚规矩？"

这一段话，似乎难解。临川学者说"守规矩"，并没有错。他必定是读过这几种书，守绳墨而弗失，这或者是他的"学里"

（或者他从前的书院里）的规矩。而一提到这位新老师的面前来，便被诃曰"陋说"！

这里我们可想象朱、陆之异同。倘将此说提到朱子面前，庸或会遭首肯或甚至赞许。这几部书并不是不可读的坏书。伊川从头颇为象山所反对，但象山必不以此一例而排斥其书。其余三种皆多有可取，尤其是胡安国之解《春秋》，议论多为当世诸儒所许。何以这位老师听到了，想了一下，忽然诃斥？

这道理是师生所谓"规矩"，意思各有不同。一取超上义，一取世俗义。

问"何者为规？何者为矩？"——象山是取孟子之说，"规矩，方圆之至也。圣人，人伦之至也"，以及"不以规矩，不能成方圆"。——何以联上《大易》之乾坤呢？其思路仍是天圆地方之古说。由规矩乃想到圆方，由圆方乃思及天地，乾坤，以归于《易》理。——换言之，该学者之言，乃在世俗范围以内；而此老师之意，乃广推至《大易》之宇宙观。两者相形，前者自显得微小而且鄙陋了。

象山更举"道在迩而求诸远，事在易而求诸难"两语，以阐明所谓"简易"之理。亦与上所引规矩方圆两处，同出《孟子·离娄》。象山由《论语》、《孟子》而见道，心思是萦在这些章句上，横说直说，无不通贯。亦如孟子所云："先立乎其大者，则小者不能夺也。"

有说象山教人静坐，以存本心，无用许多辩说劳攘，便属禅学。——宋明儒者主静者多，普通以之为权教，所谓圣人之教，有经有权。其所以为经者，大有所在。如前已云，亭林谓其"专务虚静，完养精神"。此正所以救空言辩论劳攘无功之弊，其事仍属工夫；当问完养精神是为了什么。譬如人的睡眠，亦是恢复体力及完养精神之方，然自来无有以睡眠为教者。

非禅之悟

"狂禅解经",是指以禅宗之说,解释孔门之经,自明末以后,大为世所诟病。真以佛理而解释儒经,史上大有人在,但不入所谓"狂禅"之列,儒释两家皆罕以为然。[①] 而有求会通儒释或三教合一者,又很少不失败。姑从"禅"学稍理出一明确概念。

佛入中国以前,当然无所谓禅宗。"禅"字本义是"祭天",如说"封泰山,禅梁父"。祭时扫地为坛即墠,因祭天之为神,所以从"示",而变"墠"为"禅"。为坛祭天,为墠祭地。假借为传授之"传",为替嬗之"嬗"。佛入中国以后,以此字翻 Dhyāna 之音,即"禅那"而简称曰"禅",原义为"静虑","止观",表一种心理上的修习。若专以"静虑"而论,则难于说在佛入中国后始有。通常这种修习是静坐,而静坐是自生民以来已有,甚且很难说始于道家或神仙家。《庄子》中言及"今子有大树,何不树之无何有之乡,广莫[②]之野,彷徨乎无为其侧,逍遥乎寝卧其下……"这里所说的"无为",意思只当于静坐或入

[①] 兹即从道学家中录出一人为例:"张九成,字子韶,钱塘人。从学龟山。绍兴二年,廷对第一。……""有所谓《心传录》者,首载杲老(即僧宗杲)之言,以'天命之谓性'为'清净法身','率性之谓道'为'圆满报身','修道之谓教'为'千百亿化身'。影傍虚喝,闻者惊喜。晦庵尝谓洪适刊此书于会稽,其患烈于洪水猛兽。……上蔡(谢良佐)言禅,每明言禅,尚为直情径行。杲老教横浦改头换面,借儒谈禅而不复自认为禅,是为以伪易真,鲜不惑矣。"——黄宗羲于此条曰:"朱子言张公始学于龟山之门,而逃儒以归于释。宗杲语之曰:'左右既得把柄,入手开导之际,当改头换面,随宜说法。使殊途同归,则住世出世间,两无遗憾矣。'……横浦虽得力于宗门,然清苦诚笃,所守不移,亦未尝讳言其非禅也。若改头换面,便是自欺欺人,并亦失却宗门眼目也。"(见《横浦学案》并其《附录》)

[②] 广莫,即旷漠。

定。在空旷地方的大树下静坐，正是一常俗事。若静坐后作止观或作妄想，入定或出神，皆是些不同的事。在翻译佛典名相尚未标准化之时，"无为"亦以译后来音翻之"涅槃"。那么，无论在后来之大乘禅、小乘禅、如来禅之类，皆可谓是佛教中的一种修为，即静虑。而静虑这修为，自古有之，在佛教以外各教皆有之，被称为外道禅。即如今之默作祷告，也可归之于静虑。全世界各教中皆有之。道家有之，儒家亦有之，则不能说为佛教所专有。

严格从佛教中之禅法言之，则台宗之九种大禅，条分缕析，颇为详尽了。通常则此所谓禅，是如来禅与祖师禅并论。这在中国为然。中国佛教里的禅宗，是佛教入中国后一种中国文化产品，已超出印度的佛教而外。灵山即灵鹫山，其地其名至今仍在，但所谓拈花微笑而成其教外别传者，在梵文典籍中如至今所发现者，了无踪迹可寻。也许曾有历史纪录，早已随那烂陀寺之焚毁而一并消亡；也许根本未曾有何纪录。说为原本不立文字，只靠以心传心。相传中土以菩提达摩为初祖，史上菩提达摩实有其人，因与梁武论法不契，遂渡江而往北朝，入嵩山面壁静坐九年。"一苇渡江"通常误解为一种神异，一人立在一根芦苇上而渡过长江。古代之"苇"，可想象为以芦苇为盖的木船，如《诗经》中所说"谁谓河广，一苇航之"，河或是指黄河，而"一苇"不是指一茎芦苇草。似乎菩提达摩所传授者，不仅是后来的不立文字之所谓心传，因为他最后仍是传授《楞伽经》。其迁化"洛滨"，则是终于华北。其"只履西归"，有人在雪山路上遇到他手提只履，也似是神化其人的神话。而菩提达摩的师承世系，除在华文有记载外，在印度亦复无考。我们不妨假定，自佛教传入中国以后，禅法或静虑之方一定同时并传。因为最早也有《安般守意经》《禅行法想经》（均为后汉安世高译）之类，后下还译有

《禅要秘密治病经》（刘宋沮渠京声译）等。到齐梁时乃发展为一独立之禅宗而为祖师禅。①

如何从佛教本身产出了这么几乎与之以否定的宗派呢？从历史观点说，这是因为佛教本身已发展到出乎凡人力所可操持的限度以外了。三藏之文字，除所译的经典以外，即华方的著作如注疏等，已经是汗牛充栋，有如儒家之载籍既博，"屡世不能竟其学，当年不能究其礼。"既非人力可胜，自然不免弃斥。而质量上又很少新说，不足以应人心求变易求进步之需。于是在印度自龙树而后，抵抗不过传统婆罗门教的势力，佛教大乘本身变质，专门转到密乘方面去了。在中国一方面到相当限度接受了密乘，一方面来了一大廓清运动，发展了禅宗。其次因为一种形而上的要求（即叔本华所说的 Metaphysisches Bedürfnis）在凡人皆有，不限于知识分子。大致投入僧伽的，也是鱼龙混杂，许多人并不识字，知识水平不高。比方禅宗六祖慧能，便是识字不多的人。由是不能以佛学之学为重，而迳直趋于学佛之佛。另外从哲理方面看：遥遥一涅槃的目标在远，一大部空宗般若的议论在前，一切如梦、幻、泡、影，如露、如电。那么，便是一切皆空了。而究竟仍有梦、幻、泡、影、露、电，又难说为一切皆无。于是不得不说远离二边，契会中道。譬如说已知实是无花无相，又不可说无花无相，这是已陷矛盾，达到推理之穷，只合有无双超，超出语言文字之外。只合默然契会，有如三方程之外，另添了一方程或二方程。衍变出无理之理，成了禅宗。

说教或教示是可以多方面的，不必专在语言名相上。日常生活，随时随处是教示之机，所谓青青翠竹，郁郁黄花，皆是。如

---

① 据梁慧皎撰《高僧传》，自竺僧显而下，习禅者二十一人。据唐道宣《续高僧传》菩提达摩以前尚有四人。

庄子所云，则"每下愈况"。略看一些禅宗的大师之证道或印可之机缘，便知道是些学人将自己的全部生活皆安立其中了，而毫无所任籍。所以程子尝说禅师是天下最忙的人。而其机锋逗之亦不可尽。由是其三藏十二部经，可譬之烂草鞋；一棒打杀佛，也算是供养恭敬了。——这便到了儒林所指之"狂禅"，早已不限于"静虑"一事。

一切推翻，独辟天地，实在求真，如痴如狂，于此不以学问为长，所期只在彻悟。根本无可究诘，它早已鹞子去新罗，超乎语言而上。开口便错，拟议即非。……诸如此类，所谓禅悟者，实与儒修相去甚远。王学末流，或许有人也沦入狂禅，则已是不能算门墙中人了。如良种嘉植，经若干代以后，可变到愈优良，或变到薄劣。不足论。

禅家有许多公案，语录，宋学家也有些轶事，记闻。清人有攻宋、明道学家之语录者，古文家且以语录为俗物，以其言羼入文章为病。"以为异端记其师语，谓之语录，犹之可也。吾儒何必摹仿之，亦成语录？"——这，似乎不能责备道学家怎样鄙陋。大抵历史文字之用不外两汇：一记事，一记言。古史中言与事俱记，而一部《论语》，便可谓为最古之语录。子游子夏之徒，在哲人既萎之后，收集同门同志多年的笔记，互相考订，加以编纂而成，开端便是"子曰"，与语录中开端多作"先生曰"，一般无二。或亦算子曰，则是尊称其师为子而非孔子。可见清人之攻击，乃是忘记了其起源，在这一点上，不是道学家摹仿了释氏，而是禅师家摹仿了儒宗。若果有意摹仿异端，则开端宜曰："如是我闻"，或"闻如是"。在禅宗之语录已不如此，其出自儒门，似无可疑。是佛教语录盛行之后，乃生此误解。

黄宗羲议衡麓一派宋学曾涉及这问题，有云："湖南一派，如致堂（胡寅）之辟佛，可谓至矣。而同学多入于禅，何也？"

朱子尝举一僧语云:"今人解书如一盏酒,被一人来添些水,那一人来又添些水,次第添来添去都淡了。愚独以为不然。佛氏原初本是浅薄,今观其所谓如来禅者,可识已。其后吾儒门中人逃至于彼,则以儒门意思说话添入其中。稍见有败阙处,随后有儒门中人为之修补增添。次第添来添去,添得浓了,以至不可穷诘。而俗儒真以为其所自得,则儒淡矣,可叹也。"——朱子此喻只就外表形容了一大概,其实两家之精要,或说最深的真理,无同喻,不容增减。如来禅大大弘扬了禅宗,而得力于语言文字或竟可说文学诗词之助,也是历史事实。给在儒门中增添了装饰。

自来学林有此见解,谓宋学之形成是受了禅宗的影响。这是事实。同时宋学影响了禅宗,也是事实。相互的影响,不足以证明何者为高明,较胜,光荣。程、朱皆是用心研究释氏以及老、庄有年,然后卓立其理学,各成其教(非宗教);而禅门之南能北秀,灯印相承,自成其系统秩然。究竟禅宗是中国本土文化的产物,也无可讳言。菊花的本种不过是野地里星黄的小花,及经培植了若干代已变成如云如霞的大花了,可以为喻。又如文化交流,有时必不能不相互影响,虽欲拒斥之亦难奏效,康昆仑弹琵琶已染胡风,倘若恢复雅正之声,必须净尽废弃所学十年,重新学起。思想之流传,倘其中涵真理,真是速于置邮而传命。往往正知觉在排斥它,而潜知觉在吸收它。究之理学之往往被误会为禅宗者,是其教学的方式,往往相同,除了理学家不持杖打人,很少大声斥喝或呵骂;竖拂子则非释徒所专,早在六朝已有,难说是从西域传来,要之指点方式,不甚相异,皆属外表,而其教义各自独立;儒自儒,释自释,壁垒森严分峙,旗帜鲜明,难以团结。就其外表方式一面观之,如举数例。

和靖(尹焞)称东皋(冯理)见伊川曰:"二十年闻先

生教诲,今有一奇事。"伊川问之。曰:"夜间燕坐,室中有光。"伊川曰:"颐亦有一奇特事。"请闻之。伊川曰:"每食必饱。"①

这是门墙最高峻且反对释氏最力的程夫子说教之方,竟似乎禅师家之说法。——"夜间燕坐,室中有光",陆务观游亦曾有此经验,陆氏是从事于道家的修为的,"宣和人饮庆元春",也很长寿。这是视神经感觉上的变异。大致这类异相出现,表示其修为功夫已深,亦恰是歧路或邪道之开端,只合任其过去,绝对不可执着。程子了不以此为奇,可谓大具手眼。而这一问答,从外表看,不异于一禅门公案。

邵尧夫谓程子曰:"子虽聪明,然天下事亦众矣,子能尽知耶?"——子曰:"天下之事,某所不知者固多;然尧夫所谓不知者何事?"是时值雷起。尧夫曰:"子知雷起处乎?"子曰:"某知之,尧夫不知也。"尧夫愕然曰:"何谓也?"子曰:"既知之,安用数推也?以其不知,故待推而后知。"尧夫曰:"子以为起于何处?"子曰:"起于起处。"尧夫瞿然称善。②

伊川先生病革。门人郭忠孝往视之。子瞑目而卧。忠孝曰:"夫子平时所学,正要此时用!"子曰:"道著用便不是。"——忠孝未出寝门而卒。③

这几则例子,皆属外表,然正是后世误解之由来。于宋儒尚指其为狂禅,于明儒之未及宋儒者更不必说。清世汉学家之非毁道学,多以这些外表现象为疵病。那在现代皆感觉其无谓了。儒释之争非此所论,北宋诸道学家,如谢上蔡,东莱三吕,杨龟山晚年,游鹰山初年,——"游酢,杨时,先知学禅,已知向里没

---

① ② ③ 《河南程氏遗书》卷二十一,上,伊川先生语,张绎录。

安泊处，故来此，却恐不变也。"① ——皆是曾致力于佛学的。也可疑大程子亦复深通禅理，然二程子以及后来的朱子，皆是大力攻击释氏的，维护了道学的传统。大率言之，诸儒之见道有得皆非由于释氏，其立身、行道、说教皆不外于儒家，其特色有二：一是直由孔孟而见道有得，一是可不由师授而明理成宗。二事在某些人只是一事。换言之，即大彻大悟，而卓然独立。若是必于佛教求葛藤，则可说诸人皆属"独觉"，——不必说"缘觉"，因为梵文之"独觉"（Pratyekabuddha）一名词，音译"辟支佛"，或译"钵剌翳伽佛陀"，本字无"缘"义。旧说为观飞花落叶而成道者，即不必附会其悟十二因缘而谓之"缘觉"。以其讲学而论，在释氏则皆说为属十地菩萨。但总归一样，其人是曾大彻大悟，在世俗中即所谓"上了岸的人"。

一有彻悟便称之为释家，这是流俗之错误见解。不单是由儒而悟道，由他道或其他宗教皆有证悟之事。笼统皆指为禅悟，是谬见，误解。兹再从宋儒中录出几例，证明确实有这回事。象山正是由读《孟子》而见道，无直接从而传授之师，纯由自力，独立成宗。

问：如何是"万物皆备于我？"

先生（王信伯）正容曰："万物皆备于我。"

某于言下有省。②

林拙斋记问曰：天游尝称王信伯于释氏有见处。后某因见信伯问之。信伯曰："非是于释氏有见处，乃见处似释氏。初见伊川，令看《论语》，且略通大义。乃退而看之良久，既于大义粗通矣，又往求教，令去玩索其意味。又退而读

---

① 《河南程氏遗书》卷二，上。
② 《震泽记善录》。

之。读了又时时静坐。静坐又忽读。忽然有个入处。因往伊川去吐露。伊川肯之。"某因问其所入处如何。时方对饭，信伯曰："当此时，面前樽俎之类，尽见从此中流出。"

按：此解释孟子"万物皆备于我"一句，竟无言说，而闻者有省。全祖望谓其"近乎禅家指点之语"。然这不是无意义话头。下二句是"反身而诚，乐莫大焉"。正解是万事皆具于心。双泯主体客体扩大此心为万事万物而同此一我，正是内证之事，要有所体会，于是有省。全氏也只说这"近乎禅"，即似禅而非也。"见处似释氏"，即在儒门有此见解，似释而非也。读《论语》兼静坐忽然有悟，往告伊川（在禅家则多是呈四句偈语，经老师印可），于此则伊川加以肯定，两家程序又是相同。这显然难说是从释氏入，乃其见处似释氏。总之，皆是外在表相。

于此有牵连象山之处。全氏云："洛学之入秦也，以三吕。……而其入吴也，以王信伯。信伯极为龟山所许，而晦翁最贬之。其后阳明又最称之。予读信伯集，颇启象山之萌芽。其贬之者以此，其称之者，亦以此。象山之学，本无所承。东发以为遥出于上蔡。予以为兼出于信伯。盖程门已有此一种矣。"①

王苹（即信伯）之弟子陈齐之（即陈唯室），亦福建人，自言："初疑'逝者如斯'，②每见先达必问，人皆有说以见告。及问先生，则曰：'若说与公，只说得我底，公却自无所得。'——齐之其后有诗曰：闲花乱蕊竞红青，谁信风光不系停。问此果能知逝者，便须触处尽相应。——盖至此方有所自得。"③于此诗可见与上堂呈四句偈也不甚相远。信伯之徒，亦主直指以开人

---

① 《震泽学案》。
② 《论语》。
③ 《震泽记善录》。

心。必不可误认为禅。此即谢山所云"程门已有此一种"。

外此,还可举出一无直接从而传授之师,然仍是一见道之儒者,即范浚,字茂明,浙江兰溪人。世称"香溪先生"。因秦桧当国,闭门讲道。其文世所诵习,朱子取其"心箴",元之胡仲子始表章之,谓其多超然自得之语。朱子谓先生不知从谁学。尝有答潘默成书云:"肤受末学,本无传承。所自喜者,徒以师心谋道,尚见古人自得之意,不孑孑为世俗趋慕耳。"——谢山谓"伊洛既出,诸儒各有所承,范香溪生婺中,独为崛起,其言无不与伊洛合,晦翁取之。……"又云:"先生所为文集,若未尝见关洛诸公书者,故绝口不及也。……"① 然则有得于孔孟之经,似略不染于世俗,又无师承,终于亦成为一出类拔萃人物,与象山同。

古之教人者,不论儒、释,以至于道,大抵多术多方。为师者随机指点,不限于教说。在禅门有所谓棒喝。喝是大声呼喝,棒是用木杖敲打,近于所谓体罚了。这在现代似乎已废,或者老师所持之戒尺仍在,是用以儆戒年轻沙弥之犯规矩。此外在坐禅时有困累而昏沉瞌睡者,监场僧还有时持一附着软球的长竿去触醒他。当然,这些在寺庙中有,在书院中从来没有。棒喝自表面观之,也颇近于野蛮了。然其意义不在此事本身,而在棒喝者以此警发学人,要将其知觉性提高到与祖师的同一水平,是因那一警而知觉性改观了,有时几乎是一切颠倒过来,成其顿悟。此之谓"接引"人,其内中深义有在于此。自世俗观之,这便是"狂禅"之作为。在道学家则从来不用这一套,然其指点,或接引,或开示,也随机应节,进退无常。端在为师者之善诱善导。轻轻一指点,也可发人深省。这类例子随处在宋明儒者中可见,聊举

---

① 四库集部,收《香溪集》二十二卷。以上并见《学案》卷四十五。

一二：

　　尹和靖初为科举之学。先生（苏昺）谓之曰："子以状元及第即学乎？抑科举之外别有所谓学乎？"——和靖未达。他日会茶。先生举盏以示曰："此岂不是学？"和靖有省。先生令诣小程受学。

　　谢上蔡诵史，不遗一字。明道曰："贤却记得许多，可谓玩物丧志！"谢闻之，汗流浃背，面发赤。明道却云："只此便是恻隐之心。"及看明道读史，又却逐行看过，不差一字。谢甚不服。后来省悟，却将此事做话头，接引博学之士。

　　象山时时教人明心。一日，詹子南方侍坐。先生遽起，子南亦起。先生曰："还用安排否？"

　　自外观之，道学家与禅师之启导之方，形式往往无异。然有根本主旨之异，所以方法究竟不同。道学家从来没有出一句无意义话头，如禅宗之教人参会。所言皆在理智中，可能其内容超理智而上，但绝非神秘使人不解，如猜谜语。明之王汝中，阳明之大弟子，尝云："师门尝有入悟三种教法：从知解而得者，谓之'解悟'，未离言诠。从静中而得者，谓之'证悟'，犹有待于境。从人事练习而得者，忘言忘境，触处逢源，愈摇荡，愈凝寂，始为'彻悟'。"

　　想来孔子之所谓"朝闻道，夕死可矣"，其说"闻道"，有如此重大，必定是与彻悟有关。即后世之所谓"见道"。禅修似乎是达到大彻大悟之后，不久便死去。但道学家或儒家之修为，不以彻悟为极，与今之精神哲学同。其宗旨在于转化气质，乐其所学，彻悟也只是其精神追求之路上一里程碑。释氏也有平生一悟再悟的，总之是一番精神经验，或大或小。纵使有了最高经验，不必其人便死，在儒者还有立己立人达己达人，以至治国平天下一系列大事。历史上闻道或见道之士不胜枚举，为史者也未能搜罗皆尽，或著名或不著名，兹拈出一例，以概其余。

赵思孟，又称赵醇叟，宋之宗室，以恩得监潭州南岳庙。寓居南岳萧寺中，从（胡）五峰游，余三十年，自以为未有得。其后有室家之戚，历时而情累未遣，颇以为病。一日晨起，洒然有喜色，家人怪而问焉，则笑而不答。已而语其友人曰："吾今而后，始为不负此生。平时滞吝，冰解冻消，其乐有不可名言者。"乾道八年卒（1172），年六十四。①

姚 江 之 成 学

陆氏学旨，大致有如上述。不难想象其晚年乘肩舆往自己所辟的讲堂，与诸生从容讲道。而诸大弟子专心受教，成就了一浓厚的学术气氛。从此散布开来，于当时于后世社会皆产生了莫大影响。这么到了明代，遥承且发挥其学，且发为浩大的事功者，可推王阳明。于此，请略陈王学。

王阳明的功业是伟大的，可说其军事上的胜利，及胜利后的设施，挽救了大厦将倾明武宗的王朝，明祚又延续了一世纪又二三十年。其事迹具在史籍，去今不算很古，容易搜讨。历史上正色立朝的文臣不少，名将亦多；但自今观之，绝少为一时代的哲学大师，而又统军作战，功业巍然，有如阳明者，不多有。其事功发自学术，其学术发于心源。赫然一系统良知哲学，至今犹存。那么，寻讨其哲学之成，及其精义所在，乃今人之责。这样

---

① 《学案》卷四十二。

便要溯回其青年时代了。

王阳明登进士第于弘治十二年（1499），其时二十八岁。这一年可以成界划，结束少年时代了。少年时，曾出游居庸关，询问诸豪种落，逐胡儿骑射，又研兵家书，为普通文士所不留心者。这可算其为学之一重要关键。后下建立武功，纯以此前期所学所习者为基础。如在平宸濠后，北军稽留南昌，滋扰生事。张忠、许泰等轻其为文士，强之射，先生徐起，三发三中，京军皆欢呼。其所以赢得友军之敬仰，亦因此。倘领大军而本身无武艺，亦是颇难于建立权威的。那么，在塞外骑马射箭那一段功夫，没有白费了。当然其少时为学，首先是词章，这是士子的基本功课。大致进入中年以后，将这门学问抛弃了。然至今流传的诗文等，皆有可观。诗有疑伪者，兹不论；有为讲学而作者，似口号、佛偈，亦不必论。甚而至于书艺，亦自名家（于今故宫博物院尚有其行书立轴可见），皆是自幼之所学。及至行军用兵时期，也将此废置了。——那么，可以说，其以之成功的学术基础，皆建立于三十岁以前。

其次，乃遍读朱子之书。这是从读书识字起一贯向前的进展。或许由朱而及二程，以及周、邵。倘无大部宋儒理学在前，无所传承，则王氏未必能独创其哲学。总归是承袭宋儒，然自有创获而成其独立一派。其最初便取朱子是可理解的。因为自明太祖试士，四书专取朱子集注起，历朝未变。至清亦未变，直到清末科举废掉乃止。可谓因其为仕宦从入之途，朱学乃成为中国思想的主流。换言之，是依靠政治势力，"朱夫子"渐渐成为圣人。而王氏细读朱子之书，便循序依朱说去格物，如前所举之例，对竹子专意思维了七日，便病了。——这真是可说"是又近乎愚矣"。——这有如捡到一张古方，糊糊涂涂不得其正解，冒昧便去尝试，如汉世抄淮南王的家，得到炼金术等秘方，刘向便努力去尝试，结果几乎得罪。王氏到后下"乃知天下之物本无可格者，其格物之功，只在身、心上做"。算是将这秘方弄明白了。

既于朱子之学不契，乃出入佛、老久之。尝云："吾亦自幼笃志二氏，自谓既有所得，谓儒者为不足学。其后居夷二载，见得圣人之学，若是其简易广大，始自叹悔，错用了三十余年气力。大抵二氏之学，其妙与圣人只有毫厘之间。"——此乃答门人萧惠语。这是自说及其成学经过。出入二氏，见得真切，不能说错用了三十余年气力。佛与道，皆自有其说。这似乎是承程氏之论："释氏之学，更不消对圣人之学作比较，要之必不同，便可置之。今穷其说，未必能穷得他，比至穷得，自家已化而为释氏矣。……"又："释氏之说，若欲穷其说而去取之，则其说未能穷，固已化而为佛矣。"——这亦是说出了一真实现象，属外表程序，未曾攻击理论之核心。然二程子皆非不知佛不知禅者，若是视之为邪说，为外道，则亦应穷其说而后明。无所谓自己已化或未化。究竟宋儒以及明儒，多有明通二氏者。皆未化为佛。王氏亦"既有所得"，而终归于儒。后下自讲其学，以答学二氏者之穷诘，乃能辨其如同土苴，"辄自信自好，若此真鸱鸮窃腐鼠耳"。① 窥程子（伊川）之意，以谓"已化为佛"或释子，是已难于挽救矣。阳明不然，能见到其妙与圣人即孔氏只有毫厘之间，却未化为佛或禅，而有出入无碍掉臂游行之乐，是何等自由自在！孝宗弘治元年（1488）先生结婚之日，时在江西南昌，"偶行入铁柱宫，见有道者趺坐一榻，就而扣之，因得闻养生之术，即相对忘归"。又十四年（1501），游九华，"时有道者蔡蓬头，先生待以客礼，请问仙道。蔡曰：'尚未。'有顷，屏左右，引至后亭，再拜请问。蔡曰：'尚未。'至于三。蔡乃曰：'汝后

---

① "鸱鸮"喻出自《庄子·秋水》。语见《传习录》卷二。

亭礼虽隆，终不忘官也。'于是大笑，遂别。"又闻地藏洞有异人，坐卧松毛，不火食，历崖险访之，值其熟睡。先生嘿坐其旁，抚其足，有顷而醒。因论最上一乘，曰："'周濂溪、程明道，是你儒家两个好秀才也。'及后再至，已他移矣。"① ——这类轶事，可知阳明实是曾殷勤求道。或有所得。其于道家经典，如《道德经》、《南华经》、《冲虚经》、《文始经》、《通玄经》等，必然多有所知，因为文章时有引据，而文笔时有相类处，譬如《南华经》，文笔实在高明瑰玮，几乎也是儒林之必读书，时时有文章家有意或无意在摹仿。然则阳明倘非明通道家之学，至少也是其所熟谙。神仙家又从道家分出，则可说是道家的现实派。阳明未尝"为方仙道"，归于入世为儒林豪杰，未曾升仙，也许当时的确"尚未"。

  萧惠好仙、释。先生警之曰："吾亦自幼笃志二氏，自谓既有所得，谓儒者为不足学。其后居夷三载，见得圣人之学，若是其简易广大，始自叹悔，错用了三十余年气力，大抵二氏之学，其妙与圣人只有毫厘之间。汝今所学乃其土苴，辄自信自好若此，真鸱鸮窃腐鼠耳。"惠请问二氏之妙。先生曰："向汝说圣人之学简易广大，汝却不问我悟的，只问我悔的。"惠惭谢，请问圣人之学。先生曰："汝今只是了人事问，待汝办个真要求为圣人的心来，与汝说。"惠再三请。先生曰："已与汝一句道尽，汝尚自不会。"②

  这种殷切求道之情，少见于已作大官者。二十九岁时，因前年会试已成进士，观工部政，此年遂得授刑部云南清吏司主事。次年三十岁时，奉命审录江北，既竣事，因游九华，所以蓬头道

---

① 《年谱》卷上。
② 《传习录》卷三。

人笑其终不忘作官。次年三十一岁，是其学术思想一大转折点。"八月，**疏请告归越，筑室阳明洞中，行导引术。**"——这便是王守仁一名为学者所讳，而尊称之为王阳明的由来。正如陆子静之被尊称为陆象山，以其地而为外号。导引术即今之调心制气术，通常属道家。即世俗之所谓练气功，习静坐。久之，颇有所见。"友人王思舆等四人来访。方出五云门，先生命仆迎之，且历语其来迹。仆遇与语良合。众皆惊异，以为先知。先生曰：'此簸弄精神，非道也。'即屏去。已而静久，思离世远去，唯祖母岑与（父）龙山公在念。久之又忽悟曰：'此念生于孩提。此念可去，是断灭种性矣。'明年，遂移疾钱塘西湖，往来南屏虎跑诸刹。"于此，《年谱》还附有一轶事：

> 有僧坐禅，三年不语不视。先生喝曰："这和尚终日口巴巴说甚么？终日眼睁睁看甚么？"僧惊，即开视对语。先生问其家。对曰："有母在。"曰："起念否？"对曰："不能不起。"先生即指爱亲本性谕之。僧涕泣谢。明日问之，僧已去矣。

先 知 与 彻 悟

必明白王阳明少年时代的生活，直至其"居夷处困"，三变而成学的经过，然后才能较全面地了解其学说。但此中有两点为我们所忽略的，因其为我们所泛然承认而从来不深究的，颇宜加以检讨。一为先知，一为其彻悟。这两事是精神哲学中不一其说的。一般属"别相"，因人而异；而非属"通相"，在人人必然同一。但两事皆属真实。在阳明决非虚饰其词，用以欺世，或其徒众故神其说，用以惑众的。

据上所引，阳明在山洞静坐，能知道友人来访，遂遣仆出迎，这如何可能？又思离世远出，倘果然远出又会怎样？——这必从习静探究，乃可稍明其理。

阳明在山洞中所作的，据上所引是在习导引术。导引术如汉初张良所作的是些什么，至今典籍无从稽考了。导引服气，道家和神仙家，——这是清代阮元早已作出的划分，按诸史实也难于混一的，但世俗多以神仙家归入道家，——往往留有些散碎传说和纪录，此外则大量伪书谬说不论。我们从这些零星传说中所知的，有静坐，调息，制气，辟谷……这些事。导引便是制气；辟谷便是绝食，或只避免食谷类如米、麦等，而仍服食蔬果药品等。如《史记》、《汉书》所说，留侯乃是"愿弃人间事，欲从赤松子游耳。乃学辟谷、导引，轻身"。或"乃学道，欲轻举"。看来《史记》、《汉书》所记同文，正确不诬，但所记此事本身留有疑惑，因为张良这人是颇多诡计的，所遇之圯上老人也许是一大阴谋家。始皇大索天下求刺客时，老人必早已认识张良了。授之以兵书，且留下一黄石的神话，以免将来牵累。——人是不能化为石头的。虽至今仍有化石病，即人体的细胞渐渐硬化，僵化，如石，是一不治之症，但千万人中难遇一人。否则，必遇地震，有大毁灭，则生人埋在土地里也可化石。——留侯得"黄石"而葆祠人，可能是老人曾见到或预先立下的。总归是一幕欺世骗人的戏剧，意在暴君专制之下，保身脱祸而已。辟谷可使人轻举，传说如是，不足信。今人可十余日或二十一二日不食，但饮水，然不死，则是最高纪录。普通凡夫则七八日不食可死。轻举则是制气，可盘坐而微离座高起，然必有支点，仍与其座接触。此外西藏密乘中人，也有掘出土窟坐在内中的，要凭其气功将自己的身体升举到平地上。那是若干年的修习，成就的功能也极有限。使此肉体在空中飞行，克服地球的吸力，是妄想。这也是今世的修为最高纪录，多只能离座轻举片时，而仍未全离。

王阳明所习的导引术是什么一回事，至今已不可知。这修为详细分析之，则内容所涵颇复杂。普通习静之法亦复多方。主要是调心，而心思集中（concentration）与心思观照即静虑（meditation）又有分别。集中是专心；心思不专，意念浮散，则世间任何事也作不成，这不待说。静虑当然也要专心，注意，即《孟子》中所说"收其放心"。二人学弈，"其一唯弈秋之言是听，一心以为鸿鹄将至"。那么，想象鸿鹄将飞到的，必是心不在弈上了，自然学不会。这是门外功夫。

关于这一问题有阳明的学生所集的问答，正可参考：

问：近年因厌泛滥之学，每要静坐，求屏息念虑，非惟不能，愈觉扰扰，如何？

先生曰：念如何可息，只是要正。

曰：当自有无念时否？

先生曰：实无无念时。

曰：如此却如何言静？

曰：静未尝不动，动未尝不静。戒谨恐惧即是念，何分动静？

曰：周子何以言"定之以中正仁义而主静"？

曰：无欲故静。是静亦定，动亦定的"定"字主其本体也。戒惧之念是活泼泼地，此是天机不息处，所谓"惟天之命，于穆不已"。一息便是死。非本体之念，即是私念。

问立志。

先生曰：只念念要存天理，即是立志。能不忘乎此，久则自然心中凝聚，犹道家所谓结圣胎也。此天理之念常存，驯至于美、大、圣、神，亦只从此一念存养扩充去耳。

问：宁静存心时，可为未发之中否？

先生曰：今人存心，只定得气。当其宁静时，亦只是气宁静，不可以为未发之中。

曰：未便是中，莫亦是求中工夫？

曰：只要去人欲，存天理，方是工夫。静时念念去人欲，存天理；动时念念去人欲，存天理，不管宁静不宁静。若靠那宁静，不惟渐有喜静厌动之弊，中间许多病痛只是潜伏在，终不能绝去，遇事依旧增长。以循理为主，何尝不宁静？以宁静为主，未必能循理。

这便是阳明的正当指点。在静坐中也是常惺惺地。不是堕入昏沉，无知觉。现代通常习静坐者，多需要有有经验的明白人在旁看护。一坐多少小时并不足取，久坐且可容易引起身体上的疾病。西方也有许多人为的方法，如观一绿色圆片，使心思渐渐集中，也是一法。他如听呼吸的微声等，或抉鼻孔……皆道家或禅门所常行。一言以蔽之，要从高明的师傅学习，徒然看书是不能行的。

静坐的方式有种种，凭师授，不必论。阳明之主静是"主一"。门人陆澄有记云：

问：主一之功，如读书则一心在读书上，接客则一心在接客上，可以为主一乎？

先生曰：好色则一心在好色上，好货则一心在好货上，可以为主一乎？是所谓逐物，非主一也。"主一"是专主一个天理。

看来阳明此一主静之修为，不会出毛病。现代西方人，尤其是印度人，作静坐修为的多有，但多是动机不纯洁，只是求神通，猛力为之，事故丛生，害人害己，一经堕落，便无可救。阳明指出人要存天理，即是立志。此一原则确立，则许多私欲可退,而外道邪魔亦无能干。阳明下决心入洞习静时,已渐次得到相当的通力,然旋即弃去,谓此种先知为"簸弄精神,非道也"。但如何能如此?这可用程伊川的经验解释,这不是一种故神其说的欺人之谈。

问:方外之士,有人来看他,能先知者,有诸?

曰:有之。向见嵩山董五经能如此。

问:何以能尔?

曰:只是心静。静而后能照。

又问:圣人肯为否?

曰:何必圣贤?使释氏稍近道理者,便不肯为。① 释子犹不肯为,况圣人乎?②

又:

王子真佺期来洛中,居于刘寿臣园亭中。一日,出谓园丁曰:"或人来寻,慎勿言我所向。"是日,富韩公来见焉,不遇而还。子真晚归。又一日,忽戒洒扫。又于刘丐茶二杯,炷香以待。是日,伊川来。款语终日,盖初未尝夙告也。刘诘之。子真曰:"正叔欲来,信息甚大。"——又嵩山前有董五经,隐者也。伊川闻其名,谓其为穷经之士,特往造焉。董平日未尝出庵,是日不值。还至中途,遇一老人负茶果以归,且曰:"君非程先生乎?"伊川异之。曰:"先生欲来,信息甚大。某特入城置少茶果,将以奉待也。"伊川以其诚意,复与之同至其舍,语其款,亦无大过人者。但久不与物接,心静而明也。先生问于伊川,伊川曰:"静则自

---

① 释氏尝言庵中坐,却见庵外事,莫是野狐精?
② 《河南程氏遗书》卷十八。

明也。"①

程伊川是北宋巨子之一，以"诚敬"二字教人，这纪录看来决不是虚构以欺学者。这可以证明王阳明之先知，非不可能之事。但先知必以其说预言而证实。似乎其问题甚为复杂。西方的《旧约圣经》中有先知的记载，但没有说人如何修为乃成为先知且能说预言。或许认为"圣灵"下降则归之于上帝，或以为生知则归入先天。阳明在此说其为"簸弄精神"，究竟是什么见解？

旧社会中有此一说，或者出自道家，说人能先知而说预言，是泄漏天机，必有天谴。释家最古的教诫，也有"不得通致使命，咒术仙药，占相吉凶……"之文，②皆属邪命外道。说预言是预说吉凶祸福，或由占、卜，当属此类。近世高僧，如虚云大师，有"才动眉毛，便犯老师规矩"之语。那么，任何真属"簸弄精神"之事，也在禁戒之列了。阳明之教人，彻始彻终是儒家的修为。于此只说去私意而存天理，动静如一。

究竟如何方遭此"簸弄精神"之批评呢？这只可说是无义意的事。在山中罕触人事，而忽觉某人会来访，"消息甚大"，这可说是某种感应。现代则通一电话，远地消息便传达了，亦不必怎样多年修静。野狐无精，亦不能有何变怪，虽传说的荒诞神话在小说中层见迭出，究竟头脑稍有生物学常识的人，也只是付之一笑而已。——那么，"感应"是实有其事了。若以古喻言之，将两琴一置于堂，一置于室，"鼓宫宫动，鼓商商应"，是声波之震动交感。在科学上可能，在人理上可有。但这方面的道理，至今未能充分阐发，尚待多方的证明，研讨；徒有喻量，未能立宗。现代西方有从事于此事之研究者，称之曰"外副心理学"（para-

---

① 《河南程氏遗书》卷十二。
② 《四十二章经》。

psychology），该学尚未能成立。

先知与感应相联，则其作用必有能感与所感两方面。说"消息"，必是一方面有发此消息者，另一方面有接收此消息者。这中间以何物为传达的媒介或联系呢？

这是颇不容易弄明白的一问题。正因此，乃有精神哲学上的探讨。毋妨姑作这么一种说明。弥漫宇宙人生是一大知觉性，这知觉性之所表便是生命力。或者，如某些论者说弥漫宇宙人生只是一生命力，而这生命力之所表便是知觉性。两说是同一事，只是后说时时有无生命物一外在事实在相对，较难分说。毋妨假定知觉性是体，生命力的活动便是其用，体不离用，用不离体，此即宋儒之所谓"体一"。而各个人皆是此同一知觉性的中心点，各个人彼此不同，此即宋儒之所谓"分殊"。[①] 在人人皆有此共通之知觉性，共通的生命力，此之谓"气"。气有同（其震动度如声音震动之频率相同），则共鸣，乃相感。此即《易经》之所谓"同声相应，同气相求"。

于此我们又当假定凡人皆有一生命力的氛围，周绕全身。譬喻之说，是一光圈，不但是在头上，如宗教画像上往往作一大圆圈，塑像则作光焰等，而且包围全身体。这是看不见的，倘身体健康，心情爽直，思想纯正，则此氛围充实，此即孟子所谓"浩然之气"。"以直[②] 养而无害，则塞于天地之间"，正是描写此知觉性之遍漫，充塞宇宙。由此一中心发出的信息，很易传达到另一中心点，穿过那另一氛围而注入其前方知觉性中。譬喻说，同此一水，一波传到另一波，造成了相同的震动。当然，这程序还牵涉"意念"——在其高度与常度则为"志"——的问题。颇为

[①] "分"字，通常读去声，名词。
[②] 古有疑"直"字为"德"者，因篆书"德"字本作"悳"。

复杂。心思知觉性之所在，即有生命力在其间，故曰"志至焉，气次焉"。——"次"是停止，即许书之"不前"义，居止于此处，居副，居第二位，倘此力强，如程子要看董氏，发此心思意念，当然不只是浮光掠影的一念而已，必定是有了种种心思准备，计划，这如同发出了一电报，而董五经感到了，所以说"消息甚大"。于董氏如此，于王子真亦如此，皆属真实。

用现代话语说，这便是精神经验。——这是颇含混的通称。这依乎两人的心境或说知觉性的境界，程子解释为"静则自明"。

静则生明，是常说。究竟如何是静？大致静是指静心，不思维什么，使游丝杂念不起，这是需要练习的。如阳明所说："实无无念时。"倘若真是无念了，那心思境界只算冥顽，不是见道。倘是主敬存诚，则妄想不生，游思杂念不起。通常有人修习静坐，要入定，一意要摒除妄念，而妄念丛生，如水浇油火，越扑越盛。倘内心到了非常平静时，耳、目之境不相接触，心思不动而自主，有如苍空或同温层之明净，倘有外来的心思或情命的形成出现，乃如一层烟云浮起，自然在这背景上显出，内心成此观照，得其知识，有如明镜照见一物之相，此乃所谓静则生明。主敬存诚是一法，戒慎恐惧也是一法，如阳明所说"去私意，存天理"尤为有效之一法，——其实此类皆相通，——是经过若干经验而后得的结论，也是最简易之道。日常动作云为皆守着这原则，亦用不着又分别修静，或求入定，如释氏之"灭尽定"之类。心有主宰，亦自静，自定。通常修静者，是唯恐此镜之不明，唯恐此霄空之不净，唯恐微云滓太清。今若有人偶值心境清明之时，瞥见或感知在远的一点什么，便起私意，妄想这是神通之力，如释家的天眼、天耳、他心通之类，自许先知，说出预言，惊世骇俗，此非"簸弄精神"而何？或不幸又时有所中，如赌徒偶尔赢钱，则其后果不堪设想。不是聪明误人，而是聪明人自误。——总之，习静，修订到了某一阶段，便有这种诱惑，有如耶稣所受的试探。最平稳安全之法，还是如阳明这经验所指，息息去私意，存天理；循此正道上达。

阳明随之又有"离世远出"的意念了。何以修道者时时想入山林？当然，山林清幽之处，悦目娱心，少市尘之纷扰，扑鼻无浊气，入耳无噪音，便于习静。但这是显著的一面。另外还有隐晦的一面，便是如上所述之"消息"，纷至沓来。在人烟稠密之区，多个人之生命力纷纭扰攘，正如其身体之肩摩踵接。用西方的旧譬喻说，有如满空飞着羽箭。一般是无害的，然对习静者流，便是无谓的干扰了。必然又需下一番功夫，保持内中的宁静。所以不如远游，到山林幽僻之所。但明通之士，多是反对这种隐遁办法的。是教人在繁华中磨练一番，不至于沉空滞寂。倘专意耽著静境，则稍事接触外物，便一切皆乱了，这不是办法。究竟阳明也没有"离世远出"，转而充分入世，以其所得者教人，这正是其伟大处。

设若阳明果成功于"离世远出"呢？——这是很难设想的，因为其时他的学术已成，声名已大，随时有学人依附，出也出不到何处。设若竟一切皆摆脱了，那结果会只是槁死穷山。于己于人，有损无益。后下的一大部功业，传世不衰的教理，皆不会有了。

其次，便是其彻悟。

我们当研究阳明在龙场驿的拂逆环境中，"忽于中夜大悟格物致知之旨，寤寐中若有人语之者，不觉呼跃，从者皆惊"。——这一纪录，是否确有其事？是否后人的臆造，或阳明故弄玄虚，创出这么一故事用来骗人的？在事实上，虚构臆造，必有其目的，而这事没有目的。如意在推广一人的学说，则阳明之学早已相当风靡，在行师用兵之际，仍有学者从各地奔来求教，无用于故弄玄虚以诱惑人心。徵之于古，于宋世，也时有学人大彻大悟的事。在释氏、在道家皆然。在西方则此事谓之"启明"，是求道者见到了玛利亚或耶稣，或见到了上帝，属宗教经验范围，在公教似推尊某些有此经验的圣者。那么，彻悟这回事本身不是一虚伪，世间确有其事，稍轶出了常情而外，在陆、王，皆是由儒宗而入，谓之"见道"。

究竟如何方能悟道或见道呢？要能悟或见，据传统之说要作许多修为，在各宗各教皆异，兹不论。只问如何是悟或见。

要解释这一心理过程，是颇复杂的，不能用短篇说明，而且有前提仍属假定。要用密率说明，使人会愈感茫昧，那么，姑且用粗率，如只说径一周三，不下推若干位小数。我们大致是假定宇宙间万事万物皆在一知觉性中。若想象为直线，则由下至上可分许多层级，最下一层是冥顽不灵，最上一层是至灵至妙。实际它不可想为直线，最上者亦潜在至下者中。但就方便说，如同层级的分别是可存的。我们常人生活是在寻常知觉性里。此即告子之所谓"生之谓性"，即动物知觉性。但寻常知觉性中是上、下双涵；此知觉性通常有说为意识，即上意识和下意识，或潜意识。旧说"心"是颇笼统的，这中间包括人的全部知觉性。高、上者称之为"道心"，中、下者称之为"人心"，统是一心，只是一知觉性。高者"道心"，即孟子所说之性本善之流衍。讥阳明学派者，辄诋其"满街都是圣人"，谓为大失。但这在学理上是可说得过去的，所谓"个个人心有仲尼"，在王氏是两次有门徒如此感觉，在室利阿罗频多的门徒也曾有人如此感觉，[①] 那么，也是一寻常现象，但与世俗真实相违。

告子之"食、色，性也"。这话又有可诘难的余地，至少是

---

① 见于其《书札集》。

可指其不分体用。性之本体不是食、色,食、色至多可说是本性之用。较圆通的解释仍是随俗而姑分为上焉者与下焉者两分。[①]近代科学,如弗洛伊德及容格诸人,多从"下焉者"加以研究;而中西自古之教,多是从事于"上焉者"。我们不妨采纳知觉性之识田种子之说。程子曾说有不识字的某人,忽然可诵出一部《杜诗》,此说与近代西方某使女忽然可诵出其主人常读之希伯来文诗篇,而自己其实不识字,更不必说希伯来文。这皆是知觉性之作用。即下知觉性或潜意识中时常听到他人诵诗,在中国这例子,必是常听诵杜诗,在西方那例子则是希伯来文诗,潜入乎下意识,也藏在那里。一遇到某种特殊心理作用的机缘,便发露到表面知觉性中来。这必是心理作用经过了一番紧张,如同一个川堤塌破了,水便从高坪奔腾下注。常时种种识感印象,皆可视为"种子",采纳入此高层的识田,或自觉或不自觉,自觉地是纳入寻常或中层知觉性中,这便成为记忆而可呼出。未自觉而被吸收的,便如同种子储藏在知觉性里,或变形或不变形,偶尔倾出于梦中。这在通常被误称为所谓"灵感",进一步方是"彻悟"。

这其间有一重要因素,便是"理智",理智本身也是一种知觉性,但因其功能而特殊化了。通常亦称"理性"。是"理性"乃分别上、下,内、外,邪、正,真、妄……对待。人夜间做梦,梦到许多荒谬之事,是失去了理智的管制。白天的思维念虑等,皆是寻常知觉性受理智管制时的作用。事实上知觉性受着生命力的推动,白天的作用亦有如夜间,或者可说常人白天也在做梦,其记忆,即过去的种子或印象浮到了表面知觉性中来;其联想,即多个种子集聚或结合,亦在此表面知觉性中,但一皆受了理智的约束,所以人寻常的行为,不致怎样荒谬。在宋学中,这

---

① 此说"焉者",以免直线之上、下的误解。

理智也是"心",但也说为"理性",或"性理"。后者的范畴似较前者为大,"性理"统摄整个人性之理,则其间非事事皆合理性,统之曰"心",所以此"心学"又称"性理之学",是就内容而言。但所着重者,仍是性之上焉者,孟子的恻隐,辞让,羞恶,是非之心,皆上知觉性之德。属下层的食、色,则入乎本能之内,没有什么应当特殊加以存、养、扩充的道理。本能即是不学而能之能。

时常是最高理性堵塞了彻悟之路;有大彻大悟之事,似乎是人的知觉性整个倒转了,这也因人而异,因所修的道或从入之途而异。有平生一悟再悟的。是一种超上的精神经验。这经验普通是难以语言文字描述的。而得到此证悟的所说又各式各样。亦有终身修为,而至死不悟的。信上帝的普洛丹鲁斯,平生修为,四次得到这样的精神经验,乃说起平生四次见到上帝。佛教历史上时有高僧大德是得到证悟的,却不说上帝,而归于无言,只可心领神会,说者谓其为涅槃知觉性,因此也建立了禅宗。而悟入之后,其人自觉生死大事已了,不久便逝去。如前章反复说过。这是可以理解的:决不是因证悟而减寿;而是因为平生用了大部分岁月在修为,到彻悟已是年老了,所以旋即辞世;在许多人这又不然。可以假定——这里只是假定,——是有人修为得法,不急不缓,在潜意识中清除了一切莨莠,即识田中只有高等知觉性充满弥漫,归于纯净了,即儒家所谓"人欲净尽"。这是极困难的事,所以往往要修习多少年。久久之后,整个内中知觉性受警策到了最高限度,紧张已极,这时只要外物轻轻一触,不论是见到什么事物或听到什么声音,便如一气球爆破了。似乎一跃到了另一世界,撞开了一大建筑之暗门,见到另外一些琼楼玉宇。一切皆似与寻常所见的不同,改变了,或更美丽了。知觉性似乎已经翻转过。这如同在一圆球上直线似地前进,一到极顶再进,便到彼面了。从此上、下正相对而相反。左右易位，南北转易。这时客观环境未变，只是主观心境已变，多人感到是这方是真实，是宇宙万物之真面目，只是光明的倾注，即儒家所谓"天理流行"，而紧张既除，只有大的喜乐，是说不出的美妙，……是彻悟了。

王阳明在这场合，中夜豁然大悟。从入是儒门，从此六通四辟，义理无所不已，即所谓悟入了宇宙知觉性本体，从此一切皆了然无疑。其时"寤寐中若有人语之者"，不会是"有人语之者"，只是高等知觉性中的所涵，向其寻常知觉性中倾注。总归即此亦是"道"，是"见道"的经验之一种。

大致悟入的程序是一，而修为的基层原理也同，在释氏则谓之"渐修"和"顿悟"，认为有这么最后一关得打通。修为的基层原理相同，所以陆、王之学常被人误解为"禅"，但悟入后之所得所见等因所信而异，也因人而异。儒、释又有一世界的分别。倘若这是"上达"呢，则固然重要，而儒门所重亦在"下学"。纵使已悟，也仍当存、养、扩充，不是从此便入乎不生不灭之涅槃，或从此便或飞升，而是要至少保持了已悟的心境，使不坠失或不昏蔽。据王说，是仍念念"循天理"而行，前进亦无止境。

虽然，我辈皆是凡人，具此五官百骸，生存于此大地，有凡人的所必需，——"天神也不和'需要'战斗的"，古希腊有此明训，——因此有物质界的限制，那么，倘人费了若干心力，经过了若干岁月，终于得到大彻大悟了，这是否能如道家所说之升仙，将此生人之需要克服，或者说，胜过物质？所谓"至人化物"，是否可能？——这问题，直答亦无从肯定或否定。

知 行 合 一

阳明上窥宋儒，学说与象山一贯，故世称陆、王。陆少年时有省悟语：

> 他日读古书，至宇宙二字。解者曰："四方上下曰宇，往古来今曰宙。"忽大省曰："宇宙内事，乃己分内事。己分内事，乃宇宙内事。"又尝曰："东海有圣人出焉，此心同也，此理同也。西海有圣人出焉，此心同也，此理同也。南海、北海有圣人出焉，此心同也，此理同也。千百世之上有圣人出焉，此心同也，此理同也。千百世之下有圣人出焉，此心同也，此理同也。"[1]

宋世去今不远，语文毫无隔阂，这段文字容易懂。宇即是今言之空间，宙即是今言之时间。时、空内之事，即自己分内事，这即是已将自己的人格，扩大到无限了。事亦物也，物亦事也，即万事万物皆在一己之内。此即孟子之"万物皆备于我矣"之说，是纯粹唯心论，即万事备具于吾心。宋儒张子在所撰《西铭》中说："天地之塞，吾其体；天地之帅，吾其性"，亦是同此一理，没有个人私己，而无所不己。佛教《华严经》如此说，印度教《薄伽梵歌》如此说，近世精神哲学举莫能外。谓空间只是一知觉性之弥漫，开展，时间只是同此一知觉性之继续，延伸，似乎象山得此省悟时，已有见于此理了。

于此说圣人之心同理同，似非说人人或凡人。其实这是就人之为人之基本而说，如后下阳明发挥性善之说，谓"个个人心有仲尼"。见其本源，凡圣皆同此一知觉性。换言之，在人类知觉

---

[1] 《学案》。

性，已无时、空之限隔了。姑且说自然界，凡动物，植物，皆有生命。有生即是有知觉性，有其求生存之本能，存自体，延自类。动物界如猩猩、狒狒、猿、猴、象等等，皆颇聪明，近人类的犬、马不必说，还有海豚、海狮等。有些是给人豢养坏了，失去了本能。——"虎狼，仁也"，这是庄周的说法，说的是本能。禽鸟之筑巢，颇为善巧。偶尔一只喜鹊搬不动一根合其筑巢之用的树枝，则是两只各衔一端抬起飞去，民间谓之"喜鹊上梁"。下而至于昆虫，蜘蛛结网何等周到，蜜蜂造房何等精工。蚂蚁与蚜虫合作，竟如人类之利用牲畜了。植物似乎无知，但普通一片树叶，也有其似是神经性的反应。植物也有肉食的，热带有植物专食昆虫，自有其引诱昆虫之法。矿物似乎全无知觉性了，但其结晶必有定型，如近世哲学说其有一钝实而潜在的"意向"，可算知觉性的粗胚。雪花结晶，便颇美丽，诸如此类……故说自然界是同一知觉性的充满。

中古科学尚未普及，进化论未出，但自然界物类之殊异，人之为灵长，知觉性有等级，古人大致是明白的。常俗之见，充满宇宙者，是物质。自古假定弥漫宇宙者，只是两个原则，即阴阳二气。物质乃二气之凝结。这统摄于五行，即水、火、木、金、土。晚近译此为英语者，称之曰五"原素"（elements），这是误解。据汉儒古谊，乃"五常之行气也"（郑玄说）。其说颇抽象，说"行气"，今可释为力的震动，不论此为何力；是否合于现代所公认的物理学上的真理，非此所论，而此说甚有助于古代人生哲学之建立。但我国古人未尝否定物质之真实性。凡言尽性者，只是以尽人之性为先，尽物之性居次。只到释家，方有对物质之否定；印度教之摩耶论踵其说，方见万物之为幻有。

宋儒大抵承袭此一传统信仰，而此信仰与古谊又有分别，说见后章。阳明也承张子之说，谓："盖天地万物，与人原是一体，体必有主。其发窍之最精处，是人心之一点灵明。① 风、雨、露、雷、日、月、星、辰、禽、兽、草、木、山、川、土、石，与人原只一体，故五谷禽兽之类，皆可以养人；药石之类，皆可以疗疾。只为同此一气，故能相通耳。"——阳明的这一解释，施于张子之上引四句，自也顺理成章。但此说近乎神秘了。若说"养人"是生命力的补充，如五谷给出热量，维持体温，"疗疾"是知觉性之介入，使身体器官或机能恢复其正常知觉性，因而发施正常的功能，这一说是可通的，而两事亦同是一事，只是说法不同而已。似乎这后方还有一浩大的境域待开发；我们只合姑且存此"一体"之说为一美谈，以此解释"天地之塞"即充塞天地间者，是够明确的。而阳明于此体标举孟子所说的"良知"，知觉性之形况曰"良"，即今所言"神圣"，即常语之灵明知觉性。"主"便是"帅"，以此灵明为帅。

阳明自叙其成学经过，尝说："吾'良知'二字，自龙场以后，便已不出此意，只是点此二字不出。与学者言，费却多少辞说。今幸点出，此意真是直截。学者闻之，亦省却多少求索。一语之下，洞见全体。学问头脑，至此已说得十分下落，但恐学者不肯实去用力耳。"于此可见其得之之辛勤与教人之苦意。有门徒问："人有虚灵方有良知，若草木瓦石之类，亦有良知否？"

先生曰："人的良知，就是草、木、瓦、石的良知。若草、木、瓦、石无人的良知，不可以为草、木、瓦、石矣。岂惟草、木、瓦石为然，天、地无人的良知，亦不可为天、地矣。"——这答语透彻。所谓人与万物一体者，非在形而在性，即宇宙知觉性之为一。

---

① 此说即是知觉性之最高者，即"精神"。或称"精神心思"，在瑜伽学中谓其居人顶之"千叶莲"中心，与宇宙之"精神心思"合。

倘这前提被接受了，则亦易明白阳明之"知行合一"之说。知觉性非实物，必以其所表现而见。表现亦即是行为。此在人即为"良能"。良能今亦称本能。与智性皆属先天。即智即能，便是即知即行，外见有作为之善巧，必内在有作用之潜能。譬如明镜照物，照即是行，镜而不明（即"无明"），必不能照。能照之性，即是灵明；是此潜能，即为智性。体显用，用表体，此所谓知、行合一。分言之，即良知、良能。何等简单！

阳明分论知、行，尝曰："知者，行之始；行者，知之成。圣学只是一个功夫，知、行不可分作两事。"此专就用而言。此始、终亦可说为内、外。但始终内外，在源头上亦无可分。尝曰："行之明觉精察处便是知，知之真切笃实处便是行。"——这是从学问立场的解释，做学问便是这样。阳明自己说得非常明确："凡谓之'行'者，只是着实去做这件事。若着实做学、问、思、辨的功夫，则学、问、思、辨亦便是行矣。学是学做这件事，问是问做这件事，思、辨是思、辨这件事，则行亦便是学、问、思、辨矣。若谓学、问、思、辨之，然后去行，却如何悬空先去学问辨得？行时又如何去得做学、问、思、辨的事？"——"若行而不能精察明觉，便是冥行，便是'学而不思则罔'。所以必须说个'知'。知而不能真切笃实，便是妄想。便是'思而不学则殆'。所以必须说个'行'。原来只是一个功夫。"

子思说："博学之，审问之，慎思之，明辨之，笃行之。有弗学，学之弗能，弗措也。有弗问，问之弗知，弗措也。有弗思，思之弗得，弗措也。有弗辨，辨之弗明，弗措也。有弗行，行之弗笃，弗措也。人一能之，己百之。人十能之，己千之。果能此道矣，虽愚必明，虽柔必强。"——这是其知识程序，亦即如今所谓科学方法。说为五事，阳明乃有此魄力，空前绝后，解之为二事，知与行，而终合之为一。这原是指诚身之事，古世无科学之名，这属"修道之谓教"的范围。那么，不是纯以探讨知识为目的，而是另有目的。然则博学又学个什么？"博学只是事事学存此天理，笃行只是学之不已之意。《易》曰：'学以聚之，仁以行之'，也是如此。事事去学存天理，则此心更无放释时。故曰'学以聚之'。然常常学存此天理，更无私欲间断，此即是此心不息处，故曰、'仁以行之'。"——这是阳明自己的答案。博学的对象，仍在人生哲学领域内，简易明白。

究竟为何要立此一"知行合一"之说呢？此有其目的在。即是有其立言宗旨。尝云："此须识我立言宗旨。今人学问，只因知、行分作两件，故有一念发动，虽是不善，然却未曾行，便不去禁止。我今说个'知、行合一'，正要人晓得一念发动处，便即是行了。发动处有不善，就将这不善的念克倒了。须要彻根彻底，不使那一念不善潜伏在胸中。此是我立言宗旨。"——克己在乎克念，春秋之笔诛心。总教人在发心动念时猛自省察，此其主旨。"善念发而知之，而充之；恶念发而知之，而遏之。"此之谓"良知"。

门人于合一之旨，终觉未透。谓"如今人尽有知得父当孝、兄当弟者，却不能孝，不能弟，便是知与行分明是两件"。先生曰："此已被私欲隔断，不是知、行的本体了。未有知而不行者，知而不行，只是未知。圣人教人知、行，正是要复那本体。不是着你只恁的便罢。故《大学》指个真知、行与人看。说'如好好色，如恶恶臭'。见好色属知，好好色属行。只见那好色时，已自好了，不是见了后，又立个心去好。闻恶臭属知，恶恶臭属行，只闻那恶臭时，已自恶了，不是闻了后，别立个心去恶。……就如称某人知孝，某人知弟，必是其人已曾行孝行弟，方可称他知孝知弟。不成只是晓得说些孝弟的话，便可称为知孝知弟。又如知痛，必已自痛了方知痛；知寒，必已自寒了；知饥，必已自饥了。知行如何分得开？此便是知行的本体，不曾有私意隔断的。圣人教人，必要是如此，方可谓之知。不然，只是不曾知。此却是何等紧切着实的功夫。如今苦苦定要说知、行作两个，是什么意？某要说做一个，是什么意？若不知立言宗旨，只管说一个两个，亦有甚用？"——门人曰："古人说知、行做两个，亦是要人见个分晓；一行做知的功夫，一行做行的功夫，即功夫始有下落。"先生曰："此却失了古人宗旨也。某尝说，'知是行的主意，行是知的功夫。'知是行之始，行是知之成。若会得时，只说一个知，已自有行在。只说一个行，已自有知在。古人所以既说一个知，又说一个行者，只为世间有一种人，懵懵懂懂，任意去做，全不思维省察，也只是个冥行妄作，所以必说个知，方才行得。是又有一种人，茫茫荡荡，悬空去思索，全不肯着实躬行，也只是个揣摩影响。所以必说一个行，方才知得真。此是古人不得已补偏救弊的说话。若见得这个意时，即一言而足。今人却就将知行分作两件去做。以为必先知了，然后能行，我如今且去讲习讨论，做知的功夫，待知得真了，方去做行的功夫，故遂终身不行，亦遂终身不知。此不是小病痛，其来已非一日矣，某今说个知行合一，正是对病的药。又不是某凿空杜撰。知、行本体，原是如此。今若知得宗旨时，即说两个亦不妨，亦只是一个。若不会宗旨，便说一个，亦济得甚事？只是闲说话。"——若用今语说，此"知"字意义便是"体验"。由体验而知，即亲自实地证会，中无隔断。如饥寒。

　　这段话如听阳明亲说教言。这实是"语录"的长处，不知何以后人必诋"语录"为摹仿了禅宗，如前说。阳明于此不是说纯粹的知识论，引《大学》之"如恶恶臭，如好好色"，着重一"如"字，是"喻"量。所以解释立诚，用功于发心动念之际，不克制恶念，恶念便如种子自将滋长了，以至于"恶积而不可掩，罪大而不可解"。——至若从纯粹知识论以观，则此所说属直知，今谓之直觉，一种机能，似在思维以外，但亦当属行。此外还有"似直觉"。即思维已至迅速，压聚成一瞬间，有如一道光，但不是自上而来的灵明或灵感，故谓之"似直觉"。若指感觉为反应，阳明亦重"感应"之说，则也当属"行"。若冥然无感无觉，则不能有知，也没有行。

（上海远东出版社，1994年12月第1版）

作者主要著述目录

《泥沙杂拾》（佚失） 1934年版

《苏鲁支语录》（德译汉） 生活书店 1935年版（1992年商务印书馆再版）

《朝霞》（德译汉） 商务印书馆 1935年版

《快乐的知识》（德译汉） 商务印书馆 1935年版

《尼采自传》（德译汉） 良友公司 1935年版

《歌德论自著之〈浮士德〉》（德译汉）（佚失）1935年版

《阿罗频多传略》（英译汉） 室利阿罗频多学院 1954年版

《母亲的话》(1)（法译汉） 室利阿罗频多学院 1956年版

《教育论》（英译汉） 室利阿罗频多学院 1956年版

《薄伽梵歌》（梵译汉） 室利阿罗频多学院 1957年版

《行云使者》（梵译汉） 室利阿罗频多学院 1957年版

《伊莎奥义书》（英译汉） 室利阿罗频多学院 1957年版

《由谁奥义书》（英译汉） 室利阿罗频多学院 1957年版

《母亲的话》(2)（法译汉） 室利阿罗频多学院 1958年版

《瑜伽的基础》（英译汉） 室利阿罗频多学院 1958年版

《瑜伽论》(1)（英译汉） 室利阿罗频多学院 1959年版

《瑜伽论》(2—3)（英译汉） 室利阿罗频多学院 1959年版

《瑜伽论》札集(1)（英译汉） 室利

阿罗频多学院　1960年版
《社会进化论》（英译汉）　室利阿罗频多学院　1960年版
《孔学古微》（英文）　室利阿罗频多学院　1966年版
《南海新光》（英译汉）　室利阿罗频多学院　1971年版
《神母道论》（英译汉）　室利阿罗频多学院　1972年版
《玄理参同》（英译汉）　室利阿罗频多学院　1973年版
《小学菁华》（英文）　室利阿罗频多学院　1976年版
《周子通书》（汉译英）　室利阿罗频多学院　1978年版
《母亲的话》（3、4）（法译汉）　室利阿罗频多学院　1978年版

《五十奥义书》（梵译汉）　中国社会科学出版社　1984年版
《神圣人生论》（上、下）（英译汉）　商务印书馆　1984年版
《肇论》（汉译英）　中国社会科学出版社　1987年版
《安慧〈三十唯识〉疏释》（梵译汉）　中国佛教文化研究所　1987年版
《瑜伽论》（4）（英译汉）　商务印书馆　1987年版
《异学杂著》　浙江文艺出版社　1988年版
《老子臆解》　中华书局　1988年版
《唯识菁华》（英文）　新世界出版社　1990年版
《周天集》（英译汉）　三联书店　1991年版
《陆王学述》　上海远东出版社　1994年版
《薄伽梵歌论》（英译汉）　商务印书馆　（待出）
《蓬屋诗存》　线装自辑
《佛教密乘研究——摄真言义释》（梵译汉）

作者年表

徐梵澄：原名琥，谱名诗荃，字季海，湖南长沙人，生于1909年10月26日。

1925—1927年　在武汉中山大学历史社会学系读书。

1927—1929年　在上海复旦大学西洋文学系读书(1928年5月15日，因记录鲁迅为复旦大学附属中学的演讲"老而不死论"，而与鲁迅通信，并为其主编的《语丝》撰稿)。

1929—1932年　在德国海德堡大学哲学系读书。

1932—1937年　寄寓上海，自由撰稿人。

1937—1940年　中央艺术专科学校教师。

1940—1945年　中央图书馆编纂，兼任中央大学教授。

1945—1950年　印度泰戈尔大学教授。

1951—1978年　印度室利阿罗频多学院华文部主任。

1979—2000年　中国社会科学院世界宗教研究所研究员。

2000年3月6日　病逝于北京。